遠藤 薫 編著

ソーシャルメディアは公共性を変えるか

間メディア社会の〈ジャーナリズム〉

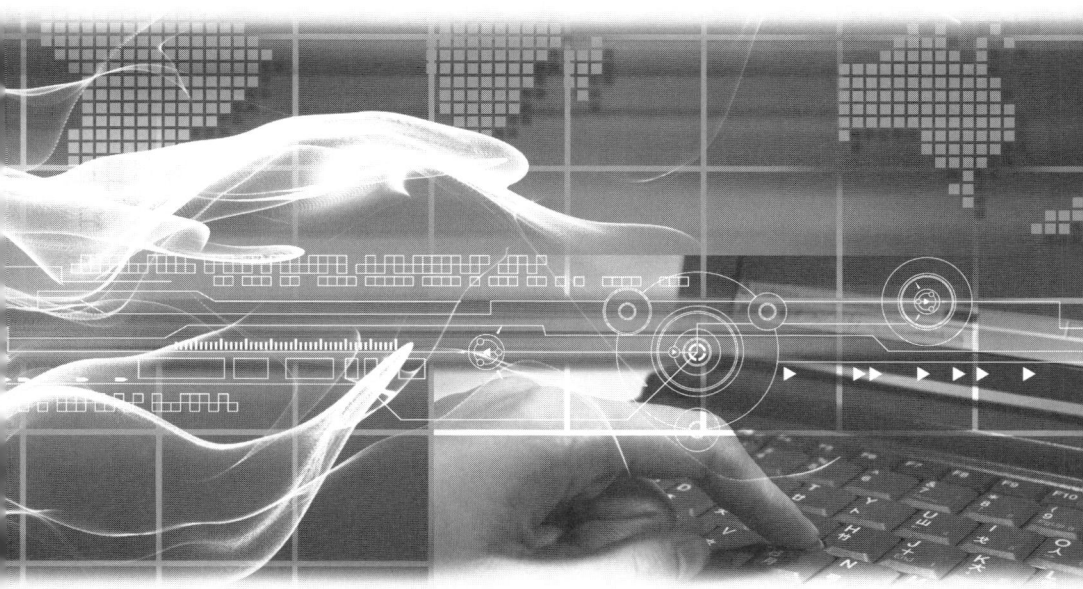

東京電機大学出版局

目次

序章　なぜいまジャーナリズムを考えるか……………………………遠藤　薫
　1. 世界の変化と分断 …………………………………………………………… 1
　2. マスメディアに対するまなざしの変化 ………………………………… 2
　3. 2010年以降のリスク世界とメディアの動き ………………………… 3
　4. 情報流通の液状化と自己組織化 ………………………………………… 8
　5. メディアと報道とジャーナリズム ……………………………………… 12
　6. 本書の構成 …………………………………………………………………… 14

第Ⅰ部　ジャーナリズムと公共性

第1章　ジャーナリズムとは何か
　　　　──近代とジャーナリズム ………………………………遠藤　薫
　1. 煙突と画架 …………………………………………………………………… 20
　2. ジャーナリズムとは何だったのか ……………………………………… 22
　3. ジャーナリズムの形成──近代とジャーナリズム ………………… 22
　4. ジャーナリズムとマスメディア──「第四の権力」か …………… 31
　5. ジャーナリズムにかかわる倫理 ………………………………………… 36

第2章　明治期〜戦前日本における〈ジャーナリズム〉の形成と終焉
　　　　………………………………………………………………遠藤　薫
　1. 日本における「ジャーナリズム」以前 ………………………………… 40
　2. オランダ風説書と官板バタビヤ新聞 …………………………………… 42
　3. 御用新聞・政党新聞・大新聞・小新聞 ………………………………… 43
　4. 福沢諭吉と時事新報 ………………………………………………………… 45
　5. その後──新聞統制 ………………………………………………………… 49

第3章　間メディア社会の〈ジャーナリズム〉 ……………………… 遠藤　薫

1. ネットメディアの台頭と〈ジャーナリズム〉──アメリカの場合 ……… 51
2. デジタル・ネイティブなネット・ジャーナリズム ………………………… 55
3. 日本の場合 ……………………………………………………………………… 61
4. ジャーナリズムの行方 ………………………………………………………… 65
5. 改めて〈ジャーナリズム〉を問う …………………………………………… 66

第4章　大震災後社会における社会的弱者とジャーナリズム
──大震災・原発事故に関する社会調査結果をふまえて …… 遠藤　薫

1. はじめに ………………………………………………………………………… 71
2. 被災体験と将来の災害に対する不安──地域別 …………………………… 73
3. 災害時の不安と社会的弱者 …………………………………………………… 75
4. 情報・コミュニケーションの確保のために ………………………………… 78
5. おわりに ………………………………………………………………………… 81

第Ⅱ部　間メディア社会における新しいジャーナリズム

第5章　データ・ジャーナリズムの現在と課題 ……………………… 田中　幹人

1. はじめに──「データ・ジャーナリズム」をめぐる動き ………………… 84
2. データ・ジャーナリズム登場の背景 ………………………………………… 85
3. データ・ジャーナリズムの定義 ……………………………………………… 87
4. 実践としてのデータ駆動型ジャーナリズムの「サイクル」 ……………… 89
5. データ駆動型ジャーナリズムを動かすジャーナリストとニューズルーム … 92
6. データ駆動型ジャーナリズムの再定義 ……………………………………… 94
7. データ駆動型ジャーナリズムの実践的課題 ………………………………… 96
8. データ駆動型ジャーナリズムの政治経済的課題 …………………………… 99
9. おわりに ………………………………………………………………………… 101

第6章　誰もがジャーナリストになる時代
──ミドルメディアの果たす役割と課題 ……………………… 藤代　裕之

1. はじめに ………………………………………………………………………… 103
2. 市民メディアの誕生 …………………………………………………………… 105
3. ミドルメディアの誕生 ………………………………………………………… 107

4. ポータルサイトの方針転換……………………………………… 110
　　5. 既存マスメディアの方針転換…………………………………… 111
　　6. 市民メディアの失敗……………………………………………… 116
　　7. ミドルメディアの課題——情報統合と私刑化………………… 117
　　8. 個人が直面するジャーナリズム倫理…………………………… 119
　　9. 求められるジャーナリスト教育………………………………… 120
　10. おわりに………………………………………………………… 123

第7章　ソーシャルメディア時代のジャーナリズムの変容とその課題
　　　　——「メディア間の対立の融解」と「信頼の自明性の喪失」
　　　　　という視点から……………………………………… 西田　亮介
　　1. ソーシャルメディアの普及と英雄譚のおわり………………… 124
　　2. 間メディア社会と東日本大震災………………………………… 127
　　3. メディア間の対立の融解と信頼の自明性の喪失を乗り越えられるか… 134

第8章　ウィキリークスとジャーナリズム………………………… 塚越　健司
　　1. はじめに…………………………………………………………… 139
　　2. ウィキリークスとは……………………………………………… 140
　　3. ウィキリークスの活動…………………………………………… 141
　　4. リークサイトの勃興……………………………………………… 142
　　5. リーク情報の活用法……………………………………………… 143
　　6. データ・ジャーナリズムの多様化……………………………… 144
　　7. ウィキリークスとハッカー倫理………………………………… 146
　　8. ハッカーと政治…………………………………………………… 147
　　9. ジャーナリズムにおける主体的実践…………………………… 149
　10. アノニマスとは…………………………………………………… 151
　11. 仮面と大衆動員…………………………………………………… 152
　12. 人称性と半人称性………………………………………………… 153
　13. ジャーナリズムの今後…………………………………………… 154

第Ⅲ部　拡張する〈ジャーナリズム〉

第9章　〈広告〉の視点からジャーナリズムを考える
（対談：遠藤　薫・佐藤　尚之）……………………………………… 158

第Ⅳ部　グローバル世界のジャーナリズム変容

第10章　The Daily Show with Jon Stewart と米国 TV ジャーナリズム………………………………… 今岡 梨衣子
1. はじめに………………………………………………………… 190
2. The Daily Show with Jon Stewart と CNBC 批判……………… 190
3. 米国四大ネットワークの現状………………………………… 193
4. TDS の動向……………………………………………………… 196
5. 米国ジャーナリズムの特性と理念…………………………… 200
6. 米国ジャーナリズムの変容——1950-80 年代……………… 202
7. TDS の米国ジャーナリズムにおける今日的位置づけ……… 206
8. おわりに………………………………………………………… 209

第11章　中国社会におけるインターネットの「世論監督」機能
——「三層モラルコンフリクト・モデル」から見たネットの政治的役割…………………………………… 魏　然
1. はじめに………………………………………………………… 210
2. 中国における〈ネット世論〉をめぐる動き………………… 211
3. 二項対立的でない視点から…………………………………… 213
4. 湖北省の鄧玉嬌案……………………………………………… 214
5. 地方政府「中抜き」の世論形成のモデル…………………… 219
6. 〈ネット世論〉が現実社会を動かすメカニズム
——「三層モラルコンフリクト・モデル」を手がかりに…… 221
7. 結びにかえて…………………………………………………… 225

第12章　韓国のデジタル・オートクラシー
──2012年韓国大統領選挙における権力とネットの不穏な結合
玄　武岩
1. 裏切られたデモクラシー ……………………………………… 227
2. 保守政権のメディア掌握 ……………………………………… 228
3. 国情院の選挙介入と『ニュース打破』の挑戦 ……………… 234
4. ネット社会のデジタルなオートクラシーに抗して ………… 243

第13章　アルジャジーラというジャーナリズム
遠藤　薫
1. アラブの春 ……………………………………………………… 245
2. アルジャジーラの誕生から現在まで ………………………… 247
3. アルジャジーラと日本 ………………………………………… 253
4. アルジャジーラの間メディア戦略 …………………………… 256
5. おわりに──世界に拡がるグローバル情報発信 …………… 259

第Ⅴ部　未来に向かって

終章　ジャーナリズムの明日
──二度の政権交代とネット選挙
遠藤　薫
1. はじめに ………………………………………………………… 262
2. 二つの歴史的選挙 ……………………………………………… 263
3. メディアと選挙──ソーシャルメディアの影響 …………… 264
4. 今後のゆくえ──集団知性・集団浅慮・集団分極化 ……… 274

注 ……………………………………………………………………… 279
参考文献 ……………………………………………………………… 303
あとがき ……………………………………………………………… 322
索引 …………………………………………………………………… 324
編著者・著者紹介 …………………………………………………… 328

序章

なぜいまジャーナリズムを考えるか

遠藤 薫

1. 世界の変化と分断

 2010年代に入って，世界は大きな動乱の時代に入ったように感じられる．
 世界の多くの国々で，政権の不安定化が目立つ．
 その背景には，世界観や宗教，民族の違いによる対立の激化がある．それは，1990年代から顕著になったグローバリゼーションの流れが，世界を均質化する一方で，それに対抗するナショナリズム，ローカリズム，民族主義を顕在化させるためである．
 対立を融和するのは，相互の対話であり，他者への想像力と理解，相互的尊敬である．そしてそれを橋渡しするのが，メディアやジャーナリズムの役割であるはずである．にもかかわらず，現実のメディアやジャーナリズムは，この役割を十分に果たしているだろうか．
 技術的には，20世紀以来，メディアは格段の進歩を遂げた．だが，カナダの社会学者イニス（H. A. Innis）が指摘したように，「ふたつの国をつなぐ橋がそれらを隔てるものになる矛盾にも似て，伝達手段における改良は相互理解をいよいよ困難にさせることにも資するのである．電信は言葉の縮約を強要し，そのために英語とアメリカ英語との差異はますます大きくなっていった．アングロサクソン世界において膨大な領域を占める小説世界の例をとれば，いわゆるベストセラーの作品のなかには新聞や映画やラジオの影響が色濃く現われている．またお互いのあいだでのコミュニケーションの可能性

をほとんど欠如した特殊な読者層というものが，そうした影響のもとに生まれたことも忘れてはならない」[1].

20世紀後半に誕生したインターネットというメディアは，世界のあらゆるアクターをリアルタイムで接続し，グローバリゼーションの進行に大きな役割を果たした．それとともに，世界の分断をも露わにしているかにも見える．

世界の対話の場を開くためのジャーナリズムについて，新たなメディア環境を前提として，いま改めて考えることが必要である．

2. マスメディアに対するまなざしの変化

従来，「ジャーナリズム」とは，「マスメディアの報道」と同一視されてきた．いいかえると，「マスメディア」は，「ジャーナリズム」としての尊敬と特権を享受してきたのである．

しかしここで，ややショッキングなデータをお見せしたい．

図0-1は，筆者らが行った「東日本大震災からの復興に向けた総合的社会調査」[2]のなかの，「今回の震災をきっかけとして，より明らかになった日本社会の問題があったとすれば，それは次のうちどのような問題でしょうか」という問いに対する答えの集計結果である．

5番目に多い回答として，「マスメディアの質の低さ」が挙げられている．東日本大震災を契機として，多くの人がマスメディアに失望を感じたようだ（ちなみに，最も多

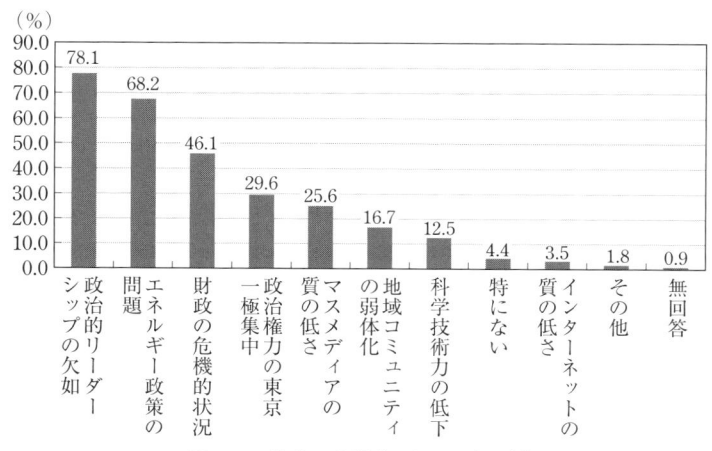

図0-1 戦後日本社会の問題（MA）[2]

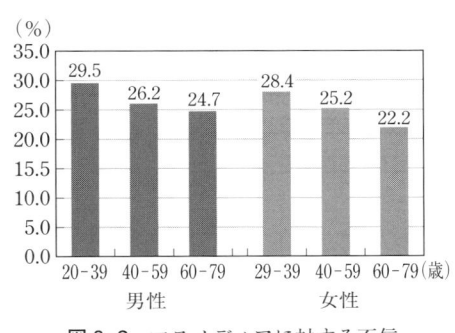

図 0-2 マスメディアに対する不信（年代別）[2]

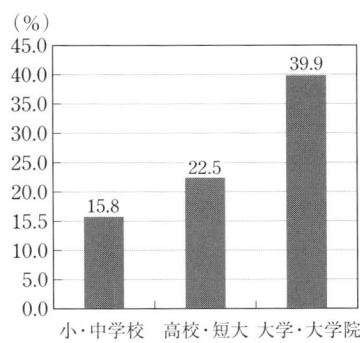

図 0-3 マスメディアに対する不信（学歴別）[2]

くの人が挙げたのが「政治的リーダーシップの欠如」であった．たしかに，小泉元首相の退陣以降，1年ごとに5人もの首相が交代した．政権与党さえ，わずか3年で自民党から民主党に移った後，また自民党に戻ったのだった．人びとが「政治的リーダーシップの欠如」を感じてしまうのは，東日本大震災がもたらした多くの緊急課題もあって，無理からぬことだったかもしれない）．

なぜ，人びとはこれほどマスメディアに対する不信を感じるようになったのか．

さらに気になるのは，このような不信感が，図 0-2 に示すように，若い層ほど高いということである．これは，マスメディアに対する不信感が時代の変化と共振していることを暗示する．

同様に，図 0-3 に示すように，不信感は高学歴のものほど高い．すなわち，従来，ジャーナリズムに高い価値をおいていたはずの人びとが，まさに，マスメディアに対する批判を強めているということを示唆する．

3. 2010 年以降のリスク世界とメディアの動き

マスメディアに対する不信感が顕在化したのは，東日本大震災が大きな契機となったことは否めない．

第4章でも詳述するが，東日本大震災は，多くの報道の諸問題を露わにした．たとえば，次のような問題である．

- 知らされるべき情報が知らされるべき人に知らされない
- 政府や関連組織の発表を単に伝えるだけに終始した

- ジャーナリズムとしての立場が明確でなかった
- 報道の立ち上がりが遅れた
- グラスルーツメディアの自己組織性

そして，人びとは，たしかに東日本大震災はこれらの諸問題をわれわれの眼前に突きつけたが，それは，東日本大震災によって引き起こされた問題ではなく，むしろ，それ以前から，深く静かに潜行していた諸問題が，一気に噴出したのだと認識したのだった．

メディア環境の変化とゆらぐ世界

たしかに，すでに 2010 年前後から，いくつかの変化は不気味な前震のようにわれわれの社会を揺るがしはじめていた．決して震災だけによって引き起こされた問題ではない．

表 0-1 は，その一部を列挙したものである．いずれも現代におけるメディアとその影響力のあり方について，再考を迫る動きであった．こうした動向を受けて，メディアについていよいよ根本的な再検討に入ろうとしたとき，まさに大震災が起こったのだった．

これらの出来事を，大きく分類してみると，次の 4 つのカテゴリーに分けられるだろう（図 0-4）．

(1) 大規模災害の発生
(2) 政権のゆらぎ——テロ・暴動の頻発
(3) グローバル・パワーの変容
(4) 情報流通の液状化

そして，これらの動きの基盤となっているのが，情報環境の変化である．

たとえば，近年頻発する大規模自然災害では，現場に直接アクセスできないマスメディアに代わって，現場にいる当事者たちからの情報が遠く離れた人びとにまで直接に届けられる．それによってグローバルな共在環境（同じ場を共有しているという感覚）が創り出され，支援の力も自律的に組織化されていく．そんな様相を，われわれは，東日本大震災でも，アメリカのハリケーン・カトリーナでも，インドネシアを襲った大津波でも目の当たりにしてきた．

新しいメディア環境の台頭

情報環境の変化とは，もちろん，第一に，ICT（Information and Communication Technology）の世界規模での展開である．図 0-5 は，ITU（International Telecommunication Union：国際電気通信連合）が発表している世界の情報通信の進展

表 0-1 2010 年〜 2013 年の世界の大事件

日付	事件	日付	事件
2010.1.12	ハイチ地震（M7.0）	2012.1.21	エジプトムスリム同胞団の自由公正党が第一党
2.27	チリ地震（M8.8）	4.2	米オイコス大学で銃乱射
3.29	モスクワ地下鉄爆破テロ	7.20	米コロラド州で銃乱射
4.14	中国青海地震（M7.1），エイヤフィヤトラヨークトルの噴火	10.29	米東海岸でハリケーン・サンディ
5.1	上海万博	11.6	オバマ大統領再選
9.7	尖閣諸島中国漁船衝突事件	12.14	米コネチカット州で銃乱射
10.2	尖閣諸島抗議デモ	12.16	衆議院選挙で自民党大勝，再度の政権交代
11.4	尖閣ビデオ流出事件	12.19	2012 年大韓民国大統領選挙
11.29	米外交公電ウィキリークス流出事件		
12.17	ジャスミン革命（〜 11.1.14）		
2011.1.9	アリゾナ銃乱射事件	2013.1.3	中国・南方週末社説差し替え事件
1.25	エジプトで大規模な反政府デモ	1.16	アルジェリア人質拘束事件
2.11	エジプトでムバラク政権崩壊	4.15	ボストン・マラソン爆発事件
2.1	リビアで反政府デモ勃発	4.16	イラン地震（M7.5）
3.11	東日本大震災発生	4.20	中国四川地震（M7.0）
3.12	福島第一原発水素爆発	6	E. スノーデンが NSA による個人情報収集を告発
4.27	PSN 個人情報流出事件	6.6	ブラジルで，公共料金値上げに反対するデモ発生→全土に拡大
5.2	ウサマ・ビンラディン容疑者殺害	7.3	エジプトで軍部によるクーデター
7.22	ノルウェー連続テロ事件	7.21	
8.6	イギリス暴動	7.25	参議院選挙で自民党大勝
8.23	リビア，カダフィ政権崩壊	9.3	シリア内戦による死者 10 万人超
9.17	Occupy Wall Street 運動始まる	10.1	バグダッドで連続爆破テロ
9.18	インド・ネパール国境で地震（M7.0）	10.15	米政府機関一部閉鎖
10.23	トルコ東部地震（M7.1）	10	フィリピンで地震発生（M7.1）
10	タイ水害（国土の3分の1が水没，8割が被災）	11.3	米 NSA による各国首脳盗聴が明るみに
		11.8	タイで首相辞任要求大規模デモ
		11.23	フィリピン超大型台風被害
		12.6	中国，尖閣諸島を含む上空を防空識別圏に設定／特定秘密保護法成立

状況である．これによれば，2001 年時点で，世界平均のインターネット利用者数は居住人口 100 人あたり 8.0 人であったのが，2011 年には約 4 倍の 32.7 人に増加しており，2013 年には 38.8 人になると予想されている．また，2001 年時点で世界平均の携帯電話加入者数は 100 人あたり 15.5 人であったが，2011 年には約 5.5 倍の 85.5 人に増加して

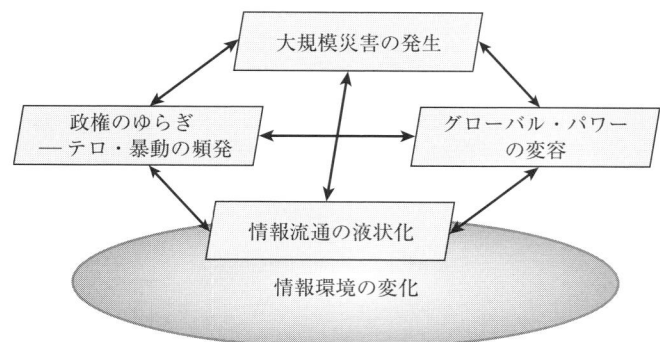

図0-4 4つの問題は相互に関係しており，これらは情報環境の変化という潮流のなかにある

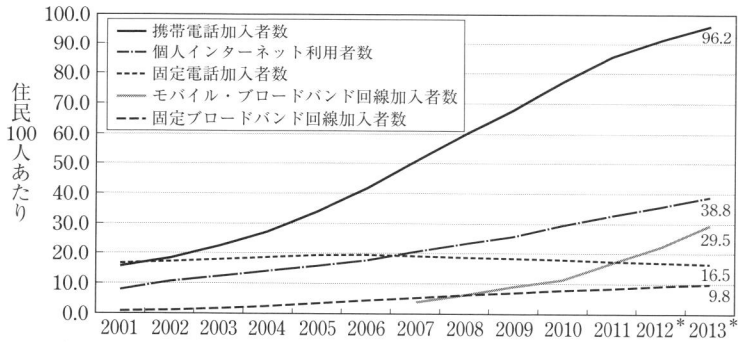

注：*は推定値
データ出所：ITU国際通信／ICT指標データベース

図0-5 世界の情報通信の進展（2001〜2013年）（データ出所：ITU[3]）

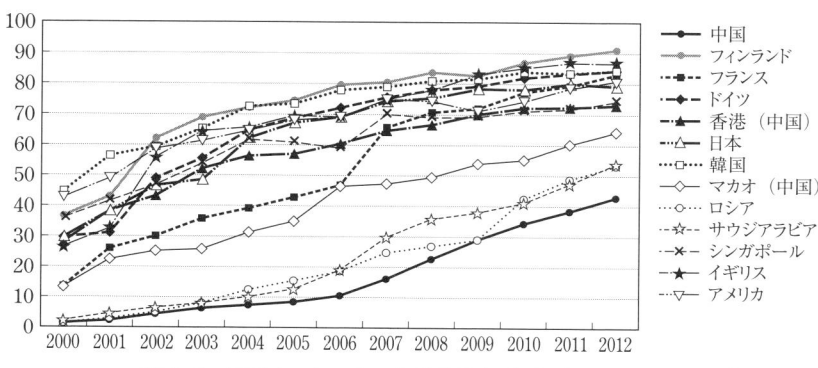

図0-6 国別インターネット利用者率（％）（データ出所：ITU[3]）

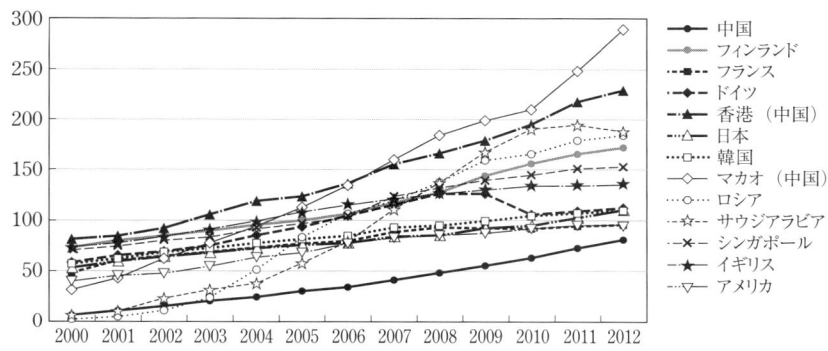
図 0-7 国別携帯電話加入者数（人口100人あたり）（データ出所：ITU[3]）

おり，2013年には96.2人になると予想されている．

インターネット利用者率（住民100人あたりの利用者数）を国別で見たのが図0-6である．インターネット利用の先進国群には，フィンランド，日本，香港（中国），イギリス，韓国，アメリカ，ドイツ，シンガポールなどが含まれる．最も利用者率の高いフィンランドは，2000年時点で37.25であり，2012年では91に達している．アメリカは，2000年時点で43.08，2012年では81.03となっている．

当初，利用者率は低かったが，2007年頃から急速に普及してきたのがフランスで，2000年時点では14.31だったものが，2012年には81.44に達している．

一方，インターネット利用が遅れたのは，中国，ロシア，サウジアラビアなどの国々である．しかし，これらの国でも，2000年代後半以降，利用は急激に高まっていることが，図からもわかるだろう．

近年のもうひとつのめざましい潮流は，携帯電話の浸透である．携帯電話に関しては，インターネットの普及が遅れた国々でも，一気に利用率が高まっている．一種の「後発者利得」（遅れてきたものが，かえって先進的な技術を先取りすることができる，という現象）といえるかもしれない．たとえば，ロシアやサウジアラビアなどの利用者率がきわめて高くなっている（図0-7）．

特別な学習や知識がなくても簡単に使える携帯電話，スマートホンの普及は，これまでとは異なる社会の変動をもたらすかもしれない．

4. 情報流通の液状化と自己組織化

ネットメディアの特徴と間メディア性——自己組織化する情報

では，ICTの展開による情報環境の変化は何をもたらすのだろう．

インターネットは，どの端末からでも同じようにネット上のサービスを利用することができる自律分散型ネットワークである．この性格から，インターネットが広く人びとに使われるようになると，まさに，たくさんの点が線となり，たくさんの線が面を創り出すように，従来のマスメディアとは異なる高次元の情報空間を創り出すことが認識されるようになった．

従来型マスメディアによる情報流通は，単純化すれば，図0-8のような流れになる．すなわち，情報は専門家によって専門家のもとに収集され，編集され，人びとに配布される．情報の受け手（オーディエンス）はそれを受け取るだけだ．

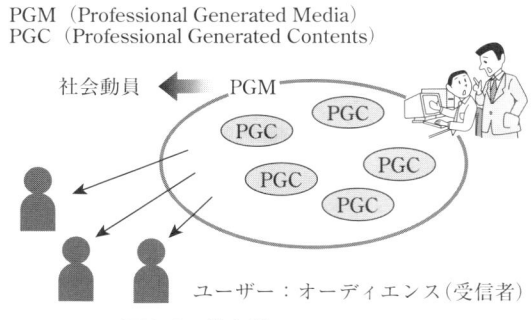

図0-8　従来型のマスメディア

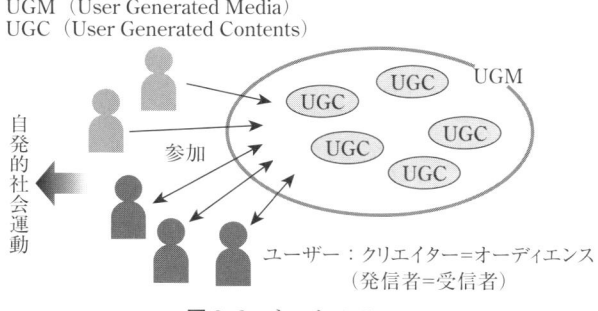

図0-9　ネットメディア

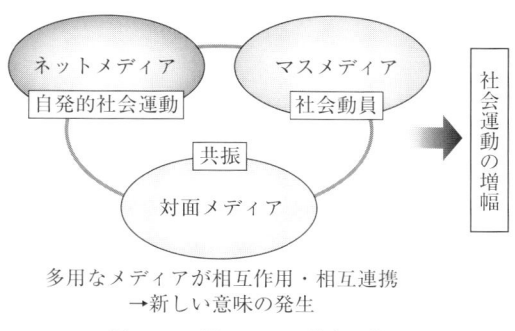

図0-10 間メディア社会の構図

　一方，ソーシャルメディアを含むネットメディアでは，現場からの情報発信が容易に可能となる（図0-9）．9.11同時多発テロのときも，2005年ロンドン同時爆破事件でも，あるいは2013年のボストンマラソン爆発事件でも，2005年にアメリカ南東部を襲ったハリケーン・カトリーナや2011年の東日本大震災でも，現場からの情報がネットを通じて広く伝えられた．ネットメディアは，従来とは逆向きの，情報の受信者の集合が同時に発信者の集合でもあるような状況，いわば情報の地産地消を生み出したのである．

　だが，間違えてはいけないのは，ネットメディアが出てきたからといって，従来型マスメディアが消滅してしまうわけではないということである．マスメディア以前の口コミもまた，消えてはいない．社会は，新しい技術によって，情報流通の回路を拡張し，多層化し続けていくのである．このように多層化したメディアが異なる回路間で双方向的な共振を引き起こしていくような社会を，「間メディア社会」と呼ぶ．それが現代である（図0-10）．

アラブの春と西欧諸国の反格差運動

　2010年末から2011年初めにかけて，中東のアラブ諸国で，激しい反政府運動がまきおこった．

　最初に大きく動いたのは，チュニジアだった．発端は小さな出来事だった．2010年12月17日，失業中の青年が，生計を立てるために開いた露店が無許可営業としてとがめられた．だが，事はそれだけで終わらなかった．この青年が社会への抗議の表明として焼身自殺を図った．この事件がネットなどを通じて拡がり，1月5日の葬儀には多数の群衆が集まった．その後，当時の体制への鬱積していた不満が抗議デモや暴動へと発展した．数十人の死者が出て運動が深刻化していくなか，1月14日，ベン＝アリ大統領はサウジアラビアへ亡命し，独裁体制にあったチュニジアの政権は崩壊した．

この動きはたちどころに近隣諸国に波及した．

エジプトでも，1月半ばから，焼身自殺を図る若者が相次ぎ，大規模なデモが繰り返された．とくに1月25日には多くの民衆が集まり，治安部隊が出動する騒ぎになった．このあと，ムバラク政権は運動を厳しく制圧する方向に向かい，インターネットなどを遮断する情報統制も行った．しかし，激しいデモは収まらず，2月11日，ついに30年近く続いたムバラク政権はあっけなく崩壊した．

当時「アラブの春」として好意的に報じられた一連の大衆運動には，当初から，FacebookやTwitterの影響が取りざたされていた．これを「ネットによる民衆運動」として報じるマスメディアも多かった（これに懐疑的な議論も見られたが）．

また，西欧諸国においても，ソーシャルメディアを媒介とする社会運動が活発化している．その本格的な口火を切ったのは，2008年のアメリカ大統領選挙である．無名の若い非白人候補であったバラク・オバマは，たぐいまれなスピーチ能力と，SNS（ソーシャル・ネットワーキング・サービス）やTwitterとマスメディアを組み合わせた間メディア的手法を最大限活用し，「ネットルーツ（ネットを媒介とする草の根運動）」とも呼ばれた選挙運動によって，一気にアメリカ大統領の座を獲得した．

一方，オバマ大統領の政策に反対する保守派の人びとも，2009年秋頃から，「ティーパーティ」運動を起こし，2010年11月の中間選挙で大きな影響力を発揮した．「ティーパーティ（Tea Party）」とは，宗主国イギリスの茶法（課税）に抗議した1773年のボストン茶会事件（Boston Tea Party）にちなむと同時に，「Taxed Enough Already（税金はもう十分）」の略語でもあるとされる．これに対抗して，オバマ支持派も，「コーヒーパーティ」運動を立ち上げた（遠藤 2011など参照）．

さらに2011年夏，Occupy Wall Street（ウォール街を占拠せよ）運動が発生した．この運動は，ティーパーティやコーヒーパーティのようなイデオロギーにもとづく運動というよりも，経済界や政界全体に対する抗議運動であり，一部のものだけが富み，多くのものが貧困に苦しむ格差社会に対する異議申し立てであった．Occupy Wall Street運動でも，ソーシャルメディアが人びとの動員に使われた．

反格差社会運動は，以前から，中国やヨーロッパでもたびたび起こっていた．2005年10月，移民問題と若年雇用問題に端を発したフランスの暴動は，近隣ヨーロッパ諸国に飛び火しただけでなく，世界中で頻発する同様の抗議行動の典型ともなった．排外主義的社会運動のなかには，グローバリゼーションの潮流のなかで顕在化する失業問題（あるいは若年雇用問題）が姿を変えていると指摘できるものも少なくない．とくにフランスでは，イスラム圏からの移民が増えており，フランス国内で「文明の衝突」が起きていると指摘する声もある．2010年7月にはグルノーブルで，2012年8月には

アミアンで，やはり若年労働者と警察とのもめごとが発端となって，暴動が起こっている．

イギリスでも，2011年8月，ロンドンで黒人男性が警官に射殺されたことをきっかけに，死者5名を出す大規模な暴動が起こった．暴動はさらにイギリス各地に拡散した．ロンドン暴動でも，社会格差が暴動の背景にあるといわれ，また，FacebookやTwitterが連絡に使われた．その一方，警察も，暴動に参加した者たちの特定に監視カメラを使い，双方がネットを介しても対立するというまさにメディアリティの時代（メディアの力がさまざまな局面で強くあらわれること）に特徴的な構図が見られた．

これらの事例に共通するのは，メディアリティの時代の社会運動のパンデミック性（広域感染性）である．すなわち，かつて社会運動の発生をめぐる社会学的アポリア（難問）は，参加のコストがきわめて高いにもかかわらず，参加によって期待される効用がきわめて低い初期段階において，なぜ社会動員は可能なのか，という問いであった．

しかし，情報技術の発展は，社会動員における呼びかけや連絡などの費用や労力などの初期コストを大幅に低減した．しかも，匿名のままにこうした動きを媒介することはさらに容易になった．その結果（それ以外の条件も当然あるが），社会運動が野火のように拡がる速度や勢いは高まり，かつてなら狭い範囲で鎮火したかもしれないものも，周囲に連鎖して拡がっていく．

情報流通の液状化

抑えが効かずに拡がっていくのは，かつてなら内部文書として秘匿されていた情報漏出もそうである．

掲示板やブログ，SNSなどは，非意図的な情報漏出の媒介となりがちである．それだけでなく，意図的に情報を暴露するにも，インターネットは格好の場となっている．

たとえば，2006年にジュリアン・アサンジが創設したWikiLeaksは，匿名により政府，企業，宗教などに関する機密情報を公開するサイトである．2010年には，イラク駐留米軍ヘリコプターがイラク市民やロイターの記者を銃撃し殺傷した事件（2007年）の動画，アフガン紛争関連資料，イラク戦争の米軍機密文書などを次々と公開し，世界に衝撃を与えた．WikiLeaksと同様，情報の透明性を求めて活動する団体はほかにも多くある．

WikiLeaksのように情報のあり方に関する信念にもとづいて行動する団体もある一方，個人が個人的な信念にもとづいて情報を暴露する事件も相次いでいる．たとえば，2010年秋，尖閣諸島付近で操業中の中国漁船が日本の海上保安庁巡視船に衝突した事件で，このときの映像がsengoku38を名乗る人物によってYouTube上に流出した．こ

の人物は,当時現役の海上保安官であったが,「映像の秘密性は低い」として逮捕はされなかった.

こうした動きをどう捉えるかは,非常に微妙である.これらは,これまでの秩序意識を揺るがすものであると同時に,かえって社会の監視強化をもたらす恐れもある.いずれにせよ,こうした動きをどのように考えるかは,世界の今後に重大な影響を及ぼすだろう.

5. メディアと報道とジャーナリズム

「メディア」の分類系と間メディア性

ここまでの記述でもそうであるように,こうした問題を語るとき,「メディア」「報道」「ジャーナリズム」などの言葉が,場合に応じて適宜使われるのが通例である.しかし,これらの言葉が何を意味しているか,必ずしも明確ではない.

たとえば,「メディア」という言葉については,表0-2に示すような分類系が考えられ,そのそれぞれについて,最もその時代を代表するカテゴリーは変化している.

ただし,時代が変わったからといって,実際にはそれ以前のメディアがなくなってしまうわけではない.先にも述べた「間メディア性」が更新されるのである.

時代とともに現れる新しいメディアは,既存のメディアと動的に関係性を構築しつつ,総体としての情報環境を構成する.

「報道」と「ジャーナリズム」

そして,その間メディア的な情報環境を流通するコンテンツとして,「報道」あるいは「ジャーナリズム」がある.その意味で,「報道」あるいは「ジャーナリズム」は,

表0-2 「メディア」の分類系

分類系	
記号	文字,音声,画像,デジタル信号,など
キャリア	身体,紙,電波,通信ネットワーク,など
複製技術	身体的模倣,手作業による模写,印刷,機械生産,デジタル複製,など
チャンネル	新聞,ラジオ,テレビ,電話,インターネット,など
対象範囲	マスメディア,ミドルメディア,パーソナルメディア,など
コンテンツ	報道(ジャーナリズム),ドキュメンタリー,エンターテインメント,など

その時代の〈メディア〉(間メディア的な情報環境) と独立であるともいえるが，メディア論者のマクルーハン (Herbert Marshall McLuhan) が「メディアはメッセージである」(McLuhan 1964) と論じたように，〈メディア〉がメッセージ (コンテンツ) を規定するともいえる．「報道」あるいは「ジャーナリズム」を考えるとき，われわれはこの両義性に十分注意を払わねばならない．

たとえば，「報道」や「ジャーナリズム」は，現在でも定義の難しい用語であるが，少なくとも現在われわれが漠然とイメージしているような意味は，近代以降に意識されたものといえる．それは，(さまざまな疑問点はあるものの) 社会学者のハバーマス (Jürgen Habermas) が『公共性の構造転換』で指摘したように，印刷メディアの発達とともに〈近代民主主義〉が形成され，その〈近代民主主義〉の構成要素として「報道」や「ジャーナリズム」の概念も生成されてきたと考えることができよう．

とすれば，われわれがそのなかで生きている情報環境が変化すれば，「報道」や「ジャーナリズム」のあり方も変わるのだろうか．この問いに対して，①表面的な変化はあっても本質的には変化しない，②現れ方も本質も変化する，③何も変化しない，など答えはいくつかあるだろう．そのいずれが妥当だろうか．

図 0-11 は，OECD が 2010 年に発表した『ニュースの進化とインターネット』とい

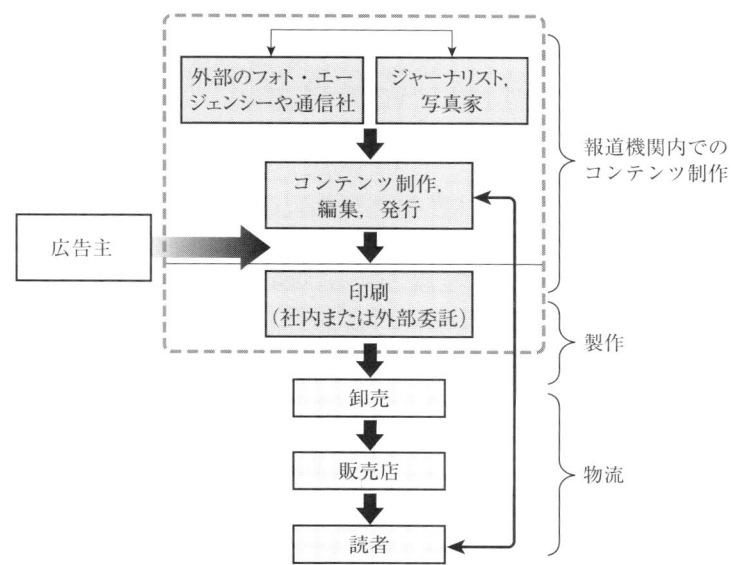

図 0-11　伝統的な報道機関の価値創出連鎖[4]

う報告書のなかの「伝統的な報道機関の価値創出連鎖」という図（遠藤訳）であるが，この，「コンテンツ制作」「発信」「配布」そして収入源としての「広告」のすべてのパートにおいて，現在，デジタル化が急速に進んでいる．そうした状況をふまえて，本書では，間メディア社会における新しいかたちの〈ジャーナリズム〉を展望しようとするものである．（〈ジャーナリズム〉という表記は，とくに間メディア社会の新しいかたちのジャーナリズムを指すものとする）．

間メディア社会の〈ジャーナリズム〉のグローバル性とローカル性

もとより，メディア・報道・ジャーナリズムをめぐる諸問題は，日本国内に限定されることではない．

新聞，テレビに加えて，インターネットを通じた情報利用がグローバルに一般化している．その意味で，メディアの変化と，それを媒介にした社会の変化は，グローバル世界において普遍的な様相を表すと考えることができる．たとえば，オバマ大統領の選挙キャンペーン，アラブの春，Occupy Wall Street 運動などは相互に共通する様相が多く見られる．

その一方で，同じメディア変容が，背景とする社会体制の違いによって異なる現れ方をする面もある．

今日のジャーナリズム変容においても，それぞれの事例は，グローバル性とローカル性の交差するところに出現しているといえる．

6. 本書の構成

以上をふまえて，本書は以下のように構成される：

序章　なぜいまジャーナリズムを考えるか［遠藤薫（学習院大学教授）］
第Ⅰ部　ジャーナリズムと公共性
　第1章　ジャーナリズムとは何か——近代とジャーナリズム［遠藤薫］
　第2章　明治期～戦前日本における〈ジャーナリズム〉の形成と終焉［遠藤薫］
　第3章　間メディア社会の〈ジャーナリズム〉［遠藤薫］
　第4章　大震災後社会における社会的弱者とジャーナリズム——大震災・原発事故に関する社会調査結果をふまえて［遠藤薫］
第Ⅱ部　間メディア社会における新しいジャーナリズム
　第5章　データ・ジャーナリズムの現在と課題［田中幹人（早稲田大学准教授）］

第 6 章　誰もがジャーナリストになる時代——ミドルメディアの果たす役割と課題［藤代裕之（法政大学准教授）］

　　第 7 章　ソーシャルメディア時代のジャーナリズムの変容とその課題——「メディア間の対立の融解」と「信頼の自明性の喪失」という視点から［西田亮介（立命館大学特別招聘准教授）］

　　第 8 章　ウィキリークスとジャーナリズム［塚越健司（学習院大学非常勤講師）］

第Ⅲ部　拡張する〈ジャーナリズム〉

　　第 9 章　〈広告〉の視点からジャーナリズムを考える［対談：遠藤薫・佐藤尚之（コミュニケーション・ディレクター）］

第Ⅳ部　グローバル世界のジャーナリズム変容

　　第 10 章　The Daily Show with Jon Stewart と米国 TV ジャーナリズム［今岡梨衣子（日本電子計算株式会社勤務）］

　　第 11 章　中国社会におけるインターネットの「世論監督」機能——「三層モラルコンフリクト・モデル」から見たネットの政治的役割［魏然（北京外国語大学専任講師）］

　　第 12 章　韓国のデジタル・オートクラシー——2012 年韓国大統領選挙における権力とネットの不穏な結合［玄武岩（北海道大学准教授）］

　　第 13 章　アルジャジーラというジャーナリズム［遠藤薫］

第Ⅴ部　未来に向かって

　　終章　ジャーナリズムの明日——二度の政権交代とネット選挙［遠藤薫］

　第Ⅰ部「ジャーナリズムと公共性」は，「ジャーナリズム」を考えるうえで基盤となる，ジャーナリズム形成過程と今後，およびその理念を概観する．

　第 1 章「ジャーナリズムとは何か——近代とジャーナリズム」は，「ジャーナリズム」以前からの欧米における「ジャーナリズム」形成過程と「近代の理念」をふまえて，現代ジャーナリズムの諸問題と倫理について考察する．

　第 2 章「明治期～戦前日本における〈ジャーナリズム〉の形成と終焉」では，欧米の近代化のなかで生まれた「ジャーナリズム」が，明治日本に導入されるプロセスと，その後の展開について概観する．

　第 3 章「間メディア社会の〈ジャーナリズム〉」では，メディア環境の変化にともなうジャーナリズムの変化について展望する．

　第 4 章「大震災後社会における社会的弱者とジャーナリズム——大震災・原発事故に関する社会調査結果をふまえて」では，東日本大震災における「ジャーナリズムの失敗」

と，ソーシャルメディアに対する新たな期待と不安について論じる．

第Ⅱ部「間メディア社会における新しいジャーナリズム」は，近年，ジャーナリズムに関連して注目されている新たな動向についての各論である．

第5章「データ・ジャーナリズムの現在と課題」は，2010年代に入って大きな注目を集めている「データ・ジャーナリズム」の概念と歴史を整理し，今後の可能性を展望する．

第6章「誰もがジャーナリストになる時代——ミドルメディアの果たす役割と課題」は，筆者の東日本大震災での経験をふまえつつ，ソーシャルメディアなどを活用して「誰もがジャーナリストになり得る」情報環境について考察する．

第7章「ソーシャルメディア時代のジャーナリズムの変容とその課題——「メディア間の対立の融解」と「信頼の自明性の喪失」という視点から」は，ソーシャルメディアがもたらす社会関係の変容を，あるべき理想と現実の両面を見据えつつ論じている．

第8章「ウィキリークスとジャーナリズム」は，情報源秘匿システムと既存メディアとの提携戦略により，一躍世界中から注目を浴びたリークサイト「ウィキリークス」の考察を通して，ジャーナリズムの諸問題を論じる．

第Ⅲ部は「拡張する〈ジャーナリズム〉」と題して，間メディア社会で〈ジャーナリズム〉が，従来の「ジャーナリズム」の枠を超えていく様子を対談（第9章）のかたちで浮きぼりにする．対談の相手は，長く広告の仕事にたずさわりながら，アルファブロガーとしても知られる佐藤尚之氏である．

第Ⅳ部「グローバル世界のジャーナリズム変容」では，世界のそれぞれの地域（国家）で起きている特徴的な変化について論じる．

第10章「The Daily Show with Jon Stewart と米国TVジャーナリズム」は，日本における「虚構新聞」と同様，「真実」ではなく「パロディ」による「ジャーナリズム」として人気を集めたアメリカのニュース番組の事例から，「ジャーナリズム」の新しい方向を考察する．

第11章「中国社会におけるインターネットの「世論監督」機能——「三層モラルコンフリクト・モデル」から見たネットの政治的役割」は，政治的領域におけるインターネットの影響も大きくなりつつある中国で，政党や有権者がネット上でさまざまなコミュニケーション活動を行うことにより，ネット上に新たな政治空間が創出されつつある状況を論じる．

第12章「韓国のデジタル・オートクラシー——2012年韓国大統領選挙における権力とネットの不穏な結合」は，韓国の放送界における新たな動きと，そこから芽生えた新しいジャーナリズムの可能性を探る．

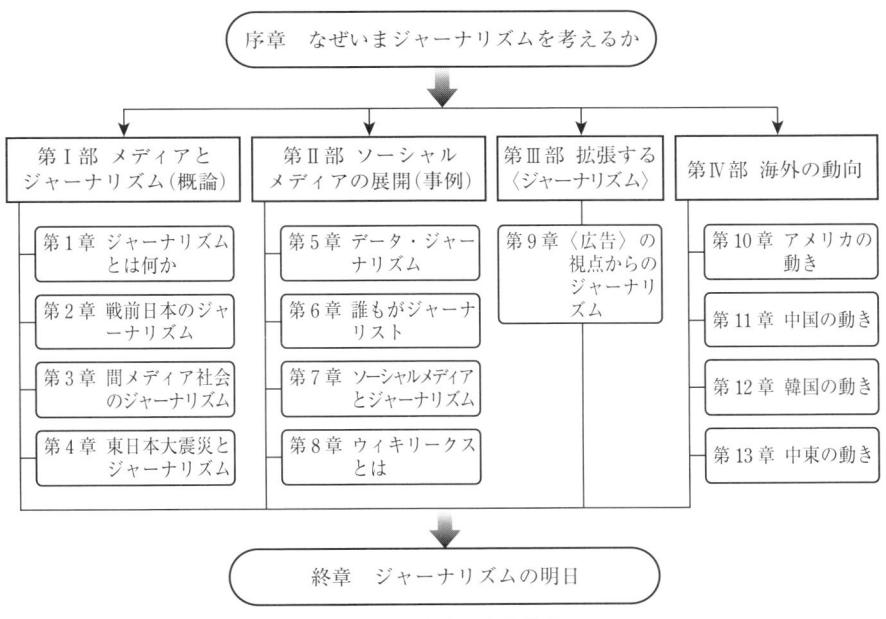

図 0-12 本書の全体構成

　そして第 13 章「アルジャジーラというジャーナリズム」は，中東の存在感の高まりとともに関心を集めてきたニュータイプのジャーナリズムである「アルジャジーラ」の動きを見つつ，今後のジャーナリズムの行方を考える．

　最後に，第 V 部「未来に向かって」の終章「ジャーナリズムの明日——二度の政権交代とネット選挙」では，本書で論じられてきた事柄をふまえたうえで，改めて現代日本のジャーナリズムを再検討し，今後を展望する．

　以上，簡単に説明した本書の全体構成を図にしたものが図 0-12 である．どこからでも興味を持たれた章から読んでいただければ幸いである．

第I部

ジャーナリズムと公共性

第1章

ジャーナリズムとは何か
——近代とジャーナリズム

遠藤　薫

1.　煙突と画架

　2013年，メディアとジャーナリズムについて改めて考えさせる二つの象徴的な出来事があった．

　ひとつは，2013年3月に行われたローマ教皇選出のためのコンクラーヴェである．2013年2月28日にベネディクト16世が生前退位し，その後継者となる新教皇を選ぶための選挙システムであるコンクラーヴェが3月12日から13日にかけて実施された．現在のコンクラーヴェでは，選挙資格を持つ枢機卿たちによる匿名投票を，新教皇の得票数が投票の3分の2以上となるまで繰り返すと定められている．

　コンクラーヴェの結果は，選挙会場に据えられたストーブで投票用紙を燃やし，その煙の色で外部に知らされる．新教皇がまだ決まらなければ黒い煙，決定すれば白い煙がシスティーナ礼拝堂の煙突から立ち上る[1]．新教皇を待ち望む人たちは煙の色に一喜一憂するのである．「煙」という，おそらく太古の時代からの情報メディアがいまも機能しているのだ（図1-1）．

　もうひとつは，2013年7月22日のイギリスのウィリアム王子・キャサリン妃の第一子誕生である．イギリス王室の伝統によれば，ベビーが生まれると，立ち会った医師が署名した出生証明書が，まず女王の元に届けられ，その後バッキンガム宮殿の前庭で画架（イーゼル）に載せられて掲示される（図1-2）．

これら，伝統的象徴性を身にまとった出来事は，しかし同時に，現代性をもまとうことを要請される．

コンクラーヴェの結果は，白煙による告知のあとすぐに，教皇庁の公式サイトやTwitterで人びとに知らされた．ロイヤルベビーの誕生も，ただちに，英王室の公式サイト，Twitterなどで全世界に向けて発信された（図1-3，図1-4）．

社会は，このように，原始的なメディアから先端的なメディアまで何層ものメディアの層に覆われているのである．

図1-1 教皇選出を知らせる白い煙[2]

図1-2 ウィリアム王子の第一子誕生を知らせる画架（イーゼル）[3]

図1-3 教皇選出を伝えるローマ法王のTwitter[4]

図1-4 ロイヤルベビーのお披露目をする英王室のTwitter[5]

2. ジャーナリズムとは何だったのか

さてしかし，前節に挙げた二つの出来事では，われわれが「ジャーナリズム」という言葉から普通に思い起こす情報伝達の様式は，見えてこないように思われる．なぜだろう．

社会学者のマクネア（Brian McNair）は，「ジャーナリズム」を次のように定義している．

> ある現実の，社会的世界についての，これまで知られていない（新たな）特徴に関する真実の叙述，あるいは記録であると主張する（すなわちオーディエンスに向けてそのような叙述，記述として示されている），文字や音声や映像による形式の，あらゆる作られたテクストのこと．（McNair 2006＝2006: 15）

この定義に従えば，教皇の選出を告げる煙もキャサリン妃の出産を告げるイーゼルの文言も「ジャーナリズム」と呼んでいいように思われる．しかし，われわれは，「ジャーナリズム」という語から，別の性質をも期待している．すなわち，一次情報（発生源からの原情報）とともに，その情報の出所，信頼性，重要性，社会的意義などの情報（メタ情報や解釈情報）が付加されているものを「ジャーナリズム」から期待しているのである．

そのような価値の付加によって，マクネアのいうように，「ジャーナリズムによるコミュニケーションの社会学的な意義は，主にジャーナリズム特有の形式や内容に対するオーディエンス（読者・視聴者）の期待から，またジャーナリズムにそうしたきわだった特徴が存在するとき，その結果としてのコミュニケーションが他の非ジャーナリズム的なものより優れた地位を占めているという合意から生じるのである」．「煙」や「画架」はこのような社会的役割を担いはしないのである．

3. ジャーナリズムの形成——近代とジャーナリズム

日記とジャーナリズム

では，〈ジャーナリズム〉とは何か？

〈ジャーナリズム（Journalism）〉という語は，「journal」の派生語である．今日雑誌や新聞などニュースを伝える定期刊行物を意味する「journal」という言葉は，そもそ

もは「日記，日誌」を意味する言葉である．今日の「ブログ（web log）」の「ログ」という言葉がやはり「日誌」「記録」を意味するところからも，〈ジャーナリズム〉と「日々の記録」との関係は本質的なものといえよう．それは，〈ジャーナリズム〉が，1回限りの情報伝達ではなく，継続的な活動であることが暗に要請されているということでもある．

インターネットの草創期，個人の開設したウェブサイトに（とくに日本では）個人の「日記」が掲載されることを奇異に感じる議論が多く聞かれた[6]．議論のなかには，「日記」に対する嗜好が，日本人の私的情緒への閉鎖性を表すものとの批判も多かった．しかし，実際にはウェブ日記は世界的に多く，それがウェブログ（ブログ）サービスへと発展していった．

世界史的に考えても，私的な日記が結果的に当時の社会状況を後世に伝える生き生きした〈ジャーナル〉として読まれることも多々ある．たとえば，17世紀に生きたイギリスの官僚サミュエル・ピープス（Samuel Pepys, 1633-1703）は，1660年から1669年まで個人的な日記を書き続けたが，そこには，イギリス王政復古期の社会情勢が写し取られている（図1-5）．

日本でも，尾張徳川家家臣朝日文左衛門重章（1674-1718）が藩の出来事や身辺雑事を書き留めた『鸚鵡籠中記』（1691-1718（1717年という説もある））や，古本屋須藤由蔵（1793-?）が当時の世相を記録した『藤岡屋日記』（1804-1868）など，史料として重要とされる日記は枚挙にいとまがない．

また，「日記」だからといって私的・情緒的なものであるとは限らず，公開を想定していたり，公開を前提とした「日記」が多いことに注意すべきである．

図1-5　サミュエル・ピープスの日記
（H.B. Wheatley, ed, The Diary of Samuel Pepys：Pepysiana（London, 1899））[7]

印刷技術とジャーナリズム

とはいえ,「日記」が読まれる範囲は狭い.「日記」と現代の「ジャーナル」とは,当初から多くの人びとが(多くの場合)対価を払って読むものという位置づけの点で大きく異なる.そして,「多くの人びと」が読むことを可能にしたのは,まさに印刷技術であった.

社会思想家のベンヤミン(Walter Benjamin)は,「古い銅版画には,叫びながら,髪を逆立て,一枚のビラを両手に振りかざし,駆け寄ってくる使者の姿が描かれている.戦争とペスト,殺戮の喚声と悲鳴,火災と洪水,といったものに関する記事でいっぱいのこのビラは,至るところで「最新の知らせ(ツアイトウング)」を広める」(Benjamin 1931 = 1996: 486-554)と書いている.

16世紀,印刷技術の浸透とともに,ドイツではFlugblatt(フルーグプラット)と呼ばれるビラ状の印刷物がニュースを伝える媒体として存在した(図1-6).「フルーグプラット」とは,「飛ぶもの」という意味で,英語のフライヤー(Flyer:ビラ,チラシ)に相当する.

フルーグプラットは不定期刊行だったが,17世紀に郵便制度が確立すると,定期刊行されるものも現れた.

16世紀以来,イギリスで社会的事件を人びとに知らせたのは,「ブロードサイド」と呼ばれる印刷物であった(図1-7).ブロードサイドは,「ふつう一枚の紙の片面に刷られた俗謡(balladと散文そして粗末な絵入りの読み物のことである.その書き手は居酒屋にたむろするハックライター(三文文士)だ.当時もっともよく読まれたのは「絞首台のバラッド」つまり殺人などの犯罪をあつかったものである)」(村上 2010: 3)と村上は論じている.

「ブロードサイド」は,1500年前後にウィリアム・カクストンの弟子のデイ・ワードによって出版がはじめられたとされる.初期のブロードサイドは「ロビン・フッド」などのフォークロア(民間伝承)をバラッドと呼ばれる韻文形式で表現し,大衆のあいだで人気を博した.時代が下がるにつれて,市井の犯罪や犯罪者の告白を載せるようになった.

新聞への展開

イギリスのメディア学者アンソニー・スミス(Anthony D. Smith)は,著書『ザ・ニュースペーパー』で,新聞が今日のような内容豊富な定期刊行物になるまでに四つの段階を経てきたと論じている.

図1-6 ウェストファーレン講和条約（1648）[8]
に関するFlugblatt（フルーグブラット）[9]

図1-7 ブロードサイドのバラッド
（19世紀）[10]

　第一の段階では，「ほとんどのヨーロッパ系言語で「リレーション」とか「ルラシオン」と呼ばれる」（Smith 1979＝2011：13）パンフレットに，「一つの話」が記述されていた．
　第二の段階では，「リレーションの連続ものがコラントという形で発行されるようになった．〔略〕コラントを最も数多く発行したのはオランダ人で，いろいろな言語で多数の国々に配布していた．たとえば，〔略〕ヤコブ・ヤコブツという人物は，一六二〇年に，第一号の表題が「クーラント・ディタリー・エ・ダルマン（イタリアとドイツに関する通信）」というフランス語のコラントのシリーズを発行し，縦二段組みで，さまざまな軍事情報を提供した」（ibid.：14-5）．初期の新聞は思いのほかグローバルであったようだ．
　第三段階になると「連続する日々のできごとを毎週報告する「ジュルナル」と呼ばれる形式」（ibid.：15）が現れた．「一六四〇年代には数十ものジュルナルが発行され」，「内容が日常的な事柄であるという性格から，発行頻度もひんぱんに」（ibid.：15）なった．
　最後の第四段階では，「表紙と奥付のついた本の体裁で出版された「マーキュリー」」（ibid.：15）が全盛となった．「イギリス清教徒革命の間，多くの人びとが書いた記事を満載した分厚いマーキュリーがすみやかに発行され，ロンドンでは日曜日も含めて毎日，マーキュリーを買うことができた」（ibid.：17）．「マーキュリー」という呼称は，「自

分自身のことばで記事を書くメッセンジャー」を指し,「読者が支払う代価と政治目的のために読者を引きつけて離さないジャーナリストを意味する」(ibid.: 15) と，スミスは指摘している．

今日的な「新聞」へ

　イギリスでは，1896年，アルフレッド・ハームズワース（Alfred Harmsworth）が，『デイリー・メール』を創刊した．1903年には『デイリー・ミラー』も創刊された．しかし，1930年代，大衆紙の販売競争が過当となり，デイリー・ヘラルド（現在のサン）は倒産し，デイリー・ミラーに買収された．1964年，『デイリー・ミラー』は500万部を突破し黄金期を迎えた．1970年代に入ると，ルパート・マードック（Keith Rupert Murdoch）はサンやタイムズなどを次々と買収し，傘下に収めた．一方，ロバート・マクスウェル（Ian Robert Maxwell）は経営不振に陥ったデイリー・ミラーを買収し，サンとデイリー・ミラーの死闘が展開された．

　アメリカでは，1840年代に『ニューヨーク・トリビューン』が発行され，これに対抗するかたちで1851年『ニューヨーク・タイムズ』が発行された．1877年，ワシントンで『ワシントン・ポスト』が発行され，1881年にはロサンゼルスで『ロサンゼルス・デイリー・タイムズ』が創刊された．これは現在の『ロサンゼルス・タイムズ』である．ダウ・ジョーンズ社の『ウォール・ストリート・ジャーナル』は1889年に創刊され，長いあいだ全米1位の発行部数をほこってきたが，1982年に創刊された『USAトゥデイ』に一時追い抜かれた[11]．

ジャーナリズムと公共圏

トクヴィルの新聞論

　このように発展してきた新聞について，それが「民主主義」の基盤であると早くに論じたのは，トクヴィル（Alexis de Tocqueville）であった．

　トクヴィルは，民主主義政治とは政党政治であるとし，その「政党が勝利のために用いる二つの大きな武器は，新聞と結社である」(Tocqueville 1835＝2005: 21) と指摘した．

　そして，政党政治が機能するには，新聞を媒介とする「表現の自由」，すなわち「出版の自由」が不可欠であるとトクヴィルはいう．

　　　出版の自由の力は政治的意見の上のみならず，人びとのあらゆる意見の上に感ぜられる．それは法律を修正するだけでなく，習俗を変える．〔略〕白状するが，私

は出版の自由に対して，その本性上このうえなく良きものに対して人がいだく，全幅でためらいなき愛を覚えるものではない．私がそれを愛するのは，それが生む益のためというよりは，それが妨げる禍（わざわい）を考えるからである．(Tocqueville 1835＝2005: 22-3)

興味深いのは，上記の記述のなかで，トクヴィルは，「表現の自由」がメリットだけをもたらすものではないと指摘していることである．しかし，それでもなお，「表現の制限」がもたらす害悪よりは「表現の自由」を選ぶべきだと彼はいうのである．
　新しいメディアについて，そのデメリットを挙げて「表現の制約」が安易に主張されることに対して，トクヴィルの言葉に耳を傾けることは重要であろう．

ハバーマスの公共圏論
　「近代」という時代区分とジャーナリズム的公共性とを結びつけた最も有名な書は，ハバーマスの『公共性の構造転換』である．
　ハバーマスは，ジャーナリズムの発生を次のように語る．

> 　新聞事業は，もともと民間の通信組織の中から出現してきて，長い間これらの通信事業の後塵を拝していたのであるから，はじめのうちは手職的な小経営の組織形態を取っていた．事業採算は，この第一段階では，初期資本主義の伝統にそった限度内での，控え目な利潤最大化の原則に従っていた．発行者がその企業に対して抱いていた関心は，全く営利的なものであった．彼の活動は主として，通信流通の組織化と通信そのものの照合とに限られていた．(Habermas 1990＝1994: 249)

細々した賃仕事のような「新聞」の時代は，やがて，政治的論争の場へと転換していった．

> 　ところが，通信新聞が思想新聞へ発展して，文筆家たちのジャーナリズムが報道活動と競合するようになると，上述の経済的要素のほかに，新しく広い意味での政治的要素が加わってくる．この進展の大筋を，ビューヒャーはつぎのように印づけている．「新聞はたんなる通信発行施設から，公論を荷い（原文ママ）導く機関ともなり，政党政治の闘争手段ともなった．このことは，新聞事業の内部組織についていうと，通信取材と通信発行との中間に新しく編集という部局が介入するようになるという結果を招いた．しかし新聞発行者の側から見れば，それは新しい通信の販

売人から公論の取引人になるという意義をもっていた[(2)][12]」．この転換は，実をいうと，編集局の自立化をまって開始されたわけではない．それは，二，三の文筆家たちが定期新聞という新しい手段を用いて，教育的な意図で彼らが推進している論説に政策論的効果を博そうとしたときから，即ち大陸では「学芸新聞」，イギリスでは道徳的週刊誌や政治雑誌以来，すでに始まっていたのである．この第二段階を「文筆家のジャーナリズム[(3)][13]」と呼ぶことになっている．この段階になると，この種の事業の営利経済的目的は，たいてい影がうすくなり，それらはおよそ利潤の原則にそむき，そもそもの始めから損失事業であった．教育的推進力は，やがて次第に政治色を濃くしていくが，その財務はいわば破産によってまかなわれていた．イギリスではこの種の雑誌は，しばしば「金持貴族の道楽仕事[(4)][14]」であったし，大陸では個々の学者や文筆家のイニシアティヴから生じたものであった．（Habermas 1990＝1994：249-50）

だが，印刷技術の発展は，「新聞」を大量生産・大量消費のための商品，あるいは大衆消費社会における広告媒体へと変えていく．

やがて市民的法治国家が確立され，政治機能を持つ公共性が合法化されるようになったとき，新聞ははじめて主義主張の責任から解除される．新聞は今や，その論争的立場から足を洗って，商業的経営としての営利機会を重視することができるようになる．このような，主義主張の新聞から商業新聞への発展は，イギリス，フランス，アメリカで，一九世紀の三〇年代のうちにほぼ同じ時期に開始された．広告業務が損益計算の新しい基礎を可能にした．価格をいちじるしく引き下げ，発行部数を数倍に引き上げるならば，これに応じて発行者が紙面のますます大きな部分を広告用に販売することができるようになったのである．この第三の発展段階については，「新聞はその広告欄を，編集紙面によって売りこむことのできる商品として生産する企業という性格を帯びてくる」というビューヒャーの有名な定義があてはまる．このような，近代的商業新聞の最初の試みは，私経済的営利事業としての明確な性格を，再び新聞に取りもどした．もっとも，それは今や，昔の「発行者」の手職的経営にくらべてみれば，高度資本主義的大経営という新しい段階に立っていたのである．すでに一九世紀の中頃には，一連の新聞企業が株式会社としての組織をそなえていた．（Habermas 1990＝1994：252-3）

それとともに，ジャーナリズムの領域に，私的利害や経済的損益の観念が侵入してく

るようになった．

　　初めのうちは，主として政治的な動機で創刊された日刊新聞の間では，個々の事業を専ら商業ベースに組みかえることは，有利な投資機会のひとつに過ぎないという観を呈していたが，それが間もなくすべての出版社にとってひとつの必然となった．すなわち，技術的組織的装備の拡大と精巧化には，資本基盤の拡張が必要となり，事業リスクの上昇が伴い，したがって当然に，営業政策を経営経済の観点から統括することが必要になった．すでに一八一四年には，『タイムズ』は高速印刷機で印刷され，四世紀半の間つづいたグーテンベルク式の木版印刷にとって代わった．三〇年後には，電信機の発明が全情報網組織に革命をもたらした．──しかしながら，自分の企業の私経済利益がますます重視されるようになるだけでなく，新聞は資本主義的な経営体へ発展するにつれて，新聞に影響力を行使しようとする経営外の利害関係の緊張場面へも引き出されることになる．一九世紀後半における大きな日刊新聞の歴史が示しているように，新聞は商業化にともなって，それ自身も外部からの捜査を受けやすくなる．編集紙面の売れ行きが広告欄の売れ行きと相関関係に立つようになってからは，それまで私人たちが公衆として利用する機関であった新聞は，特定の公衆参加者が私人として利用する機関となり，すなわち，特権を持つ私的利害が公共性へ進入してくる水門となる．（Habermas 1990 = 1994 : 253）

大衆社会のジャーナリズム論
　大衆社会とも呼ばれる資本主義社会の発達とともに，ジャーナリズムのあり方に対する批判も厳しくなる．
　その嚆矢のひとつは，フランスの社会学者タルド（Jean-Gabriel de Tarde）の議論である．

　　あらゆるコミュニケーションは，必ずしも肉体の接近を必要条件としない．〔略〕人びとが，体をふれあいもせず，たがいに相手を見も聞きもしない．彼らは広大な地域にばらまかれ，めいめいの家でおなじ新聞を読みながら坐っている．〔略〕他人を見ずとも，マスとしての他人から影響されるには十分である．身をかくし，無名のまま世の煽動家をつとめ，さらには魅惑者ともなっているジャーナリストからの影響が，同時にはたらくことはいうまでもない．（Tarde 1901 = 1964 : 13）

　タルドは，新聞を媒介とした「バーチャルな」共在空間が，疑似公共圏として，煽動

や大衆心理の温床となることに警鐘を鳴らしている（「バーチャル」空間に対する批判は，インターネット空間に対する批判以前から，繰り返し論じられている．マクルーハンは，新しいメディアは常に古いメディアから批判される，と反論しているが）．

アメリカの社会学者ブーアスティン（Daniel J. Boorstin）は，「疑似イベント」という概念によって，メディアの産業化にともなうジャーナリズム（ニュース）の変質を批判する．

> ベンジャミン・ハリスが編集した，アメリカ最初の新聞《外国・国内の公共の出来事》が，一六九〇年九月二五日，ボストンで発行された時，ひと月に一度規則正しくニュースを提供するというのがその建前であった．しかし，「事件がたくさん起こった場合には」ひと月に一度以上の割合で発行されるかも知れないとハリスは説明した．ニュースを作る責任はまったく神――あるいは悪魔――のものであった．新聞記者の仕事は単に「われわれが知ることのできた重要な出来事（イベント）」を記述することであった．（Boorstin 1964：15）

ところが，ジャーナリズムの産業化にともない，「新奇なニュース」は，発見されるものではなく，「作り出されるもの」（疑似イベント）となった．「ニュース」の発売元としての「マスメディア」は，消費者のニーズに応えなくてはならないのである．

> 過去百年の間に，とくに二十世紀になってから，事情はまったく一変した．われわれは新聞がニュースを満載していることを期待している．もし肉眼にも，あるいはふつうの市民にも見えるニュースが存在しないとしても，われわれは，活動的な新聞記者にはニュースが存在するに違いないと期待する．成功した記者とは，たとえ地震や暗殺や内乱がなくても，ニュースを見つけ出すことができる人間のことである．もしもニュースを見つけ出すことができなければ，著名人をインタビューするとか，月並みな事件から驚くべき人間的興味を引き出すとか，「ニュースの背後にあるニュース」を書くとかの方法によって，ニュースを作り出さなければならない．（Boorstin 0962＝1964：16-7）

このような「捏造されるイベント」の問題は，フランスのメディア論者ギイ・ドゥボール（Guy Debord）が『スペクタクルの社会』で論じている問題でもあり，また，近年の日本の報道における「やらせ」「過剰演出」の問題とも直接接続する問題である．

一方，現代ジャーナリズムについて，ブーアスティンとは反対の方向から問題提起し

ているのが，フランスの社会学者ブルデュー（Pierre Bourdieu）である．

> メディアによって供給される情報が，耳障りなことのない総花的なもの，均質的なものになってしまうと，そこから政治的，文化的な効果が生じる．大変よく知られた法則がある．報道機関やあるいはなんらかの表現手段が，より広い公衆を捉えようとすればするほど，耳障りなこと，意見の分かれること，対立を引き起こすこと，こうしたことの総てがそこから失われてしまう．〔略〕人びとの精神構造を揺るがすようなことはまったくない．実に奇妙な生産物，つまり『ニュース』がつくられるのだ．（Bourdieu 1996＝2000: 78）

ニュース消費者の欲望に答えるため（あるいはそのような口実の元に）珍奇な「イベント」のニュースが生産される．ただし，その珍奇さは，決して，社会の本質に関する議論を呼び起こすようなものであってはならない．むしろ，社会に潜在するより重大な問題を隠すような役割を担っていたりするのである．

読者や視聴者に迎合する「疑似イベント」に隠れて「語られないニュース」の問題が不可視化されているのではないか．われわれはそのことにもっと敏感にならなければならないだろう．

4. ジャーナリズムとマスメディア——「第四の権力」か

ジャーナリズムの機能

第3節で見たように，現実のジャーナリズムは常に批判にさらされてきた．

しかし同時に，理念型としてのジャーナリズムは，現代ますます重要なものとみなされている．

ジャーナリズムの社会的機能は，

① 情報の収集
② 情報の編集・集約
③ 情報の伝達
④ 権力の監視

の4つにまとめられる．これらは，人びとからのジャーナリズムへの期待でもある．

このうち，①〜③は，ジャーナリズムが行う行為であるが，④は，①〜③の行為の動機でもあり，目的でもあり，正当性を担保する観念でもある．すなわち，〈ジャーナリ

ズム〉は，社会における不公正や不正義を告発し，これを正す役割を持つとされるがゆえに，「社会の木鐸」とも呼ばれ，社会的尊敬を払われもするのである．

ただし，〈ジャーナリズム〉と権力の関係が，それほど単純でないこともまた事実である．

ジャーナリズムと権力

まず，「権力」という概念について考えておこう．

社会学者ウェーバー（Max Weber）は，「権力」という概念を「『権力』とは，或る社会的関係の内部で抵抗を排してまで自己の意志を貫徹するすべての可能性を意味し，この可能性が何にもとづくかは問うところではない」（Weber 1922＝1972: 86）と定義した．

また，現代イギリスの社会学者アンソニー・ギデンス（Anthony Giddens）は，「権力とは，個人なり集団が，他の人びとの抵抗に逆らってさえ，みずからの利益なり関心を考慮に入れさせることができる能力である」（Giddens 2001＝2004: 516）と定義している．

いずれも，「権力」を，社会における公正な相互関係に「歪み」を生じさせる「力」として捉えている．

イギリスの社会学者トンプソン（Thompson 1995）は，この「権力」を，その行使の様式によって，

1. 政治的権力
2. 経済的権力
3. 強制（暴力）的権力
4. 象徴的権力

の4種類に分類している．

ジャーナリズムの特権性——〈情報的権力〉

〈ジャーナリズム〉は，他の社会的主体に影響を及ぼすというだけでなく，その社会的役割から，さまざまなかたちでの「特権」を持っている．

とくに，その性質上，ジャーナリストたちは，一般の人がアクセスできないような情報にアクセスする特権を持っている．これを仮に〈情報的権力〉と呼んでおこう．

たとえば，政府など公的機関は「記者クラブ」を設け，重要な情報をいち早く報道関係者に伝える．記者クラブに所属していない者は，こうした情報から不当に排除される恐れがある．

また報道関係者には,「取材元の秘匿」という権利が認められている.これによって,法的には「犯罪者」であるような人からも,情報を得ることができるのである.

ジャーナリズムの影響力

〈ジャーナリズム〉はまた,それ自身が意図するとしないとを問わず,人びとに影響を与える.それは,社会に関する情報取得と間主観性形成に深く関与するからである.

とはいえ,初期のマスコミ研究に見られた,マスメディアが発するメッセージが直接に受け手の行動を決定するといった「弾丸理論」や「皮下注射理論」はすでに過去のものとなった.近年のマスメディア研究においては,より限定的な「アジェンダ設定」に関する議論が中心となっている.

ジャーナリズムのアジェンダ設定機能

アジェンダ設定に関して,マクウェール(D. McQuail)は,図1-8のような凧モデルを提示している.ある争点が争点として認知されるのは,エリート(知識人,専門家など),メディア,公衆の相互作用においてであるというモデルである.

先にも述べたように,マスメディアの影響力を過剰評価するのは現実的ではない.新聞はテレビ番組欄とせいぜい社会面しか見ないと公言する人は多い.また,テレビは主として「ながら視聴」であり,内容を深く考えながら見ることは少ないという見解(橋元 2001)にもうなずける.

しかし,目立つ見出しやヘッドラインは無意識にも浸透するし,それが反復されれば,記憶にも残り,日常的な対人コミュニケーションの場においてもそれが話題とされるこ

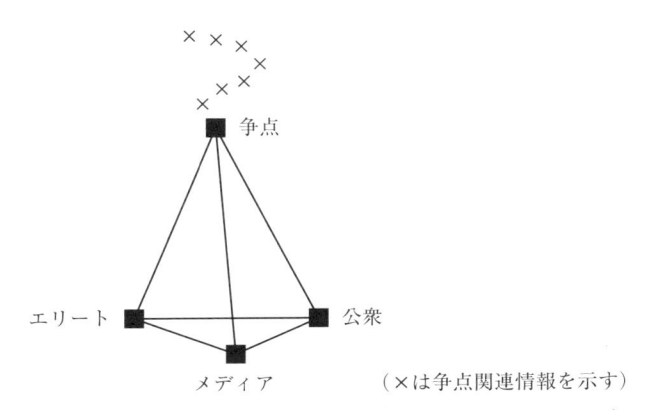

図1-8 アジェンダ設定の凧モデル (McQuail 1981 = 1986: 30)

(×は争点関連情報を示す)

とは多くなる．

　また，凧モデルでひとつのノードとなっているエリートも，一般の人びとは，マスメディアを介してその意見を聞くことがほとんどである．意図的にせよ非意図的にせよ，マスメディアに招かれるエリートの選択はマスメディアにかなりの部分依存している．そうした意味で，マスメディアのアジェンダ設定機能は，想像以上に大きいかもしれない．

　たとえば，オウム真理教の場合にも，その組織の内情について疑念がささやかれていたにもかかわらず，メディアはむしろ一種のエンターテインメントとしてこの教団を番組で取り上げ，その結果，犯罪的行為の発覚が遅れたともいわれている．

　また，2002年からの膨大な北朝鮮拉致被害者報道は，それ以前にはむしろメディアは報道をためらっていたという指摘もあり，現状のマスメディアの報道はその影響力に見合った正当なアジェンダ設定を行っているのか，疑問の残るところである．

ジャーナリズムとステレオタイプ

　たとえマスメディアに対して人びとが集中的に購読や視聴を行わなかったとしても，アジェンダ設定の場合と同様，マスメディアが人びとに影響を及ぼすことができる可能性はさまざまにある．

　たとえば，ある争点に関してさまざまな条件を考慮しつつ慎重に練られた議論は受け手の目や耳を素通りするかもしれない．しかし，単純化され，反復される「主張／意見」は，人びとの記憶に残りやすい．マッコム（M.McCombs）ほかは，人びとがメディアを意見を形成したいという動機があると指摘している（McCombs et al. 1991＝1994：125）．その場合，メディアの告げる，わかりやすい「意見」を無意識のうちに自分のものとしてしまうパロティング（石川 2004）が生じる可能性は高い．パロティングとは，自分がよく知らない事柄について意見を求められたとき，接したことのあるメディアの意見を自分の意見としてオウムのように繰り返す傾向をいう．

　また，反復的に聞かされる「意見」は，それが多数意見であるとの認知を受け手に与え，ノエレ・ノイマン（E. Noelle-Neumann）のいう「沈黙の螺旋」（Neumann 1980＝1988）現象が生じることも考えられる．「沈黙の螺旋」とは，人びとは一般に，自分の意見が多数派の意見や支配的意見であると確信するならばその意見を公言するが，そうでない場合は孤立を恐れて沈黙してしまいがちである．その結果，多数派意見あるいは支配的意見として提示された意見は事実としてますます支配的意見になる，という仮説である．

ジャーナリズムと〈反権力的権力〉

　ジャーナリズムは〈権力〉を監視するが，その監視は，社会と権力の関係が不公正なものにならないようにすることである．

　しかし，時によって，単に〈権力〉の座にあるものの枝葉末節的スキャンダルを必要以上に大きく取り上げ，全体としてのバランスを欠くようなことも起こる．

　トンプソン（Thompson 2000）は，たとえば，米副大統領候補が単語の綴りを間違えたことを大きく取り上げ，結果的に彼を失脚させたような出来事を，批判的に指摘している．

　日本でも，東日本大震災の後，個別的な政局ばかりを取り上げ，重要な報道が等閑にされたのではないかという議論など，こうした事例には事欠かない．

劇場化ジャーナリズムと人権

　ジャーナリズムは，人びとの人権が侵害されることを防ぎ，もしそのような事態が発生しているならそれを告発することが役割である．

　しかしながら，ジャーナリズム自体が人権を侵害していると告発されるケースも近年多い．

　たとえば，「松本サリン事件」など，まだ「被疑者」の段階でも，報道人によって「犯人であることが確定した人」のように報じられ，報道関係者が殺到して，個人情報など

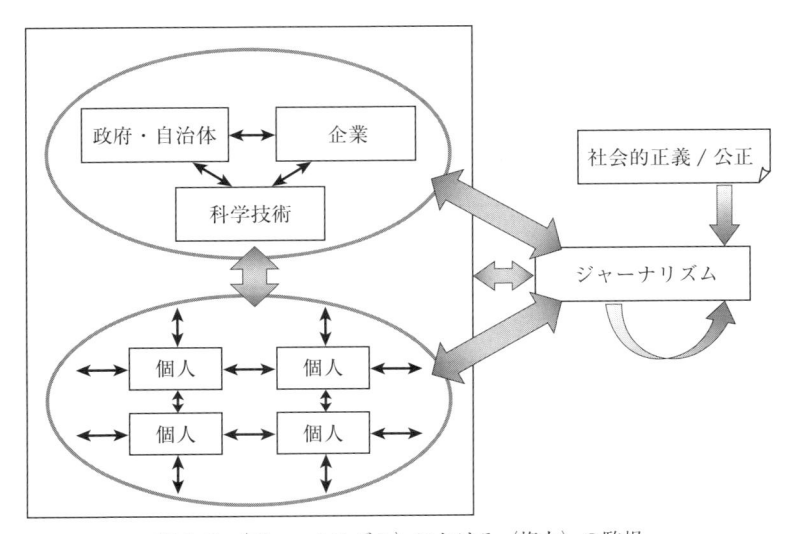

図1-9　〈ジャーナリズム〉における〈権力〉の監視

すべてが暴かれるような事態（メディア・スクラム）も珍しくない．このような行為は，決して「ジャーナリズム」とは呼べず，メディア・スクラムに遭った人の人権を傷つけるだけでなく，事件の真相解明を疎外することにもなる．

また，やらせ・過剰演出の問題も，第3節で述べたように，〈ジャーナリズム〉の本質にかかわる問題である．

ジャーナリズムにおける〈権力〉の監視

この章で見てきたように，ジャーナリズムは，社会の公正性を守るために，不当な〈権力〉の行使に対して常に目を光らせ，問題があれば，いち早くこれを公共の議論の俎上に載せる義務を負う．

ジャーナリズムは，自らが実は巨大な影響力を持った〈権力〉でもあることを意識し，ジャーナリズム自体が他の主体に対して不当な〈権力〉をふるっているようなことがないか，自己監視に努めなければならない（図1-9）．

5. ジャーナリズムにかかわる倫理

ジャーナリストをとりまく危険

ジャーナリズムは，民主主義の根幹をなすものである．と同時に，民主主義に資する役割を果たすには，常に厳しく自らを律することが必要となる．

しかも，ジャーナリストは常に危険と隣り合わせでもある．

UNESCOによれば[15]，最近10年のあいだに世界で600人以上のジャーナリストが殺された．

図1-10は，2006年から2012年までに殺されたジャーナリストの地域別割合であるが，とくに中東とアジアで多くのジャーナリストが殺害されている．

また，図1-11は殺害されたジャーナリストの数の推移だが，2012年に倍増していることが注目される．

UNESCOは，ジャーナリストの安全と表現の自由は同じコインの表裏であると訴えている．

また，「プロテクト・ジャーナリスト委員会」[16]の発表によれば，2013年中に世界で少なくとも70人のジャーナリストが殺害された．最も多いのは，シリアの28人，次がイラクとエジプトの6人，以下パキスタンで5人，ソマリアで4人，インド，ブラジル，フィリピンで3人，ロシア，マリで2人，トルコ，バングラデッシュ，コロンビア，リ

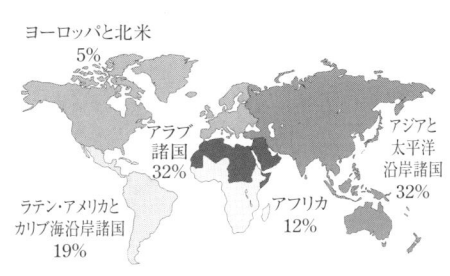

図1-10　2006年から2012年までに殺された
　　　　ジャーナリストの地域別割合[17]

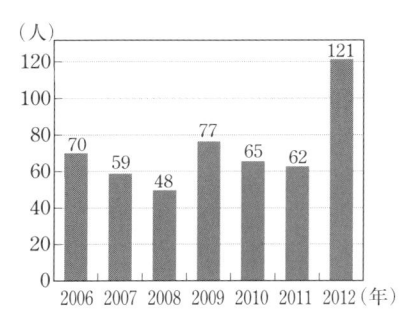

図1-11　殺害されたジャーナリスト数の
　　　　推移[18]

ビアで各1人が亡くなった．

　日本人ジャーナリストも，たびたび被害に遭っている．2004年5月にイラクで襲撃された橋田信介さんと小川功太郎さん，2007年9月にミャンマーで反政府デモを取材中に銃撃された長井健司さん，2010年4月にタイのバンコクで反政府デモを取材中に撃たれた村本博之さん，2012年8月にシリアで銃撃戦に巻き込まれた山本美香さんなどである．

　われわれの「知る権利」を守り，「語る権利」を守るためには，社会全体で，ジャーナリストの生命・身体を守らなければならない．

ジャーナリストとは誰か――「誰でもジャーナリスト」の時代

　ジャーナリストに高い倫理性が求められるのは当然である．

　しかし，「ジャーナリスト」とは一体誰なのだろう？　「ジャーナリスト」といったとき，真っ先に思い浮かぶのは，新聞社やテレビ局に勤務する「記者」であるかもしれない．しかし，フリーの立場で活動する「ジャーナリスト」は決して少なくない．

　ジャーナリストとは，どのような「職業」なのだろう．

　フランスのメディア研究者であるフランシス・バルは，「職業」について，次のように述べている．

　　社会学や政治科学がいう意味において職業化とは，行動とその成果を同時に指している．これは，その特殊な能力を客観的，主観的，現実的，象徴的に使うために，同じ仕事をするすべての人の名において着手される行動のことである．しかしそれは，この行動の成果からも切り離せない．明記されているかどうかにかかわらず，規則あるいは規範全体はどんな場合でもその社会が属する価値によって正当化され

ており，それによって職業人集団がその活動の概略や目的でなくても，少なくとも，技術的であれ，倫理的であれ，その行使や道徳律に関する能力の形式を決定することができる．この意味において職業化は同じ仕事をする人間集団を同業者集団に変質させる．それは自立ないし社会の他の〈権力〉に対して多少とも駆け引きする余地を利してのイニシアティブと決断の場である．また同業者団体すべての加盟者に対して差別することなく，客観的ないし主観的なあらゆる目印が与えられることから，社会化の場でもある．[19]

しかし，マティアン（Michel Mathien）は，「ジャーナリスト」はこのような定義にはあてはまらないと指摘し，1880年度版の職業辞典の次のような記述を紹介している．

　職業とは，人がそのために準備し，準備が終われば，常套的な表現に従えば，意図的に選択し，そしてほぼ確実に一生それに従事するもの……．現場がなくても技術者は技術者であり，お客がいなくても人は医者，弁護士である．しかしジャーナリストであるのは，新聞に書くときだけである．ジャーナリストであったかと思うと翌日はそうでなくなる．見習い期間も免許証も証明書もない．ジャーナリズムは言葉のふつうの意味から見て，職業ではない．[20]

そしてマティアンは，最終的に，バルの次のような定義を採用するのである．

　ジャーナリストとは，「そのように自分を呼び，かつそのレッテルをつける権利を社会が認知する人のことである」．（Mathien 1995＝1997：22）

ましてや今日では，インターネット，ソーシャルメディアの普及により，「誰でもジャーナリスト」の時代とさえいわれる．

ブログやソーシャルメディアの記事も，意識的にせよ，無意識的にせよ，新聞やテレビによる報道に相当するような社会的影響を持つことも多くなっている．

仲間内の悪ふざけが，ソーシャルメディアを通じて広い範囲に流布された結果，重大な営業被害を引き起こす「バカッター」が一時大きく問題化した．

反対に，許される範囲内とも考えられる出来事に対して，少数の「クレーマー」がネットなどを通じて強い抗議を繰り返すことで，少数の意見が大多数の常識を破棄するような効果を及ぼすことも指摘されている．

こうした問題についてどのように考え，対処すべきかは，より精緻な議論を必要とす

るが，少なくとも，「誰でもジャーナリスト」になってしまいかねない時代には，誰もが，「ジャーナリストの倫理」を自らの問題として考えるべきだろうし，そのための「ジャーナリスト教育」にも取り組んでいく必要があるだろう．

第2章

明治期〜戦前日本における〈ジャーナリズム〉の形成と終焉

遠藤 薫

第1章ですでに述べてきたように，「ジャーナリズム」の概念は西欧近代のなかで形成されてきた．

これに対して日本では，江戸期まで「落書」や「読売」など，日本なりの情報流通回路があったものの，今日のような〈ジャーナリズム〉概念は，明治以降，西欧との交流のなかで移入されてきたものといえる．

この過程については，すでに多くの研究もあり，またさらに詳細な分析を必要とする領域であるが，ここではその概略を提示する．

1. 日本における「ジャーナリズム」以前

読売瓦版と歌舞伎

日本では，近世になって印刷技術が発達するとともに，「瓦版」あるいは「読売（よみうり）」と呼ばれるチラシ状の刷り物を売る人びとが現れた．江戸期の瓦版売り（当時は，「瓦版」というより「読売」という呼称が一般的だった．本稿でも，以下，「読売」の呼称を用いる）である．「読売」たちは，江戸期に，天災や火事，市井のゴシップなどを刷り物にして，街頭で売ることを商売にしていた．明治期の版画家である菊池貴一郎（4代目広重）は，著書『江戸府内絵本風俗往来』に，次のように書いている．

図 2-1　読売[1] 　　　　　　　図 2-2　仇討を報じる読売[2]

　読売といふものに数種あり，三四人より六七人づゝ伍をなして，時の出来事を探り，公に関せざる珍しき事ある時は，善悪共即時に印版に起し，駿河半紙といふ紙に摺立たるを，互に珍しさうに呼び歩く．サ此（これ）は此度（このたび）世にも珍しき次第は，高田の馬場の仇討などゝいひて売あるくあり．（菊池 1905：31）

　彼らはしばしば客寄せのために，音曲にのせて唄いながら商売をした．
　このような時事情報の伝達形態は，先に見たイギリスのバラッドなどとも類似しており，プレ - ジャーナリズム（近代以前のジャーナリズム的なもの）の普遍的形式といえるかもしれない．
　また日本では，歌舞伎なども社会的情報の伝達媒体としての意味も持っていた．たとえば，よく知られた『仮名手本忠臣蔵』は，実際にあった赤穂浪士の仇討ち事件に材をとった物語である．当時現実の事件を芝居にすることはよくあったが，幕府はこれを嫌ったため，異なる時代に設定を移して物語は語られた．忠臣蔵も太平記と重なる時代設定で興業にかけられた．しかし，幕府による禁制は，歌舞伎の社会批判力を知っていたからだろうし，興行側や観客たちは禁制をすり抜けて公的議論を行う術を知っていた．赤穂事件はまさに社会的正義とは何かに関する論点を社会に提示する事件であった．そして忠臣蔵は，市井の人びとがその議論を戦わせる優れたメディアとなったのである[3]．

明治になると，読売たちは時事に関する情報を刷るようになった．一方，海外から「新聞（ニュース）」の概念が入ってきて，「読売」とは異なる文脈にもとづく「新聞」が発行されるようになった．

「読売」と「新聞」は異なる文脈から発生したとはいえ，リアルな「明治」の環境のなかでは，「新聞」もまた「読売」的に（つまり音曲とともに街頭で売られたり，配達されたりという形式で）売られる場面が多々あったという．

自由民権運動と演歌師歌本

薩長を中心とした明治政府の藩閥政治に異を唱え，自由民権を訴える人びとも，集会場に人を集めたり，街頭でのアジテーションを積極的に行った．

街頭でのアジテーションの形式は，やはり，伝統的な「読売」の形式と似通っていた．明治10年12月27日付けで内務卿・大久保利通が東京警視本署にあてて出した通告には，政治的集会の取り締まりとともに，「東京諸新聞紙読売之者近来猥りに事跡を付会揚言して売歩行く者有り．之不都合に付き適宜取締可致事」（『警視庁権限類抄』明治26年3月）と指示されている．

このようななかで，大衆にアピールしやすいコミュニケーション手段として「歌」が用いられた．自由民権運動の活動家たちの歌は，しばしば「壮士節」と呼ばれた．自由民権運動はやがて下火になるが，「壮士節」は「演歌」とも呼ばれ，演歌師たちは世相を風刺する歌を歌本と呼ばれる小冊子に印刷して，街角で売ったのだった[4]．

2.　オランダ風説書と官板バタビヤ新聞

近代的「新聞」の先駆けは，徳川幕府による「官報」であった．

江戸期の日本は，「鎖国」といわれるものの，実際には諸外国の情勢を「四つの口」[5]を通じて得ていた．西欧との交流の窓口となっていたのは，長崎である．

西国諸藩は，幕府直轄地である長崎に「長崎聞役」という役職をおき，「長崎奉行からの指示を国元に伝えるほか，貿易品の調達，諸藩との情報交換を主たる任務とした」[6]．

当然幕府も，オランダを通じて海外からの情報収集に努めた．その報告書が「オランダ風説書」である．「オランダ風説書」には，1641年から1857年まで作られた「（通常）風説書」と1840年から1857年まで作られた「別段風説書」がある．最後に作られたのは，1959年の「風説書」であった．

「鎖国」下でもこうした情報交流が続けられていたことが，他のアジア諸国にくらべて相対的に，日本の近代化ショックが小さくてすんだ理由とも考えられる．

その後，幕府の洋学研究教育機関である蕃書調所[7]は1862（文久二）年から，ジャワのバタビヤ（インドネシアのジャカルタ）にあったオランダ総督府の政府機関紙"Javasche Courant"を翻訳した『官板バタビヤ新聞』を発行し，欧米の政治情勢を一般に公開した．「開国」の正当性を世論に訴える手段の意味があったとされる．

3. 御用新聞・政党新聞・大新聞・小新聞

　明治になると間もなく，民間からも欧米に倣った「新聞」を発行する動きが出てくる．
　1868年2月に柳河春三が創刊した『中外新聞』は，海外の新聞からの翻訳記事と国内の時事報道を合わせたものであったが，幕府寄りの立場であったため，まもなく発禁となった．同年閏4月には，福地桜痴が，やはり旧幕臣のスタンスから『江湖新聞』を発行するが，これもまもなく発禁となった．
　その後，1870年3月に，日本発の日本語日刊新聞として『横浜毎日新聞』が発行され，『東京日日新聞』『郵便報知新聞』などが次々と発刊された．
　こうした動きのなかで，政府と提携関係を結ぶ「御用新聞」が登場する．新聞発行の先駆者でもあった福地桜痴は，1874年，『東京日日新聞』の主筆となったが，新聞経営の困難さ，広告収入の獲得，読者増加のための方策として「御用達」の権威を用いようと，新聞の「御用」化を図った．福地自身は以下のように語っている．

　　当時余は民間に降りて世間に忌み嫌わるる新聞記者とは成りたれども暇あれば即ち常に在朝の諸侯を訪問したりき．〔略〕伊藤伯の如きは殊に屢々せる所にして凡そ政府の方針にして余が同意する問題は自ら進んで之を賛助せんと欲したりき．余は又当時政府に官報なかりしを以て政府に乞い東京日日新聞に太政官記事御用の稱を得て官報のように充てんと試みたりき．尋て廟堂の方針を聴き是を紙上に表白して以て其の機関となさんと迄望みたりき．然れども当時余が聴き得る所は例えば伊藤伯の如き大隈伯の如き一個人の参議たる其の人の意見を聴き得るに止まりて所謂閣議としては之を明知するに由なかりければ〔略〕東京日日新聞には太政官記事御用の虚名ありても官報たるの事実なく外には御用新聞と認められても閣議を示すの成果なかりければ其の実は余が独立の意見を以て時事を論じたる過ぎざれば時としては知己の諸公の所為と雖も余が是執する所に反すれば遠慮なく其の是非得失を論じて憚る所あらざりき．然れども世間にては猶是を覚らずして恰も余が筆は廟堂の意見を代表せるものの如きに誤認したりき（福地　1894：210-2）

この福地の戦略と実際の乖離は，今日まで続く日本ジャーナリズムの問題がひそんでいるように思われる．すなわち，民主主義の文脈においては，権力に対する対抗メディアとして「新聞」が位置づけられる．しかし，福地はむしろ大衆への情報提供，啓蒙を主として考えていたように思われる．そしてそのような媒体としての新聞を大衆に受け入れられやすくするために「御用」という正統化を，権威付けを図ったのである．江戸期，さまざまな商品が，「幕府御用達」といった称号を伏すことによって品質の高さや信頼性を獲得した．福地は，これにならって，『東京日日新聞』も「御用」の称号を得ることが重要であると考えたのであった．

　そのため，上記の引用文でも，今日の視点から見ると奇妙に映る部分がある．福地は，せっかく「御用新聞」を名乗ることを許されたのに，政府は公式情報を出してくれないので，結局知人である伊藤博文や大隈重信の話に自分の意見を織り交ぜた程度の情報しか書くことができない，と慨嘆たる想いを吐露しているのである．

　つまり，福地は，「新聞」の役割を，政府の「広報」であると考えており，したがって，政府の公式情報を読者に正しく提供することが「新聞」の役割であると考えていたのではないか．

　このような福地の新聞観について，川辺（1942）は，福地は自分の信念を曲げて政府におもねろうとしたわけではなく，自分の信念と政府の方向性が一致しているから「御用新聞」を自ら引き受けたのであって，それは報道人として筋が通っていると，擁護している．

　しかし，御用新聞に対して，政府の世論操作に荷担するものとして批判する声は当時からあった．同時代のジャーナリストである宮武外骨（1867–1955）は，『壬午鶏林事変』に収められた「御用新聞社を罵る民権派の新聞」という小文で次のように御用新聞（ここでは大東日報）を批判している．

> 　新聞記者の本務とすべき所は，社会事象に就ての報道と論議である．然るに朝鮮事変の談判が整はずして若し開戦することになれば，献金しろの義勇兵を出せのと云ふ遊説に地方廻りをするのは間違って居る，販路拡張運動の口術としても可笑い，其筋の内意らしいと書いてあるが「其筋とは手の筋か足の筋か又は疝気の筋か知らねども，如何に其筋じゃとて，新聞屋に頼んで人民に説き廻らせることや有るべき」（宮武 1932: 188）

　御用新聞が，ジャーナリズムの本義にもとる政府の傀儡にすぎないとの批判である．もっとも宮武は，御用新聞（官権派）とそれを罵る「民権派」新聞とをともに揶揄し

表2-1 主な首都圏の新聞の創刊と現在[8]

創刊日	最初の紙名	現在の紙名	変化のプロセス
明治3.12.8	横浜毎日新聞	終刊	横浜毎日新聞（明治3.12.8）→東京横浜毎日新聞（明治12.11）→毎日新聞（明治19.5）→東京毎日新聞（明治39.7）→《終刊．帝都日日新聞が合併》（昭和15.11.30）
明治5.2.21	東京日日新聞	毎日新聞	東京日日新聞（明治5.2.21）→《毎日電報と合併》（明治44.3.1）→《時事新報を合併》（昭和11.12.26）→毎日新聞／東京（昭和18.1.1）→《夕刊毎日新聞と合併》（昭和26.10.1）→《継続中》
明治5.6	郵便報知新聞	報知新聞	郵便報知新聞（明治5.6）→報知新聞（明治27.12.26）→《読売新聞と合併》読売報知（昭和17.8.5）→読売新聞（昭和21.5）→「新報知」を創刊（昭和21.12.15）→「報知新聞」復刊（昭和23.9.1）→《継続中》
明治7.11.2	読売新聞	読売新聞	読売新聞（明治7.11.2）→《報知新聞と合併》読売報知（昭和17.8.5）→《読売新聞に復題》（昭和21.5.1）→《継続中》
明治17.5.11	自由燈	朝日新聞	自由燈（明治17.5.11）→燈新聞（明治19.1.14）→めさまし新聞（明治20.4.1）→東京朝日新聞（明治21.7.10）→朝日新聞／東京（昭和15.9.1）→《継続中》
明治17.9.25	今日新聞	東京新聞	今日新聞（明治17.9.25）→みやこ新聞（明治21.11.16）→都新聞（明治22.2.1）→《国民新聞と合併》東京新聞（昭和17.10.1）→《継続中》
明治23.2.1	横浜貿易新聞	神奈川新聞	横浜貿易新聞（明治23.2.1）→横浜新報（明治37.6.20）→貿易新報（明治37.7.1）→横浜貿易新報（明治39.12.13）→《「横浜新報」ほかと合併》神奈川県新聞（昭和15.12.13）→神奈川新聞（昭和17.2.1）→《継続中》

ており，当時，新聞を媒介としたイデオローグ闘争が激しかったことをうかがわせる．

　政府御用達の御用新聞ではなくとも，当時の新聞は特定の政党の機関誌としての役割を持つものが多かった．

　ただし，このように政論を主とする新聞は必ずしも売上が伸びず，娯楽的な情報を売りにする大衆向け新聞として，讀賣新聞や平仮名東京絵入り新聞などが発刊された．当時，前者は「大新聞」，後者は「小新聞」と呼ばれた．

4.　福沢諭吉と時事新報

　御用新聞や政党新聞とは異なる方向から「新聞」にアプローチしたのが福沢諭吉だった．福沢は，明治維新以降，西欧の近代主義を積極的に取り入れようとした．彼は，

表 2-2 大新聞と小新聞

大新聞	小新聞
横浜毎日新聞（1870年1月創刊）（帝政党）	読売新聞（1874年11月創刊）
東京日日新聞（1872年5月創刊）（帝政党）	平仮名東京絵入新聞（1875年4月創刊）
郵便報知新聞（1872年6月創刊）（改進党）	仮名読新聞（1875年11月創刊）
朝野新聞（1874年9月改題新出発）（改進党）	朝日新聞（1879年1月創刊）
東京曙新聞（1875年改題新出発）（民権派）	
自由燈（自由党）	

図 2-3 『朝野新聞』
（1879年6月7日付）[9]

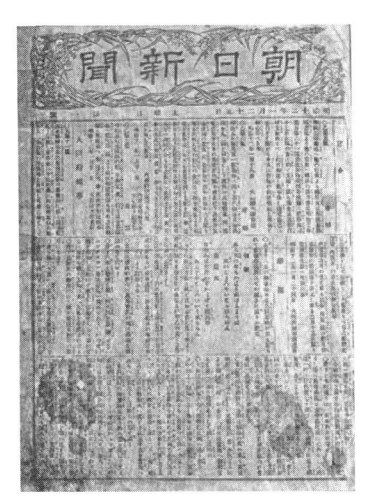

図 2-4 『朝日新聞』
（1879年1月25日付）[10]

1866（慶應2）年に尚古堂から『西洋事情．初編．一』を出版し，西欧の文化を紹介した（図2-5）．そのなかで，「新聞紙」と題して新聞についても紹介している．やや長いが引用する．

　　新聞紙
　　　新聞紙は会社ありて新しき事情を探索し之を記して世間に布告するものなり．即ち其の国朝廷の評議，官命の広告，吏人の進退，市街の風説，外国の形勢，学芸日新の景況，交易の盛衰，耕作の豊凶，物価の高低，民間の苦楽，死生存亡，異事珍

談．総て人の耳目に新しきことは逐一記載して図画を付し明詳ならざるはなし．其の細事に至っては集会の案内を為し開店の名を弘め失物を探索し拾い物の主を求むる等皆新聞紙局に託して其の次第を記す．故に一室に閉居して戸外を見ず，万里の絶域に居て郷信を得ざるものと雖も一度新聞紙を見れば世間の情実を模写して一目瞭然，恰も現に其の事物に接するが如し．西人新聞紙を見るを以て人間の一快楽事となし，之を読んで食を忘ると言うも亦宜なり．九つ海内古今の書，多しと雖も聞見を博くし事情を明にし世に処するの道を研究するには新聞紙を読むに若くものなし．新聞紙は毎日出版するものあり7日に一回出版するものあり．西洋諸国及び海外の地にても西人の居留せる地には必ず之を出版するものあり．その最も盛に行わるるは英国の龍動（ロンドン）アメリカのニューヨークを天下第一とす．龍動にては万国の新聞を集め自国の新聞と共に記して世界中に布告す．所謂龍動新聞なり．新聞紙の報告は速かるを趣意とし蒸気機関を以て版を刷り一時間に一万五千枚を得べし．制本終れば蒸気車蒸気船等の急便にて諸方に達す．其の神速なること人の耳目を驚かす．一例を挙ぐるに甞て（かつて）龍動の議事院に終夜大議論ありて暁第四時（七時）に終わりしとき即時に議事の次第を知るし出版して国中に布告し同日第十二時（九時）には百里外のブリストルに達せしあり．新聞紙の説は其の国に由り其の人の意見に従って偏頗なきにしもあらざれば元官許を受け出版するものにて其の議論公平を趣旨とし国の政事を是非し人物を褒貶するも妨なし．故に世人皆之を重んじ其の大議論に由っては一時人心を傾け政府の評議も之が為変単することあり．譬えば此の国にて師を起こし彼の国を攻めんとの評議あるとき彼の国の人，理非曲直を弁論し之を新聞紙に載せて世上に布告すれば師を止めるの一助ともなるべし（福沢 1872）（現代仮名遣いに改めた）

このなかに示されている福沢の新聞観から，三つの重要なポイントを抽出することができるだろう．

第一は，新聞が企業体によって制作され，社会の多様な情報を網羅的に収集・提示することで，人びとの認識を拡張する．それは知的活動であるとともに，楽しみを提供するものでもある．

第二は，新聞は定期的に発行されるものであり，世界のあらゆる地域からの情報発信を可能にする．新聞は蒸気機関によって一度に大量に印刷され，蒸気車蒸気船によって即座に各地へと送られる．

第三に，新聞は公的に認められたものであるがゆえに議論は公平に行われ，表現の自由が保証されている．こうした原則に則った新聞の議論は，それが公正であり合理的で

あるからこそ，自国政府の考えをも変えることができ，また，戦争を止める助けともなる．

福地の新聞観が，国内の党派的闘争と大衆に対する正統化，経営拡大を目指すものであるのに対して，福沢の新聞観は，当時のグローバル化する世界情勢と，その基盤となっている産業革命および情報革命を見据え，議論の力を重んじている．その意味で，きわめて普遍性の高い視点であるといえる．とくに彼の見ているグローバル世界とその時点での前述の情報通信革命は，前記の文が収められている『西洋事情』の扉に，地球儀の図とともに「蒸気，済人，電機，通信」とキーワードが対処されていることからもうかがわれる（図2-5）．福沢にとっては，当時の「新聞」は，今日のインターネットと通じるもののように映っていたのだろう．

福沢諭吉は，明治15（1882）年，自ら『時事新報』という日刊紙を創刊した（図2-6）．福沢は新聞創刊の趣旨を創刊号に掲載した「本紙発兌の趣旨」に，「専ら近時の文明を記して，この文明に進む所以の方略事項を論じ，日新の風潮におくれずして，これを世上に報道せんとする」ことを目的とし，「政も語るべし，学事も論ずべし，工業商売に道徳経済に，およそ人間社会の安寧を助けて幸福を進むべき件々はこれを紙に記して洩らすなきを勉むべし」と述べている．

時事新報は，このような近代性によって，間もなく「日本一」と称される地位を手に入れた．

ただし，福地の新聞観にくらべて近代合理主義的であるように見える福沢の新聞観も，必ずしも民主主義的社会を目指すものではなかった．福沢は「本紙発兌の趣旨」のなかで，「唯大に求る所は國権皇張の一点に在るのみ」と断言しており，19世紀グロー

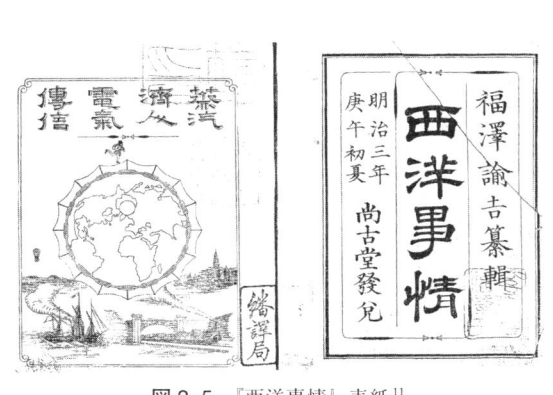

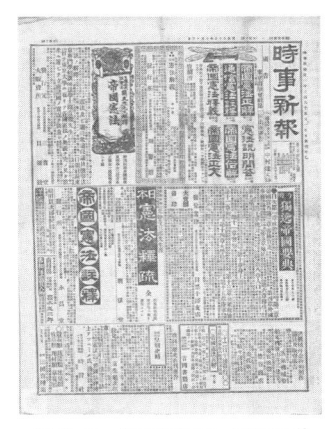

図2-5 『西洋事情』表紙[11]　　　　図2-6 『時事新報』創刊号[12]

バリゼーションのなかで，日本国家の覇権拡大を目指すことを目標としていた．そのため，『時事新報』もまた，御用新聞との批判を受けもしたのである[13]．

5.　その後——新聞統制

1923年9月1日，関東大震災が首都圏を襲った．

大震災は日本社会全体に大きな打撃を与えた．

『時事新報』も被災し，経営は悪化した．1934年に帝人事件に発展する財界批判記事によって一時的に業績が好転したものの，昭和11（1936）年についに廃刊となった．

この時期，東京では『報知（讀賣）新聞』『東京日日新聞』『東京朝日新聞』がシェアを分け合っていた．

しかし，第二次世界大戦の長期化とともに，政府は新聞の統制を強化した．1941年12月13日公布された新聞事業令とそれにともなう日本新聞会の設立によって，新聞の統廃合が進んだ．1942年10月1日付東京新聞創刊号に掲載された谷正之情報局総裁の挨拶では，次のように新聞統制の意義を掲げている．

> 　　大東亜戦争勃発以来まさに十個月……日本は……過去数世紀に亘る敵米英の壟断（ろうだん）せる世界旧秩序を徹底的に粉砕し八紘[14]為宇の肇国（ちょうこく）の大理想に基づく新秩序を建設すべく……生死の決戦を行って居るのである……敵米英も亦今日では今次大戦の世界的意義を認識し……其戦争態勢を強化しつつある，今思想戦の武器として新聞が重大且緊要なる使命を負ふべき今日の如く大なるは曾てない．政府は如上の趣旨に鑑み……新聞事業令を公布し……日本新聞会を結成，官民協力して新聞新体制の確立を急ぎ全国各地域に於て既に幾多新聞社の統合並に強力なる言論機関としての態勢整備を行ひ来たった……従来動（やや）もすれば資本の制約を受けて営利的色彩を帯び国家の公器たる使命より逸脱するの虞なしとしなかった新聞も茲（ここ）に全くその憂ひを解消し真に国家的使命を達成する日本の言論報道機関の真性格を確立した訳である……[15]

こうして日本の新聞はすべて国家主義の統制の下に置かれ，すべてが「御用新聞」化したのであった．

それから3年後，第二次世界大戦が終結した．

1946年7月に日本新聞協会が設立され，その「新聞倫理綱領」には，「国民の「知る権利」は民主主義社会をささえる普遍の原理である．この権利は，言論・表現の自由の

もと，高い倫理意識を備え，あらゆる権力から独立したメディアが存在して初めて保障される．新聞はそれにもっともふさわしい担い手であり続けたい」と述べられている．

その一方で，現代日本で多くの読者を集める新聞は戦前から続いているものであり，地方紙の一県一紙体制も新聞事業令の体制を引き継いでいる．しかも，民放のネットワークは，すべて五大紙の系列に属している．少なくとも，日本において戦前と戦後が地続きであることは意識しておくべきである．

そのような現状を，それだけで直ちに批判するにはあたらない．

しかし，日本のジャーナリズムが，権力への批判精神を欠いた「御用新聞」に陥ることなく，社会における公共性の発展に向けて常にチェックすることは重要だろう．

第3章

間メディア社会の〈ジャーナリズム〉

遠藤 薫

1. ネットメディアの台頭と〈ジャーナリズム〉——アメリカの場合

マス・ジャーナリズムのゆらぎ

 すでに序章で見たように,「マス・ジャーナリズム（マスメディア）」に対する信頼は今日,驚くほど揺らいでいる.
 しかし,そこでイメージされている「マス・ジャーナリズム」とは何なのだろう？
 2012年10月18日,『ニューズウィーク』は,80年にわたって発行してきた紙媒体の雑誌を2012年末をもって終了すると発表した.2013年の初頭から,全面的にデジタル媒体へと移行したのである[1].『ニューズウィーク』は1933年創刊.広告収入の落ち込みで赤字が続き,ワシントン・ポスト社が2010年に売却したあと,米ニュースサイト「デイリー・ビースト」と統合していた.
 紙媒体での広告収入が減少する一方,タブレット端末の急速な普及もあって,ネット化に踏み切ったとされる（ただし,日本版は紙媒体が続行されており,本国のアメリカ版も2014年3月から再発行された[2]）.
 同じく2012年1月,1851年創刊の名門新聞社であるニューヨーク・タイムズ社は,1.4億米ドルで16地方紙を含むブロック新聞グループ「リージョナル・メディア・グループ」を売却した.2012年2月と5月,9300万ドルで「フェンウェイ・スポーツ・グルー

図 3-1 『ニューズウィーク』創刊号（1933 年 2 月 17 日号）[3]

図 3-2 『ニューズウィーク』（2012 年 12 月 31 日号）[4]

表 3-1　ニューヨーク・タイムズの最近の主な動き[5]

< 2012 年 >	
1 月	地方紙 16 紙を含む「リージョナル・メディア・グループ」を 1 億 4300 万ドルで売却
4～6 月	大リーグ球団ボストン・レッドソックスの残り保有株を 6300 万ドルで売却
6 月	中国語のニュースサイトを開設
9 月	情報サイト「アバウト・ドット・コム」事業を，米ネット複合企業 IAC に 3 億ドルで売却
	求人情報サイト「インディード」の保有株を，リクルートに売却
11 月	英 BBC 元会長のマーク・トンプソン氏が CEO に就任
12 月	編集局で 30 人の早期退職者を募集開始
< 2013 年 >	
2 月	有力地方紙ボストン・グローブを含む「ニューイングランド・メディア・グループ」の売却方針を発表
	傘下の国際紙「インターナショナル・ヘラルド・トリビューン」の名称を同年後半から「インターナショナル・ニューヨーク・タイムズ」に変更すると発表

図 3-3 『ニューヨーク・デイリー・タイムズ』創刊号
（1851 年 9 月 18 日付 1 面）[6]

図 3-4 『ニューヨーク・タイムズ』
（1945 年 8 月 7 日付 1 面）[7]

プ」の株式を売却．2012 年 9 月 24 日，3 億ドルで Q & A サイト「アバウト・ドット・コム」を売却．2013 年 2 月，7000 万ドルで『ボストン・グローブ』紙と「ニューイングランド・メディア・グループ」のその他業務も売却した[8]．

　こうした新聞業界の動きは，2010 年前後からアメリカ全体で浮上しており，2009 年には，ミネソタ・スター・トリビューン破産申請（1 月 15 日），ニューヨーク・タイムズ社の経営危機表面化（2 月 15 日），フィラデルフィア・インクアイアラーズ社破産申請（2 月 23 日），ロッキー・マウンテン・ニュース廃刊（2 月 26 日），サンタイムズ・メディア社破産申請（3 月 30 日）など，新聞社の廃刊が相次いだ．

　さらに，2013 年 8 月 5 日には，1877 年に創刊した『ワシントン・ポスト』が，アマゾンの創業者であるジェフ・ベゾフ氏に買収された．

　図 3-5 は，アメリカ新聞協会が公表しているアメリカでの新聞販売部数の推移だが，2000 年代半ばから部数が激減していることがわかる．

　また，図 3-6 は，アメリカ新聞協会による紙媒体からの収益の推移であるが，やはり 2000 年代末から急激に減少している．

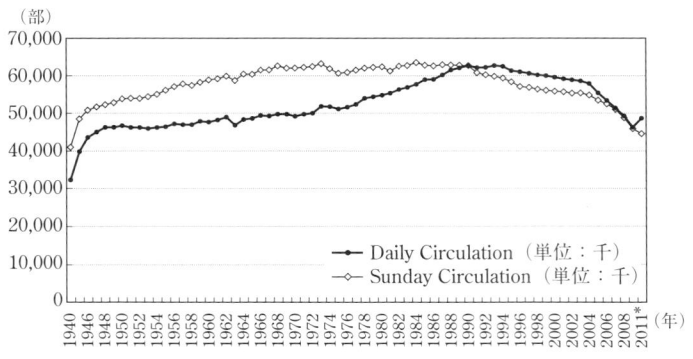

図 3-5　全米の新聞販売部数推移（データ出所：アメリカ新聞協会[9]）

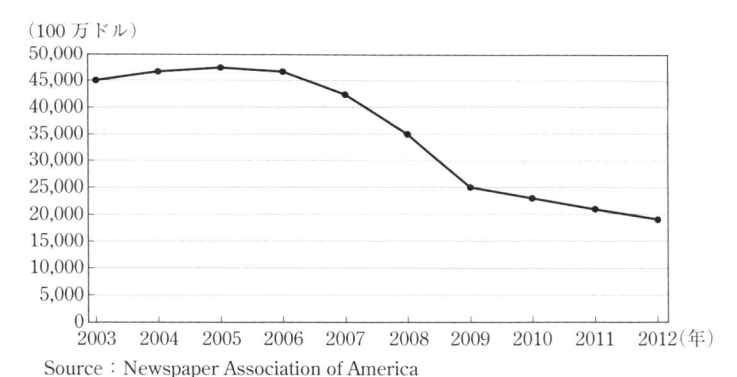

図 3-6　紙媒体の収益推移（データ出所：ピュー・リサーチ・センター[10]）

テレビの動向

　同じような縮小傾向は，テレビの分野でも観察される．

　アメリカの民間調査機関であるピュー・リサーチ・センター（Pew Research Center）のレポート[11]は，「2012 年には，報道機関の産業としての力は 2000 年時より 30％低下し，正規雇用の専門職は 1978 年以後はじめて 40,000 人を割った．ローカルテレビでは，スポーツ，気象情報，交通情報が平均して 40％を占める一方，個々のニュースは短くなっている．CNN では，深く掘り下げた報道が 2007 年から 2012 年で半減した．また，取材チームを必要とするライブ報道は 2007 年から 2012 年の間に 30％減り，反面，もっと少ない費用で製作でき，あらかじめ作っておくことのできる番組は 31％増加した」と分析している．

2. デジタル・ネイティブなネット・ジャーナリズム

　インターネットの進展にともない，発足のはじめからネットを媒介として記事を配信する報道機関も現れるようになった．こうした放送機関を「デジタル・ネイティブ」と呼ぶ．

　デジタル・ネイティブな報道機関は，ネットの特性を生かして，速報性，視覚に訴える画面，大量の情報を駆使したニュース配信を行っている．

　代表的なデジタル・ネイティブなネット・ジャーナリズムを以下に挙げる．

スラッシュドット（Slashdot）

　スラッシュドットは，IT 関係のニュースを中心としたニュース投稿サイトである．1997 年 9 月，Rob "CmdrTaco" Malda と Jeff "Hemos" Bates によって開始された．記事のほとんどは，多くのボランティアと熱心な投稿者たちによって支えられており，2012 年の "about us" によれば，月あたりのページビューは 1 億以上に達しているという．

　各記事に対して，匿名・非匿名かかわらずに読者が自由に「コメント」を投稿することができる．ある読者のコメントに対して，別の読者がプラス・マイナスの点数付け（モデレーション）をする，「モデレーションシステム」が特徴である．

　2001 年 5 月からは，日本語版のスラッシュドット・ジャパンも開始された．

図3-7　スラッシュドット[12]（2014年1月9日）　　図3-8　ドラッジレポート[13]（2014年1月9日）

ドラッジ・レポート（Drudge Report）

アメリカの保守系政治系ニュース収集・配信サイトである．1996年，マット・ドラッジによって，週刊の電子メールニュースレターとして開始され，1997年にウェブサイトが開設された．クリントン元大統領とモニカ・ルインスキーのスキャンダルについて，ニューズウィーク誌が報道を控えたことを，他のメディアに先駆けて報じたことで一躍知名度を上げた．

かなり強硬なタカ派的論調であるが，ピュー・リサーチ・センターのレポートによれば，その影響力は他のニュースサイトにくらべて大きい（図3-9）．

ハフィントン・ポスト（Huffington Post）

ハフィントン・ポストはコラムニストのアリアナ・ハフィントンが2005年に立ち上げたリベラル系ニュース収集・配信サイトである．バラク・オバマ米大統領や俳優のジョージ・クルーニーなど多様な著名人や政治家，学術関係者などが寄稿している．2011年5月の1か月あたりのユニーク訪問者数は3560万人に達した（米調査会社コムスコアによる）．2011年に3億1500万ドルでAOLに買収された．

2012年4月，ハフィントン・ポストに連載されていたブログ「Beyond The Battlefield」

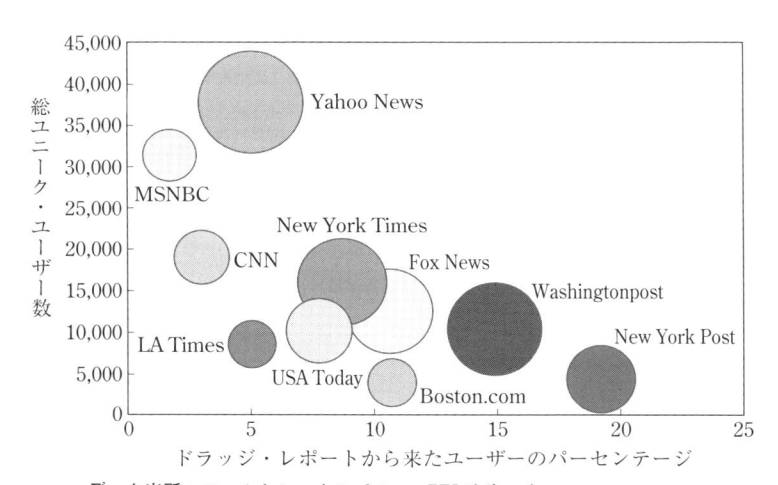

データ出所：ニールセン・カンパニー，PEJリサーチ
注：このグラフでは，円の大きさはそのサイトにドラッジ・レポートから来た，ユニーク・ユーザー数を表す．垂直軸は，そのサイトの総ユニーク・ユーザー数を表す．水平軸は，各サイトへのドラッジ・レポートから来たユーザーのトラフィックのパーセンテージを示す．

図3-9　ドラッジ・レポートは小規模だが影響力は大きい[14]

がピューリッツアー賞を受賞した．元戦争特派員のデビッド・ウッドのイラクとアフガニスタンの戦場で負傷した米軍兵士のその後を追った報道ブログである．

2013年5月7日，朝日新聞社と提携して日本版を開設した．

日本版のほかにも，2014年7月13日現在，イギリス版，カナダ版，フランス版，スペイン版，イタリア版，マグレブ版，ドイツ版，韓国版，ブラジル版が開設されている．

プロパブリカ（ProPublica）

プロパブリカは2007年10月に発足したアメリカの非営利報道組織である．2008年6月に最初の記事を発信した．「調査報道」を中心としている．

2010年4月，オンライン・メディアとしてはじめてピューリッツアー賞を受賞した．受賞したのはシェリ・フィンク記者で，調査報道部門での受賞となった．同記者は，ハリケーン・カトリーナ後のニューオーリンズの病院で奮闘する医師たちの姿を取材した．

2011年にも，"The Wall Street Money Machine"という，ウォールストリートの罪を徹底検証した連載記事が「国内報道部門」で受賞した．

ポリティコ（Politico）

ポリティコはワシントン・ポストの編集者であったジョン・F・ハリスとジム・ヴァ

図3-10　ハフィントンポスト[15]
（2014年1月9日）

図3-11　プロパブリカ[16]
（2014年1月9日）

ンデヘイが，2007年1月23日に設立した政治ニュース・サイトである．2008年の大統領選キャンペーンを通じて，その速報性から知名度を上げた．深い分析の長文記事もポリティコの特徴とされる．

2012年4月，政治漫画部門でピューリッツァー賞を受賞した．

ポリティコは紙媒体にも関心が強く，年4回発行の雑誌『Politico Pro』のほかに，2013年11月から隔月で紙雑誌『Politico Magazine』の発行を開始した．

バズフィード（BuzzFeed）

2006年，ハフィントン・ポストの共同創業者であったジョナ・ペレッティが中心となって設立したオンライン・ニュースサイトである．SNSとの連携を強く意識したサービスを展開している．また，データを重視した独自のコンテンツ提供もバズフィードの特徴である．2014年6月時点で，月間訪問者は1億3000万人に達している．2014年末から2015年初め頃に，日本語サイトを立ち上げることを予定している．

ネットとの連携

既存マスメディアも手をこまねいているわけではない．

すでにほぼすべてのマスメディアは，ウェブ・ベースの情報発信を行っており，その手法も進化している．

図3-12　ポリティコ[17]（2014年1月9日）　　図3-13　バズフィード[18]（2014年1月22日）

図 3-14　既存マスメディアの公式サイト（左から，ワシントン・ポスト[19]，ニューズウィーク[20]，CNN[21]．日本時間 2012 年 10 月 14 日）

　その結果，表 3-2 に示すように，新聞を紙媒体で読む人は 80％程度になり，コンピュータやスマートホンなどの電子機器で読む人が増加している．
　とくに，図 3-15 に示すように，スマートホンやタブレットなどのモバイル端末の利

表 3-2　新聞を何で読むか
最近 1 週間のうちに新聞を各媒体で読んだ人の割合（％）

	合計	男性	女性	18-34 歳	35-44 歳	45-64 歳	65 歳以上
印刷媒体	80	80	80	72	78	87	93
コンピュータ	60	64	56	65	60	58	48
スマートホン	26	29	23	41	28	13	11
タブレット	12	13	12	12	14	12	9

（データ出所：by Frank N. Magid Associates[22]）

タブレット

アメリカの成人の 22％がタブレットを所有している

タブレット所有者の 64％がタブレットでニュースを見ている

スマートホン

アメリカの成人の 44％がスマートホンを所有している

スマートホン所有者の 62％がタブレットでニュースを見ている

タブレットもしくはスマートホン

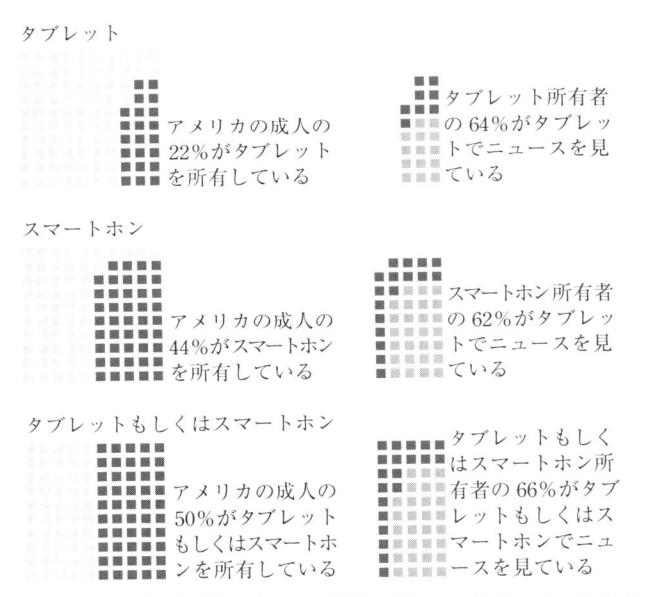

アメリカの成人の 50％がタブレットもしくはスマートホンを所有している

タブレットもしくはスマートホン所有者の 66％がタブレットもしくはスマートホンでニュースを見ている

図 3-15　モバイル利用の増加（データ出所：ピュー・リサーチ・センター[23]）

用が急増している．むしろ，表 3-3 に見られるように，モバイル端末は，ニュース端末ともいえる状況が生じているようである．

表 3-3　モバイルはニュースを読むために使われている

	タブレットで		スマートホンで	
	週に一度は	日に一度は	週に一度は	日に一度は
メールの受信・送信をする	65	44	80	61
ニュースを読む	64	37	62	36
ゲームをする	60	34	54	31
SNSを使う	56	34	62	46
本を読む	43	18	15	7
動画を見る	38	12	31	8
買い物をする	36	7	24	5
雑誌を読む	22	6	11	4

(データ出所：ピュー・リサーチ・センター[24])

3. 日本の場合

新聞・テレビの動向

　日本でも状況は変わらない．図3-16は，日本における新聞販売部数，売上高推移である．アメリカほどではないが，漸減傾向がはっきりと現れている．
　テレビの経営も，長期低落状況にある．
　こうした潮流のなかで，新聞・通信各社は電子メディアへの参入を進めている．

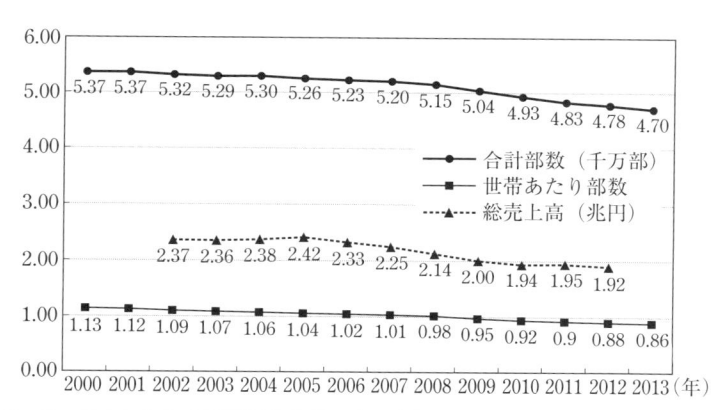

図3-16　日本における新聞販売部数，売上高推移（データ出所：日本新聞協会[25]）

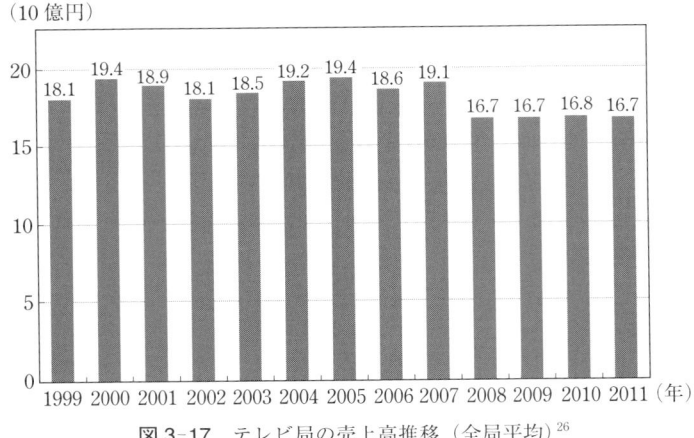

(10億円)の棒グラフ: 1999年 18.1, 2000年 19.4, 2001年 18.9, 2002年 18.1, 2003年 18.5, 2004年 19.2, 2005年 19.4, 2006年 18.6, 2007年 19.1, 2008年 16.7, 2009年 16.7, 2010年 16.8, 2011年 16.7

図3-17 テレビ局の売上高推移(全局平均)[26]

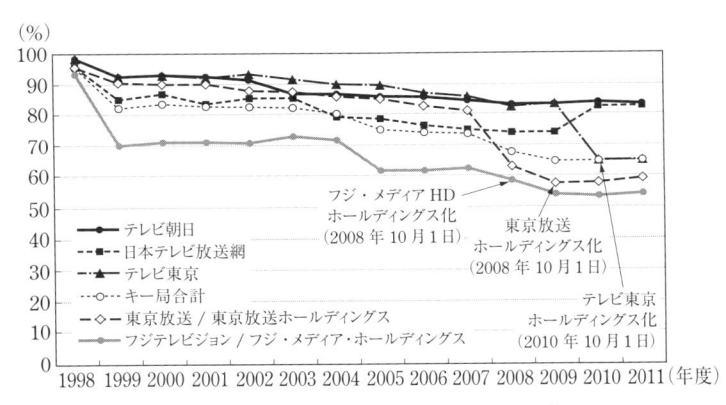

図3-18 キー局の放送収入比率の推移[27]

表3-4は現在の参入状況である.

日本のデジタル・ネイティブなジャーナリズム

日本でも,初期からスラッシュドット日本版などアメリカ発のサイトがデジタル・ネイティブなジャーナリズムとして注目されたが,2010年頃から,日本独自のデジタル・ジャーナリズムが次々と開設されてきた.代表的なもののいくつかを以下に簡単に紹介する.

表 3-4　新聞・通信各社の電子・電波メディア参入状況[28]

電子・電波メディア		社数
電子新聞		23
インターネットを利用した情報サービス	ウェブ	86
	メール	42
	ウェブ上の動画	50
	紙面イメージ	43
	RSS 配信	51
	ブログ	36
	SNS	13
	外部サイトとの連携	54
	QR コード	49
外部事業者へのコンテンツ提供	ウェブ	35
	携帯電話	65
	スマートホンなどの携帯電話	43
	電光ニュース・デジタルサイネージ	41
	その他	25
CATV		34 (9)
コミュニティー放送		26 (4)
データベース		55

（回答 86 社）

※「参入」の定義は「本体事業」あるいは「別会社の事業で次のいずれかに該当するもの」とした.
　(1) 1% 以上の出資
　(2) 役員の派遣（非常勤を含む）
　(3) 社員の出向
※カッコ内は情報提供のみの社数. ただし, インターネット, 携帯端末向け情報提供, 電光ニュース, データベースの各事業は情報提供のみであっても「参入」とした.
※ 2012 年 1 月　新聞協会企画開発部調べ

J-CAST ニュース

　2005 年 9 月に開設された『JIN ビジネスニュース』を, 2006 年 7 月に『J-CAST ニュース』としてリニューアルし, 現在に至る. ジェイ・キャスト代表取締役の蜷川真夫は, 『J-CAST ニュース』の基本コンセプトは「1.5 次情報」であると述べている. 「1.5 次情

報」とは,「新聞と週刊誌,両方の中間」(蜷川 2010) という意味だという.

シノドス

2008年4月に荻上チキが,「「知の最前線」を切り開く電子マガジン」と銘打って,メールマガジン「αシノドス」を創刊した.2010年6月,朝日新聞 WEBRONZA と提携し,ニュースサイト『シノドスジャーナル』を創刊した.「アカデミック・ジャーナリズムを旗印」としている.

ブロゴス

NHN Japan(現 LINE 株式会社)が 2009 年 10 月に開設した,ニュース記事のまとめサイト[29]である.800名を超える執筆者(ブロガー)を擁し,「提言型」であることを特徴としている.

IWJ(インディペンデント・ウェブ・ジャーナル)

ジャーナリストの岩上安身が,それ以前の「Web Iwakami」をリニューアルして,2010年に立ち上げた政治的言論サイト[30]で,Ustream を通じた動画配信を特徴とする.

津田メルマガ(津田大介の「メディアの現場」)

メディア・アクティビストの津田大介が,2011年8月31日,vol.0を発刊した.以降,月4回発行している.公式サイト[31]によれば,「津田大介が,日々の取材活動を通じて見えてきた「現実の問題点」や,激変する「メディアの現場」を多角的な視点でレポート」している.また,津田が構想している「政策にフォーカスした新しい政治ネットメディア」としての「ポリタス」とも連動している.

また最近は,「スマホ向けニュースアプリ」と総称される,スマートホン向けのニュース提供サービスも続々と現れている.主なものとしては,2011年にリリース(2014年3月リニューアル)した「グノシー」(「3分で自分好みのニュースをまとめ読み」がコンセプト),2013年9月にサービスを開始した「ニューズピックス」(ユーザー・コメントを重視),「キュレーション・マガジン」を謳う「アンテナ」などがある.なかでも2013年にサービスを開始した「スマートニュース」は,Twitter の書き込みをリアルタイムで解析して注目度の高いニュースを選択的に提供することで,多くのユーザーを獲得した.

4. ジャーナリズムの行方

ジャーナリズムの螺旋的展開

　第1章でも見てきたように，「ジャーナリズム」のあり方は，時代とともに変化する．
　今日われわれが当たり前のように考えている，組織的で，知的権威をまとった「ジャーナリズム」は決して古い時代から変わらぬものであったわけではない．
　19世紀以前の「ジャーナリズム」とは，おそらくは現在，インターネット上で展開されている玉石混淆の言論に近い，野放図な活力に溢れたものであっただろう．
　「ブロードサイド」や「瓦版（読売）」の書き手や売り手たちは，客観的事実を伝えようとするよりは，人びとの感情に訴えかける物語的なメッセージを，メロディやリズムに乗せて，人びとに訴えかけた（第1章，第2章参照）．
　それは，人びとの行為や感情を一定の方向へと強制する，権力者たちへの対抗性を暗に含むものでもあった．

ドキュメンタリーと調査報道

　物語性という観点から見るならば，東日本大震災以降，「ドキュメンタリー」という形式の素晴らしい作品が数多く創られるようになったことは，注目に値する．遠藤（2012a，2013など）でも論じたように，単なる客観報道だけでなく，社会を生きる人びとの心に迫るドキュメンタリーというかたちのジャーナリズムがもっと重視されてよい．
　日本におけるテレビ・ドキュメンタリーは，NHK総合で1957年に始まった『日本の素顔』を嚆矢とし，『現代の映像』（1964〜1971），『ドキュメンタリー』（1971〜1976），『NHK特集』（1976〜1989）など，さまざまにタイトルを変えつつ，現在の『NHKスペシャル』（1989〜）や『ETV特集』へとつながっている．
　民放でも，1960年代，優れたドキュメンタリー番組が次々と生まれた．しかし，60年代半ばになると，テレビ番組への政治介入が顕著になった．とくにTBSは，1969年，「すべてのドキュメンタリーの廃止を決定した．1970年の大阪万博に象徴された経済の時代への転換は，社会派ドキュメンタリーを次第に片隅に追いやって」いったと，池田（2009）は指摘している．現在では，民放の最もドキュメンタリーらしいドキュメンタリー番組は，深夜枠に設定されていることが多い．現在の民放のドキュメンタリー番組は，一般に活動の舞台が制約されている地方局の視座が生かされるという点でも，もっと注目されるべきである．

それはまた，今日の「調査報道」への関心とも接続している．「調査報道」とは，ジャーナリストが独自の調査，分析にもとづいて行う報道であり，政府などの公式発表にもとづく「発表報道」と対置される概念である．

「調査報道」は，これまで組織力や資金力のあるマスメディア企業に所属しているジャーナリストにしかできないものと考えられてきた．しかし，情報公開の進展などよって，フリージャーナリストにも調査報道の可能性は大きく開かれてきた．

調査報道への関心の高まりは，デジタル化の進展とも強くかかわっている．ウィキリークスやスノーデン記者による政府秘密情報の公開も，現代的調査報道の一種と考えられる．

ビッグ・データとデータ・ジャーナリズム

そればかりでなく，インターネットの高度化と日常化は，従来は夢物語としてしか考えられなかったようなデータ収集を現実のものとしつつある．

その背景には，GoogleやTwitterなど，膨大な数のユーザーを持つインターネットサービスの登場がある．こうしたサービス提供者のもとには，膨大な数のユーザーが受発信する天文学的な数のメッセージが集まる．そしてそれらは，期せずして，人びとの社会的行動の全体動向を映し出す．

たとえば，Googleで「風邪」という単語の検索数の推移が，「風邪」感染の推移を表現するという現象も観察されている．

こうした，インターネットを介したサービスによって集まる膨大な量のデータを，「ビッグ・データ」と呼ぶ．ビジネスや学術的研究ばかりでなく，報道にも，ビッグ・データの活用が大いに期待されている．

ビッグ・データの解析から，これまで見えなかった社会の現実を明らかにする手法を，「データ・ジャーナリズム」と呼ぶ．「データ・ジャーナリズム」も「調査報道」の一種である．

ただし，ビッグ・データの取り扱いについては，個人のプライバシー保護の観点から，慎重なルール化が必要であることにも留意しなければならない．

5.　改めて〈ジャーナリズム〉を問う

〈ジャーナリズム〉の役割とは何か

マクネア（Brian McNair）は，ジャーナリズムを「ある現実の，社会的世界について

の，これまで知られていない（新たな）特徴に関する真実の叙述，あるいは記録であると主張する（すなわちオーディエンスに向けてそのような叙述，記述として示されている），文字や音声や映像による形式の，あらゆる作られたテクストのこと」（McNair 2006＝2006：15）と定義し，これによって「いくつかの点で似かよった他の文化的言説形式から，ジャーナリズムを区別することが可能となる」（McNair 2006＝2006：15）と述べている．

しかし，そのような「区別」はとくに必要はないのではないか．

〈ジャーナリズム〉は，果たすべき機能によって定義すべきではないか．すなわち，ジャーナリズムとは，次のような社会的機能を果たすものとする．

① 社会的情報の収集
② 社会的情報の集約と編集（議題設定）
③ 集約・編集された社会的情報のパブリックな配布
④ ①～③の行為によって可能となる〈権力〉の透明化

したがって，ジャーナリズムとはこのような社会的コミュニケーション（表現形式は問わない）もしくはそうした社会的コミュニケーションを公に行う人物もしくは機関を指す．

従来日本においては，このような〈ジャーナリズム〉は，「報道」を生業とする組織（機関）と一体化して考えられてきた．その理由のひとつに，「情報入手の困難さ」があった．反対にいえば，特別に認められた「報道機関」（の構成員）だけが，「情報」にアクセスできる特権を与えられていたのだった．

しかし，先に述べたように，インターネットという新たな情報チャネルは，オープン・データ（政府，自治体，組織などが保有する大規模なデータで，一般の人もインターネットを通じて自由にダウンロードし，活用できる状態になっているデータ）化という情報公開の流れのなかで，この特権を無効化しつつあるのである．

〈ジャーナリズム〉の失敗

一方，最近，既存報道機関の不祥事が頻繁に報じられる．

たとえば，2012年10月，iPS細胞の研究による山中教授のノーベル賞受賞のニュースに沸くなか，読売新聞は10月11日朝刊（大阪版）1面でiPS細胞を世界ではじめて心筋移植した日本人研究者がいると大々的に報じた．続いて，共同通信，日本テレビ，フジテレビなどもこの研究について大きく報じた．しかしすぐに，この「研究」について疑義が呈され，結局，記者の確認不足による不適切な報道であるとされることになった．

また，10月17日には，橋下徹大阪市長が，『週刊朝日』（10月26日号）の出自報道に抗議して，取材拒否を表明するという事態が生じた．結局19日に，『週刊朝日』は「同和地区などに関する不適切な記述が複数あり，このまま連載の継続はできないとの最終判断に至った」として以後の掲載中止を発表した．

　さらに同じ時期，兵庫県尼崎市の連続変死事件の角田容疑者の写真として，読売新聞，共同通信，日本テレビ，フジテレビなどが別人の写真を掲載し，その写真の本人が2012年10月31日に報道機関に抗議する出来事もあった．

　これらは，「正確性と信頼性」をモットーとする既存報道機関にとって自らの存立基盤を揺るがすものとなる．こうした事件が起こる原因としては，功を焦る報道機関間の競争がある．しかも一方では，東日本大震災時には，確認に手間取って報道の迅速性が損なわれたことについての焦りがあったかもしれない．

マスメディアとインターネットの諸問題――間メディア社会へ

　こうした諸問題の発生を背景に，すでに見てきたように，マスメディアに対する人びとのまなざしは厳しい．

　図3-19は，「これまでの日本社会に問題があったとすれば，それはどのような問題か」（複数回答）という問いに対する回答であるが，「マスメディアの問題」については7位で，41.6％が「問題」と答えている．とくに20代〜40代の人びとの，マスメディアに対する不満が高い．この不満の意味については，より深い検討が必要とされる．

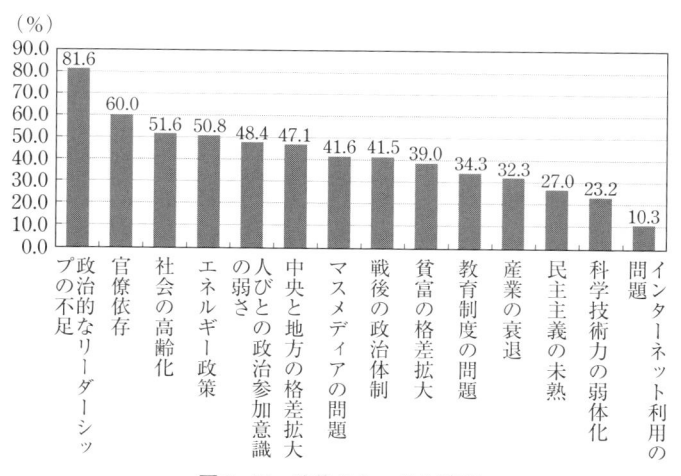

図3-19　戦後日本の社会問題

項目	％
政治的なリーダーシップの不足	81.6
官僚依存	60.0
社会の高齢化	51.6
エネルギー政策	50.8
人びとの政治参加意識の弱さ	48.4
中央と地方の格差拡大	47.1
マスメディアの問題	41.6
戦後の政治体制	41.5
貧富の格差拡大	39.0
教育制度の問題	34.3
産業の衰退	32.3
民主主義の未熟	27.0
科学技術力の弱体化	23.2
インターネット利用の問題	10.3

一方，インターネットは最下位の10.3％である．相対的には不信感が低いが，この調査がインターネット調査であることも勘案すべきであろう．

いずれにせよ，インターネットが完璧なメディアかといえば，そうではない．インターネットについては，「インターネットによって，いままで隠されていた情報も知ることができるようになる」と考える人が全体の56.0％いる一方で，「政府・自治体は，いまより厳しくサイトを規制するべきだ」と考える人が22.5％（「そうは思わない」人は30.9％）いる．今後，さらに利用法について議論を深めていく必要があるだろう．

同様に，本稿冒頭でも指摘し，すでに遠藤（2004）などでも繰り返し強調しているように，インターネットは他のメディアを排除するものではなく，また，インターネット自体，マスメディア的な情報発信もソーシャルメディア的な双方向情報流通にも対応可能な媒体である．われわれがいま考えるべきことは，このような間メディア的（多様なメディアが相互に共振し合うような情報環境）な情報環境をうまく利用していく方法なのである．

新たな情報環境の構築を

米連邦通信委員会（FCC：Federal Communications Commission, 2011）は，アメリカの近年の地域ジャーナリズムの動勢についておおよそ次のように報告している．①近年，メディアからの発信量は増えているが，必要とされる報道内容はむしろ減少している．②デジタル技術の発展は市民の力を増大させるかもしれないが，アジェンダ設定の

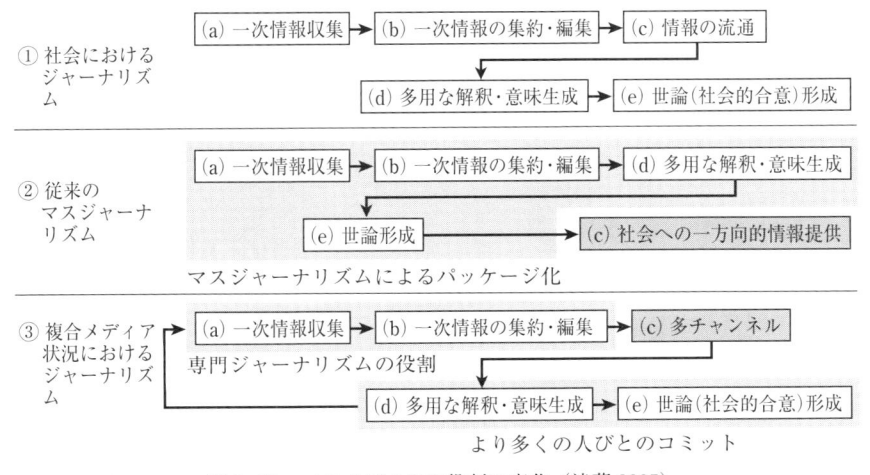

図3-20 マスメディアの役割の変化（遠藤 2005）

役割を果たす能力の高い既存マスメディアが報道を減少させることは，市民の力をそぐ結果をもたらす．③絶滅危惧種などではなく，伝統的マスメディア，すなわちテレビや新聞が地域のオンライン・ニュースの最大の提供者として浮上してきた．④近年は，非営利のメディア機関が，以前とは比較にならないほど多様化し，重要性を高めつつある．そのなかには，地域公共放送網，wiki，地域ニュースサイト，調査報道を行う組織，ジャーナリズム学校，低出力のFM放送，伝統的な公共放送，衛星テレビによる教育放送などである．⑤営利メディアと非営利メディアは，お互いに相手をライバルと捉えるのではなく，協働することに新たなメリットを見いだしつつある．

　日本では，アメリカにくらべて情報環境変容の速度が遅いかもしれないが，いずれにせよ，流れは同じ方向に向かっている．次々と現れる情報流通の新しい形態を，よいかたちで組み込みつつ，〈ジャーナリズム〉も柔軟に変化していくことが必要である．

第4章

大震災後社会における社会的弱者と
ジャーナリズム
──大震災・原発事故に関する社会調査結果をふまえて

遠藤 薫

1. はじめに

マスメディアの混乱

　2011年3月11日14時46分，マグニチュード9.0の巨大地震が日本の大地を広範囲にわたって揺るがした．その激震は，津波となって沿岸部を襲い，福島原発の事故を引き起こした．その影響は，日本だけではなく世界にも及んだ．

　大きな災禍にあって，人びとはまず情報を求めた．しかし，震災はメディアそのものにも大きな被害をもたらし，その結果，メディアの脆弱性も露わになった．

　地震が起きたとき，テレビも通信回線も広範囲に遮断された．東京都心にいてさえ，テレビを見ることも携帯での連絡も不可能になった．

　それだけでなく，「想定外」の事態に，マスメディアの対応は混乱をきわめた．災害時には，迅速かつ正確な報道が，住民にとっての命綱となる．しかし，東日本大震災では，この点で多くの禍根が残された．

ソーシャルメディアの展開と間メディア性

　反面，2000年代半ば以降に台頭してきたソーシャルメディアには大きな関心が集まった．

震災前夜の3月10日，NHK『クローズアップ現代』は，「テレビはいらない？！〜急成長する"インターネット放送"〜」でニコニコ生放送とのコラボを行い，ネットで大きな話題となった．

その翌日に勃発した大震災では，まさにソーシャルメディアとマスメディアの連携による間メディア性が現実として発揮されたのである．

無論，災害による電気や回線の遮断や，被災地におけるそもそものネット利用率の相対的低さを無視して，ソーシャルメディアの力を過大評価するのは意味がない．とはいえ，ソーシャルメディアが力をもたなかったかといえば，それも違うだろう（たとえば，「アラブの春」でも，中東におけるネット利用率は世界的に見て高くはないが，それでも，ネットの存在が運動を力づけたことは確かだろう）．

そしてまた，ソーシャルメディアの影響力は，他のメディアと孤絶して存在するわけではない．情報のソースとして，また，流行現象の発生源として，ソーシャルメディアは他のメディアと常に接続している（このようなメディア間の連絡とその効果を遠藤は「間メディア性」と呼んでいる）．

東日本大震災では，これまで特権性を主張してきた既存メディアが，ソーシャルメディアと手を結ぶことで，新たな間メディア社会（多様なメディアが重層的に相互作用しあう社会）の地平を開いた．

同様に，ソーシャルメディアもまた，これまで以上に，公共性を意識した情報プラットフォームの構築を模索しつつあるといえる．

とはいえ，新しい情報秩序はいまだ創成前のカオス状態に留まっている．

本稿の目的

筆者は，すでに遠藤（2012）で，大震災・原発事故の渦中およびその後におけるメディア報道について検証した．

本稿では，科学研究費助成を受けて実施した東日本大震災に関する全国調査および三県調査の分析結果を参照しつつ，とくに，高齢者や一人暮らしの人などに焦点をあて，今後の災害報道について考察を行うものとする．

本稿で用いる「全国調査」と「三県調査」の概要は，以下のとおりである．震災後社会に関する調査として行われた全国規模の調査は珍しく，回収率も60％を超えているところから，これらの調査結果は非常に示唆に富むと考えられる．

「東日本大震災からの復興に向けた総合的社会調査」（全国調査）の概要
　調査対象：全国の満20歳以上80歳未満の男女　　標本数：2,000

調査主体:遠藤薫(研究代表)　調査実施機関:新情報センター
抽出方法:住民基本台帳にもとづく層化二段無作為抽出法
調査実施期間:2012年11月　調査方法:調査員による訪問留置訪問回収法
有効回収数:1,216人(60.8%)

「東日本大震災からの復興に向けた総合的社会調査」(三県調査)の概要
調査対象:岩手県・宮城県・福島県の満20歳以上80歳未満の男女　標本数:600
調査主体:遠藤薫(研究代表)　調査実施機関:新情報センター
抽出方法:住民基本台帳にもとづく層化二段無作為抽出法
調査実施期間:2012年11月　調査方法:調査員による訪問留置訪問回収法
有効回収数:388人(64.7%)

2.　被災体験と将来の災害に対する不安——地域別

被災体験

まず,被災体験について尋ねた結果を図4-1に示す.当然のことながら,被災体験

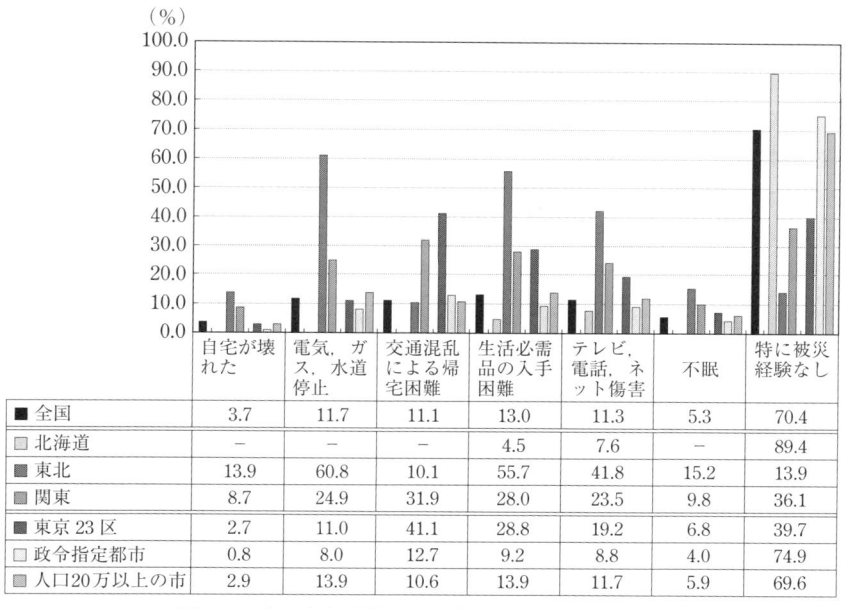

	自宅が壊れた	電気,ガス,水道停止	交通混乱による帰宅困難	生活必需品の入手困難	テレビ,電話,ネット傷害	不眠	特に被災経験なし
全国	3.7	11.7	11.1	13.0	11.3	5.3	70.4
北海道	–	–	–	4.5	7.6	–	89.4
東北	13.9	60.8	10.1	55.7	41.8	15.2	13.9
関東	8.7	24.9	31.9	28.0	23.5	9.8	36.1
東京23区	2.7	11.0	41.1	28.8	19.2	6.8	39.7
政令指定都市	0.8	8.0	12.7	9.2	8.8	4.0	74.9
人口20万以上の市	2.9	13.9	10.6	13.9	11.7	5.9	69.6

図4-1　東日本大震災による被災体験(「全国調査」)

74   第4章　大震災後社会における社会的弱者とジャーナリズム

は東北に集中している．しかし，やや驚くことは，関東圏でも東北の半分程度の割合で被災経験の回答があることである．当然，被害の種類は異なるわけだが，地域的な拡がりは忘れてはならない点であろう．

将来の災害に対する不安

　震災後，日本社会は震災によって受けた打撃から立ち直るため，それぞれに努力してきた．しかし，大震災や津波，原発事故は，将来も起こる可能性がある．人びとはこのリスクについて，どう感じているだろうか．

　「地震の発生」「地震による身体や生命への脅威」「原発事故」「災害時のモノ不足」「災害時の情報不足」に対する不安を全国調査で聞いた．結果を図4-2に示す．これによれば，「地震の発生」「地震による身体や生命への脅威」に対する不安は，今後巨大地震の発生が予想される地域で高い．一方，「原発事故」に対する不安は，原発立地地域で高い．

　結局，将来の災害，事故に対する不安感は，自分自身のリアリティと不安が強く結びついていることがわかる．いいかえれば，リアリティを感じられない災害や事故に関しては，人は強い関心を持たないともいえる．しかし，今後，日本のどこで災害が起こるかもしれず，また，起こった場所にかかわらず，復興には日本全体で助け合う必要があることを考えれば，他地域でも東日本大震災に対する「想像力」を十分に涵養することが必要といえる．

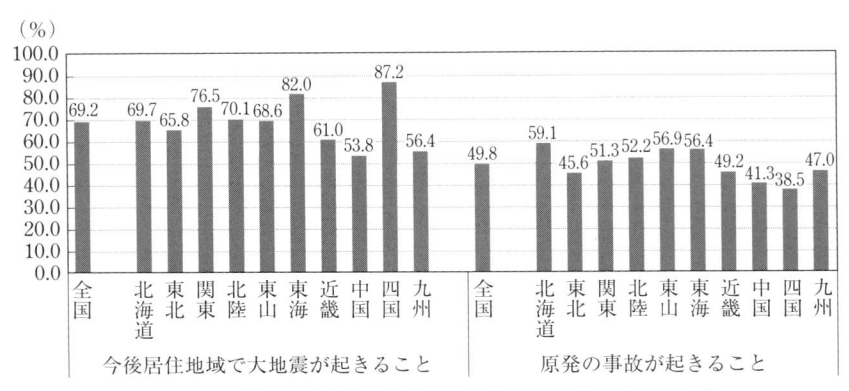

地域	今後居住地域で大地震が起きること (%)	原発の事故が起きること (%)
全国	69.2	49.8
北海道	69.7	59.1
東北	65.8	45.6
関東	76.5	51.3
北陸	70.1	52.2
東山	68.6	56.9
東海	82.0	56.4
近畿	61.0	49.2
中国	53.8	41.3
四国	87.2	38.5
九州	56.4	47.0

図4-2　震災，原発事故に対する不安（地域別）（「全国調査」）

3. 災害時の不安と社会的弱者

物資や情報の入手困難に関する不安——地域別

もし現実に大災害が起こったら，生命や家屋の危機とともに，前節でも見たように，広い範囲で物資や情報が入手困難が発生すると予想される．

生活物資や情報の入手の困難になることに関する不安を，地域別に尋ねた結果が，図4-3である．これらの問題に不安を感じるのは，やはり東北で最も高いが，関東もそれに迫る．また，都市規模別でみると，東京23区で最も高いのが目につく．これは，格差問題における相対的剥奪にも似た感覚かもしれない．すなわち，23区では，平常時は過剰なまでに豊かな物資や情報に囲まれている．それが「失われる」という不安は，それ以外の地域にくらべて大きく感じられる可能性がある．いいかえれば，実際に災害が起こったときも，都市部では，物資欠乏に関するパニックや情報欠乏に関するパニックが起こりやすいとも予想される．

被災経験，年代，同居家族数と災害時不安

前節で見た生活必需品入手困難や情報入手困難の不安に関して，入手困難経験，年代，同居家族数別に集計したのが，図4-4である．

これによれば，生活必需品入手困難や情報入手困難の経験が不安に大きく影響していることがわかる（0.1％水準で有意な相関）．また，高齢者や一人暮らしの人は，不安を

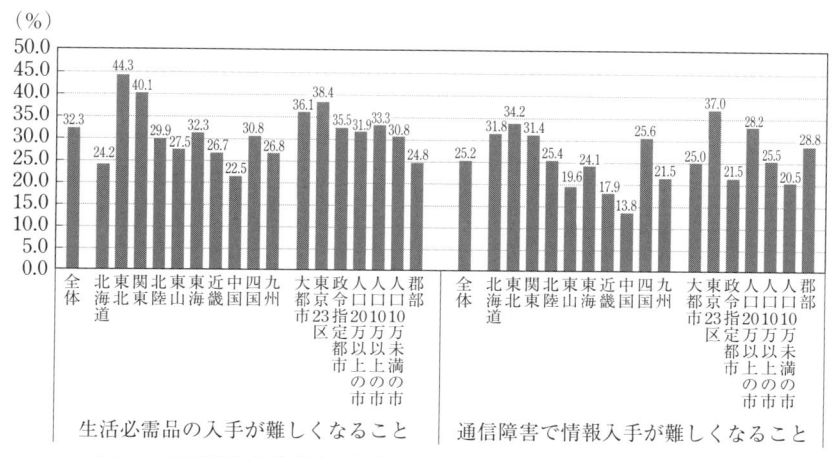

図4-3 生活物資と情報入手困難に対する不安（地域別）（「全国調査」）

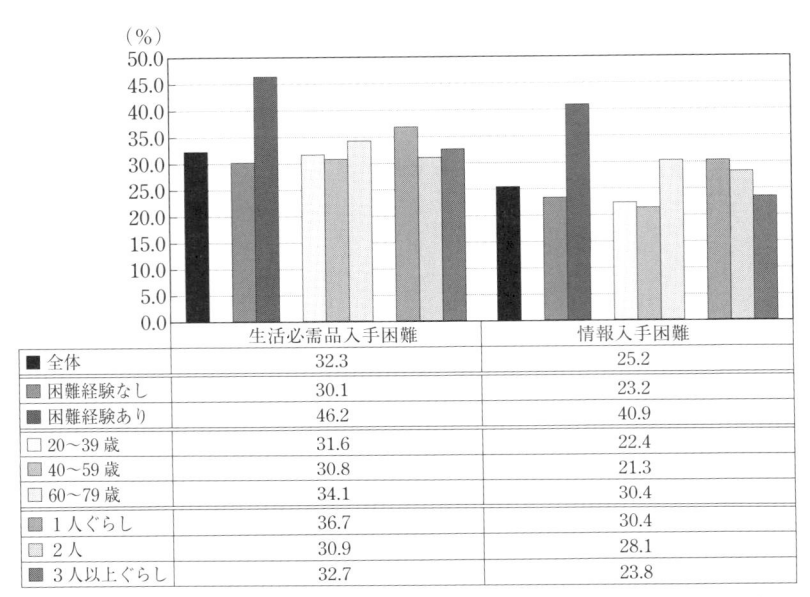

	生活必需品入手困難	情報入手困難
■ 全体	32.3	25.2
■ 困難経験なし	30.1	23.2
■ 困難経験あり	46.2	40.9
□ 20～39歳	31.6	22.4
■ 40～59歳	30.8	21.3
□ 60～79歳	34.1	30.4
■ 1人ぐらし	36.7	30.4
□ 2人	30.9	28.1
■ 3人以上ぐらし	32.7	23.8

図4-4 生活必需品や情報の入手が困難になることの不安(「全国調査」問4)

感じやすいようだ．順序回帰分析では，生活必需品入手困難については年代が1％水準で有意な相関となった．

災害時頼れるのは誰か

では万一災害が起こったとき，人びとは誰を頼ろうと考えているだろうか？

「今お住まいの地域で自然災害が起こったとき，あなたにとって頼りになると思うのは次のうちどれですか？」という質問に対する「全国調査」の結果を図4-5に示す．

全体でいえば，頼りにしているのは，「家族」(88.9％)，「近所の人」(55.2％)，「親戚」(45.7％)，「消防士や警察」(43.4％)，「自衛隊」(42.9％)，「友人」(39.6％)等が多い．「友人」という私的な社会関係が意外に少ない．

高年齢層に関していえば，他の年齢層にくらべて，「近所の人」(67.1％)，「消防士や警察」(46.3％)，「NPOやボランティア」(26.1％)，「市や県の職員」(17.6％)が多く，「友人」(33.3％)が少ない．高年齢になると，私的な関係が弱くなり，代わりに地域など公共的関係に頼ることが多くなるということか．

また，「一人暮らし」の人びとは，同居家族がいる人びとにくらべて，「近所の人」(62.0％)，「友人」(45.6％)，「NPOやボランティア」(27.8％)が多く，「家族」(59.5％)，

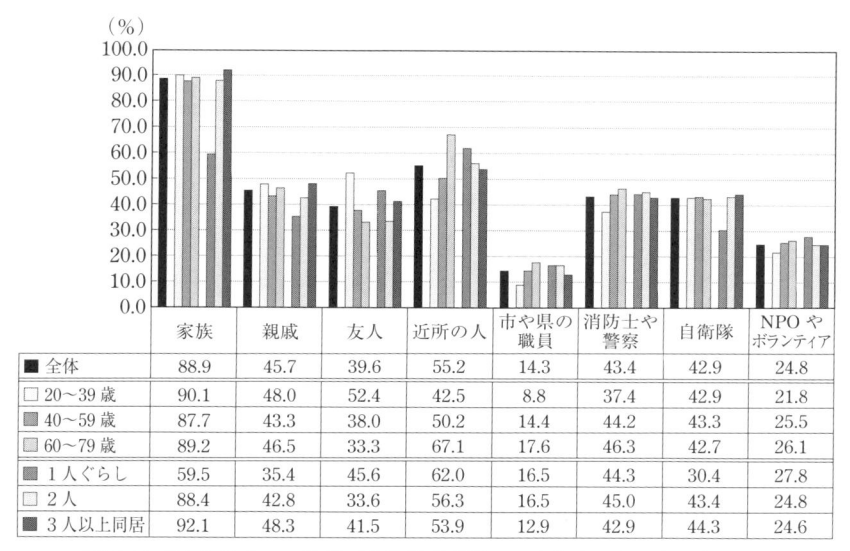

	家族	親戚	友人	近所の人	市や県の職員	消防士や警察	自衛隊	NPOやボランティア
全体	88.9	45.7	39.6	55.2	14.3	43.4	42.9	24.8
20〜39歳	90.1	48.0	52.4	42.5	8.8	37.4	42.9	21.8
40〜59歳	87.7	43.3	38.0	50.2	14.4	44.2	43.3	25.5
60〜79歳	89.2	46.5	33.3	67.1	17.6	46.3	42.7	26.1
1人ぐらし	59.5	35.4	45.6	62.0	16.5	44.3	30.4	27.8
2人	88.4	42.8	33.6	56.3	16.5	45.0	43.4	24.8
3人以上同居	92.1	48.3	41.5	53.9	12.9	42.9	44.3	24.6

図 4-5 「今お住まいの地域で自然災害が起こったとき,あなたにとって頼りになると思うのは次のうちどれですか?」(「全国調査」)

「親戚」(35.4%)が非常に少なくなっている.すなわち,血縁関係が弱く,地域,ボランティア,友人など,有志的な支援に頼ることになるということかもしれない.

頼りにしている人は頼りになるか?

ではこうした「頼りにしている人」は実際に頼りになるのだろうか?

三県調査で「頼りになった人」を尋ねた結果を図示したのが,図 4-6 である.

質問事項は同じであるが異なる対象の調査なので,単純に比較することは困難である.

しかし,傾向としては似ており,全体として,血縁,地縁による支援が大きい.また,自治体職員,警察や消防署員,自衛隊,NPO・ボランティアなどの公的支援については,「期待」にくらべて,実際に「頼りになった」との回答は顕著に低くなっている.

高齢者は他の世代にくらべて,家族・親戚・友人からの支援が低く,近所の人が「頼りになった」と答えている割合が高い.同居人数の少ない人は,家族が「頼りになった」割合が低い.

結局,災害時,最も頼りになると期待されており,また,実際に頼りになったのは「家族」ということになる.しかし,高齢者や独居者では,家族からの支援があまり期待で

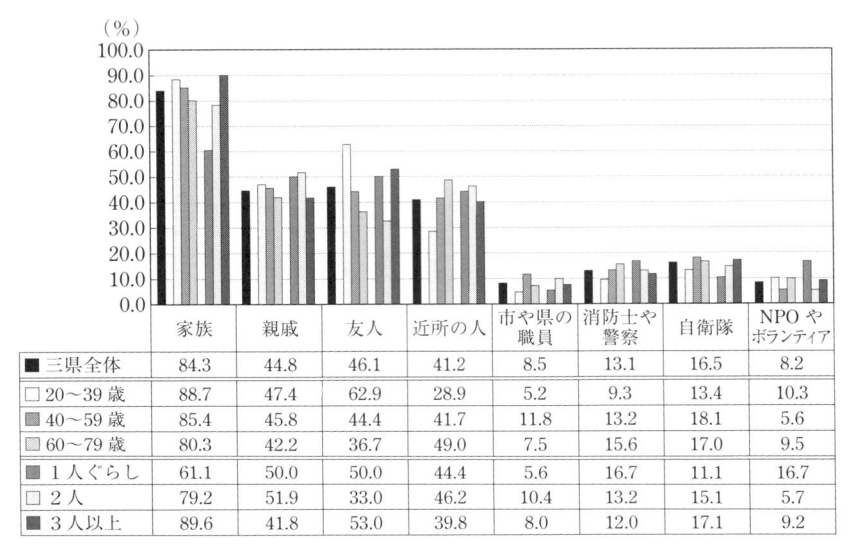

78　第4章　大震災後社会における社会的弱者とジャーナリズム

(%)	家族	親戚	友人	近所の人	市や県の職員	消防士や警察	自衛隊	NPOやボランティア
■ 三県全体	84.3	44.8	46.1	41.2	8.5	13.1	16.5	8.2
□ 20〜39歳	88.7	47.4	62.9	28.9	5.2	9.3	13.4	10.3
▨ 40〜59歳	85.4	45.8	44.4	41.7	11.8	13.2	18.1	5.6
▧ 60〜79歳	80.3	42.2	36.7	49.0	7.5	15.6	17.0	9.5
■ 1人ぐらし	61.1	50.0	50.0	44.4	5.6	16.7	11.1	16.7
□ 2人	79.2	51.9	33.0	46.2	10.4	13.2	15.1	5.7
■ 3人以上	89.6	41.8	53.0	39.8	8.0	12.0	17.1	9.2

図4-6　「今回の震災で，あなたにとって頼りになった人や組織は次のうちどれですか？」
（「三県調査」）

きず，取り残される恐れがある．

　また，世代や同居人数に関係なく，公的な支援や，NPO・ボランティアに対する期待は高いが，現実には十分とはいえないようである．今後，公的な支援や，NPO・ボランティアによる支援の有効なあり方について，一層の検討が必要であろう．

4.　情報・コミュニケーションの確保のために

　災害時，前節で見たような人的支援を受けるためにも，被害状況を知るためにも，情報を入手し，他者とのコミュニケーションを確保することは死活問題である．

　しかし，図4-1でも見たように，東日本大震災のときには，テレビ，電話，ネットなどあらゆる情報源，通信網が機能不全を起こした．

　これを別の方向から見たのが，図4-7である．図4-7は，2011年7月に筆者が行ったインターネット・モニター調査で，「震災当日に重要だったメディア」を尋ねた結果である．震災当日は，テレビやネットに障害が生じ，新聞も大打撃を受けた状態[1]で，ラジオ以外は，図4-8に示した通常の状態にくらべて，大きく重要度を低下させている様子がわかる[2]．

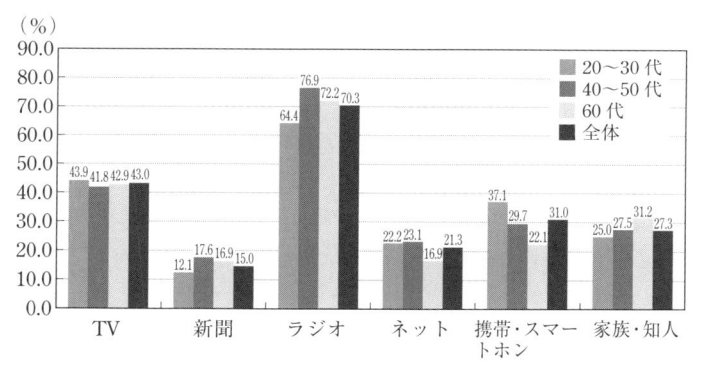

図 4-7 震災当日の重要な情報源（2011 年 7 月調査[3]）

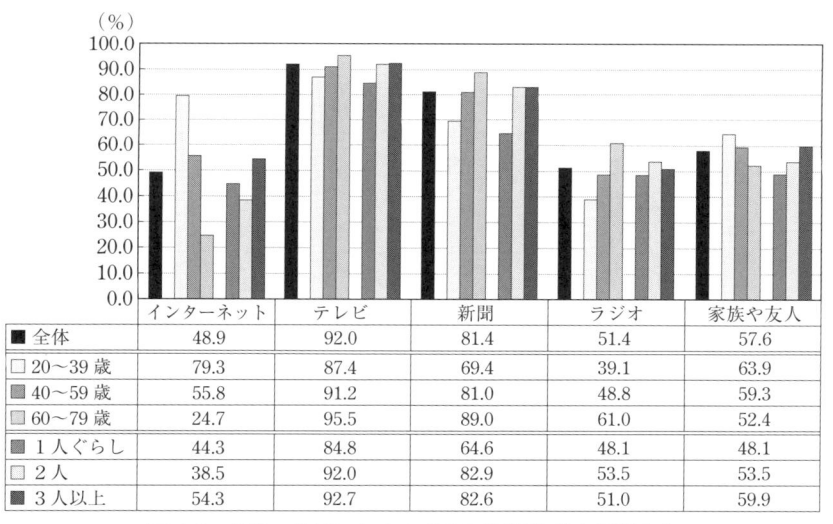

	インターネット	テレビ	新聞	ラジオ	家族や友人
全体	48.9	92.0	81.4	51.4	57.6
20～39 歳	79.3	87.4	69.4	39.1	63.9
40～59 歳	55.8	91.2	81.0	48.8	59.3
60～79 歳	24.7	95.5	89.0	61.0	52.4
1 人ぐらし	44.3	84.8	64.6	48.1	48.1
2 人	38.5	92.0	82.9	53.5	53.5
3 人以上	54.3	92.7	82.6	51.0	59.9

図 4-8　通常の生活における重要な情報源（「全国調査」）

　また，通信回線もかなりダウンしていたにもかかわらず，携帯・スマートホンがテレビに次ぐ重要度であったことにも注目すべき点である．
　一方，図 4-8 は，通常の生活において，各メディアを重要と認識しているかを尋ねた結果である．これによれば，テレビと新聞が圧倒的に重要と認識されている割合が高い．ただし，テレビ，新聞，ラジオなどのマスメディアは，高年齢層で重要度認識が高く，若年層では低い．また，テレビ，新聞は，独居者では重要度認識が低い．反対に，

家族や友人，インターネットなどの対話的コミュニケーションについては，若年層ほど重要度認識が高く，高年層では低い．また，家族や友人は，独居者では重要度認識が低い．

要約すると，高年齢層ほどマスメディアへの依存が高く，若年層ほど対話的コミュニケーションを重要と感じている．しかし，すでに見てきたように，また遠藤（2012）でも論じたように，災害時，マスメディアは機能不全に陥ることも多く，また局地的な情報の提供には必ずしも適していない．高齢者の場合，家族や友人が近くにいない場合も多いと推測される（第3節参照）．一人暮らしの人は，マスメディアに対する重要度認識が相対的に低く，家族や友人についての重要度認識も相対的に低い．このような状態では，災害時，情報空白のなかに取り残されてしまう恐れもある．

結局，補完的であるにせよ，インターネットなどをもっと利用することを考えるべきである．

では実際に，インターネットなどを利用できる情報機器は，どの程度普及しているのだろうか．図4-9は，2012年11月全国調査で，情報機器の所有を尋ねた結果である．これによれば，何らかの情報機器を持っている人は全国で8割を大きく超え，地域差もほとんどない．若年層では，所有率は100％近い．高齢層では，相対的に所有率は低い

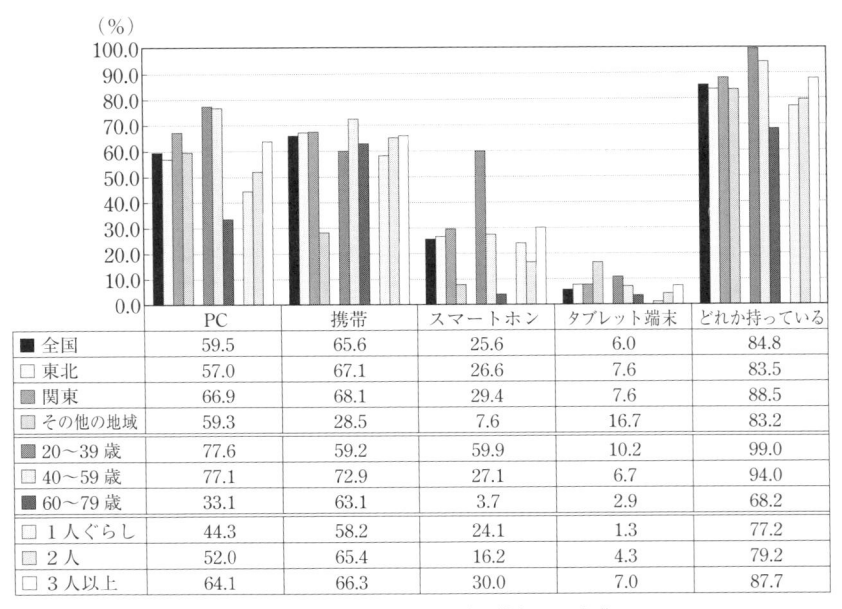

	PC	携帯	スマートホン	タブレット端末	どれか持っている
■ 全国	59.5	65.6	25.6	6.0	84.8
□ 東北	57.0	67.1	26.6	7.6	83.5
■ 関東	66.9	68.1	29.4	7.6	88.5
□ その他の地域	59.3	28.5	7.6	16.7	83.2
■ 20～39歳	77.6	59.2	59.9	10.2	99.0
□ 40～59歳	77.1	72.9	27.1	6.7	94.0
■ 60～79歳	33.1	63.1	3.7	2.9	68.2
□ 1人ぐらし	44.3	58.2	24.1	1.3	77.2
□ 2人	52.0	65.4	16.2	4.3	79.2
□ 3人以上	64.1	66.3	30.0	7.0	87.7

図4-9　情報機器の所有率（「全国調査」）

が，それでも7割近い．また，同居者の少ない層では，相対的に所有率が低いが，それでも8割近い．

こうして見るならば，災害時，情報が入らなくなるのではないかとの不安を持つ傾向のある高齢者や独居者は，実際に，日頃から情報獲得に積極的でない傾向があり，とくにインターネットの利用には消極的である．しかし，こうした人びとこそ，身近に家族や友人が少ないことも多く，インターネット利用によって対話的なコミュニケーションをとることの意義も大きい．

しかも，何らかの情報機器をすでに持っている人が多いので，情報機器を死蔵せず，日頃から積極的に利用し，リテラシーを身につけておくことを社会的にも奨励し，支援することが重要であろう．

5. おわりに

本稿では，とくに高齢層や一人暮らしの人びとについて，彼ら／彼女らが将来の災害について生活物資や情報の確保が困難になることを不安に感じていることを指摘した．それはまさにその不安の源泉でもある．彼ら／彼女らのソーシャル・キャピタルの少なさが，実際に災害時に生活物資や情報の確保を困難にするリスクを高めているといえる．

このようなソーシャル・キャピタルの不足を補う役割を期待されているのが，警察や消防，自治体などの公的支援や，NPOやボランティアなどの市民的支援であろう．しかし，調査結果からは，実際には，その成果はいまだ限定的であると推測される．今後，制度の改善が望まれるところである．

そして，少なくとも，ソーシャル・キャピタルの少ない人びとが情報空白のなかに取り残されることのないよう，インターネットなどを介したコミュニケーションで，若干はソーシャル・キャピタルを補完することができるよう，ネット・リテラシーの勧奨についてもさらに検討していく必要があるだろう．

第 II 部

間メディア社会における新しいジャーナリズム

第5章

データ・ジャーナリズムの現在と課題

田中 幹人

1. はじめに——「データ・ジャーナリズム」をめぐる動き

　近年,「データ・ジャーナリズム (data journalism)」あるいは「データ駆動型ジャーナリズム (data driven journalism：DDJ)」と呼ばれる,新しい報道手法をめぐる動きが活発化している.欧米の伝統的メディアは専門チームを組織して報道を行い脚光を浴びており,また地方紙や小規模なオルタナティブ・ジャーナリズムにおいてもデータ・ジャーナリズムを標榜する記者の活躍が目立つ.さらに各国のジャーナリズム教育機関ではデータ・ジャーナリズムの科目やコースが次々と開講されている.こうした動きは2012年に入ってひとつのピークを迎えた.欧州ジャーナリズムセンターは,これまでの議論を集大成し,斯界の入門書といえる『データ・ジャーナリズム・ハンドブック』を発表した (Gray et al. 2012).そして5月には,「データ・ジャーナリズム賞[1]」の第1回の受賞作品が発表され,本格的な「データ・ジャーナリズムの時代」の到来を告げるメルクマールとなった.そして日本国内でも,この新しい報道手法への期待を込めた報道が活発化している (たとえば朝日新聞 2012; 平 2012a; 小林 2012).

　しかし同時に,萌芽期にある取り組みゆえのさまざまな議論も起こっている.それらは,たとえば「報道の現場ではきちんとデータを扱うことを叩き込まれる.データ・ジャーナリズムと言っても,いったいこれまでの報道と何が違うというのか?」といった疑問から,「データ・ジャーナリズムは強力だが,つまるところ新たな調査報道の負

担を，ジャーナリストに強いるだけである．縮小していくジャーナリズム環境のなかでは現実的ではない」といった問題の指摘まで，多岐にわたる．

こうしたデータ・ジャーナリズムをめぐる動きは，コンピュータの普及およびインターネットの発達によって台頭したデータ科学（data science）のうねりの，ジャーナリズムという営みにおける帰結といえる．データ・ジャーナリズム以外でも，いまや世界に溢れかえる「ビッグデータ」のなかから〈意味〉を取り出す試みとして，とくに商利用の観点から隆盛をきわめている「データ・マイニング（data mining）」や，インタラクティブな図表の作成が容易になったことから脚光を浴びている「インフォグラフィックス（infographics）」や「データ可視化（data visualization）」といった類似概念との混同も，データ・ジャーナリズムの実相を把握することを困難にしている．これら異なるアプローチからのジャーナリズム的展開も重要な要素であるが，後述するように，こうした部分要素にもとづき全体を把握しようと試みることは，データ・ジャーナリズムの特性において致命的な誤解を招きうる．

そこで本稿においては，インターネットがもたらした間メディア社会におけるデータ・ジャーナリズムの可能性と課題を探るため，まずはデータ・ジャーナリズムの歴史を概観したうえで定義検討を行い，さらに実践の概要を記述する．これらをふまえたうえで，後半では広義のデータ・ジャーナリズムとしての「データにもとづく報道」という，伝統的な科学的ジャーナリズム論の範疇に入る問題から，狭義のデータ「駆動型」ジャーナリズムの目指す新たな地平に横たわる問題について批判的な検討を試みる．

なお本稿では，データ・ジャーナリズムという，いまなお形成の途上にあり代謝の速い分野を取り上げるに際し，少しでも耐久性のある議論を目指し，具体的な技術や事例についての本文での言及は最小限にとどめる．日々新しいツールが開発され，発展を続けている DDJ のより具体的な実践手法については，巻末の注で紹介するウェブサイト上のアップデート情報や参考書籍を参照されたい[2]．

2. データ・ジャーナリズム登場の背景

データ・ジャーナリズムはしばしば「新しい報道のかたち」として伝えられる．しかしそれは，歴史のなかで「科学的ジャーナリズム（Scientific Journalism）[3]」を指向してきた調査報道の，インターネット時代に適応した様態だというほうが精確だろう．この機微について，まずは歴史と議論をふまえつつ概説を試みる．

統計資料のみならず，取材によって得られる情報，はたまた人びとのコミュニケーションの営みによって生じる情報の重み付けに至るまで，さまざまな事象はデータとし

て捉えることができる[4]．「データ」という語を一般的な「数量」の概念に押し込めて捉えるとしても，調査報道（investigative reporting）において，論拠となる統計データを示すことは古くから行われてきた．このことが，冒頭に掲げたようなデータ・ジャーナリズムの新規性に対する疑問を喚起している．

メディア史的には，データを用いた報道手法は，ジャーナリズムという営みが時代時代の新たな情報処理技術に邂逅することによって発展を続けてきたといえる．より具体的には，統計学やそれにともなうグラフなどのデータ視覚化技術，コンピュータやインターネットといった各時代の萌芽技術（emerging technology）との出会いが，変化の背景にあった．

まずは統計学である．社会の「数値化」の試みの学問的帰結としての「統計学」と，メディア実践の反射的な規範としての「ジャーナリズム」は，ともに近代国民国家（nation state）の成立要件であったといえよう（Hacking 1990＝1999；Anderson 1983＝2007；Porter 1995＝2013）．これらが結びついたかたちでの報道（reporting）の実践は必然であったし，それがジャーナリズムへと昇華していったこともまた自然な流れであったといえる．たとえば1858年，フローレンス・ナイチンゲールは英国社会に対して「戦場における死は，戦闘よりも衛生状態の不備によってもたらされている」という議題（agenda）を，彼女が発明した円グラフ（鶏のトサカ・ダイアグラム）とともに提出した．これは，英国のみならず世界に対して「データの分析結果に基づき（公衆衛生という）議題を提示し，メディアを通じて大きく世論を動かした」という点で，最初期における「データを用いたジャーナリズム」の実践となった（Rogers 2011）．さらに同報告に説得力を与えた円グラフは，データ視覚化の嚆矢でもある[5,6]．

しかし，「世界」を縮減し把握するためのデータ量は，時代を下り，国家がその体裁を整えるとともに増大し続ける．第二次世界大戦中に実用化した計算機械の能力を報道に生かそうという「コンピュータ援用報道（computer assisted reporting：CAR）」が登場したのもまた，自然なことであった．1952年の米大統領選に際し，全米三大放送ネットワークのひとつであるCBSは，世界初の商用コンピュータである「UNIVAC I[7]」の計算結果にもとづき，アイゼンハワーの地滑り勝利を精確に予想した[8]．この事例は世界初のCARとして知られる（Vallance-Jones and McKie 2009）．

その後，コンピュータの普及にともないCARはよりジャーナリズム色の濃いかたちで広まっていく．しばしば本格的なCARの先駆けとされるのは，1967年，フィリップ・メイヤー（Philip Mayer）記者がデトロイトで起こった暴動の要因を追った調査報道である（Mayer 1967；DeFleur 1997）[9,10]．さらに時代は下り，1988年にビル・デッドマン（Bill Dedman）記者が銀行融資における人種差別を暴いた「The Color of Money」報道

(Dedman 1988) も，CAR の重要な成功例とされる (Miller 1998)[11, 12]．ただ，前者についてメイヤー自身は，この成果を CAR というよりも科学的ジャーナリズムとしての「精密ジャーナリズム (Precision Journalism)」の成果と位置づけている (Mayer 2002)．メイヤーの立場からすれば，コンピュータの利用が主眼ではなく，それを利用した当時最先端の社会科学の手法をジャーナリズムに持ち込んだのである．

ここまで，技術的観点からデータ・ジャーナリズム登場前夜までの流れを駆け足で追ってきた．これらはいずれもジャーナリズムが目指してきた，自然科学の方法論を念頭に置いた「科学的ジャーナリズム」の確立という悲願に向けた試みだったといえる[13]．そして，インターネットという新技術の普及発展を背景に登場した継嗣こそが「データ・ジャーナリズム」である．(1) より大量のデータが世界に溢れ，政体がそれを管理しきれなくなった結果，オープンガバメント化の動きが世界に波及し，データの公開原則を踏襲する傾向が強まったこと[14]．(2) データ・マイニングの市場価値が高騰し，技術的な革新と普及が続いていること．(3) インフォグラフィックスの発達と普及により，オーディエンス側の情報受容・参画の素地が作られたこと．そして，(4) ソーシャルメディアの発達と普及により，人びとが議題ひいてはフレームの構築に参加する可能性が本格的にもたらされたこと．これらが「データ・ジャーナリズム」という報道手法の概念が登場した構成基盤となっている．

3. データ・ジャーナリズムの定義

「データ・ジャーナリズム」という語こそ人口に膾炙するようになったが，その定義は現時点では完全には定まっておらず，「データ・ジャーナリズムとは何か？」という問いに対する答えは，立場によってさまざまである．曰く，学術的基盤としては「調査研究や統計学からデザインやプログラミングまで，〔略〕数多くの分野の融合」，ジャーナリズム規範にもとづけば「公衆の期待に応えるためにデータを取得，報道，編集そして発表する行為」であり，実践の手続きとしては「スクレイピングによってデータの奥底まで掘り進み，それらのデータのクリーニングと構成を行い，マイニングによって特異的な情報へとフィルタリングし，それを可視化してストーリーを紡ぐ」ことと言える[15]．あるいは，「分析の基本をデータにおき，可視化して物語を紡ぐ手続き(workflow)」(EJC 2010)，「数字を疑うことから始め，問題を数字で証明する」といった定義もある (Eghawhery and O'Murchu 2012)．

しかしこれらの発散した定義は同時に，「データ・ジャーナリズムと CAR は何が異なるのか？」という議論を喚起してきた．実際，過渡期においては両者の区別は不明瞭

だったといえる．たとえば，すでに90年代にCARは当初の「コンピュータの演算能力を用いる」ものから，「インターネットを通じて調査を行い」，「電子フォーマットのかたちでデータを収集し，分析する」段階に移行した．この移行期のCARの定義は，次のようなものである（Miller 1998）．(1) インターネットを用いて調査を行うこと．(2) 集積した情報や，紙ベースのデータを打ち込んだもの，あるいはオンライン・データベースから獲得した情報をコンピュータ・ファイルのかたちで精査／分析すること．

　この定義からはCARとデータ・ジャーナリズムを弁別することは難しい．したがって，そこに差別化を目指した議論が生じた．アレックス・ハワード（Alex Howard）は，「CARは（主に調査目的の）報道において，データを集め，分析するための手法である．一方，データ・ジャーナリズムは，〔略〕データの意味に注目する．すなわち，データ・ジャーナリズムとは，データの手助けを借りたストーリーの探索と同時に，データそのものに等しく注意を払い続けることである」と述べている（Howard 2012; EJC 2010）．こうしたデータ・ジャーナリスト運動者のCARに対する批判の背景にあるのは，CARはその歴史のなかで伝統的マスメディアの様式に「最適化されすぎてしまい，その力を最大限に発揮できなくなってしまった」（Briggs 2013: 255），という問題意識である（たとえばEJC 2010; Bradshaw 2012aなど）．

　いいかえるならば，この批判の要点は，「CARは，まずコンテンツとして昇華しうる議題ありきで，それをサポートするデータやグラフを作る方法論に，分析という行為のもたらす可能性が矮小化されてしまったのではないか」ということである．したがって，ヘゲモニックに議題を社会に問う旧来型の垂直統合の形式に熟成されてしまったCARという手続きを，ネットワーク型の実践に再構成しようという試みが，データ・ジャーナリズムという運動だといえる．

　こうした目的に向け，データ・ジャーナリズムの「科学的」方法論は，いくつかの規範を持つことになる．それらはたとえば次のようなものになるだろう．(1) 分散したデータのなかから（非線形の）ネットワークを把握し，そのなかから抽出された議題を可能な限り非線形のままにとどめて提示しようと試みるべきである．(2) 議題やストーリーの妥当性が疑われた場合，データそのものに立ち戻る余地を残した報道様式を指向するべきである．(3) その各段階について検証可能性を持つべきである．また，(4) 相互作用性（interactivity）を内包し，オーディエンスの参画を企図するべきである．

　こうした前提をふまえれば，データ・ジャーナリズムはデータを「用いる」のでも「もとづく」のでもなく，データによって「行われる」必要が生じる．これをふまえ以下では，より狭義の正確な概念として「データ駆動型ジャーナリズム（data driven journalism: DDJ）」の語を用いることにする[16]．

4. 実践としてのデータ駆動型ジャーナリズムの「サイクル」

　ここで，一般的なDDJの実践の流れについておさえておこう[17]．DDJの基本的な流れは，(1) データを取得し，(2) フィルタリングや加工を施し，(3) 視覚化をともなって，(4) ストーリーを付与してオーディエンスに届ける，という一連の作業によって，データの公共的意味を高める実践である (Lorenz 2010)．この整理からはDDJは線形なプロセスに思えるが，その理念上の要求は非線形であり，ある種のサイクルを構成している．この点をふまえつつ，さらに現場で行われる実践をふまえて区別するならば，図5-1のようになるだろう．以下，この各プロセスについてさらに概説する．

データの獲得と加工（図5-1A）

　まずは分析の大本となるデータが存在しなければならない．DDJのスタート地点は，

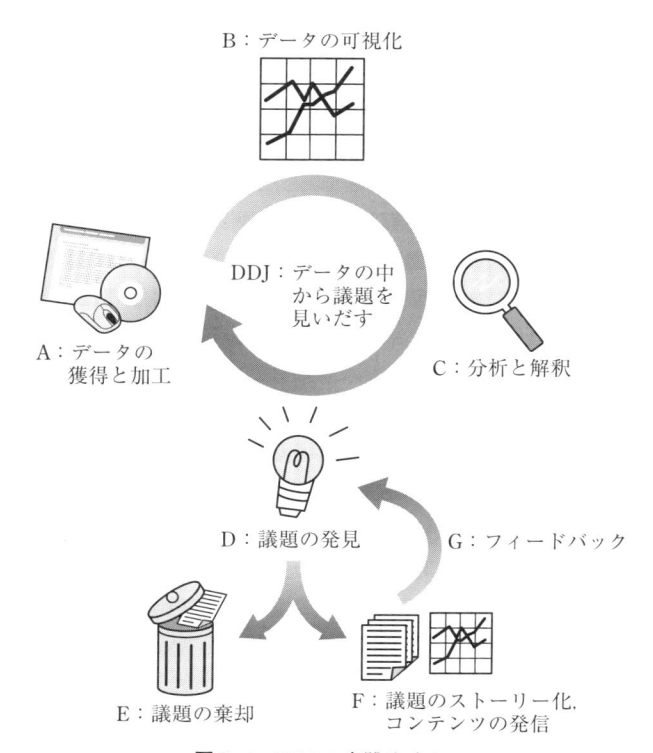

図5-1　DDJの実践サイクル

取材によって独自に入手したデータのほかにも，政府，官公庁や地方自治体のオープンデータ，財団や各種 NPO，世界銀行や WHO などの国際組織や，学術データなどが対象になる．また，紙媒体でしか入手できない古いデータも，人の手による打ち込みや，光学文字認識（OCR）などを経てデータソースとして用いられる．入手に際しては「データ・スクレイピング（Data Scraping）」と総称される技術を用いて，余計なデータをこそぎ落としながら，データソースやインターネット空間そのものを対象として必要な情報を獲得する．

また，収集されたデータはそのままではノイズが多すぎるため，必要なデータを抽出し，余計なデータを取り除くデータ・クリーニング（Data Cleaning；-cleansing，-refining とも）作業を行う必要がある．またこの過程では，データに対して変数化や正規表現化の作業も行われる．こうしたデータのスクレイピングやクリーニングのプロセスを通じて，データの海の中から，必要なデータが純化されていく．

また多くの場合，こうしたプロセスを通じて獲得したデータを公開し，最終的にできあがる記事などのコンテンツと一緒に公開して共有（シェア）することも，DDJ の実行プロセスの一部となる．DDJ はシェア自体を目的化し，継続的な検証プロセスをインターネットの集合知に供託するのである[18]．

データの可視化（図 5-1B）

データは，そのままでは断片的な情報の羅列にすぎない．テーブル化や定量テキスト解析などの手法により，実践の予備（preliminary）段階から可視化が行われる必要がある．このデータ可視化プロセスは，最終的なコンテンツにおいてもオーディエンスのインタラクティビティを残したものとして発表されることが多い．このデータの可視化プロセスは，グラフや表のみならず，インタラクティブ・マップやソーシャル・ネットワーク・サイト（Social Network Sites：SNS）におけるディスコースの可視化などさまざまな手法が用いられる．

あるいは，DDJ に特徴的な形式として，ある程度の可視化の仕組みを整えたところでコンテンツとして公開してしまい，続くプロセスはクラウドソース型で公衆を巻き込んで展開する手法もある．この際には，「コンテンツの作成者は，いかなる偏向（bias）をともなって議題を見いだしたのか」，という点について検証可能な道筋を残しておくこと，また「データからほかに見いだすべき議題はないのか」という別の解釈に至る道筋の余地を残しておくことがとくに重要となる．

データの分析と解釈（図5-1C）

　獲得された煩雑かつ大量なデータは，情報科学，統計科学，社会科学などの分野で確立されているさまざまな手法によって分析されなければならない．また，前段でも行ったクリーニングやスクレイピングといった作業は，この分析段階でも必要となる．

　さらにDDJにおいては，データの「マッシュアップ」，すなわちあるデータを別のデータと組み合わせることで，社会問題を浮かび上がらせることが重要となる．

議題の発見とストーリー化（図5-1D, E, F）

　DDJの調査報道としての要諦となるプロセスであり，従来の調査報道の手法の範疇でもある．分析したデータのなかから，社会に問うべき議題を見いだすことを目指す．このストーリー化のプロセスにおいては，その議題がなぜ問題なのか，その議題は現在という文脈のなかでどのような意味を持つのか，というコンテクストが，わかりやすい物語として提示されなければならない．十分なストーリー化ができない場合には，必要に応じてこれまでのプロセスを繰り返すことになる．たとえば，マッシュアップのために別種のデータが必要な場合は，再びデータのなかから議題を見いだすサイクルに入っていくことになる．

　この時点で擁立される議題とは，本質的にアドホックなものである．発見された議題が，十分なデータの裏付けを持って語れない場合は，議題が棄却される可能性（図5-1E）が常に考慮されていなければならない．当初抱いた問題意識が，データに照らして妥当といえない場合，ジャーナリストはその議題を捨て去る勇気を持つことを要求されるのである．

コンテンツの発信とフィードバックによる議題の再構築（図5-1E, G）

　ストーリーとして組み立てられたコンテンツは，分析に供せられたデータ，ストーリーに則って完成された視覚化データ，そして全体の分析プロセスに関する説明とともに発信される．

　ただし，コンテンツの発信で完結してしまうならば，DDJはCARや精密ジャーナリズムと区別できない．DDJを手法として他から差別化する特性のひとつとして，オープンソースから見いだされ，発表されたコンテンツは，再びオープンソースとして議題そのものが社会のなかで試されなければならないという点がある．SNSの反応や，オーディエンス自身による検証結果のフィードバックを受け，議題は必要に応じて修正を受け，再構築される可能性を保持し続けなければならない．

　以上，一般的なDDJ実践の流れを要約したが，当然ながら現場においては多くのバ

リエーションが存在する．さらに前記では割愛したが，DDJにおいても報道の質的側面を担保するための現場主義は重視される．データから想定されるプロファイルを持つ「被害者」像を取材したり，ヴァーチャル・エスノグラフィ的な手法によって間メディア的ディスコースを抽出することも，重要なDDJの取材プロセスの一部である．

改めて指摘するならば前記のプロセスは重なり合っており，線形的・段階的に実施できるものではなく，行きつ戻りつ，時には並行して実施されることになる．それによって，データと分析結果は観察者の実践の往復運動によって議題へと結実していく．たとえばデータ可視化のプロセスは，データの「意味」を観測者が把握するための初期の荒削りなものから，マッシュアップを重ね，サイクルを回すうちに，より具体的に観測者がデータのなかから見いだした議題を反映し，「読者」へと伝えられる情報に加工されなければならない．これゆえに，本節の冒頭で述べたように，DDJは単なる線形性の作業フローではなく，より非線形の作業サイクルとして駆動することになる．

5. データ駆動型ジャーナリズムを動かすジャーナリストとニューズルーム

　DDJの実践を担う人材には，どのような能力が要求され，またその能力はどう涵養されうるのだろうか？　すべてのデータ・ジャーナリストはプログラミング（code）できなければならないのだろうか？　この問いに対しミシェル・ミンコフ（Michelle Minkoff）は，「ジャーナリズムに限らず，どんな分野であれ，大学院レベルの学習・研究にきちんと取り組みながらブログやSNSに積極的に親しむこと」[19]をDDJの人材に必要な教育レベルと意識の前提としつつ，DDJを行う人材に求められる素養を挙げている（Minkoff 2011）．これを整理すれば，次のようなものになる[20]．(1) CARやDDJのこれまでの報道適用例を知っていること．(2) どのようなデータセットがどこにあるかを知っていること．(3) 最低限の数学的能力を持っていること[21]．(4) 絶対値／相対値の適切な使い分けができること[22]．(5) スプレッド・シート上で，数字やテキストを扱うことができること．(6) 構造化されていないテキストデータを，カテゴリカル・データに変換したり，マイニングなどを通じて検索や統計の対象として扱えること．(7) スクレイピングができる，あるいはできる人を知っていること．(8) Access, SQLやPythonといった，データベース管理のソフトやプログラミング言語を扱えること．

　さらにこのリストに付け加えるならば，「データの視覚化に際しての科学・美学に関する基本的スキルを持ち，専門家と協働できること」も必要である．DDJの実践者には，このリストのすべてとはいわずとも，できるだけ多くの能力を備えていることが要求さ

れている．

　このリストはおそらく，従来からのジャーナリストにはきわめて高度に映るだろう．もちろん，この負担を技術的に軽減するために，さまざまな DDJ を実践するジャーナリスト向けのサービスが登場し続けている[23]．しかし端的にいえば，もはや現代の DDJ に求められるだけの能力を有した「データを扱えるジャーナリスト」をオン・ザ・ジョブ・トレーニング（OJT）で既存の伝統的メディアの内部だけで新たに育て上げることは不可能に近い[24]．身も蓋もないが，現時点では先駆的な DDJ を行っている多くの人びとが一致する見解は「老犬に芸を仕込むことはできない」というものである（EJC 2010; 松浪 2012）．したがって現実的には，ジャーナリストをデータ・ジャーナリストへと育てるよりも，データ科学者にジャーナリストの教育を施す方が圧倒的に早道であり，これが現在の優先的な対応策となっている[25]．それが無理な場合にも，ジャーナリストのリカレント教育などを通じて基本的なスキルを網羅し，データの専門家と対話できるだけの能力を持ったジャーナリストを養成する必要がある[26]．

　いずれにせよ，DDJ の実践においては，こうした職能を前提としたうえで，これまでの調査報道とはまったく異なるチーム編成を行う必要がある．従来の統計を用いたジャーナリズム，そして精密ジャーナリズムや CAR においても報道チームが形成されてきたが，多くの場合においてチームを構成するジャーナリストは互いに交換可能であり，あくまで処理すべきタスクの大きさに応じて分業が行われていたにすぎない．しかし，DDJ においては求められる細分化かつ高度専門化した職能のすべてに通暁することは難しい[27]．DDJ のチームは，いきおい「多様な専門性を持つ集団」としての色彩を帯び，伝統的なジャーナリストは，各種の専門性を持つ人材からなるチームを差配し束ねつつも，あくまでチーム内から浮かび上がってくる議題をストーリーとして昇華する媒介者としての役割を持つことになる．

　しかし，分業化を前提とし，プログラミング能力は全員に必須のものではないとするにせよ，チームのメンバーはお互いの行っている作業をある程度は理解している必要がある．現代のデータ・ジャーナリスト養成プログラムは，この意図に沿って設計されている．たとえばポール・ブラッドショー（Paul Bradshaw）がバーミンガム・シティ大学で試みているカリキュラムにおいて，学生は 5 種の役割のどれかを担うことが期待されている（図 5-2; Bradshaw 2012b）[28]．ここでブラッドショーが強調するのは，こうした役割分担はそれ自体が目的ではなく，エディターをあくまで記事化の中心に置きながらも，あらかじめ想定したストーリーを描き出すのではなく，有機的なネットワークによってデータのなかからストーリーを見いだすようにチームを機能させることなのである[29]．

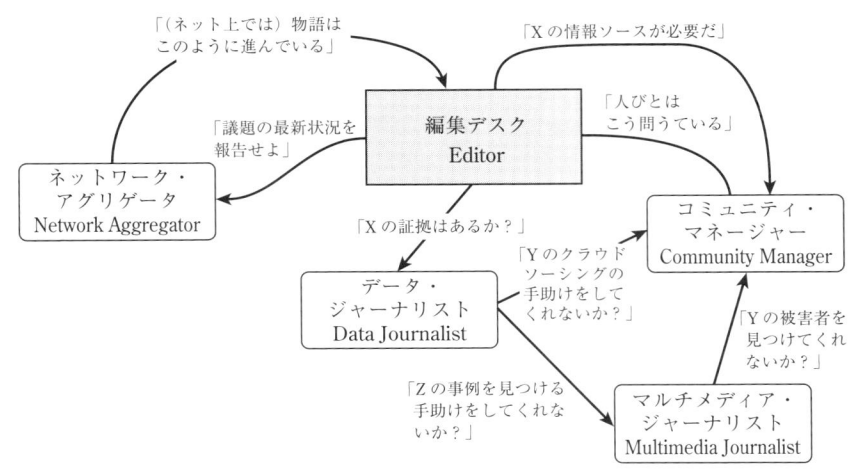

図5-2　DDJのニューズルームの「実践ネットワーク」
（Bradshaw 2012aを元に筆者改編）

6. データ駆動型ジャーナリズムの再定義

　さて，ここまで述べてきたDDJの歴史的位置づけと実践の有り様についての概観をふまえ，後半では現在のDDJが直面している課題群について考察する．それらは，DDJの実践の現場における問題と，DDJの政治経済と人材育成をめぐる持続可能性の問題であり，また両者にまたがるのはDDJという「科学的ジャーナリズム」を指向する実践が本質的に抱える問題である．

　議論の前提として，改めてDDJの立ち位置について確認することから始めよう．ジャーナリズムという営みの発端は，人びとがあまねく社会の議題を共有し，意思決定に参加するためには，現在の社会の有り様に対して蒙いままでは許されず，その無知は啓かれなければならない，とする思想にある．しかし，前世紀のあいだに，少なくとも民主主義を「実践」している現行の社会システムの妥当性について多くの疑念が呈されてきた．それは，市民に忠誠を誓い，社会議題の焦点化を通じて公共圏を実現することを一義とするジャーナリズムという営みについても同様である．ジャーナリズムとは，つまるところ一部のエリートが社会議題を設定する行為にほかならないのではないか？こうした，ジャーナリズムが「何について考えるべきか」を書き綴る行為の権力性をめぐる議論はすなわち，公共の民主的な意思決定に先立ち，またそれに資するはずの議題の選択過程が，すでにして民主的とは言い難いのではないかという情報システムの

「ゲートキーパー」たちのエートス，方法論と規範をめぐる議論であった（たとえば Bruns 2008b; Lang and Lang 1983）．こうした結果，「情報が自由になりたがる」時代における議題設定機能に関する規範的到達点のひとつは，情報エリートによる一方的な議題設定よりも社会の構成員を広く巻き込んだうえでの議題構築を指向すべき，というものとならざるを得ない（Protess and McCombs 1991; Gillmor 2004 = 2005; Benkler 2011; 田中ほか 2012）．

インターネットが登場・普及したことは，この議題構築の可能性を技術的に解決するものとして期待されている．しかしそのなかでジャーナリストに残される役割は以前とは異なることも，また明らかになりつつある．インターネットによって再定義された間メディア環境内の情報生態系においては，かつてジャーナリストが果たしていた機能は生産的消費者（prod-user）によって多くが代替されることになり，情報の専門的媒介者＝ジャーナリストは必須ではないとすら見なしうる（Bruns 2005; Hansen 2013）．もはやジャーナリズムの役割とはゲートキーピング（gatekeeping）ではなく，インターネットという槌によって破壊された情報の門を見守ること，ゲートウォッチング（gatewatching）である．しかし同時にこれはブロガーによって代替されうる危うさを持つ職能でもある（Haas 2005; Cooper 2006; Bruns 2008a, 2008b）．そして，ことソーシャルメディアが台頭して以降，この傾向はますます顕著になったといえる（Tunney and Monaghan 2010; Cardon 2010 = 2012; Hinton and Hjorth 2012）．

こうした変化の結果，「客観性」という名の視野狭窄に陥ることをよしとされた時代は過去のものになり，ジャーナリズムの本義は視点多様主義（multi-perspectivism）の実践者としての役割になった（Jones and Salter 2012）．結果としてジャーナリストに要請されつつあるのは，もはや議題の設定者／オピニオンリーダーとしての役割ではなく，むしろ編集者，モデレータそしてキュレータとして媒介専門性（interactional expertise）を発揮することにすぎない（たとえば Bardoel 1999; Karp 2009; Couldry 2010; Collins and Evans 2007）．

しかし，これらの変化はジャーナリズムという職能（discipline）にこれまで期待されていた，公共的な意味の消失を直接に意味するわけではない．時代の支配的な視点に対し，批判的に疑義を呈する職能は，公共圏を指向する言論空間のなかで必要であることは変わりなく，むしろ多様性の守護者としての職能の必要性が改めて強調されている（Jones 2006; McQuail 2013）．そして現代のジャーナリズムにとって難事なのは，この改めて強調された視点多様主義という規範が，ジャーナリズムが「真実」を編み上げるために用いる情報という権力，そして政治経済的な意味での権力の双方について，能うかぎりの多数性・多様性を確保したうえでのバランスを要請していることである．そし

てこのバランスを希求することは，同時にジャーナリストにとっての馴染み深い陥穽，「戦略的儀礼」としての中立的立場を装うことに接続する (Tuckman 1972)．それゆえに，この変化に対し，ジャーナリズムの規範的側面は批判的運動主義 (critical activism) への指向をより要請することとなる (Hansen 2013)．

DDJ は，これらの要請に対する必然的な結果であり，また回答の手法でもある．したがってそれは，データ・マーケティングやデータ視覚化といったデータにまつわる他の職能と同様，データの縮減，意味の発見と可視化に対しての専門性を求められているのに加え，ジャーナリズムの要請に従い，「媒介専門性を持つ，多様な権力によって支えられた批判的運動主義」を指向せざるを得ないだろう．

7.　データ駆動型ジャーナリズムの実践的課題

DDJ に対する現代の要請をふまえ，その実践に分け入ろう．DDJ の主な課題となるのは，DDJ が決別したはずの CAR の轍に重なること，すなわち世界を縮減するデータの扱いそのものである．DDJ はデータによって行われるゆえに，データに拘泥し，そこに客観性という幻想を見いだしてしまう危険性が常に存在する．「データのなかから語るべきストーリーが立ち上がる」という言説には，ジャーナリズムの議論がとうに捨て去ったはずの，真に「公正・中立な報道」の実現可能性への期待が含まれているように思われる．しかし，仮説探索に先立ち仮説が存在しないことは期待しにくく，またデータの正統化の過程にはさまざまな政治が混入する．このことの理解は，「気候変動に関する政府間パネル (IPCC)」の，ジャーナリズムにおける配置を想起すれば事足りるだろう．IPCC 報告書は，（DDJ が指向するような）能う限りの透明性や検証可能性を担保した形式に基づいた，科学的正統化による議題設定を行っている．それでも，その正統化プロセスから排除し得ぬ恣意性もあって，ジャーナリズム側の議題設定においては多様なフレーミングを誘発しているのである (宗像・塚原 2005; Edwards 2010; 朝山・石井 2011)．かくして，DDJ という科学的ジャーナリズムに解決策を求める者は，ともすれば主観を探索の実践に隠したまま，「第一の忠誠 (prior loyalty)」を（市民ではなく）データに捧げ，その検証の責任を市民に委譲することになる（たとえば Philips et al. 2010; Shirky 2009; Kovach and Rosensteil 2007）．

したがって，DDJ のニューズルームで起こる衝突は，まずデータ科学の規範 (canon) と，ジャーナリズムの規範 (norm) が共約不可能なことによって引き起こされるだろう[30]．データから見いだされたアドホックな議題は，どの時点で公開されるべきなのか．データが示す偏差から，確率が低くとも社会的な不公平の存在が予期される場合，

ジャーナリズムの規範は事前警戒取組（precautionally approach）の実践として即時の公開を要請する．一方で，DDJ に内包される科学の規範は，十分な有意差を持たない相関から因果を見いだすことに抵抗し，最終的なフレームの選択を集合知に託そうとするだろうし，またそうでなければならない．このジレンマのなかで，科学の妥当性境界の内部に到達するだけの分析が得られるまで待っていては，ジャーナリズムは議題を設定し得ない．したがって，いきおい DDJ は仮説が十分に検証されないままでも，その可能性が事実だった場合には公共に資するであろうと判断できる，ある程度の妥当性が得られた時点で，それを議題として提出しなければならない．これは DDJ が集合知による検証をその特性として容認していることからも自然の働きとなる．しかしこれは同時に，科学的ジャーナリズムとしての DDJ が，その実践において科学的判断の領域に分け入ることを意味する．データ・ジャーナリストは，その分析結果が示すところに従い，科学者のように振る舞って木鐸（whistleblower）としての役割を果たすことができるだろうか？　おそらく，これが DDJ の実践にとって最大のジレンマとなるだろう[31]．

　これらはニューズルーム内の議題選択における主観をめぐる問題であり，またその主観が科学の内的規範，あるいはジャーナリズムの営為に対する外的規範のいずれに沿うべきものなのかという問題である．現実には，おそらくはデスクや編集者が問題に対する決定権を持つ．しかしなお，DDJ において最終的なコンテンツとして提出される議題は，DDJ の実践が議題構築の余地を企図してコンテンツに実装されたインタラクティビティのアーキテクチャ，あるいは継続的な SNS との相互作用を通じて再構築される．しかし，技術は決して中立ではない（Morozov 2011）．ビッグデータは一個の人間による把握が不可能であるからこそビッグデータであり，その把握のためにコードを書くことは主観的操作にほかならない．さらに，その先で DDJ は視覚化という極端に権力的な操作を施すことになる[32]．したがって DDJ の途上において実践者がデータに対して付与したアフォーダンスは，その結果として報じられる議題に，判別が困難なかたちで内包され，表層的な視点多様性の影で強力な均質性を押しつける．このプロセスは議題公開の前提としてのジャーナリズム規範と，インターネットによる間メディア作用がもたらす規範という，二重の外的規範の影響下にある．ゆえに，こうして再構築される議題は，DDJ が指向した，「データによって行われるジャーナリズム」という規範（canon）をふまえながらも，社会的要請にもとづく規範（norm）に従うことにより，「データによって始められ，データを参照しつつ進められるジャーナリズム」へと変化していかねばならない．

　また，ナラティブをめぐる問題もある．データそれ自体は伝えるべきストーリーを紡がず，「データは私たちの道徳心に訴えかけない」（Slovic 2007）．それゆえに，DDJ の

成果としてのコンテンツには常に，単に議題テーマを示すデータの分析結果のみならず，具体的なエピソードのフレームがストーリーとして付随する必要が生じる（Iyenger 1991）．そこには，データの変数として埋没しようとする個々の人間に焦点を当てたエピソードが描かれなければならない[33]．ところがこれはまた，「データから物語を紡ぐ」新規技術であるはずの DDJ を，ジャーナリズムが逃れようとしてきた「ステレオタイプ化」の枠組みに差し戻すことになる（Kovach and Rosensteil 2010）．既存の報道文法をなぞり，聴衆に既視感をともなう円滑な理解を提供しつつも，ステレオタイプの枠に留まらない，新たな問題の枠組みの発見可能性を担保することもまた，DDJ の大きな課題である．

　この問題を回避するために，「科学的な」DDJ においては反証可能性を担保するためにも透明性が重要な課題となる．すなわち，データの処理作法における手続きこそが DDJ の導出する議題を決定するがゆえに，DDJ においては，分析に用いたデータ，分析の手法（アルゴリズムやソフトウェア），可視化の手順，といった手続きの過程を明示化し，検証可能にすることが求められる．しかし，検証可能性を担保するために，処理前・処理途中のデータや，分析に用いたコードを公開することは，それ自体が大変な作業となる．専門家であってもそれは非常な重荷であり，たとえば情報科学者を対象にした MIT の調査では，78％が「公開できるレベルまでコードを綺麗にするのに時間がかかる」，52％が「公開後に寄せられる質問に答えるのが大変である」ことを理由にコードの公開を拒んでいる（Stodden 2010）．それでも，こうしたアクセス権の確保に基づく手続き公正性（procedural fairness）が担保されていなければ，生産的消費者としての集合知が，その内包する「オタク的な検証機能（Nerd box）」によって媒介専門性（interactional expertise）を発揮し，ナラティブを再構築することによって，議題の顕性（salience）を選択することは不可能になってしまう．

　実務上の倫理的な問題もある．秘匿されているデータを分析することが，公共の利益のために求められているとき，データ・ジャーナリストがデータベースにハックして情報をスクレイプすることは倫理的に許されるのだろうか？　あるいは，データ・ジャーナリストは情報源が秘匿されたままのデータをよしとして，その信頼性を担保する責任をも負うことができるのだろうか[34]？　Wikileaks[35] が大きなきっかけとなってもたらされた，こうした倫理的課題は，その後の伝統的メディアにおける劇場化によって，十分に検討されず未解決のままに残されている．よしんばすべてのデータが合法的に思えたとしても，その透明性を付随させること自体が，そして情報の信頼に対する担体として振る舞うこと自体が，ジャーナリズムにとっては「倫理的問題の地雷原」（Rosner 2011）として残るのである．

改めてニュースルームの視点に立ち戻れば，これらの課題はいずれも，DDJ の実践における再帰性（reflexivity）の問題である．どこまで行ってもアドホックな議題[36]を，ある時点で特定のかたちで公開することの必要性／危険性は，科学とジャーナリズムのどちらの規範によって判断されるべきなのか．そして，その議題の偶有性（contingency）と顕性を審判する機能は，はたして誰が，あるいはどんなアーキテクチャが担保するのか．そもそもが第四階級としての権威的（canonical）なジャーナリズムの機能を，インターネットという間質の登場を機に市民に奉還するという前提に立つ DDJ の運動性は，自らそれを審判することはできず，やはり開け放した門を見守り，誰何し続けるしかないという矛盾を内包する（Lewis et al. 2008）．しかし，この矛盾と向き合うことを放棄した場合，DDJ はやはり，旧来よりの宿痾である戦略的儀礼としての両論併記に代わる，新たな戦略的儀礼として「オープン性」を持つにすぎなくなってしまうだろう（Tuckman 1972；van Dijk 2009；Frost 2011；Couldry 2012）．

8. データ駆動型ジャーナリズムの政治経済的課題

すでに見てきたように，DDJ とは，ここ数十年のあいだに力を付けてきたジャーナリズムの科学的方法のうち，名付けるに値する変化を遂げた亜種にすぎない（Lorenz 2012）．そしてそれは，調査報道の先鋭化した姿といえるだろう．このために，DDJ は調査報道が抱える現代的な課題をそのまま踏襲する．それらは社会変化によって変質したプライバシーをめぐる問題（Snider 2010），フラット化する社会におけるプレスリリースなどの一次情報源依存の問題（Davis 2008；Bacon and Pavey 2010）など多岐にわたるが，より実際上の危機となっているのは，調査報道という「報道の華」といわれながらも同時に「贅沢な仕事（luxury work）」と呼ばれ続けてきた金食い虫の営みをどう支えるか，という問題だろう．DDJ 以前に，ジャーナリストの仕事効率に対する要求性は日増しに高まっており，前世紀の後半からの継続的な調査は，いずれもジャーナリストの仕事が経済的問題を主因子として，断片化し，浅薄化していく状況を指し示している（Pinholster and O'Malley 2006；Peters et al. 2008）．しかし，潤沢な資金の裏付けがなければ，調査報道は容易に形骸化し，またそのことをジャーナリズム自体も正当化するのである（Kovačič and Erjavec 2010）．

現在，DDJ は活況を呈している．DDJ に関する新規技術が立て続けに登場し，また，その新技術としての DDJ を利用するメディア組織も，伝統的メディアからインターネット上のオルタナティブ・メディアまで多岐にわたる．しかし，その政治的・経済的・社会的な需要は十分に高い状態にあるといえるだろうか．現在の変転したメディア構造に

おいては，公衆はニュースそのものにすら対価を支払うことはまれで，せいぜいがところ，調査報道の留分（fraction）について間接的な支払いをしてくれるにすぎない（Kaye and Quinn 2010; Turow 2012）．調査報道の分類モデル（Feldstein 2006）に従えば，DDJが調査報道としての社会的機能を果たせるほどに成功するには，その需要が十分に高いことが必須となる．さもなくば，DDJはよく見積もっても，（ウェブログの多くがそうであるように）興味深く重要な議題を提出してはいるが，社会的変化を促すまでの影響力は持ち得ない，いわば趣味的な報道の範囲に留まってしまうし，その需要性が低い場合に無理に供給を高めれば，最悪の場合はDDJの議題はタブロイド化していくのである．

それでは，肥大化するDDJの実践は，大きなメディア組織の内部でしか行えず，地方紙，オルタナティブ・ジャーナリズムや市民ジャーナリズムといった，小さな組織には難しいのだろうか．この「DDJには時間がかかり，またあまりに多くの専門家の介在を要求する．縮小し続けるニュースルームの中で実践することは難しい」[37]という指摘に対し，ブラッドショーは，こうした意見は伝統的な調査報道の発想にとらわれすぎているためであり，DDJの利便性を捉え損ねている，と指摘する（Bradshaw 2012b, 2012d）．その見解によれば，DDJはニュースルームの部分的リソースとして用いることが可能であり，またそう用いてしかるべきであるという．ただ現実にはDDJに必要なオープン性にまつわるコストは高く，ブラッドショーが理想とするようなDDJの成功例はなかなか現れておらず，小規模ニュースルームによるDDJの実践の多くは，つぶさに見れば，精密ジャーナリズムとしての成功に留まっている[38]．DDJに求められる継続的な検証可能性の担保を考えたとき，そのニュースルームには，あらかじめ多様な需要がもたらす政治経済的権力，そして信頼が十分に集中していなければならないのが現状である．

また，「権力主体が，より重要なデータを開示しないことによって，権力を行使する」という従来からの問題を脇に置くとしても，同種の，しかしより複雑化した問題として，ジャーナリズムの「グーグル化（Googlization）」をどこまで許容するか，という問題がある．Google社はデータ・ジャーナリズム賞のスポンサーでもあり，この分野に多くの期待をかけていることがうかがえるし，実際にもDDJの教育や実践の多くにはGoogleの提供するサービスが用いられている．しかし，現実のDDJは，どこまでGoogleの社会技術的想像力（sociotechnical imaginaries[39]）を信頼して実践できるのだろうか．よりシンプルに問えば，Googleが「邪悪になって[40]」いない，とどこまで信じることができるだろうか．邪悪にならないことと，邪悪を実現する要素を備えてしまうことは違う．DDJという営みには，アルゴリズムの権力が作用する．データ科学者

によって生み出され，一度作動を始めたアルゴリズムは，その設計思想そのものが見直されることはまれで，ほとんどの場合は，ただその変数の重み付けが見直されるだけである（Anderson 2011）．Googleが，あるいはデータの公開元が意図せずとも情報にスピンを与えたとき，グーグル化された情報の舞台でプレイしているジャーナリスト，そして再帰性の一端を担う生産的消費者としての公衆がその変化に気づくことは困難だろう．これは，パブリック・リレーションズの権力拡大に伴い，ジャーナリズムにおいて常態化した現代のチャーナリズム（churnalism）[41]の様相に重なる．資本主義経済のなかの，より広大なアフォーダンス空間として再構築されたメディア環境におけるジャーナリズムは，その空間からの作用に抗することは難しく，データの持つ権力性，あるいは議題に対する公衆の嗜好性を増幅するかたちで，たやすくチャーナリズム化するのである（Maguire 2011；Andrejevec 2011；Davis 2008）．

DDJとは，情報の生産的消費者の枠組みを受容し，その内部で実践されるジャーナリズムだといえる．その実践を，従来の工業的観点にもとづいたニュースの生産行為だと誤認した場合，データ科学の工学的傾向に付き従うかたちで，DDJはそのジャーナリズム性を喪失してしまう（Turow 2012；Banks and Humphreys 2008）．すなわち，データから議題を見いだす効率を重視すれば，市場の要求性に従った多数派の意見となり，あるいはジャーナリズムの本義に立ち返って社会的弱者＝少数派の意見を議題化しようとすれば，そのためのアルゴリズムは強力な増幅という主観的作用を持つものでなければならない．このジレンマに対処するためにも，公衆を含めたDDJにかかわるあらゆるステークホルダー間で，新たなかたちでのジャーナリズム規範がかたちづくられ，共有されることが求められている．さもなくば，DDJは公衆の熱狂（hype）のサイクルに取り込まれ，その熱狂を焚きつけることに目的化したコンテンツファーム[42]となりはててしまうからである．

9. おわりに

本稿では，データ・ジャーナリズムという営みの歴史，そして現在の実践と課題の様相について綴ってきた．後半においては，批判的検討を重ねたために，幾分悲観的にすぎたきらいもある．しかし，改めて強調するならば，DDJとは間メディア社会におけるジャーナリズムの必然的な潮流であり，今後も実践と並行した検討が重ねられなければならない[43]．後半で検討したように，DDJはその方法論としてデータ工学的傾向を先鋭化させる傾向があり，その過程では本来期待された科学的ジャーナリズムへの指向は，そのジレンマの複雑さゆえに脱落し，新たな戦略的儀礼にすぎなくなっていくと予

想される．すなわち，DDJ の潮流は，「ジャーナリストの『エンジニア』化」（Hardt 1990）へと向かう可能性があり，DDJ は CAR に対して投げかけ，その差別化による出発点としたはずの方法論的懐疑を再帰的に受け取ることになる．これが避けられないのならば，ひとつの方策は，あくまで工学的手法に則り，規範の成文化と共有を試み続けることだろう．このための問いかけとして，最後にブラッドショーが「データ・ジャーナリストがしてはいけないこと」の議論を通じて提示した，DDJ の実践にまつわるチェックリストを掲げておくことにしよう（Bradshaw 2013a）[44]．

1. データにもとづいた報道の正確さを，どのように確認するか？　その明確化のために，どのような確認手順を組み込んでおくべきか？
2. データをいかにして文脈に落とし込むか？　データを常に，歴史的なトレンドと合わせて，相対化できているか？　データの収集方法をチェックしたか？
3. 全量データを公開する，あるいはデータの自動公開をする場合，考慮すべき点は何か？
4. データを入手する場合の注意点は何か？
5. コラボレーション型のプロジェクトを行う場合，すべての参加者が倫理，価値，役割を共有できていることを確認したか？
6. それが最も重要なデータだと，どのように判断したのか？　さらに確認作業は必要ではないか？　単に最も使いやすいデータだった，ということはないか？

このチェックリスト自体が，今後のジャーナリズムを取り巻く環境変化，そして DDJ の実践のなかで試され，更新され続けなければならないものであることは言うまでもない．萌芽期にある日本のデータ〈駆動型〉ジャーナリズムの実践と議論の未来に向け，本稿がわずかなりとも手がかりとなれば幸いである．

第6章

誰もがジャーナリストになる時代
―― ミドルメディアの果たす役割と課題

藤代　裕之

1. はじめに

　大きな揺れや迫り来る津波に携帯電話のカメラを向けた被災者はその瞬間ジャーナリストとなった．2011年3月11日に発生した東日本大震災では，個人が発信した情報がインターネットを通じて多くの人びとに広がり，被災状況を伝える大きな役割を果たした．人びとは未曾有の災害によって突如としてジャーナリストになったわけではない．誰もがジャーナリストになれるメディア環境が可視化されたにすぎない．

　東日本大震災では，ブログ，Twitter，動画・写真共有サイトといった，インターネット上にコンテンツを投稿できるユーザー参加型サービスであるソーシャルメディアに，現場から生々しい被災状況が多数発信され，津波被害の動画や写真が記録された．YouTube にアップロードされている『東日本大震災発生時（仙台市）Earthquake in Sendai』[1]というタイトルの動画は，仙台市青葉区内の自宅で被災した人が撮影したもので，3年間で1700万回以上が再生された（図6-1）．英語の説明が書き加えられ，海外からのコメントが書き込まれており，被災地の現場から既存マスメディアを通さず世界中に情報発信されたことがわかる．『陸前高田市消防団員の津波映像　フル映像』[2]というタイトルが付けられた連続動画では，消防団員が避難を呼びかけながら高台に避難していく様子が生々しく記録されている．

　Twitter 上では研究者や専門家が福島原子力発電所事故の影響について議論が行われ

図 6-1 『東日本大震災発生時（仙台市）Earthquake in Sendai』[1]

た．政府や東京電力からの不十分な情報発信に対して，専門家や市民が自ら放射線データを測定して数値を明らかにした動きは人びとによる調査報道ともいえる（日本再建イニシアティブ 2012）．

　事件や事故現場からの情報発信や記録はこれまで既存マスメディアの重要な役割だった．従来ジャーナリズムは，新聞，テレビ，ラジオ，雑誌といったマスメディアそのものであり，不可分であると考えられてきた．ジャーナリストとは既存マスメディアの記者か，既存マスメディアに執筆する一部フリーランスを指すと考えられていた．その理由は，多くの人びとに情報発信できるメディアが，マスメディアに限られていたためだ．新聞を発行するには輪転機や販売網が，テレビは放送施設や電波免許が必要で参入障壁が高く，誰でも気軽に始められるものではなかった．2000 年代に入り，インターネット接続環境やカメラ付き携帯電話の普及，ソーシャルメディアの登場により，多くの人びとに情報発信できるようになったことで，誰もがジャーナリズム活動に関わるようになった．

　鶴見俊輔はジャーナリズムを「同時代を記録し，その意味について批評する仕事」と簡潔に規定している．そして「明治以降の舶来の言葉としての『ジャーナル』（ジャー

ナリズム，ジャーナリスト）は，毎日の記録としてとらえられることがなくなり，市民が毎日つけることができる日記との連想を断ち切られて，新聞社あるいは雑誌社などの特別の場所におかれた者の職業的活動としてだけとらえられるようになった」とする（鶴見 1965: 7-8）．ジャーナリスト＝既存マスメディアに関わる人びと，という考えは強固であるが，東日本大震災の事例で見たように，ジャーナリズムとは無関係であるとされてきた人びとの発信する情報がジャーナリズム活動に関わるようになってきているのは明らかである．

　本稿では，インターネット上に登場した，市民メディア，ソーシャルメディア，ポータルサイト，といった情報発信に関わるサービスの歴史をたどりながら，誰もがジャーナリストになり得るメディア環境がどのようにして生まれてきたのかという構造を明らかにする．

2.　市民メディアの誕生

　「2007年までに，インターネット上の個人ホームページによる市民ジャーナリズムが，ニューヨーク・タイムズのような大手新聞社よりも大きな影響力を持つようになる」（青木・湯川 2003: 3）．2003年に出版された青木日照と湯川鶴章による『ネットは新聞を殺すのか』は，米ソフトウェアメーカーのCEOの言葉を書き出しに引用し，9.11における草の根ジャーナリズムの可能性を論じた．ブログと呼ばれる新たな仕組みにより広がった個人の情報発信がマスメディアに影響を与えるとの指摘は，既存マスメディア関係者を中心に衝撃を持って受け止められた．

　市民ジャーナリズム，草の根ジャーナリズム，参加型ジャーナリズムとさまざまな呼び方をされたインターネット上の情報発信は，インターネット接続の低価格化と高速化，携帯電話やデータ通信の普及が後押しとなり，2000年代に入り日本でも本格的に立ち上がることになる．

　2003年，元朝日新聞編集委員で元鎌倉市長の竹内謙らによって『JanJan（ジャンジャン）』が創刊された．JanJanは日本初のインターネット新聞として「市民による，市民のためのメディア」を標榜した．2005年には，ポータルサイトライブドアの支援を受けた『PJ（パブリックジャーナリスト）ニュース』や不動産事業を展開するツカサ都心開発株式会社による『ツカサネット新聞』が生まれた．2006年には『オーマイニュース日本版』がソフトバンクから韓国版への増資も含め13億円の出資を受け，ジャーナリスト鳥越俊太郎が編集長に就任する手厚い体制で創刊した（図6-2）．

図 6-2 創刊直後の『オーマイニュース日本版』のトップページ

　JanJan，PJ ニュース，オーマイニュース日本版の共通項は編集プロセスにある．サイトに記事を掲載してもらうためには，市民記者となり，投稿した記事は編集部のチェックを受ける必要があった．

　これら市民メディアの役割について，竹内は新聞に対抗するのではなく「今のマスメディアに足りない部分，すなわち庶民からの視点を補っていこう」と述べている（岡 2004）．だが，鳥越は「マスメディアのように一方通行ではなく，今までマスメディアに相手にされなかったような市民の声を載せていきたい」と既存マスメディアとの違いを強調した．さらに，掲示板 2 ちゃんねるを「ゴミため」，ブログを「日記で社会が変わる発言は少ない」とし，市民メディアとソーシャルメディアを区別した（岡田 2006）．

　青木と湯川による著書の刺激的なタイトル『ネットは新聞を殺すのか』の影響もあり，市民メディアは既存マスメディアへの対抗的な存在として位置づけられていく．

　これら市民メディア以外にも，2 ちゃんねるに代表される掲示板や個人のホームページが存在した．2002 年にはアメリカのブログソフト Movable Type が日本語化され，2003 年には『ライブドアブログ』『ココログ（ニフティ）』『はてなダイアリー』がサービスを開始し，ブログを書く人＝ブロガーが登場する．しかしながら，ジャーナリズムに影響を与えるのは市民メディアであり，掲示板やブログを使う個人の情報発信者とはみなされていなかった．

　ブログを運営する側にもジャーナリズムを担う自覚は見られない．佐々木俊尚は『インターネットのあり方を変える？個人ニュースサイト "blog" を運営する人たち』のなかで，60 のサイトの運営者に取材を行っている．81％の運営者が「blog はインターネッ

トのメディアのあり方を若干は変えるかもしれないが，オールドメディアを"殺す"なんてとんでもない」と回答している（佐々木 2002）．

2003年から2006年は市民メディアの時代と位置づけられる．ジャーナリズムを担うことが期待されたのは市民メディアであり，ソーシャルメディアはジャーナリズムの担い手としては「泡沫候補」であった．市民メディアは投稿型を採用しており，インターネットによって情報発信のハードルが下がったとはいえ，記者登録と編集部のチェックを受ける必要があった．市民メディアと名がついても，発信のプロセスは既存マスメディアと同じであった．そのあいだも，ソーシャルメディアの利用者は増加し，個人の情報発信は拡大していく（総務省 2001）．

3. ミドルメディアの誕生

ソーシャルメディアによって膨大な情報が溢れるようになると，ソーシャルメディアの書き込みや出来事を情報源とするニュースサイトが登場する．

その代表的存在のひとつ『J-CASTニュース』は，2006年7月にブログシステムを使ってスタートした（図6-3）．編集長は雑誌週刊朝日の元編集長大森千明で，運営会社はウェブの制作などを行うJ-CAST．ブログや掲示板での議論，SNSにおける個人情報の流出といったトラブルやテレビ番組のネットでの反応を取り上げた．批判や誹謗中傷がコメント欄や掲示板に殺到する炎上と呼ばれる事象もすばやく記事化したことで「炎上

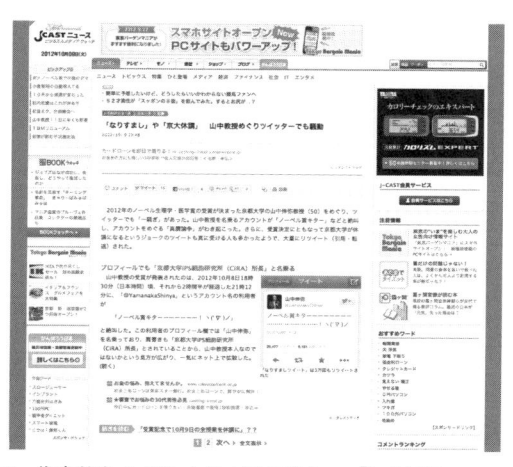

図6-3 代表的なミドルメディアのひとつ『J-CASTニュース』[3]
(2012年10月9日)

メディア」とも呼ばれ，人びとが興味を持つ記事でアクセスを増やしていった（蜷川 2010）．

このようなソーシャルメディア上の情報を集約して紹介するメディアがミドルメディアである（橋場ほか編 2007）．ミドルメディアの最大の特徴は，従来は情報がマスメディアから影響力を持つインフルエンサーなどを通じて人びとに広まっていたが，ミドルメディアを通じて人びとが発信した情報がマスメディアへと「逆流」することにある（図6-4）．誤解されがちであるが，ミドルメディアはメディアの大きさ（アクセス数や部数）ではなく，情報流通の構造である．

ミドルメディアは，プラットフォーム提供型と編集型の2種類ある．プラットフォーム提供型は，ユーザーが参加して記事やサイトのランキングやアクセス数でシステマティックに評価するソーシャルブックマークやソーシャルニュースなどがある．ソーシャルブックマークは2005年に『はてなブックマーク』がサービスを開始した．ソーシャルニュースはアメリカでは2004年に『Digg（ディグ）』が開設，日本では2006年に『newsing（ニューシング）』が開設された．

編集型は，人が価値があると判断した情報を主に記事にする．この編集型が新たなニュースサイトにつながっていく．J-CASTニュースに加え，『GIGAZINE』『サーチナ』『ガジェット通信』『ナリナリドットコム』『ロケットニュース24』，掲示板の書き込みを取り上げるまとめサイトである『痛いニュース』『ニュー速クオリティ』『ハムスター速報』『カナ速』など多数のニュースサイトが生まれていく．これらの多くがブログシステムを利用している．プラットフォーム提供型のはてなブックマークも，ブックマークで人気のあるコンテンツを人が編集して記事にする『はてなブックマークニュース』を展開している．

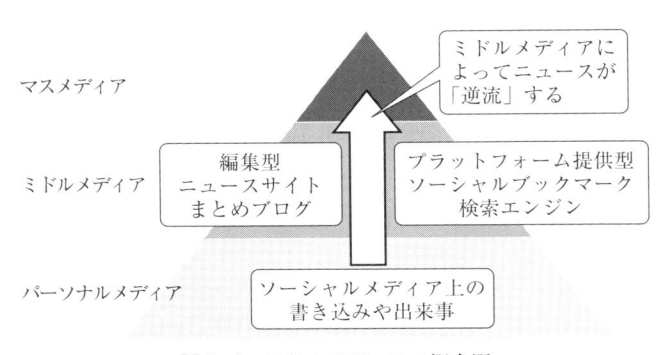

図6-4 ミドルメディアの概念図

J–CAST ニュースと同じく，ソーシャルメディア上の事象を扱うことが多いブログサイト GIGAZINE は，2000 年に当時大学生だった山崎恵人の個人サイトとして始まった．2006 年からブログ形式に移行しアクセス数が増えたことで複数人による編集を行うようになった．

　このようなソーシャルメディア上の情報を集約して紹介するタイプ以外に，既存マスメディアが扱ってこなかったジャンルや地域の情報を扱うニュースサイトも登場する．2000 年に始まった渋谷の地域情報を発信する『シブヤ経済新聞』は，2004 年の『ヨコハマ経済新聞』開設を皮切りにみんなの経済新聞ネットワークとして発展した．従来の地方紙やタウン誌にくらべて対象となるエリアを絞り込み，東京であればアキバ（秋葉原），神田，上野，日本橋など細かく分かれている．地方都市を多くネットワークしているのも特徴で，東北では八戸，盛岡，三陸，秋田，仙台，石巻にある．ショップやカフェの開店情報やイベント案内など経済を軸に地域情報を掲載している．運営会社はウェブ制作会社やイベント会社など多様で，2013 年末には 83 か所に広がった．

　『CB ニュース』は，医療関係者の転職・人材紹介事業を行うキャリアブレインが運営する．本業の知名度向上をねらい，2006 年にサイト内の情報コンテンツとしてブログで情報発信を始め，医療系ニュースを幅広く扱っている．『JBpress』は，日経ビジネスオンラインの編集者や技術者が 2008 年に起業したニュースサイトで，日本再生，国際，地方，多様性といったキーワードを軸にしている．ニュースメディア運営のシステム「is Media」も開発，『現代ビジネス』や『ダイヤモンド・オンライン』などが利用している．編集型の運営会社は異業種からの参入で多様化していった．

　プラットフォーム提供型は，2009 年に Twitter のツイートを編集できる『togetter』，ツイート，動画，ブログなどの複数のソーシャルメディアを編集できる『NAVER まとめ』が誕生して，ネット上のコンテンツの「まとめ文化」をかたちづくっていく．スマートホンが普及すると，キュレーションサイトと呼ばれる『SmartNews（スマートニュース）』『Gunosy（グノシー）』『NewsPicks（ニューズピックス）』などの新たなプラットフォーム提供型のミドルメディアが登場する．

　2006 年ごろからは，ソーシャルメディアの普及・拡大に合わせてミドルメディアが登場，拡大していった時期と位置づけられる．個人の情報発信は，市民メディアではなくミドルメディアによって集約され，多くの人の目に触れるようになっていく．

4. ポータルサイトの方針転換

ミドルメディアが急増していくきっかけとなったのが，ポータルサイトの方針転換である．

ポータルサイトは，検索やショッピング，地図，ニュースなど多彩なサービスをそろえたインターネットユーザーの入り口となるサイトである．1996 年には現在最大手となった Yahoo! や Infoseek がサービスを開始．NTT 系の goo は 1997 年に，ライブドアは 2003 年にポータルサイト事業に進出した．

ポータルサイトが掲載しているニュース配信元の多くは新聞社や通信社といった既存マスメディアであったが，2005 年ごろから配信元にブログやニュースサイトが加わるようになっていく．その引き金を引いたのは既存マスメディアで，震源地はライブドアであった．

ライブドアは，社長の堀江貴文が自らブログを執筆し，PJ ニュースを後押しするなど，新たなニュースの取り組みを積極的に進めていた．フジサンケイグループの中核会社だったニッポン放送の買収に乗り出し，インターネットとテレビの融合を目指したが，既存マスメディアは大きく反発した．2005 年に強制捜査を受け，堀江が逮捕されたことで，共同通信，産経新聞は記事配信をストップ，ニュースサービスの提供が危機に陥った．

そこで，ライブドアはブロガーやニュースサイト『FPN ニュースコミュニティ』（2011年 3 月運営停止）に投稿された記事を紹介し始めた．ブロガーや FPN の記事は，既存マスメディアの配信記事と同じニュースコーナーに表示された．個人の発信した情報と既存マスメディアの記事が，ニュースとして並列に扱われる状況が生まれた．

その後，ライブドアと既存マスメディアの関係は修復されていくものの，個人の情報をニュースとして扱う流れは拡大していく．2009 年にトップページにブロガーの記事を掲載するためにニュースブロガーを募集．ブログ執筆者に費用をサポートする奨学金やブログメディア新人賞といった施策を行い，他社サービスを利用するブロガーのライブドアブログへの誘致を進めた．ブログメディアと称し，IT 企業の動向などを扱う『TechWave』や海外投資情報の『Market Hack』といった専門的な情報を扱うブログを開設するなどして個人やグループの情報発信を支援していく．

Yahoo! のニュース部門も，2007 年から既存マスメディア以外の記事の扱いを拡大していく．その背景には，2006 年に地方新聞各社と共同通信が開設した 47 ニュースや，2008 年に朝日，日経，読売 3 社が開設した『新 s（あらたにす）』の動きがあった．47 ニュースは，業界内では「ヤフーつぶし」と噂された[4]．ライブドア同様に記事配信の中止リ

スクが高まったことから，既存マスメディアとの関係を維持しつつ徐々にニュースサイトや個人の情報を増やす方針に転換していった．

2012年9月に個人カテゴリ「Yahoo!ニュース個人」を開設．ライブドア同様に，Yahoo!でも既存マスメディアやニュースサイトの記事，個人の情報発信が同じようにニュースとして扱われるようになった．

ポータルサイトに記事が配信されるようになりニュースサイトのアクセス数は急増していく．J-CASTニュースは2006年7月に月間67万ページビューだったが，同月ライブドアに記事を配信，2007年10月にはYahoo!にも記事を配信したことで認知度が高まり，2012年6月には8000万ページビューと大きくアクセス数を伸ばした．ポータルサイトへの配信により，各サイトはアクセスが増加し，広告収入が増え，表6-1にまとめたように多様なニュースサイトが生まれる環境が整った（藤代 2012）．

このようにライブドア事件や新聞系ポータルサイトの開設により，危機感を強めたポータルサイトはブログやニュースサイトの記事もニュースとして扱う方針転換が行われた．これは読者にとってはニュース概念の拡張であった．

5. 既存マスメディアの方針転換

ソーシャルメディアの普及により，既存マスメディアもソーシャルメディア上の情報や出来事を無視できなくなっていく．社会的にインパクトの大きな事件や事故現場の様子や写真が個人からも発信されるようになり，取材する必要に迫られるようになった．

当初既存マスメディアは人びとが発信するニュースの扱いに慎重だった．2008年に起きた秋葉原無差別殺傷事件では，通行人が撮影した警察官に取り押さえられる容疑者という決定的瞬間の写真を新聞各紙が掲載したが，携帯電話の赤外線通信機能を使って現場で広がったことで撮影者が不明であった．朝日新聞は夕刊1面2段と小さな扱いで，通信社配信の写真を掲載した（津山 2010）．撮影者を確認してから，紙面に掲載するのは著作権の問題だけでなく，情報の信憑性の確認という点からも重要な手続きではある．しかしながら，即時性を持ったソーシャルメディアの利用拡大は，既存マスメディアの態度に変化をもたらしていく[5]．

転換点となったのは2010年11月に起きた動画共有サイトYouTubeへの尖閣諸島沖での巡視船と中国漁船の衝突ビデオ映像の流出である．既存マスメディア各社がYouTubeの映像をそのまま扱った．投稿者がsengoku38というYouTubeのアカウント情報以外当初はわからず，秋葉原無差別殺傷事件の写真よりも，動画の確かさやアップロードされた経緯は不十分であったものの，扱わざるをえない状況となった．TBSは

表6-1 Yahoo!、livedoor、goo、mixi にニュース記事を提供するサイト一覧
（2011年8月5日調査）

提供数	提供先ポータルサイト	ポータルサイトにニュース記事を提供するサイト	サイト数
4社	Yahoo!、livedoor、goo、mixi	映画.com、時事通信	2
3社	Yahoo!、livedoor、goo	INSIGHT NOW!、産経新聞	2
	Yahoo!、livedoor、mixi	＋D LifeStyle、＋D Mobile、＋D PC USER、BARKS、Business Media 誠、cinemacafe.net、GIZMODO、MarkeZine、MONEYzine、RBB TODAY、Record China、アットぴあニュース、オリコン、コミックナタリー、サーチナ、シネマトゥデイ、中央日報、デイリースポーツ、ロイター通信	19
	Yahoo!、goo、mixi	毎日新聞、夕刊フジ、読売新聞	3
	livedoor、goo、mixi	BCNランキング、COBS ONLINE、escala cafe、gooランキング、japan.internet.com、Luxist、R25、はてなブックマークニュース、マイコミフレッシャーズ、教えて！ウォッチャー	10
2社	Yahoo!、livedoor	Goal.com、hotexpress、IT mediaニュース、J-CASTニュース、SOCCER KING、ゴルフ情報ALABA.net、スポーツ報知、スポニチアネックス、ナタリー、レスポンス、格闘技WEBマガジンGBR、誠Biz.ID	12
	Yahoo!、goo	Wow!Korea、朝日新聞、ナショナルジオグラフィック公式日本語サイト、マイコミジャーナル、医療介護CBニュース、聯合ニュース	6
	Yahoo!、mixi	CDジャーナル、iNSIDE、Movie Walker、デビュー	4
	livedoor、goo	GLOBIS.JP、NEWSポストセブン、Wired、ダイヤモンドオンライン、共同通信	5
	livedoor、mixi	All About、CAREERZine、Fasionsnap.com、IT mediaエンタープライズ、nanapi、Pouch、sports watch、Techinsight、WEB本の雑誌、ZAKZAK、＠IT、オトメスゴレン、ガジェット通信、サイゾーウーマン、スゴレン、テレビドガッチ、電撃オンライン、東京ウォーカー、独女通信、ナリナリドットコム、日刊SPA!、日刊サイゾー、ハリウッドチャンネル、ワラパッパ、新刊JPニュース、オタラボ	26
	goo、mixi	サンケイスポーツ	1
1社	Yahoo!	BCN、CNN.co.jp、COMPUTERWORLD.jp、Impress Watch、	41

		ISM，musicnet，netkeiba.com，NFL JAPAN，nikkeiTRENDYnet，NNA，Scan，TechTarget ジャパン，Top News，VIBA，アジアプレス，インド新聞，ウォールストリートジャーナル，オートスポーツ web，お笑いナタリー，カナロコ，株式市場は非常識：変化をつかめ，河北新報，京都新聞，グーサイクル，ゴルフダイジェストオンライン，住宅新報，スポーツナビ，帝国データバンク，テニスナビ，ぴあ映画生活，ファミ通.com，フジサンケイビジネスアイ，毎日中国経済，マガジン 9，みんなの経済新聞ネットワーク，ヨミドクター，リッスンジャパン，琉球新聞，紀伊民報，日刊ゲンダイ，両丹日日新聞	
	livedoor	AKB 通信，App Woman，APP max，Benesse 教育情報サイト，bj リーグ公式ニュース，blogram 通信，clicccar，CloseUp NetTube，CORISM，Digital PR Platform，ecool，FOOTBALL WEEKLY，Gamer，Garbagenews.com，Gazzetta.it，GIGAZINE，Girls MOVIE ENTER，Girls news，Girls−Style，GlobalPost，Googirl，greenz.jp，Hot Trash.com，Houyhnhnm，IBTimes，IT ライフハック，JBpress，J−CAST テレビウォッチ，J−CAST モノウォッチ，JP−Arsenal.com，karsol for Living，Kmonos，Kotaku JAPAN，livedoor HOMME，livedoor スポーツ，livedoor 天気情報，MAMApicks，Market Hack，MdN Design Interactive，Menjoy!，menstrend.jp，MMA PLANET，MMD 研究所，MOVIE Collection，MOVIE ENTER，Mr.SNAP，MYLOHAS，Nicheee!，nmn，OnlineGamer，Peachy，PR Times，PR ニュース，PRONEWS，R.E.port，R.NY，ravedoor，Sakura Financial News，Sgame，Sweet 90 Blues，Tech Wave，TOWER RECORDS，TREND 通信，TV グルーヴ，UMAJIN，unbar，USA 通信，Venture Now，verita，VOGUE JAPAN，web ザテレビジョン，WirelessWire News，Woman Apps，youbride，アイ★ドル箱，アイシェア rTYPE リサーチ，アイトピックス，アキバ総研，アゴラ，＠Press，アニメ Newtype チャンネル，アニメイト TV，アメーバニュース，インテリアハック，植草和秀の『知られざる真実』，浦和レッズマガジン，エアロプレイン，エスマックス，オシャレオモシロフドウサンメディアひつじ不動産，おたくま経済新聞，価格.com トレンド news，家電チャンネル，韓フルタイム，ゲーマーズエクスプレス，ゲエムノセカイ，ゲンダイネット，こえぽた，ここヘン JAPAN，婚活お役立ちニュース，サボティスタ，シアターガイド，週刊実話，週刊住宅オンライン，素人トラ番評論家≪寅之助≫の～本日の辛口診断～，すくらむ，スポーツ見るもの語る者～フモフモコラム，スポカフェ，スラッシュドット．ジャパン，セレブ☆タイムズ，ダイヤモンド・ザイ・オンライン，朝鮮日報，デジタルマガジン，東京経済，ドリームニュース，永田町異聞，ニューズ・ツー・ユー，ニュースの社会科学的な裏側，ネットセキュリティ，ネット副業マニュアル，ハリウッドニュース，ハンギョレ新聞，秒刊サンデー，ファッショニスタブロガーニュース，	152

		プレジデントロイター，本が好き！，マイスピ，マイライフ手帳@ニュース，まんたんウェブ，みちくさ学会，メンズサイゾー，モデルプレス，ゆかしメディア，ヨルコ×ヨルタ，ライフドア，ライフハッカー，らばQ，リアルライブ，れとろげ。，ロケットニュース24，英国エコノミスト日本語版WEB，海外ドラマNAVI，外資就活ドットコム，済龍CHINA PRESS，週プレNEWS，週刊シネママガジン，深呼吸倶楽部通信，世界の水事情，全国ご当地キャラニュース，日刊テラフォー，日本人材ニュースCarrera，日本人材ニュースHRN，美レンジャー	
	goo	FOOD STADIUM，gooニュース，gooビジネスEX，goo自動車＆バイク，goo住宅・不動産，goo進学＆資格，goo注目ワード，goo評判検索，OCNジャーナル，OCNスポーツ，TOP BRAIN，Voice，オルタナ，グローバルナレッジ，ケータイWatch，ジンジュール，日経ビジネスオンライン，ニュースな英語，ニュース畑，ファクタ，フィナンシャル・タイムズ	21
	mixi	BAILA，Excite Bitコネタ，FRASH，IT mediaガジェット，L25，MAQUIA，MORE，OH，OZ mall，UOMO，アニメ！アニメ！，欧州サッカー通信，オリ☆スタ，ザテレビジョン，スポルティーバ，セキララ★ゼクシィ，日刊スポーツ，ねとらぼ，バカドリル，メンズノンノ，よりミク，地獄のミサワの女に惚れさす名言集，日経ウーマンオンライン，録画人間の末路	24
配信数合計	456*	サイト数合計	328

＊配信数内訳：Yahoo! 89，livedoor 228，goo 50，mixi 89

取材で映像が本物と判断した早朝のニュースで映像全体を扱ったが，判断する前から抑制的ながらも映像を放送した（神田 2011）．

この動画はGIGAZINEがいち早く報じた．『尖閣諸島沖での中国漁船衝突問題，オリジナル映像がYouTubeに流出か』[6]との記事で動画を紹介したのが5日午前零時37分．新聞各社のウェブサイトに記事がアップされたのは，1時20分から30分ごろであった．どのメディアよりも早く報じるのがスクープだとすれば，尖閣ビデオ映像はGIGAZINEのスクープといってよい．

2011年1月に起きたロシアの空港爆発では，現場にいた日本人がTwitterで情報を発信（図6-5）[7]．共同通信，朝日新聞，産経新聞の記者がTwitterで取材に応じるよう呼びかけた．火災や竜巻といった自然災害があると，Twitter上で新聞記者が写真の提供を呼びかける光景は珍しくなくなっていく．Twitter利用者に提供を直接呼びかけるためには，既存マスメディアもTwitterのアカウントを持っていなければならない．取材活動を行うためにソーシャルメディアを日頃から利用している必要に迫られていく．

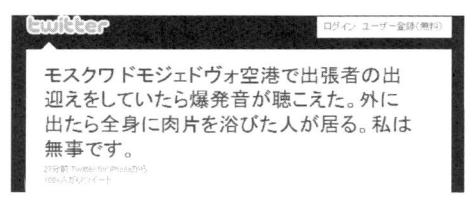

図 6-5　モスクワの空港爆発現場から発信されたツイート[7]

　東日本大震災では，全国紙や被災地の地方紙が Twitter を利用して情報を発信した（藤代・河井 2013）．朝日新聞は 2012 年 1 月に個人記者の利用が解禁され，「つぶやく記者」として 14 人の記者が実名で Twitter を使って発信し始めた（山田 2012）．2013 年末の記者アカウントは 70 を超えている．毎日新聞は 2013 年 12 月に小川一東京本社編集編成局長など 8 人の Twitter アカウント一覧をウェブサイトに公開した．
　既存マスメディアは現場化したソーシャルメディアから取材するだけでなく，ニュースサイトが取り上げた事象を後追いし，記事化するようになる．
　J-CAST ニュースによると，2011 年までに 13 本の独自記事が新聞や雑誌，ワイドショーといった他メディアに報道されているという．ただし，引用を明記して紹介されるわけではない．たとえば，2007 年 6 月 13 日に J-CAST ニュースが掲載した年金問題に関する記事「年金電話相談　回答要員は『素人』で大丈夫？」[8]は，14 日に朝日新聞が「社保庁，年金相談急仕立て　増員は素人派遣頼み」とのタイトルで記事にした[9]．よく似た内容だが，インターネット上で J-CAST ニュースが記事化していることには触れておらず，新聞社が初めて伝えた第一報の形式で書かれている．
　既存マスメディアは，ニュースサイトが報じていても明記しない場合が多く直接の確認が難しいが，GIGAZINE や J-CAST ニュースの事例でわかるように，ソーシャルメディア上での出来事がミドルメディアに集約され，その後マスメディアに紹介されていくという情報流通の構造が存在することは明らかである．
　ミドルメディアの登場とポータルサイトの方針転換により，個人の発信した情報と既存マスメディアがニュースとして並列に扱われる状況が生まれた．さらに，ソーシャルメディアが取材現場化し，取材ツールとしても無視できなくなったことで，既存マスメディアに所属している個人がソーシャルメディアで情報を発信するようになっていった．誰もが発信できるソーシャルメディアの登場により鶴見が指摘した特別の場所におかれた職業的活動としてのジャーナリズムをはなれ，人びとの記録活動へと回帰した．

6. 市民メディアの失敗

　ミドルメディアの登場とポータルサイトの変化によるニュースサイトの増加により，当初ネットにおけるジャーナリズムを担うと期待された市民メディアは閉鎖したり，規模を縮小したりしていく．

　オーマイニュース日本版は，2009年4月に閉鎖．同年11月にはツカサネット新聞も暫定休刊となる．JanJanは2010年3月に臨時休刊し，JanJanBlogとなった．PJニュースはライブドアの支援がなくなり，2011年1月にはライブドアへの配信も打ち切られた．編集部によると，打ち切りの理由は「(1) ソーシャルメディアが急成長を遂げる現在，一般の方がネット上で情報を発信できる機会は増えており，PJニュースという取り組みの存在意義が縮小している．(2) 過去複数年にわたる取り組みでライブドアが投資したコストを今後回収できる見込みがたたない」[10]というものであった．

　市民メディアの失敗の背景は，ソーシャルメディアによる個人の情報発信の軽視がある．2006年9月に開かれたシンポジウムで鳥越編集長は「ブログの世界がこんなに広がっていたとは知らなかった」（鷹木 2006）と発言している．新たにメディアを立ち上げようとするにもかかわらず，市場環境の分析や競合の調査も実施していなかった．

　編集方針にも要因がある．オーマイニュース日本版では，既存マスメディア経験者がデスクとなり市民記者の記事をチェックしてサイトに公開していた．質の高い言論を維持するのが狙いとされたが現実は異なっていた．オーマイニュース日本版の市民記者本部長・社長室長を務めていた田中康文は，編集部が市民記者を「"特ダネを提供してくれる『通報者』としての市民，自分が関心をもっている取材を現地で協力してくれる市民"といった『市民記者＝編集部の補完・代替』だという考えや，"市民はろくに文章を書くことができない上，ウルサイことを電話で言ってくる"と捉える雰囲気があったことを明かしている（橋場ほか編 2008）．市民メディアといいながら，市民記者が主役ではなく編集部が主役であった．

　ミドルメディアにも市民メディアと同じ投稿型サイトが存在しているが，大きな違いは編集部の関わり方にある．BLOGOSはあらかじめ登録したブログから編集部が記事をピックアップしている．市民メディアでは，市民記者が編集部の補完と捉えられていたが，新たな投稿型サイトは個人が主役であり，編集部は記事を修正するのではなく，投稿を促すことでゆるやかにサイトの方向性を編集する．選挙や災害などがあれば，テーマを設定して書き手にメールで投稿を呼びかける．呼びかけに応じるかは書き手にまかされている．編集部は記事の管理者ではなく，発信を促すファシリテータの役割を果たしている．

ジャーナリズムがマスメディアと不可分であったことで，メディアが貴重という考えが市民メディアに引き継がれていた．だが，市民メディアの登場と同時期にソーシャルメディアが登場し，誰もが気軽に情報を発信するという状態が生まれた．メディアの希少性は失われ，市民メディアは書き手にメリットを提示することができなかった．

7. ミドルメディアの課題——情報統合と私刑化

　ミドルメディアにも課題がある．「炎上」と呼ばれるネット上で特定の人物やサイトに対して誹謗中傷が繰り返される事案では，情報の拡散やプライバシー暴きの舞台となっている．

　炎上では，当事者の名前，自宅の住所が暴かれたり，ネット上に公開されたりするプライバシー侵害が起きている．仮に匿名で利用していても，ソーシャルメディアの書き込みを分析することで，住んでいるエリアや働いている業界を推測したり書き込まれている情報を別のソーシャルメディアのアカウントと照合したりして個人が特定されていく．公務員のアカウントが炎上したケースでは，情報公開請求により公務と照合が行われた．

　このような情報統合にミドルメディアが役割を果たしている．ネット上に断片的に存在している情報は，NAVERまとめ，togetter，まとめブログなどに一度集約されたり，ニュースサイトにより記事化されたりすることで人びとの目に触れプライバシーが暴かれる．ミドルメディアに集約された情報は，さらにTwitterやFacebook，ニュースアプリで拡散する．拡散するスピードは速く，誤った情報であっても一度拡散してしまえば修正は難しい．

　既存マスメディアもソーシャルメディアのリアルタイム性に引っ張られ，情報確認が不十分になっている．2013年4月にアメリカボストンで発生した爆破事件では，ボストン市警察は積極的にTwitterを活用したこともあり，住民やメディアが入り乱れてソーシャルメディア上で犯人を捜す捜査活動が行われた．CNNやAP通信は容疑者逮捕の情報を誤報，タブロイド紙のニューヨーク・ポストは別人を顔写真付きで容疑者扱いして報じたが誤報だった．さらにこれらの不確実な情報を，各メディアがスクープと捉えて後追いし誤報情報が拡大した．情報をチェックするべき報道機関としての役割よりも，リアルタイムでより早く情報を流す競争が加速している．

　インターネットに存在する情報を統合することで個人を特定する作業は，調査報道的な手法ともいえるが，匿名のネットユーザーによるメディアスクラムでもある．このようなプライバシー侵害は多くの場合社会正義の名の下に行われる．タレントをネット上

で殺人犯扱いした人たちは，警察の取り調べに対して，「許せない」という正義感からそのタレントを犯人と信じ込んで批判している（スマイリーキクチ 2011）．人びとがそれぞれの正義を振りかざしてネット上で制裁する「私刑化」が広がっている．

人や物のデータ化も一層進んでいる．ソーシャルメディアの投稿だけなく，会員カードによる買い物履歴，血圧や心拍数といったバイタルデータ，画像を基にした顔認証など，あらゆるものがデータ化されていく．Google Glass のようなウェアラブルコンピュータ，ロボットに装着されたカメラ，首からぶら下げて自動的に一定間隔の時間で撮影し続けるカメラの登場により，どこでデータ化されたかわからない状況が生まれ，システムによるプライバシー暴きの危険性も増大している．

ミドルメディアによる情報統合と拡散を止めることは現状では難しい．炎上はアクセスを集めることができるため運営会社は被害防止に消極的だ．むしろ，プライバシー暴きでページビューを稼ぎ，利益を得ている側面もある．被害者が情報を削除要請した場合はプロバイダ責任制限法に沿って削除が進められるが，相手が悪意を持っている場合は通知した瞬間に海外サイトなどに情報をコピーするという手段も使える．対応にかかる手続き，時間を考えれば，泣き寝入りせざるを得ず，実質的には機能不全である．

また，プラットフォーム提供型ミドルメディアの編集の不透明さも課題である．投稿型サイトが書き手に投稿を促すことはアジェンダを設定しているといえるが，編集方針が示されていることは少なく，トップページや注目コーナーにどのコンテンツを紹介するか判断基準も明確ではない．キュレーションサイトでも同様の問題がある．仮に運営企業に何らかの意図があって特定のテーマ設定やコンテンツの露出を増加させたり，削

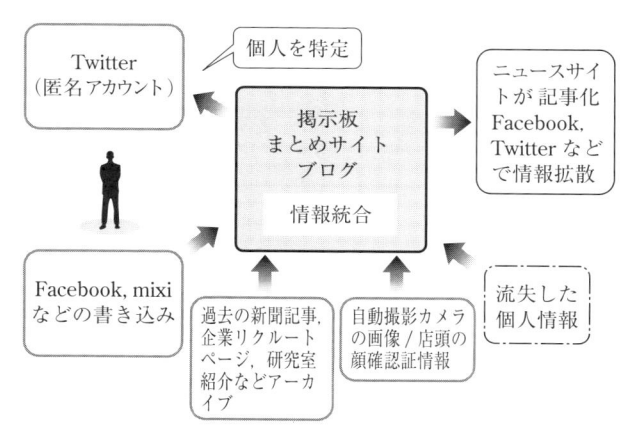

図6-6 ミドルメディアを舞台に情報統合が行われることで個人のプライバシーが暴かれる

除したりしていても，読者は気づくことが難しく，議論の方向性が操作される可能性がある．

8. 個人が直面するジャーナリズム倫理

　ここまで個人の情報発信がどのような変化をたどりながら，多くの人びとの目に触れるようになったかを明らかにしてきた．ミドルメディアが情報を媒介し，ポータルサイトへの記事配信や既存マスメディアに紹介されることで個人が突然注目され，既存マスメディアが直面してきた批判や倫理的な問題に直面することが起きている．

　秋葉原無差別殺傷事件では，動画サービスを利用して現場から生中継したブロガーに，「やっていることがマスゴミ（マスコミとゴミを掛け合わせた言葉）と同じ」「社会的に意味があるのか」「映像を撮るぐらいなら人を助けるべきだ」という批判がネット上で浴びせられることになった．現場からの中継映像は凄惨なものではなく，人ごみを撮影した短いものだった．批判を浴びたブロガーは，テレビ局よりも早く普通の人が映像をリアルタイムで配信できるすごさやおもしろさというのが配信の動機としてあり，視聴者が増えると興奮し，楽しんでいたと書き記した[11]．

　事件現場や災害現場からの情報発信は，ジャーナリズムにおいても批判の対象となってきた．ピューリッツア賞を受賞した，餓死寸前の少女をねらっている鳥を撮影した『ハゲワシと少女』には「なぜ少女を助けなかったのか」という批判が巻き起こった．何気ない気持ちで情報を発信した個人もジャーナリストと同じ倫理観を要求された事例である．

　人びとの情報発信に企業や広告業界も注目し，マーケティング活動に組み込まれるようになったことで，情報の信頼性が揺らぐことになった．

　ソーシャルメディアの影響力が高まるとともに，消費者からは広告に見えない手法で宣伝を行うステルスマーケティングを利用してサービスや商品に対して好意的な評価を得ようとする企業がある．ブロガーやニュースサイトに広告主から対価が支払われているタイアップ記事にもかかわらず記事広告である表記を行わなかったり，批判的なことを書かないように記事内容をコントロールしたりする．このような場合，読者からは記事と広告の区分があいまいになってしまう．これもジャーナリズムの問題である．

　個人の情報発信への企業側からのアプローチについては，口コミマーケティングの業界団体「WOMマーケティング協議会（WOMJ）」が2010年に，日本における口コミマーケティングに関わるガイドラインを策定した．口コミを自発的なものとして位置づけ，事業者はどのような関係でマーケティングが成立するかを消費者が理解できるようにす

るよう会員企業に求めている．内容は，ソーシャルメディアで発信する際に「キャンペーンに参加している」や「献本を受けて感想を書いています」などの表記を書き加えるなどだが，強制力はない[12]．ガイドラインは企業側からであり，個人に対する直接的な取り組みはほとんど行われていない．

秋葉原無差別殺傷事件を現場から生中継して批判されたブロガーは，情報拡散により生中継後には知られるようになったが，継続的に大きな情報発信力を持っているわけではない．同じ個人の発信者でも，ブログのアクセス数，Twitterのフォロワー数には大きな差がある．影響力や活動状況に応じて倫理や責任をどこまで負うのかといった議論も必要になる．ソーシャルメディア上の影響力や，報道機関に所属する人の記事や専門家が専門分野に書いた記事は，責任を重くするという考えがあり得る．関わった事象に応じて責任を追う仕組みも必要だ．プライバシーを暴く，情報を統合する，拡散する，など役割に応じた責任の取り方も検討されるべきであろう．

9. 求められるジャーナリスト教育

誰もがジャーナリストになり得る状況が生まれているにもかかわらず，人びとは情報発信の責任や倫理には無自覚のまま，情報を発信し続けていることが課題である．この課題を解決するためには，メディアリテラシー教育を早い段階から行う必要があるが，従来の情報を読み解くものではなく，発信を前提としたものに変えていく必要がある．

基礎的なプログラムでは，ソーシャルメディアの利用方法だけでなく，情報発信のマナー，著作権やプライバシーへの配慮，情報の受け止められ方，個人の情報を媒介していくミドルメディアやニュースサイトの特徴といった情報伝播の構造，検索エンジンの仕組みといったテクノロジーへの理解などを学ぶ必要がある．自らメディアを創り，経営していく起業家ジャーナリズム（Entrepreneurial Journalism）も重要なテーマとなる．メディアの希少性が失われており，市場や競合の分析といったマーケティング，資金調達，財務なども学ばねばならない．これら新たなジャーナリスト教育の実施主体は，既存マスメディアにはノウハウが乏しいため，大学院や非営利団体といった新たな主体が必要であろう．

教育の具体例として，筆者が中心となり2011年1月に立ち上げた一般社団法人日本ジャーナリスト教育センター（JCEJ）の取り組みを紹介する．

JCEJは，地方紙記者，PRパーソン，研究者，通信社のシステムエンジニア，リサーチャーといった分野を横断するメンバーが運営委員となり，ワークショップ形式のイベントや合宿，メディア立ち上げといった実践的な活動を行っている．

ワークショップは，「検索エンジンを理解する」「メディア経営」「動画生中継」「ネット広告の仕組み」「データジャーナリズム」などで，文章表現や取材方法といった従来のジャーナリズム教育の範疇を超えて，技術，広告や経営もテーマにしている．参加者は，既存マスメディアの記者だけでなく，フリーランスのジャーナリストやデザイナー，研究者，ニュースサイト運営会社，ネット企業，PR企業，NPO職員など幅広い．

　より高いスキルを学ぶプログラムとしてジャーナリストキャンプがある．泊まり込みの合宿形式で記者が取材の企画や執筆を競い合うもので，2012年は山陰地方の地方紙である山陰中央新報の協力を得て島根県飯南町で実施し，JBpressに記事を掲載した[13]．2013年は福島大学特任研究員の関沼博の協力を得て，福島県いわき市で実施し，ダイヤモンドオンラインに記事を掲載した[14]．2014年は土佐山アカデミーの協力を得て高知市で実施し，ハフィントン・ポスト日本版に記事を掲載した[15]．

　2012年夏には岩手県大槌町で新たな地域メディアを立ち上げるプロジェクトを行った[16]．大槌町は，東日本大震災の津波で大被害を受け地元をカバーしていた岩手東海新聞が休刊となり情報空白地域となっていた．JCEJの運営委員，学生インターンが中心となり，既存マスメディアの記者やカメラマン，NPO職員，通信企業社員などが，サポートとして参加した．元地方紙記者とJCEJの学生運営委員が現地に駐在，月に一度町内全世帯に配布する大槌みらい新聞（5,000部）を創刊（図6-7）．町民を対象に情報発信のワークショップを行った．2013年3月末までに81回のワークショップを実施し，延べ397人が参加した．

　ワークショップを受講した町民の一部はレポーターと呼ばれる記者となり，郷土芸能やお祭り，漁や食べ物など，日々のニュースや町の出来事を主にFacebookで発信した．既存マスメディアの記者やフリージャーナリストは，津波から生き残った町民の証言を取材するとともに，レポーターに対して写真や文章の教室を行い，スキル向上を助けた．大槌みらい新聞の活動は2013年夏に終了したが，元地方紙記者やレポーターが中心となり三陸かもめ通信社が設立され，地域からの情報発信の取り組みが続けられた．

　JCEJが行うキャンプや大槌みらい新聞の取り組みでは，既存マスメディアの記者であっても個人としてフリージャーナリストや他社の記者やカメラマンと共に活動する．多様な経験や考えを持つ参加者がともに学ぶことで，既存マスメディアに蓄積された技術や倫理，ニュースサイトのネット感覚，他の参加者が持つニュースの切り口や発想法が共有され，新たな学びにつながっている．

　大槌みらい新聞は起業家ジャーナリズムの実践事例としての側面も持つ．活動資金はクラウドファンディングサイトREADYFOR?を利用し，2回で合計約300万円を調達した．グッズの販売，寄付も含めれば合計約400万円の運営資金を調達した．これまでの

図 6-7 『大槌みらい新聞』創刊号

　広告や読者課金モデルだけでなく，クラウドファンディングは新たなプロジェクト型のジャーナリズムを担う基盤になる可能性があると感じた．このような何らかの目的をもって実施するプロジェクト型ジャーナリズムには，批評家の東浩紀やジャーナリスト津田大介らによる「福島第一原発観光地化計画」やNPO法人「育て上げネット」理事長の工藤啓と立命館大学特別招聘准教授の西田亮介による「若年無業者白書」がある．既存マスメディアでは扱いが難しいテーマや対象が狭くニッチな取り組みも資金を得て活動することができる．

　JCEJの活動は限定的ではあるが，ジャーナリスト教育組織の実現が不可能ではないことを示している．既存マスメディアを中心に，経営や継続性が関心となっているが，組織を維持することが目的化している側面がある．ジャーナリズム活動の担い手として，社会問題や地域課題を解決するためにメディアがあると位置づければ，プロジェクト型で立ち上げて解決すれば終了するメディアがあってもよい．大槌みらい新聞は情報の空白を埋めるために立ち上げたが，情報インフラが復旧し，地元に活動を継続する団体が生まれたことで終了した．このようなプロジェクト型のジャーナリズム活動であれ

ば，既存マスメディアの記者が一時的に組織を離れて大学や大学院，地域の人びとやNPOとチームを組んだり，既存メディアとネットメディアが連携して実践活動を行うことも可能になる．

10. おわりに

　ソーシャルメディアの登場により，マスメディアと不可分であると捉えられていたジャーナリズムに，人びとが関わることができるようになった．2003年から2006年の市民メディア期を経て，2006年からミドルメディア期となり，新たにミドルメディアを媒介にして，既存マスメディアへの情報逆流が生まれた．だが，ミドルメディアの登場は，既存マスメディアには速報の加速による情報確認の不十分さを生み，情報発信する個人に対して突如としてジャーナリストの倫理が求められる状況を生んだ．

　個人の情報発信やニュースサイトの運営者は，成り立ちからしてジャーナリズムの担い手という意識は希薄だが，ジャーナリズムの問題に関わらざるを得なくなっている．また，発信者と組織の関係，プラットフォーム企業の役割と責任も考えていく必要がある．表現活動は法的な問題に触れる場合がある．社会問題の告発や権力監視などに人びとが関わったときに，ジャーナリストとして守られるためにどのような仕組みがあるのかも検討しなければならない（曽我部 2011）．メディアスクラムやプライバシー侵害などは既存マスメディアの課題ではなく，あらゆる情報発信者の課題となっている．

　本稿では十分に検討できなかったが，ミドルメディアを舞台にした情報統合の問題は，リテラシーや倫理で解決できない問題が含まれることから，個人情報やプライバシーについて新たな制度設計が必要だろう．また，発信者と組織の関係，プラットフォーム企業の役割と責任も考えていく必要がある．表現活動は法的な問題に触れる場合がある．誰もがジャーナリストになった場合，社会問題の告発や権力監視などに人びとが関わったときにジャーナリストとして守られるためにどのような責任分担があるのかも検討しなければならない（曽我部 2011）．

　これらの課題を解決するためには，誰がジャーナリストかを区分するのではなく，誰もがジャーナリストであるという前提に立つ必要がある．情報の責任や倫理は，既存マスメディアだけに求められるものでもなく，社会全体でジャーナリズム活動を支えていく必要がある．

第7章

ソーシャルメディア時代のジャーナリズムの変容とその課題
—— 「メディア間の対立の融解」と「信頼の自明性の喪失」という視点から

西田 亮介

1. ソーシャルメディアの普及と英雄譚のおわり

　「ジャーナリズム」には英雄譚が付き物だった．権力や腐敗，そして巨大企業と，筆一本で闘う孤独な「ジャーナリスト」の姿が脳裏をよぎる．日本においても金権政治や環境問題，新興宗教団体による反社会的行為に関連したスクープと，その事件を機に知られるようになったジャーナリストがいた．身の危険や，派生してふりかかる不利益にも負けない強い信念に支えられた個人を想起することができるかもしれない．彼らは特定の対象に対して，優れた調査力，分析力，情報網を持っていた．それらを駆使して，メディアの好奇心の隙間から，こぼれ落ちていこうとしていた「真実」をすくい上げることで，スクープを生み出した．媒体に対する「信頼」と社会における価値観のロバストネス（堅牢さ）がジャーナリストとジャーナリズムを支えていた．

　ところで現代社会は，時に「インターネットの時代」と呼ばれるようになった．総務省の『平成22年通信利用動向調査（世帯編）』によると，日本の世帯単位で見たインターネット普及率は93.8％にのぼる．また総務省『平成23年版情報通信白書』はGREE，mixi，モバゲータウンといったサービスのユーザー数が2000万人を超えたと記している．これらのサービスは，あくまで日記を介した私的交流やゲームが中心であった．だが，同白書によると，TwitterやFacebookといったソーシャルメディアも1300万人近くのユーザーを抱えるまでになった．ソーシャルメディアはもちろん私的な交流にも用

いるが，転職や商品の販促活動といった実用的な用途に使う人びとが登場したことで，注目を集めるようになった．

　ソーシャルメディアは更新の物理的／心理的コストが低いことに起因し，即時性，情報の転送が容易なことにもとづく拡散性，またAPIを開放し第三者のサービスへの組み込みを認め，さらに情報の再利用を認める利用規約などによって複数のサービスが互いに依存し合う相互浸透性といった技術特性を有する．

　このようなソーシャルメディアの普及は，多様なメディアのあいだで相互参照が生じるという「間メディア性」（遠藤 2004）をいっそう複雑なものにしようとしているように見える．テレビやラジオの番組でソーシャルメディアを使って，投稿やリクエストなどを募集し始め，Twitterなどを通じた事件現場や記者会見場からの「実況中継」も頻繁に行われるようになった．従来日本では習慣的に匿名な存在であった新聞記者やNHKの広報担当者が，実名で情報発信に取り組み始めた．

　また東日本大震後には，個人や民間企業が連携・協力して迅速に東日本大震災に特化した情報サービスを立ち上げた．テレビのニュース番組を動画配信サイトが放送するという，それまで放送局がかたくなに拒んできた取り組みも行われた．未曾有の危機に際して，協力関係や連携が生じた．ただし，もちろん肯定的に評価すべき出来事だけではなく，デマやなりすまし，そして風評被害といった課題も生じている．

　もうひとつ，情報発信という観点でいえば，ソーシャルメディアは事実上マスメディアが独占していた広範な対象に対して，速報，動画配信，広告収入の手段を一般の人びとにも押し広げたといえる．可能性でいうとマスメディアと同等，それ以上の情報配信を，無料，あるいは低コストで，市井の人びとが発信できるようになった．新聞，ラジオ，映画，テレビと20世紀初頭からマスメディアの種類は変化しつつも，その送り手は受け手に対して圧倒的に少数であるという非対称な状況があった．その非対称性はたしかに送り手と受け手のあいだに権力関係を構築することでもあったが，事実としてそれなりに妥当（と読み手が認知する）情報を定期的に発信し続けることで「信頼」の源泉ともなっていた．いいかえれば，「信頼できるメディア」の自明性が共有されており，その選定にコストをかけずにすんだ．ジャーナリズムに引きつけてみると，「告発の媒体」に対する信頼が共有されており，そこに付随するかたちで，「告発の内容」の信頼性も生じていた．ところがインターネットとそのメディアとしての特性をより強く反映したソーシャルメディアは，その源泉を突き崩そうとしている．あらゆるところで意図する／意図しないにかかわらず「告発」が生じており，「告発」の自明性は媒体，言説ともに自明のものではなくなりつつある．その結果，「信頼できるメディア」を前提とした，伝統的な「ジャーナリズム」の自明性もまた揺らいでいる．

ここまで概観したように，インターネットとさらにソーシャルメディアとその技術特性を所与の前提としたサービスや連携が複雑に生じ，メディア環境が変化しつつあるように思われる．このような社会情報環境のもとで，ジャーナリズム，あるいはジャーナリストも少なからず変容しようとしているように見える．それはどのようなもので，なぜ変容したのだろうか．このような問題を考えるにあたって，技術特性にのみ還元することや，オルタナティブメディアやオルタナティブなジャーナリストの事例を取り上げるだけでは，十分に変容の原因を説明したとはいえないだろう．新しいメディアや個人の登場は現象であるから，ソーシャルメディアの普及が社会のどのような側面を変えたのか，あるいは，それは本当にソーシャルメディアによるものなのか，ということを問う必要がある．同時にそれらのリスクについても思考をめぐらさなければならないであろう．

　本稿では，「メディア間の対立の融解」と「信頼の自明性の喪失」という概念を手がかりにしながら，ジャーナリズムの変容を読み解いてみたい．ソーシャルメディアは，従来確固とした輪郭を持ち，またその結果生じていたメディア間の対立を無効にしてしまう．というのも，ソーシャルメディアは新興メディアであり，従来型メディアと競合するように見えるのだが，その実，従来のメディアに新たな情報発信の形態を提供するものでもあるからだ．現に新聞や雑誌，ラジオ等がソーシャルメディアを，告知や情報発信，コンテンツの提供などに利活用している．そして，このこと自体はメディア史において，繰り返されてきたことでもある．新興メディアは完全に過去のメディアを葬り去るのではなく，ゆるやかに新しいメディアの形態へと進化していく．ただし，その行き着く先は歴史的な経路依存は存在するものの均質なものであるようにも見える．従来テレビやラジオといったように，視覚に訴えかけるのか，聴覚に訴えかけるのかということで，棲み分けていたはずのメディアだが，どのメディアもすべてのインターフェイスに進出しようとしている．

　とはいえ，非対称性や対立が完全に失われたわけではない．新しい非対称性や競争関係も台頭しつつある．たとえばソーシャルメディア内の影響力は読み手の数によって著しく規定されるが，大手メディアが運営するアカウントよりも個人アカウントの読者のほうが多く，少なくともソーシャルメディアのなかでは影響力の逆転が生じていることも少なくないのである．ジャーナリストの世界でもそうで，従来は受発注の関係にあった，メディアとジャーナリストの関係も変容しつつある．フリーランスのジャーナリストにとって構造的に発注者であるメディアへの批判が生じにくかったが，影響力の関係性が変容したことで，批判の自由度も増した．ソーシャルメディアの登場以前は，所属する組織や規模の大小，利害関係などが比較的自明であり，対立関係の所在も明確で

あった．ところがいまではそのような対立関係はより小さい単位に分割され，力学も不透明なものとなってしまった．

　情報の発信コストが低下したため，新たなメディアやジャーナリストが誕生した．それだけではなく，政治家や起業家といった個人がマスメディアを介さずに情報を発信する機会が増えた．従来不可視だった企業や省庁といった組織内の人物が，組織に関係のない情報も発信するようにもなった．所属する組織の公式の見解ではない旨の免責事項を表記することが多いものの，実際には本人の意図とかかわらず，実名で情報発信を行う限り，それらは連続した固有の人格として受け止められることが通例である．業務と業務外，組織の内外の区別もまたソーシャルメディアの普及によって曖昧になったといえよう．対立関係のみならず，組織の内外の区別も変容しようとしている．敷衍すれば，公私の線引きもまた従来どおりというわけにはいかないだろう．

　こうして既存の対立関係が不透明になり，選択肢が増加しかつ細分化したことで，信頼の自明性が揺らぐことになった．それはジャーナリストが「隠された事実」を発掘したとしても，社会のなかでその出来事をどのように評価するのかという判断基準を共有できなくなったことを意味する．ジャーナリストは「スクープ」を発掘するだけでは，人びとから持続可能な信頼を得ることは難しい．そのような社会において，ジャーナリズムはなんのために存在するのだろうか．また次のような問題も惹起する．すなわち，情報（とその伝達経路）は乏しいものの秩序のとれた社会か，情報は多分に流通するものの，秩序が揺らぐ社会か，という社会の価値観の選択肢が提示されている．あるいはその中間の解もありうるのだろうか．信頼の危機にさらされることになったメディアとジャーナリズムの現状と背景について掘り下げてみることにしたい．

2.　間メディア社会と東日本大震災

東日本大震災後の日本のメディア状況

　2012年時点のメディア状況，とりわけソーシャルメディアの状況は東日本大震災と切り離すことはできない．2011年3月11日，未曾有の震災が発生した．震災発生直後，既存メディアは人びとが求める情報を提供できなかった．そのとき一体何が起きたのか，安全なのか／危険なのか，さまざまな意思決定の判断材料となる情報を提供できなかった．また福島第一原子力発電所の事故をめぐる報道では，政府や東京電力の発表を横並びにそのまま流すほかなかった．こうした機能不全のなかで，一躍注目を集めたのがソーシャルメディアであった．より正確には，ジャーナリストやエンジニアといった

個人，大学等の専門知識を有する組織がソーシャルメディアを活用しながら，その間隙を縫うように情報提供を始めたことであった．既存メディアの機能不全と，震災直後からのインターネットを介した情報提供や情報支援サービスの結果，各ソーシャルメディアは大きくユーザー数を伸ばした．

その結果，人びとのソーシャルメディアをはじめとするインターネットメディアに対する評価も向上した．『平成23年版　情報通信白書』によれば，「震災に関する情報提供で，重視しているメディア・情報源」のなかで，テレビ（NHK），テレビ（民法）に次ぐ，3位にインターネットポータルサイトが挙げられ，ソーシャルメディアも6位でラジオを上回った[1]．それまでタブーとされてきた，地上波の動画コンテンツをインターネットの動画配信サイトで放映したり，複数のメディア企業の協力も起きた．

こうした示唆が物語るのは，少なくとも日本のメディアに対してソーシャルメディアが与えた影響を検討する際には，東日本大震災を避けて通ることはできないということである．東日本大震災をきっかけに日本のメディアは少なからず変容した．そこで，まずは以下において東日本大震災後のメディア状況と，その他のメディア状況を対立の融解と信頼の喪失という視点から記述してみたい．

東日本大震災後のメディアにおけるメディア間の対立の融解と超克

東日本大震災を受けてメディアは激動に見舞われた．停電や施設の損壊にともなう機能不全もあれば，人的被害を被ったメディアもある．震災発生直後は，家屋の倒壊や津波の到来によって，被災地，首都圏ともに停電や通信遮断が生じた．情報通信政策に詳しい菊池尚人が取りまとめた資料が詳しいが，通信障害が生じたなかで，比較的堅牢さを保ったのがインターネットであった（菊池 2011）．各社ともに携帯電話の音声通話，メール通信が途絶えたなかで，インターネット接続機能は残存した．おもに被災地から寄せられる状況を，非被災地において拡散するという使われ方をしたが，マスメディアのみならず，インターネット上のメディアからも「生の声」が次々と発信された．これらが実際に有益だったか否かという問いを検証することは困難だが，少なくとも一部ではメディア間の対立に終止符をうち，対立関係を有事に直面しての一時的なこととはいえ失効させることに成功した．

ある広島の中学生は2011年3月11日にNHKの報道番組をUstreamで配信した．一部の独自サービスを除くと地上波の番組を動画配信することを放送各社は認めていなかったが，この試みを知ったTwitterのNHK公式アカウント（@NHK_PR）は自らの責任で，彼の行動を容認した．その後，民放各社の報道番組もUstreamやニコニコ動画といったサイトで動画配信が行われるようになった．遠藤（2012）が紹介するように，

地上波放送において動画配信サイトでの配信が告知されるようなこともあった．

　動画共有サイト YouTube は，ニュース番組の動画等を利用して，被災者のメッセージを集約する『YouTube 消息情報チャンネル』を開設した．先の NHK の配信は「個人の英断」の帰結によるものだが，こちらはインターネット動画共有サイトと，放送局という「組織の英断」と協力で生まれた．インターネット企業の主導権が取り上げられることが多いが，コンテンツの権利を保有する放送局側の迅速な協力があったことも特筆すべきであろう．

　メディア間に限らず，平時ではなかなか協力できない企業同士の協力も生まれた．たとえば Google と本田技研工業，パイオニアという平時の状況では競合関係にある企業が連携して作成した『Google Crisis Response 自動車走行実績情報マップ』のように，自動車の走行実績データをもとに，走行可能道路や渋滞情報を可視化するサイトも生まれた．企業間の利害相反という対立が喪失した瞬間であった．有事がきっかけになったものの，ここまで紹介した事例は震災発生から数日以内で生じた，インターネットメディア，ソーシャルメディアの技術特性を生かした取り組みだった．

　ここまでに簡潔に紹介した事例はいずれも東日本大震災という危機に対応するために，震災以前には利益相反や権利関係で対立していた組織が，扱っている媒体やサービスの垣根を越えて連携が生まれた．恒常的な存在になるかはわからないが，少なくとも危機における萌芽によって，対立関係に変化が生じたといってもよいだろう．

　東日本大震災を挟んで平時のメディアにおいてもこうした状況は広く見られるようになっていった．たとえばラジオが顕著であろう．ラジオ番組はいち早くソーシャルメディアを取り入れた．ソーシャルメディア経由でのリクエストやメッセージの送信を可能にし，ハッシュタグの感想を見ながらの放送が実施された．街の出来事や声を拾うレポーターは移動しながら位置情報や，街で見つけたものをソーシャルメディアにリアルタイムで更新し始めた．ユーザーのコミュニケーションコストを引き下げ，コミュニケーションの履歴が可視化されるソーシャルメディアの技術特性と，ラジオおよびラジオリスナーのコミュニティは相性がよかった．もともと音声が主たるコンテンツであったラジオだが，動画配信サイトの登場で動画配信も行われるようになった．製作コスト自体はそれほど増加させずに，映像配信という従来のラジオの弱点を，ソーシャルメディアが補完しているといってよい．

　テレビも例外ではない．NHK の番組『NEWS WEB24』はインターネットと親和性の高い論者がニュースの解説を行うのだが，特筆すべきは Twitter からの書き込みを，スタッフがチェックしたうえでとはいえ，地上波の画面下部に流している．放送局が所有しているコンテンツがインターネットに流れるだけではなく，インターネット経由の書

き込みが地上波に流れるという互恵関係も生まれた．

　このようにマスメディア／ソーシャルメディアといったメディアの対立関係も失効しつつあるかに見える．メディアの相互参照と相互依存がメディアの単位ではなく，運営者や製作者単位で生じるようになったことで，間メディアの複雑性はますます増している．ただし間メディアの関係性の複雑性は増加しつつも，メディアのインターフェイスの次元で見れば，もともとは音声や映像，あるいはリアルタイムで更新されるテキストといった別個の領域に棲み分けていたメディアが，均質化し始めているともいえる．どのメディアも，インターネットやソーシャルメディアを媒介にし，音声配信，動画配信を備えようとしている．メディアの形式で見れば均質化しているのかもしれない．現在ではテレビが圧倒的に多くの視聴者を獲得しているが，あくまでメディア史の歴史的な経路に依存しており，他のメディアが技術的に等価な機能を備えようとしている現時点においてその必然性は乏しくなっている．こうして音声／映像／インターネットといったように，メディアの形式に沿って顕在化していたメディア間の対立は融解し，新たな視聴者，あるいは消費者の獲得競争が生じている．

無数の新たな情報発信主体の登場とメディアに対する信頼の自明性の喪失

　東日本大震災後のソーシャルメディアを利用した取り組みは，企業間連携による新サービスの創出も引き起こし，それは日本のメディア環境の変容を後押ししたかに見えた．その過程では新たな情報発信やインディペンデントメディアを立ち上げる動きも生まれた．震災直後から，多くの個人がソーシャルメディアを通じて情報発信や状況の解説，情報の集約を行った．必ずしも正確な情報や専門知識に裏付けられたものであったとはいえないが，「信頼できる情報」を渇望していた多くの人びとのもとに届くことになった．そのことの利点と課題について検討してみたい．

　たとえばジャーナリスト津田大介の取り組みは興味深い．いくつかの著書も持ち，日本における Twitter の啓蒙者としても知られる津田は，そのフォロワー数の多さを生かして震災関連情報の集積や報道機関のアカウントをリスト化して共有するといった試みを震災発生直後から始めた．その後，ニコニコ生放送といったネットメディアを巻き込みながら，福島第一原子力発電所事故に関連する記者会見の動画配信や実況中継，解説を行った．ひとつの情報のハブとしての役割を担ったのである．また被害の大きかった東北三県沿岸部での取材や，福島県で大規模な音楽イベントを開催するといった活動を行っている．津田（2011）などに，その経緯と詳細が記されているが，津田は独自の取材方法を模索している．通常，取材は事前に取材先にアポイントメントをとっておくことが一般的だが，津田は随時ソーシャルメディアにいる場所や，見るべき場所，話を聞

かせてくれる人を募集するのだという．20万人を超えるフォロワーを持つ津田が用いたこの手法は，資金，人員など大きな資源を持つマスメディアとて容易に模倣できる方法ではない．その意味において限りなく彼の属人的な手法だといえよう．ソーシャルメディアの技術特性に支えられた個人の情報収集と情報発信の影響力が部分的にマスメディアさえ追随できなくなった象徴的な事例といえる．

津田がかつてのジャーナリズムのように抽象的で，漠とした権力を仮想敵として戦っているわけでもなく，具体的な個別問題の解決に取り組んでいるように見える点も記しておきたい．津田は一般社団法人インターネットユーザー協会（MIAU）の発起人の一人であり，共同代表を務めている．MIAUはいわゆる違法ダウンロード保持の刑事罰化に反対しているが，しかし政府という政治主体と対立しているわけではない．ロビイングや勉強会を企画することによって，国会議員の「説得」を試みてもいる．具体的な問題解決が目的であって，隠蔽された希少な一次情報を暴くことに主眼が置かれているわけではない．どちらかといえば，公開されているものの，大量の情報のなかに埋もれてしまっている有意味な情報を選別し，特定の文脈のなかに位置づけていくという側面が強く，本節の冒頭で記したように，声高なヒロイズムは少なくとも，全面に押し出されるものではなかった．つまり，インターネットならではの情報収集作業に慣れていない人にとっても，分断することによって「有益」な情報を発見しやすくなるように，独自の導線を形成しているとみなすこともできる．

ソーシャルメディアの多くのサービスがAPIを公開したことで，新しいメディアやクライアントソフトを作成するコストが低減した．そのことは個人のみならず，従来からあるマスメディアにも新たなツールを手渡すことになった．

メディア史を紐解くと，新しいメディアの形式は既存形式のメディアと激しい対立と競争を繰り広げてきた．ソーシャルメディアの場合もたしかに当初はメディアの主流が移行するという話や，可処分所得や視聴時間が奪われてしまうのではないかという，新たなメディアが台頭してきたときには必ずといって生じる言説も広まった．ところが実際に生じたのは，連携の促進でありメディア間の対立の融解であった．個人や企業の自発性によって，眼前の課題に対応するためのツールを作りやすい環境が生まれたことは前節で確認したように論を待たない．

ところがひとつひとつの試みは善意に裏付けられたものが大半であったと思われるが，メディアの受け手側からすれば総体として不確実性を増したともいえる．とりわけ東日本大震災以前に培ってきた信頼の尺度が適用できなくなった．従来の信頼自体もメディア数の限定と，視聴者の側に共通体験を担保することで生み出した，ある意味では根拠なきものではあったが，共通の地平が失われたことで，社会を語るときの標準につ

いての合意が困難になったといえる．

　たとえば遠藤（2012）は 3 月 11 日夜の報道映像の分析から，印象的なシーンを繰り返し再放送していたことを指摘している．3 月 11 日から数日間はそのような状況が続いたが，テレビ，新聞の横並びを基準とした報道は，安全か否か，避難するべきか否かといった行動の意思決定に活用できる情報を求める人びとの需要に対応できなかった．放送すべき素材の欠如が，放送局等に対して原子力発電所の建屋が水素爆発で吹き飛ぶという衝撃的な映像を繰り返し流す方向へと向かわせた．独自のコンテンツを入手することが困難ななか，何か放送しなければならない大手メディアにとってはほかに選択肢がなかったともいえる．

　こうした最中に電力関連企業が審議会委員へ研究資金を提供していたことや，出版社や新聞社の高額スポンサーになっていた事実が事故後に初めて人びとの耳目に届くことになったことも，大手メディアに対する不信を増長するきっかけになった．メディアに対してスポンサーになったことで圧力をかけていたかということや，審議会委員に対する資金提供によって利益相反に相当する行為が実際にあったかどうかということはいまだ明白ではないが，事故後に，とりわけインターネットメディアを介して，次から次へとなし崩しに明るみに出たことも，既存メディアに対する不信を促進したといえる．「役に立つ」情報を入手できなかったという失望がメディアに対する信頼を失効させ，同時にテレビ，新聞に対する「期待はずれ」は新興メディアの価値を過剰なものにしたのである．

新興ネットメディアに対する信頼の喪失

　伝統的メディアに対する信頼の喪失は，東日本大震災の復旧復興に関連した一過的な事態ではなかった．その反動から新たなメディアに対して——とくに，その新規性と清潔さに——多くの人々がさまざまな期待を寄せた．しかし，関谷（2011）や遠藤・西田・関谷（2011）などが指摘するように，震災に関連するものもあれば，直接関連しないものも含めて，多くのデマや流言飛語が広まりソーシャルメディアの「信頼」に対する素朴な期待は淡くも崩れ去ることになった．

　たとえば「studygift」[2] という 2012 年 5 月 17 日に公開されたサービスがあった．ソーシャルメディアやスマートホンを利用したアプリの開発者として知られていた起業家の家入一真らが主催した民間で学費支援を行うサービスだった．大学の学費というのはそれなりに高額だが，学費を払いきれず退学になる学生に対する支援を「クラウドファンディング」という草の根の資金調達によって実現しようという触れ込みであった．studygift は資金提供を求めるものとその他の人びとを結びつけるひとつのメディアであ

り，同時にそのサービスによって制作チームを告知する広告という存在だった．

　このstudygiftに「学費が払えず退学になりそうだ」と「名乗りでた」のが，ある有名大学の女子学生だった．あるソーシャルメディアでフォロワー数が日本一になったことなどがPRのポイントでもあった．「学費」は順調に集まっているようだった．5月20日には175人の協力があり，目標金額は達成できそうだという告知があった．新しいウェブサービスや技術動向を専門に取り扱うニュースサイトがさっそく取り上げ始めたこの時期に，すでに彼女が退学しているという話や開発者と同棲しているといった不穏な噂が広がり始めた．あっという間に噂はソーシャルメディアのなかを広がっていった．5月23日には希望者への全額返金と，5月17日の時点で「学校を続けられない状態」と書いていた表現に誤りがあったことを表明したが，収集がつかなくなり5月28日にはサービス停止と全額返金することになった．

　このサービスをめぐるやり取りで露呈した人間関係のもつれは所詮ゴシップにすぎない．しかし，ソーシャルメディアを積極的に活用している者のあいだでさえ，新しいウェブサービスに対して素朴な信頼が困難であることが改めて確認された．技術と社会は相互に変化を学習するため，技術の進化のみによって，「信頼」を醸成することは困難といってよいだろう．

　分析の次元をTwitterを利用する国会議員214名の情報発信パターンにおいた，西田・小野塚（2012）は，Twitterという新しい技術を駆使する「先駆的な国会議員」らが一見新しい情報技術を利用し，新たな公共性を生み出しているかのようでありながら，その半数以上がTwitterという限定されたサービスのもとでも，あまり活発に利用されていなかったことを明らかにした．選挙期間中にこうしたメディアの利用を事実上厳しく制約する現行の公職選挙法などの影響もあり，他のユーザーともあまり交流せず，ましてや影響力など持ちえていないということを示唆している．一般的な人々のレベルでも，国会議員という限られた集団においても，技術の進化，そして技術特性の最大限の活用を社会や制度が阻んでいるのである．ただし技術の変化の直接的な影響が，急激に個々人や社会習慣の変容につながらないこと自体は社会の持続可能性や安定性の観点からいえば，必ずしも否定的な評価を与えられるものともいえない．

　このように複数の次元において，メディアに対する人びとの信頼の自明性は大きく揺らいでいる．東日本大震災という未曾有な危機に対してたしかに伝統的なメディアは回線がパンクし，独自の情報源も分析も枯渇し横並びの放送しかできなかった．そのなかで新興メディアがその苦境を補完し，新しい連携を促したしかに可能性を予感させた．

　このようなメディアに対する信頼の喪失に対して，次々と立ち現れるウェブサービスを注視し，随時その情報の信頼性を参照するべきだという提案があるが，ことの本質に

まったく接近していない．日々触れるあらゆる情報を逐一チェックすることなど現実的ではないし，そもそも参照先の信頼性自体が自明ではないからである．たとえば福島第一原子力発電所の事故をめぐる議論は，サンスティーン（Sunstein 2001＝2003）が指摘する同種の議論ばかりを参照し合うことで，先見的に持っている志向を強化し合う「エコーチェンバー」の様相を呈していた．問題の本質は，メディアを継続的に検証することというよりも，メディアに対する不信頼が，社会や社会的価値に対する不信頼と直結したことにあるのではないか．

3.　メディア間の対立の融解と信頼の自明性の喪失を乗り越えられるか

　ソーシャルメディアの普及はたしかに新たなメディアの台頭や連携によって古い対立関係を融解することに大きな役割を果たした．しかし，その副産物としてメディアに対する従来の信頼と規範を無効化した．また高度に連携したメディアの関係は，その全体像と関係性の見通しを悪くし，ジャーナリズムという行為に対して「検証主体は信頼できるか」という新たな問いさえも惹起することになった．東日本大震災の復興過程においても，またソーシャルメディアを少なからず利用するウェブサービスにおいても共通して見られる現象であった．

　なぜ特定の個人が，あるいは特定のメディアが発信する情報を信頼することができるのだろうか．この問いは平時において問われるべき主題だが，東日本大震災とその後のメディアの混乱のなかでより顕著なかたちで――より不幸なかたちで――顕在化することになった．

　結局のところ，従来のマスメディアに対する信頼もまた普遍のものではなく，歴史的経緯のなかで形成されてきたものであったことを思い起こすしかないのかもしれない．そこには十分な合理的な根拠は存在せず，限定された選択肢に依存していた側面が強い．

　「なぜ，あるメディアや個人の情報を信頼するのか」という問いに対しては，メディア，あるいはジャーナリズムはこれまでも紆余曲折や人びとの予期を裏切る出来事もあったが，保守寄り，革新寄り，あるいは経済界寄りといったかたちで，穏やかに特定のイデオロギーとの関係を醸成してきた．その信頼と規範は，人びとが意識する／意識しないにかかわらず，事実としてそれらを参照してきたからにすぎないが，情報の取捨選択における暗黙の前提を形成していた．少なくとも，情報の受け手は，自分以外の他者――広範には，社会が――そのような認識を前提としていると思っていた．その認識の共有によって，取り上げる記事の真偽や，いわゆるマスメディアの議題設定機能や，

それらに付随する検証とその信頼性について，一定の信頼が存在すると合意することができた．

ところがインターネットの技術特性をより先鋭化したソーシャルメディアのような媒体のもとで新しいメディアやジャーナリストが次々と現れてくると，そのような信頼を所与のものとして前提することができくなりつつある．どの世代が，どのメディアを享受しているかさえ，自明ではなくなるだろう．

また，メディア間の垣根は，各メディアがより広く，多様なチャネルで情報を伝達しようとすればするほど曖昧模糊としたものとなり，インターフェイスが均質化していく．行き着く先は，利用可能なすべてのチャネルを利用することだからだ．

実際，ひとつの番組や特集が複数のメディアを通じて情報を発信することも珍しくなくなった．またソーシャルメディアは情報の転送が容易であり，またコミュニケーションの形式や特徴など属人的な要素が重視される．結果として，発信者の予期せぬかたちで，予期せぬ相手に届いてしまうことが，ホームページやブログと比較しても生じやすくなった．

最近では検索サイトやソーシャルネットワークの検索はアルゴリズムによる集積も行っている．たとえば Google 検索の基本原理として知られる PageRank などがある．アルゴリズムには善意や悪意といった情緒は存在しない．換言すれば，ヒロイズムも正義も存在しない．ただ，ひたすら特定の語句と，ハイパーリンクをたどって，抽出された対象を表示する．しかもアルゴリズムはミスを犯さない．ジャーナリズムのひとつの機能として日々の社会を記録することが期待されているが，ジャーナリストという特別な個人が主観的に記録作業を行わずとも，ある意味ではアルゴリズムは忠実に，もれなく，設計どおりに情報を集約し続けることができる．

社会システムと社会秩序を論じたルーマン（N. Luhmann）は，信頼の根拠は遡っていくとその都度後退すると指摘した（Luhmann 1973＝1990）．過去の行動や関係性の蓄積，既存の公開された意思決定過程を参照しながら，予期によって選択肢の複雑性を先回りし，かつ各主体が恣意的に，しかし不可避に縮減しているにすぎないからである．「信頼」にもとづいた予期は必ずしも毎回の選択の場面において整合的に機能するものではないが，人間の認知能力には限界があるため暫定的に「信頼」に依存して行動を選択せざるをえない．

東日本大震災後の，現在の日本社会のメディア状況は，従来の伝統的なメディアに対する「信頼」にもとづく予期を期待することが困難になった社会と捉えられる．この事態は「マスメディア／ソーシャルメディア」という対立関係ではなく，両者を横断するかたちで生じている．

日本におけるメディアへの信頼という意味でいえば，伝統的な組織としての歴史があるマスメディア，とりわけ新聞が最も信頼を集めており，その後に一匹狼としてのジャーナリストが続いた．匿名での情報発信が中心であったこともあって，メディアとしてのインターネットとジャーナリストはどこか割り引いた存在として見られていたが，突如として逆転の体をなした．

　しかし新しいメディアや新興ジャーナリストは業績と履歴の蓄積が乏しい．結果としてメディアに対する明確な信頼が未形成のままである．どちらかといえば，震災後の混乱も，被災地を除くと終息した現在，従来型の序列にもとづくメディアに対する信頼が息を吹き返そうとしているようにも見える．

　それでは，このような時代のジャーナリズムとはいったいどのようなものなのだろうか．ただの調整者なのか，あるいは従来同様に権力と対峙していくのだろうか．それとも情報記録能力と情報処理能力において，人間をすでに凌駕しているアルゴリズムにいずれ置き換えられてしまう時代遅れの存在なのだろうか．

　暴露する作業も，記録する作業も，現実として特権的なメディアと個人が担うということを自明のものとして合意できる信頼の地平はなくなったといってもよいだろう．

　短期的には当のジャーナリスト自身が何も為す術もないということを意味するわけではなく，抗うべく読者コミュニティのマネジメントに向かっているように思われる．

　メディアにせよ，ジャーナリストにせよ，「社会」という単位での「信頼」形成が難しくなったとき，彼ら自身が存続していくためには，媒体からの原稿料や制作費を当てにするのではなく，自らの手でコミュニティをマネジメントする方向に向かうのは決して不思議ではない．一次情報の報道に限らず，文脈適合的な「魅力的なコンテンツ」を作成し，ウェブやメールマガジンを通じた収益事業化までを手がけていくのである．たしかに一定程度の認知を受けたジャーナリストならば代替的な資金源となりうるのかもしれない．

　ただし，かつてのジャーナリズムとジャーナリストの理想が，隠蔽された情報の「社会」に向けた公開と検証，告発にあるのだとすれば，コミュニティ志向のジャーナリズムはその出だしからつまづいている．コミュニティ志向のジャーナリズムにおけるコンテンツが商品として成立するためには，他のコンテンツよりも競争優位を獲得しなければならない．「数多く」「速く」「深い分析で」「読みやすいかたちで」掲載されていることが期待されるわけだが，このときコンテンツの囲い込みに対する強い誘因が各コミュニティ志向のジャーナリストらのあいだで形成される．仮に，社会や企業，その他の陥穽や悪弊を発見したとして，それを自らの媒体にのみ告発するジャーナリズムというのは成立しうるのだろうか．

かつてのジャーナリズムは外部から集めてきた情報を，他者がマネジメントする媒体に，社会に向けて公開していた．コミュニティ志向のジャーナリズムでは，情報を，自らがマネジメントする媒体に，少なくとも第一報は一定程度そのジャーナリストに関心のある人物らによって構成されるコミュニティに対して公開するインセンティブが働くという差異がある．

　信頼が自明のものでなくなった社会のなかで，後者はサンスティーンが指摘する集団分極化をより推し進めることはあれ，信頼の再形成に貢献するとは思えないが，旧来的なジャーナリズムと現在進行形の「ジャーナリズム」を同一視することは困難に思えてくる．

　他方で，少額寄付をクラウドファンディングのプラットフォームを通じて，呼びかけるジャーナリストもいる．取材の主旨を説明し，寄付を募る．安定性と継続性に欠くが，不特定多数に自身のミッションを提示し寄付を呼びかけつつ，成果を広く還元するという理路に対しては，一定程度の評価ができる．こうしたアプローチもあるが，いまのところ日本で主流になろうとする気配は見られない．

　各メディアが高機能化するとともにこれまで別個に存在していた機能を兼ね備えることで均質化した．少なくとも情報の回路は多様化したが，東日本大震災やメディアの競争を通じて，日本の従来型のメディアに対する信頼は喪失した．むろん，そのなかではメディアの連携やメディアを通じた個人の活動の可能性も明らかになったが，それはあくまで技術を媒介した技術特性への期待であって，ジャーナリズム一般への期待とはいえない．

　さらに速報性や機械的な集約において，アルゴリズムに人が対応できないことも明らかになりつつある．情報量の観点から明らかに手作業による全情報の確認が難しくなったインターネットとソーシャルメディアの環境のもとで，ジャーナリズムはいかにすれば可能なのだろうか．たしかに技術特性によって一躍注目度を高めた「大衆ジャーナリズム」や，アルゴリズムを用いた「データ・ジャーナリズム」にはどのような可能性がありうるのだろうか．

　これまで幾度も繰り返されてきた議論ではあるが，技術の発展による自浄作用を期待することは難しそうだ，というのが本稿の暫定的な結論ではある．それではジャーナリスト個人の資質なのかというとそうもいえない．複数のメディアとメディアが相互に前提を供給しあう間メディア社会は，今後もいっそう複雑さを増していくものと考えられる．メディアとジャーナリズムには何が求められているのだろうか．囲い込んだコミュニティの外部からのチェックを継続的に受けながら，継続的に信頼を獲得することのように思われる．

ただしそのような崇高なジャーナリズムに対する理想はあくまで理想であって，むしろ，そのような到達し得ない，高い理想を仰ぎ見ながら彼我の差を埋めようとする作業こそが，いつの時代においても技術の趨勢にかかわらず現実的な意味でのジャーナリズムなのかもしれない．

第8章

ウィキリークスとジャーナリズム

塚越 健司

1. はじめに

　本稿の目的は，情報源秘匿システムの構築および既存メディアとの提携戦略により，一躍世界中から注目を浴びたリークサイト「ウィキリークス（Wikileaks）」の考察を通して，ジャーナリズムの諸問題を論じることにある．ウィキリークスが切り開いたジャーナリズムへの貢献は多岐にわたるが，その特性ゆえにウィキリークスをめぐっては賛否両論ある．本稿はウィキリークスの思想とその価値を見いだすために，彼らの政治性，および彼らに影響を与えたハッカー倫理を検討する．何故か．

　ウィキリークスはその情報源秘匿システムにより，膨大な内部告発情報を収集・公開してきたが，技術開発にあたっては，創始者であり実質的な組織の代表であるジュリアン・アサンジ（Julian P. Assange, 1971～）の働きによるところが多い．そのアサンジこそは，ハッカーとして活動していた，暗号理論のスペシャリストである．

　暗号は一見すると情報の自由を侵害すると思われるが，政府や軍の不当な介入を防ぐための手段でもある．情報の自由を促進するために，あえて暗号を必要としたハッカーたちは，過去数十年にわたり暗号を規制する政府と熾烈な争いを繰り広げた経緯がある．したがって，権力の監視と情報の自由を考察するうえで，ウィキリークスや2013年6月に米国家安全保障局（NSA）による大規模情報収集の問題を告発したエドワード・スノーデン（Edward J. Snowden）をめぐる暗号やハッカーの存在は見逃すことのでき

ない論点である．だからこそ，アサンジを媒介としたハッカー文化とその政治性の考察を通してこそ，ウィキリークスが提起する問題が明確化すると同時に，ジャーナリズムおよび情報化社会における政治の問題が浮かび上がることにもなる．ウィキリークスはジャーナリズム集団であると同時に，ハッカー倫理を継承した政治集団であるからだ．

さらに本稿では，大衆動員における匿名性と人称性という観点から，ウィキリークスと国際的抗議集団「アノニマス（Anonymous）」の比較を通して，ジャーナリズムとメディアにおける人称性の問題を考察する．ジャーナリズムを追求する匿名の組織は，報道の責任を問うことができるのか否かが，今後のジャーナリズムにおいて問われることになるだろう．

2. ウィキリークスとは

2006年末に誕生したウィキリークスは，その活動方針について「パブリッシングは透明性を改善させ，そしてこの透明性が全ての人々にとってより良い社会を創造する．より精密な調査が不正を減らし，政府や企業その他の団体を含む，すべての社会的組織におけるより強力な民主主義を導く」と述べている[1]．

ウィキリークス最大の特徴は，その情報源秘匿システムの構築にある．実名でのリークを行ったがゆえに告発者が32年にわたり閑職に追いやられた「トナミ運輸事件（1974年）」のように，告発者には多大なリスクが生じる．日本では2006年4月に「公益通報者保護法」が施行され，各都道府県の行政機関にリーク専用通報窓口が設置されたが，最終的に人が介入することもあり，告発にかかる安全性を完全に保障することは困難である．それに対し告発者が不正情報をウィキリークスに提供する際には，彼らが構築したシステムにより，告発者の身元にかかわる情報が消去され，物的証拠だけがウィキリークスのサーバーに送られる仕組みになっている．これは後述するアサンジのハッカーとしての経歴が，このシステムの構築に強い影響を与えている．

近年では小規模なリーク情報というよりは大量の情報を公開することが多い．2012年2月には，影のCIAとも呼ばれる米情報関連企業「ストラトフォー」の500万件を超える内部電子メールの段階的公開を開始した．さらに同年7月には「シリア・ファイルズ」と題された，シリア政府関係者や関連企業の約240万件にも及ぶメールの段階的公開を始めた．2013年11月および12月に連続して，秘密交渉故に一般には交渉過程が公開されないTPP（環太平洋戦略的経済連携協定）に関する内部文章を公開し，各国の思惑を露呈させるなど，世界的に注目される情報を発信し続けている．

3. ウィキリークスの活動

　ウィキリークスのジャーナリズムへの貢献とは何だろうか．2007年のケニア元大統領一家の汚職事件のリークや，さらにその後2008年にケニア警察による市民虐殺の実態をリークしたことが評価され，国際人権擁護団体「アムネスティ・インターナショナル」からウィキリークスとアサンジは2009年の「メディア賞」を受賞した．2008年には高速増殖炉「もんじゅ」のナトリウム漏出火災事件（1995年）時の非公開動画を公開し，東日本大震災直後の2011年3月15日には，米外交公電のなかから日本の原発に関する公電を公開した．そのほかに2009年には多国籍海運企業「トラフィギュラ」によるコートジボワールへの産業廃棄物の不法投棄に関するリークを行い，コートジボワール市民の集団訴訟が生じるなど，ウィキリークスの活動は徐々に欧米圏を中心にその名が知られるようになる（事件はトラフィギュラ側がコートジボワールで被害に遭った住民に対する和解金を支払うことで決着した）．

　2010年4月に「イラクにおける米軍誤射映像公開事件（コラテラル・マーダー）」で世界中を驚かせると，7月には約77,000件の紛争関連資料を公開した「アフガニスタン紛争関連資料公開事件」，10月に約40万件の「イラク戦争関連米軍資料公開事件」，そして11月の「米外交公電公開事件」において25万件の公電の段階的公開を開始した．

　賞を受賞しさまざまな問題を告発してきたウィキリークスの活動だが，それは必ずしも賞賛をもって迎えられているわけではない．「アフガニスタン紛争関連資料公開事件」にあっては，米軍の作戦機密の漏洩により，現地で従事する兵士の生命を危険にさらしているといった批判がアメリカ国内で盛んに叫ばれた．同様に，公開した資料のなかに一般市民の実名が含まれていたことから，人命を危惧した「アムネスティ・インターナショナル」や「国境なき記者団」からウィキリークスは批判されている．こうした問題に対処するため，その後ウィキリークスは生命の危機にかかわる実名については削除するといった情報の加工を行ってきた．しかし2011年8月，ウィキリークス側のミス，およびウィキリークスと提携関係にあったガーディアンのミスが重複した結果，実名削除以前の未編集公電がネット上に拡散してしまい，批判を受けることもあった．

　こうした事件に加え，2010年11月，アサンジはスウェーデンにおいて婦女暴行等の容疑を受け，スウェーデン当局により国際刑事警察機構（ICPO）を通して国際指名手配された．そして同年12月7日，イギリス当局にアサンジが自ら出頭することで彼は逮捕された．その後幾度もの裁判を通して，逮捕状が発布されたスウェーデンにアサンジを移送するか否かが争われ，結果スウェーデンへの移送判決が下された．その後2012年6月にロンドンのエクアドル大使館にアサンジは亡命を申請し，エクアドル政

府は亡命受け入れを表明した．しかしイギリス政府はアサンジが大使館を一歩出れば法的措置，すなわち強制的にスウェーデンへ移送すると述べたため，原稿執筆時点ではこの問題は解決されず，アサンジはエクアドル大使館に滞在中である．

いずれにせよ，ウィキリークスの功績はウィキリークス自体のリークにとどまるものではない．次節はウィキリークスが与えた社会的インパクトについて述べたい．

4. リークサイトの勃興

ウィキリークスの登場は，「リークサイト」という報道スタイルの確立を可能にした．建築家のジョン・ヤング（John Young）が1996年に創設し，現在でも活動継続中の「クリプトーム（Cryptome）」といった一部のリークサイトを除き，それまでリークサイトが表立って影響力を持つことはほぼ皆無に等しかった．しかしウィキリークスが注目を浴びた2010年以降，ウィキリークス同様に情報の募集・公開といった形態で活動を開始したリークサイトが誕生した．それらのなかには，バルカン半島全体のリークサイトである「バルカンリークス（BalkanLeaks）」といった地域限定のリークサイトや，後述する国際的抗議集団「アノニマス」の一派が「アノニマス・アナリティクス（Anonymous Analytics）」というリークサイトを2011年9月に立ち上げている．同サイトはウィキリークスのようにリーク情報を募集するが，情報をそのまま公開するだけでは読者が文脈を理解し得ないとし，リーク情報をもとに自らが調査報道を行い，要点を絞って問題を告発する．同サイトでは香港企業の「超大現代農業（チャオダ・モダン・アグリカルチャー）」の株価操作に関する疑惑を指摘するレポートを発表した．その後も香港企業「華宝国際」の不正に関する報告書を発表するなど，主にアジア企業に対する情報を公開している．

さらに2011年初頭，チュニジアで生じた大規模な暴動を契機とし，24年に及ぶ独裁政権を保ってきたザイン・アル＝アービディーン・ベン＝アリ政権が崩壊した，通称「ジャスミン革命」においては，「チュニリークス（TuniLeaks）」が活躍した．チュニリークスは他のリークサイトと少々異なる活動を行う．ベン＝アリ政権の不正を示す資料はウィキリークスに公開されていたが，大半の文章は英語であり，英語に不慣れなチュニジア国民にとってはウィキリークスの公開する生データを参照するのが困難だった．そこでチュニリークスは，公電をチュニジアの公用語であるアラビア語や，国民に影響力の強いフランス語（チュニジアはフランスの保護領であった）に翻訳し，脚注をつけて公開するという，ウィキリークスの活動を補完するタイプの活動を行った．

また，メディアが自前のリークサイトを創設することもある．中東の衛星テレビ局「ア

ルジャジーラ」は,「アルジャジーラ・トランスペアレンシー・ユニット」(AJTU) と題したリークサイトを 2011 年 1 月に創設し,情報源秘匿を約束した.AJTU はイギリスのガーディアンと協力し,同年中東和平交渉に関する秘密文書「パレスチナ・ペーパーズ」の報道を開始するなど,既存のメディアもリーク報道というスタイルを模索している.

5. リーク情報の活用法

　リーク情報の収集術に優れたウィキリークスは,また既存のジャーナリズムとの協調戦略を採用することで,より一層のデータ活用術を展開している.本書の第 5 章において田中幹人が論じているように,データ・ジャーナリズムは近年注目を浴びる新たなジャーナリズムのジャンルである.それは膨大なデータの情報解析にはじまり,Google マップ等のツールを複合的に使用することでデータをビジュアライズ化することで理解容易な形式で発表するタイプの報道スタイルである.データ・ジャーナリズムの詳細な解説は第 5 章を参照してほしいが,ウィキリークスは既存メディアとの協調体制を構築するなかでデータ・ジャーナリズムを展開してきた.

　2010 年に続けて公開された一連の「アフガニスタン紛争関連資料公開事件」「イラク戦争関連米軍資料公開事件」「米外交公電公開事件」においてウィキリークスは,英「ガーディアン」や独「シュピーゲル」,米「ニューヨーク・タイムズ」等をはじめとした大手メディアと提携し,資料を事前提供している.これはウィキリークスの情報公開に合わせて提携メディアが情報公開を行うことで,ウィキリークス自体の知名度と情報の信頼性の獲得を可能にした,効果的な戦略である.なお外交公電事件においては,その後日本関連の公電を朝日新聞に提供しており,朝日新聞が独自調査をした結果,2011 年 5 月から沖縄の基地関連の公電を中心に記事を掲載している.

　提携メディア側も独自調査をふまえ記事を他メディアに先駆け公開することでメリットを得るが,ガーディアンは「データブログ」と呼ばれる自社のデータ・ジャーナリズムコーナーにウィキリークスの特集ページを立ち上げた[2].そこでガーディアンは,上述の「アフガニスタン紛争関連資料公開事件」における大量のデータのなかから,戦地における死者数等のデータを,Google マップの地図上に掲載した.戦死者の数を地図上に可視化することにより,読者に事件のインパクトと問題の所在の理解を容易化したデータブログは好評を得て,その後のウィキリークス関連の事件においても印象的な記事を報道している.

　「米外交公電公開事件」においてもガーディアンは,世界地図のマップから世界各国

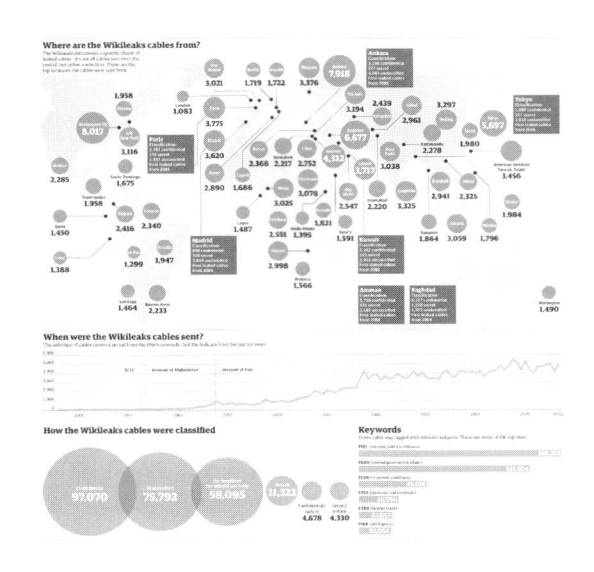

図 8-1　ガーディアン「データブログ」による外交公電マップ[3]

の公電発信数を国別にまとめ，また公電の等級や，政治や戦争といった公電の種類等を数値化し公開した（図 8-1）．各国別の在米大使館発の公電数において日本は，トルコ，イラクに続く第 3 番目に数が多く，その事実を示すマップも好評を博し，日本メディアが同様のマップを制作した．ウィキリークスは情報提供を行うことでデータ・ジャーナリズムに貢献していることになるが，リーク情報の活用手段はより多様化するだろう．

6.　データ・ジャーナリズムの多様化

　データ・ジャーナリズムは，ジャーナリストの要素以外にデータ解析の専門性が求められる．そこでは当然のことながら，データ解析の専門家とジャーナリストの連携が求められる．既存メディアには前述のガーディアンといった大手メディアにデータ・ジャーナリズム部門が設立されているが，この動きは既存メディアに限定されない．そのほかの多くの小さなメディアにおいても，データ・ジャーナリズムの動きは活発である．
　2009 年にアメリカで誕生した「HACKS/HACKERS（ハックスアンドハッカーズ）」というサイトがある[4]．創設者はニューヨーク・タイムズのインタラクティヴ・ニューステクノロジー・エディターであるアーロン・フィルホファー（Aron Pilhofer），ノースウエスタン大学メディジャーナリズムスクール准教授のリッチ・ゴードン（Rich

Gordon），元 AP 海外特派員のバート・ハーマン（Burt Herman）の 3 人．彼らはジャーナリズムとテクノロジーの融合を求め，そのための意見交換やコミュニティの構築のため同サイトを設立した．主な活動は，データ・ジャーナリズムに必要なウェブアプリケーションの開発であり，世界中から参加者を受け付けている．サンフランシスコで発足して以来，国内に 20 近い支部があり，カナダやヨーロッパ，アフリカやラテンアメリカ諸国にも支部がある．

　Hack といえばわれわれはすぐにコンピュータハッカーを想像してしまうが，Hack にはそのほかにも Hackney（乗用馬）や Hack writer（三文文士）など，幅広い意味で用いられている．HACKS/HACKERS とは，粗雑な文章を大量生産するのではなく，どのような状況でも言葉を紡ぎだすことをやめないジャーナリストおよびそのネットワーク（Hacks）と，ニュースや情報を分析する情報技術（Hackers）をかけ合わせ，ジャーナリズムの未来をつくりあげるために，創設者の 3 人がつくりあげた言葉である．HACKS/HACKERS には誰でも気軽にオーガナイザーとして参加可能であり，ニュースやプログラムコードなどさまざまな意見交換を通してアプリケーションの開発等を目指す．組織自体の歴史は浅いが，活動が継続されれば優秀なジャーナリストや技術者が誕生する可能性が期待できる．情報技術の発展により，ある程度のデータ解析技術を身につければ Google マップ等無料ツールとの連動や，新しいアプリケーションの開発は十分に可能である．

　このようにデータ解析とデータ・ジャーナリズムが民間レベルにおいても発展している．実際，ウィキリークスが米外交公電を公開した際には，ウィキリークスへの支援を目的としたロシアの IT 企業が，1.99 ドルという価格で iPhone アプリを販売した．内容的にはウィキリークスのサイトおよび Twitter のウィキリークスハッシュタグの閲覧に限定されていたものの，よりわかりやすくリークデータの閲覧を可能にするアプリケーションが誕生すれば，大手マスメディア以外の小規模ジャーナリスト集団によるビジネスの可能性も見えてくるだろう．あるいは，あらかじめ課金制のアプリケーションの形態を採用したリークサイトが誕生すれば，これまで常に危ぶまれてきたリークサイトの資金不足問題が解消される可能性もある．ソーシャルメディアを有効活用することで，個人や小規模ジャーナリスト集団がその影響力を発揮することも十分考えられる．

　ただし，リーク情報を小規模メディアが扱う時代においては，リーク情報の取り扱いにはこれまで以上に注意しなければならない．万が一にも誤報や虚偽のリーク情報を報道するようなことがあってはならず，この点には注意が必要だ．また，リーク内容が公開するに足る正当性を持ち得るかどうかに関しては，現在まで続くリーク情報公開の是非にかかわる問題である．リークそのものが最初から違法だという意見も飛び交うな

か，リーク情報の公開に対して筆者は，一貫して善悪論では判断不可能であると主張する．リーク情報は当事者の立場によって利益にも不利益にもなる．またジャーナリストの小林恭子は，同じくジャーナリストの神保哲生の議論を参照し，機密情報は，リークでもない限り表沙汰にはなることはなかったという．そのうえで「報道の是非，国益の有無についてさえ，その情報が入手できなければ，私たちは判断できない．リークによって情報を外に出すウィキリークスの意義の一つはここにある」と述べる（小林 2011）．リークメディアの発達により誰でも気軽にリークが可能になった現在，リークそのものを批判しようがしまいが，いずれにせよリークが増加することには変わりないだろう．

7. ウィキリークスとハッカー倫理

　このように，情報源秘匿技術の活用と既存メディアとの提携によるデータ・ジャーナリズムの実践など，ウィキリークスの活動はジャーナリズムの見地からすれば多いに貢献してきたといえよう．リークサイトという一ジャンルを確立したあとには，データ・ジャーナリズムとの提携という道も考えられる．

　とはいえ，なぜアサンジがリークという手段を採用したのだろうか．リークとは不正の告発であるがゆえに報復の恐れのある危険な行為であり，その意味で政治的かつ倫理性が要求される行為でもある．情報源秘匿技術によって情報提供者の身元の安全は保証されるが，現にアサンジ本人は告発者の代理人として，あらゆる危険を一手に引き受けている．ビル・コヴァッチ（Bill Kovach）とトム・ローゼンスティール（Tom Rosenstiel）が述べるように，ジャーナリズムには権力から独立し，権力を監視するという原則がある（Kovach and Rosenstiel 2001＝2011）．しかし，その原則を遂行するためだけに，ここまで危険な行為を実践することは容易ではない．そこで冒頭において論じたように，ウィキリークスと政治，倫理の問題を考察するため，アサンジとハッカー文化の関係を見てみよう．

　先に論じたように，アサンジはハッカーとして活動していた過去があり，実際1991年にはカナダの通信会社へのハッキング容疑により逮捕されている（結果的には少額の罰金でことなきを得た）．アサンジはその後プログラマーを続けながらオーストラリアの大学に通い数学や物理を学ぶ一方で，ハッカーコミュニティ「サイファーパンク」の活動に，結成初期の1992年から2002年まで積極的に参加している．

　サイファーパンクとは数学者エリック・ヒューズ（Eric Hughes）と物理学者で元インテル勤務のティモシー・メイ（Timothy C. May）によって1992年から始まったイン

ターネットコミュニティであり，サイファーとサイバーパンクを掛け合わせた言葉である．サイファーとは「暗号（方式）」を意味し，サイバーパンクはコンピュータの普及がはじまった1980年代前半，SF小説等に見られたコンピュータによる人間意識の拡張等をテーマにしたジャンルである．

　サイファーパンク結成前年の1991年当時，アメリカ政府は暗号ツールを事実上禁止するテロ対策法案「上院法案266」を議会に提出し，国内において大きな反発を招いていた．暗号ツールの制限は，政府による暗号技術の特権的使用を許してしまうことから，権力の過剰を危惧されてのことである（暗号にかかわる米NSAの諸問題は，今日エドワード・スノーデンによる暴露によって過熱していることはいうまでもない）．サイファーパンクもこれに反対し，コミュニティ内では暗号に関する技術的・政治的問題が長らく議論されてきた．

8. ハッカーと政治

　なぜハッカーたちは暗号にこだわるのだろうか．そこにはハッカーとその文化が誕生して以来継続する問題が存在している．そもそもハッカーという言葉は定義困難なものだ．ハッカーという言葉を世に広めたジャーナリストのスティーブン・レビー（Steven Levy）が1984年に出版した『ハッカーズ』によれば，ハッカーの起源は1950年代後半，アメリカのMIT（マサチューセッツ工科大学）の鉄道模型クラブにあるという（Levy 1984 = 1987）．鉄道模型の回路を改善するなかで，「単に建設的な目標を達成するだけではなく，それ自体がスリリングな喜びであるような作品や計画は「ハック」と呼ばれ」た．その後コンピュータに夢中になった彼らは，技術的な改善とその作業のなかに快楽を見いだしており，そうしたハックの実践者こそがハッカーであると呼ばれる．レビーは100人を超えるハッカーにインタビューするなかで，ハッカー独特の倫理的特長を挙げる．いくつかあるハッカー倫理のなかで代表的なものが，

> ① コンピュータへのアクセス，加えて，何であれ，世界の機能の仕方について教えてくれるものへのアクセスは無制限かつ全面的でなければならない．実地体験の要求を決して拒んではならない！
> ② 情報はすべて自由に利用できなければならない
> ③ 権威を信用するな――反中央集権を進めよう

(Levy 1984 = 1987: 33-34)

である.ハッカーは何よりも技術的な向上を目指しており,必要な情報を共有するために情報の自由を掲げる.さらに当時超高級品であったコンピュータの利用について介入せんとする国家権力に反対し,ハッカーたちは権威や規則に縛られた非合理的な縦割り行政,官僚制を批判する（したがって思想的にはリバタリアンが多い).

　1950年代後半の初期ハッカーたちには主だった政治性は見当たらないが,時代が下り,コンピュータを個人がおのおの所有可能になった70年代後半以降,民間レベルにおける暗号技術の急速な発展が始まる.国家にとって暗号技術は敵国の通信傍受活動に応用することが可能であり,重要な技術であるが,民間レベルの暗号技術は国家の通信傍受活動に支障をきたすことになる.敵国のゲリラ組織の通信に高度な暗号が使用されてはやっかいだと,これを恐れた政府が暗号技術の制限を開始すると,ハッカーたちは情報の自由を体現し,政府による通信傍受を回避するために暗号は必要であると主張する.そこで民間レベルの暗号技術の発展に貢献することで,ハッカーの政治活動が始まる.

　ハッカー思想の根本には,自治と自律の思想を読み取ることができる.1990年代はインターネットの普及に比例し米政府がネットの規制を強めた時代でもあるが,代表的なものに1996年に改正された米電気通信法の一部として成立した通信品位法（Communications Decency Act）がある.同法はインターネット上の「わいせつな（obscene）」あるいは「下品な（indecent）」ものを取り締まることを目的とし表現規制を掲げたが,こうした言葉が指し示す曖昧さがしばしば恣意的な解釈可能性を持つとし,市民団体から批判を浴びた.のちに言論の自由に反するとして最高裁で違憲判決が下されることになった同法だが,可決された当時の猛反発のなか,デジタル時代の市民的自由を擁護するEFF（Electronic Frontier Foundation：電子フロンティア財団）の代表であるジョン・ペリー・バーロウ（John Perry Barlow, 1947〜）は「サイバースペース独立宣言」と題した文書を発表した.

　バーロウは同宣言のなかでサイバースペースを新たなフロンティアと定義し,かつてのイギリスに対するアメリカがそうであったように,既存の国家からの干渉を拒否することを宣言する.サイバースペースは物質のない精神（mind）で構成された空間であり,そこには政府や法は存在しないという.新たに誕生したサイバースペースは,サイバースペースの住人たちが自分たちの力で統治体制を形成する.つまり,サイバースペースに対する国家のいかなる介入をも拒絶し,自由と自己責任の世界に生きるというリバタリアニズムの立場にハッカーは立つ.

　これらの理想的なサイバースペースに反して,アメリカは法によってサイバースペースの自由を汚しており,ジェファーソンやワシントンといった建国の父たちの思想をね

じ曲げているとバーロウは批判し，次の言葉で宣言を終える．「我々はサイバースペースの中に，精神文明を作り上げていくだろう．そしてその文明が，今までおまえたちが作ってきた政府よりもずっと公正で，人間的であることを祈りたい[5]」（佐々木 2006：109）．このハッカー精神の正統な後継者であり，政治的にも反権力を唱えるジャーナリズム精神を有するアサンジにとって，国家や大企業の不正，権力の乱用は，到底見過ごすことのできない問題であり，ゆえに巨大組織の情報は透明化されるべきであると考える．情報の透明化によって権力の監視を行うとともに，情報の自由を獲得する．アサンジの行動は，ハッカーとジャーナリストという切り離すことのできない2つの精神＝倫理を通してこそ理解することができるだろう．

ただし，情報の自由の達成ために暗号が用いられるように，あらゆる情報が透明化すればいいというわけではない．アサンジは次のように述べている．「透明化は，それぞれが持つ力に比例するべきだ．危険を及ぼしかねない巨大な力には，より強い透明化が求められる．逆に弱者を透明化することは，あまり有用なこととは言い難い」（Sifry 2011＝2011：179）．不正の告発による情報の透明化の一方で，相対的に弱い立場にある個人においては暗号による匿名性を保持すること．アサンジの精神にはハッカーの理念と実際の政治状況をふまえた認識に立っている．

9. ジャーナリズムにおける主体的実践

第8節では，ハッカー文化とアサンジの政治性の関連に着目し，その反権力的志向の源流をたどった．次にウィキリークスの実践を考察するうえでもうひとつ重要な点である，アサンジのメディアへの過剰なまでの露出について考察したい．

アサンジがメディア露出をする理由としては，ウィキリークス自体の認知を獲得するため，また単純にアサンジが目立ちたがりであるといった指摘が，ウィキリークスの元ナンバー2であったダニエル・ドムシャイト＝ベルク（Daniel Domscheit＝Berg）などからなされている（Berg 2011＝2011）．もともとアサンジはウィキリークスの活動以降住居を転々としており，シンポジウムや講演などを除いてはほとんど公の舞台への露出は控えていた．しかし2010年の一連のメガリーク以降は，世界的に注目を浴びたこともあり，一転して積極的なメディア露出を開始する．現に外交公電公開事件の直後，しばしばアメリカの議員のなかには，アサンジを暗殺すべきだ，といった過激な意見が飛び交うこともあり，アサンジは露出すればするほど生命の危機にさらされる．この行為の価値を問うために，ここではフランスの歴史家・思想家であるミシェル・フーコー（Michel Foucault, 1926〜1984）が最晩年に研究した「パレーシア」という言葉を取り

上げたい．

　フーコーはその最晩年期にあたる 1983 年〜 1984 年のあいだ，古代ギリシア語で「真実を語る」という意味を持った「パレーシア」という言葉の歴史的変遷を研究していた．それまでフーコーが研究してきた知や権力といったテーマは，社会や文化の構成に大きな要素を占め，われわれの認識や行為を規定するような概念であった．晩年のフーコーはこうした知と権力に加え，「主体化」というテーマについて思考をめぐらす．パレーシアの成立条件は，真実を語ることだけではなく，発言に際して必ず勇気とリスクをともなうことになる．例としてフーコーは，古代ギリシアの哲学者プラトンがシラクサの僭主デュオニュシオス 2 世を諌め，殺されかけた場面を挙げている．パレーシアと主体化の関係とは何か．フーコーによれば，パレーシアは「開かれた状況」や「突発的な出来事」を生じさせるという．またパレーシアが発動するには，その場を言い繕うように思ってもいないことを語ってはならず，語った内容をあとで訂正することもできない．語る者は語った内容に責任を持ち，本当のことを語った者のなかに自分を見いだし，自分をそのような者と認めることとなる（Foucault 2008 = 2010）．

　個人が主体的・倫理的に出来事を生じさせ，主体の倫理的発言が自己と他者に対して影響を与える瞬間に，パレーシアは発動する．パレーシアとはその意味で，いまとは違うように，いまある自己イメージを更新することにより，自己と他者との関係を大きく更新する可能性を秘めた批判的行為であった．

　アサンジは生命を賭けてその発言を続けており，その意味で彼の行為はパレーシアと呼ぶことが可能だ．だが，パレーシアは本来その倫理的・主体的発言と生命の危険を引き換えに成立することからもわかるとおり，パレーシアの実行にあっては相当のリスクをともなう．倫理学・環境思想が専門の浜野喬士は，従来の内部告発論の尺度である，告発が公益に合致するかといった，データの証明からウィキリークスのリーク公益性やその批判的価値を判断することは誤りであるという．浜野はリークを，危険を顧みず勇気を持った実践によって，公益性を示しているかどうかによって判断すべきであり，危険を賭してパレーシアを行使するアサンジ／ウィキリークスは，従来の公益性を超えた「純粋公益」を体現していると主張する．純粋公益とはすなわち，データでは証明不可能な，行為こそが公益や正義の証明軸として判断されるものである（浜野 2011）．

　己の倫理に従うことで死を覚悟できる者は少ない．したがって必然的にパレーシアの実践者はアサンジのような人物だけに限定されるとも言える．またアサンジのリークは一般的な公益の観点を超えたところにあり，その意味でその実践を公益の名において判断するには，実際にリークが及ぼした事件を個別に検証していかなければならない．こうしたことからもわかるように，世界中から注目を浴びるほどの影響力を持ったウィキ

リークスとは，情報社会におけるきわめて特殊な例だったのかもしれない．アサンジはパレーシアを実行するにあたり，匿名の集合知の力によって寄せられたリーク情報をその根拠にしている．それはつまり，本来ならリーク情報を寄せた人物が発言すべき内容を，アサンジがその役を代弁していることになる．すなわちアサンジは，情報技術によってリーク情報を収集・発信するだけでなく，他者のリスクを自らが引き受けながら，生命を賭け金に批判的実践を体現しているのである．

　筆者はアサンジが偉大であると主張したいのではない．生命を賭けた批判が必ずしも正しい道を切り開くわけでもない．しかしジャーナリズムの報道精神にあって，これほどまでに，権力批判に生命を賭けることもいとわないアサンジに，人びとが魅了されているのも事実である．ただ一人の命を賭した批判的実践が，数多くの情報提供者が負うべきリスクと批判的効果の機能的等価物として可能ならしめている．そのようなリスクと技術開発には，改めて驚きを覚えざるを得ない．アサンジの行為が結果的にパレーシアとして，批判的実践として社会的にインパクトを与える機能を果たすとともに，その実践は社会的影響力の観点において，一個人リークのそれとは比較にならない力を持ち得る．

　だが，倫理的・主体的発言はジャーナリズムや批判にとって必要不可欠な要素なのだろうか．いいかえれば，実名や顔をさらして批判せずとも，つまり匿名性を保ったままのジャーナリズムが仮に存在したとして，報道内容が真実であれば社会的インパクトという意味において有効に機能するのだろうか．実名であることと匿名であることには，社会的影響力という意味において，どのような差異があるのか．そして匿名であっても報道の責任や公益性を示すことは可能なのか．この問題を検討するために，次節では国際的抗議団体「アノニマス」とウィキリークスの活動を比較してみよう．

10.　アノニマスとは

　「アノニマス（Anonymous）」．それは英語で「匿名」を意味する集団であり，奇妙な仮面を被り，ネット上で高らかと攻撃を宣言し，実際にデモに参加することもある．2011年4月には，ソニーの運営する「プレイステーション・ネットワーク」を攻撃したことで日本においても知られるようになった．アノニマスとは特定の人物を指す言葉ではなく，「情報の自由」という大義を共有する緩やかな組織団体である．彼らの起源はアメリカの4chanという巨大画像掲示板にある（4chanは日本の画像掲示板「ふたば☆ちゃんねる」を模したもの）．4chanは2ちゃんねると似た構造を持った掲示板であるが，2006年頃から一部のユーザーが独立し，企業等に対する抗議をはじめた．

2008年にはアメリカ発の新興宗教団体「サイエントロジー」に対する大規模なデモを行ったことで欧米メディアにおいて注目を浴びた彼らは，その後も抗議を続ける．時代が下るにつれ，アノニマスはDDoS攻撃（Distributed Denial of Service：分散型サービス拒否攻撃）と呼ばれるサイバー攻撃を実施することが多くなった．DDoS攻撃は世界各国で違法とされているが，2001年に欧州評議会の発案によって日本を含む世界の主要30か国あまりが署名し，採択された「サイバー犯罪条約」によって，犯罪情報の共有や犯罪者の引渡しが可能となっている．

ちなみにアノニマスは2ちゃんねる同様不特定多数の人びとが緩やかに集まって形成された組織であり，リーダーは存在しない．Internet relay chat（IRC）と呼ばれるチャットシステムを用いて議論を繰り返し，攻撃対象や攻撃方法等を決定する．チャットは基本的に誰でも出入りが自由であることが多く，またDDoS攻撃については，アノニマスがネット上で公開した専用ツールを利用することで，誰でも攻撃参加が容易になっている．

11. 仮面と大衆動員

アノニマス最大の特徴は，その独特の仮面にある．彼らは自らをアノニマス（匿名）と呼び，その顔をすべて同じ仮面で統一する．この仮面はイギリスで80年代に描かれたコミック『Vフォー・ヴェンデッタ』に登場するものであり，映画化もされている．全体主義国家となった近未来のイギリスに抵抗する同作の主人公「V」がこの仮面を被る．仮面は17世紀のイギリスに実在したガイ・フォークスという人物を模したもので，彼が体制への反逆者であったことから「V」が被っている．自由の抑制に対する抵抗を，仮面によって表しているのである（図8-2）．

アノニマスの活動は幅広く，合法的なデモや違法なDDoS攻撃，あるいは先に述べたリークサイト「アノニマス・アナリティクス」という調査報道を目的とした活動もあ

図8-2 アノニマスの仮面[6]

る．とはいえ彼らの活動が多様であることの背景には，アノニマス内部で派閥があり，それぞれの派閥がそれぞれ自由に活動しているという側面がある．アノニマスはリーダーが不在であるがゆえに，彼らは内部の統率が不可能である．しかしながら，彼らは仮面というアイコンおよび「情報の自由を守る」という大義のもとに，自らをアノニマスメンバーであると認識するのである．この大義は非常に抽象的なものだが，それにも理由がある．世界中で活動するアノニマスは，メンバーの国籍や年齢，職業等もさまざまであるため，誰でも参加可能な理念を掲げるために，あえて抽象的な理念を設定したか，あるいは抽象的であったがゆえにアノニマスが組織として拡大し得たと推測できる（とはいえ，近年では大義を掲げることなく活動することも多い）．

ところで，社会学者の北田暁大は『嗤う日本の「ナショナリズム」』において，2ちゃんねる上のコミュニケーションの本質はネタを通したつながりを希求する「つながりの社会性」であると主張した（北田 2005）．アノニマスは抽象的大義によってメンバーを増員し，仮面によって世界中にその存在を印象づけることに成功したが，彼らのデモやDDoS攻撃といった活動もまた，ネタでありネット上の祭りであることが指摘できるだろう．アサンジの経歴が示すとおり，ウィキリークスの活動は自治と自律のハッカー精神に満ち溢れているのとは対照的に，アノニマスの活動は，一見すると政治活動でありながら，他方においては政治性の抜け落ちたネタ，ネット上で散見される「祭り」としての活動でしかないようにも見受けられるものである．したがってアノニマスの多様な活動は，活動ごとに是々非々で評価することが必要であろう．

12. 人称性と半人称性

ウィキリークスやアノニマスの活動は，一般に「ハクティビズム（Hacktivism）」という概念に包括される．それは，コンピュータ技術によって物事を改良するという意味の「ハック（Hack）」と，選挙やデモや言論によって社会変革を目指す積極的行動主義「アクティビズム（Activism）」をかけ合わせた言葉である．つまり，コンピュータ技術を利用して，政治的目的を達成させようというのだ．情報技術を用いた政治運動という意味において，ウィキリークスとアノニマスはともにハクティビスト団体である．

ウィキリークスは既存メディアと提携することで知名度を得たが，他方の匿名集団であるアノニマスはどのように知名度を獲得していったのか．そこでウィキリークスとアノニマスの大衆動員戦略を比較することで，情報社会における影響力獲得の契機を見いだしたい．

① 先に筆者は，アサンジのパレーシアに倫理と主体性を見いだした．彼は実名と顔

を世界にさらし，人称性のもとに人びとに不正を告発してみせた．ウィキリークスはアサンジという「アイコン」および発信主体の存在を明かすことで人びとの動員を可能にした．このように顔をさらして人びとに訴えるウィキリークスのカリスマ的動員を，本稿では「人称的動員」と呼ぼう．

② 対するアノニマスはどうか．彼らはアノニマス（匿名）であることからもわかるとおり，基本的に実名をさらすことはない．アノニマスとはその名のとおり，誰でもないと同時に誰でもあるような存在だ．そのようなアノニマスを象徴するのは，抽象的な大義とあの奇妙な仮面なのである．そう，われわれは仮面を通してアノニマスが語ることで，アノニマスという主体があたかも実在するかのような錯覚に陥る．アノニマスは匿名集団でありながら，仮面を通してある種の人称性を得ているのも事実だ．これを「半人称的動員」と呼ぼう．あるいは，日本的な文脈でいえば「キャラクター的動員」と読み替えることも可能だ．

両者の差異は主体の位置づけにある．アサンジのパレーシアは他者のリスクを引き受けることで，リークの持つ潜在的な社会的影響力が何倍にも膨張する．他方でアノニマスの動員は，仮面が放つそのキャラクター性，半人称性と大義によって人びとを動員する．アノニマスの分派「アノニマス・アナリティクス」の調査報道が注目されるのも，アノニマスの看板があってこそのものなのだ．

しかし，本稿が論じるジャーナリズムの視点からいえば，この動員「主体」の存在は，すぐさま報道責任「主体」の有無の問題として捉えなければならない．無論ウィキリークスにはアサンジという責任主体が存在し，それゆえにウィキリークスのメディアとしての批判は彼が一手に引き受けてきた．問題はアノニマスにある．彼らの分派でジャーナリスト集団とも呼べる「アノニマス・アナリティクス」は，報道の責任を受け止める存在もまた匿名の仮面であり，半人称的な存在が責任主体ということになる．これをわれわれはどう受け止めるべきか．

13. ジャーナリズムの今後

本稿はウィキリークスとジャーナリズムの関係を軸に論じてきた．本稿で言及したアサンジ／ウィキリークスのリークは，パレーシアと呼ばれる批判的実践であった．さらにウィキリークスはその情報源秘匿システムにより，リーク＝パレーシアが負うべきリスクをアサンジ一人に集中させることに成功した．リスクを背負い発言する態度こそはウィキリークスに対する賞賛理由のひとつであり，同時にアサンジを報道の責任主体として確立させることで，ウィキリークスは報道機関として成立する．重要なのは，事件

の責任を負うリスキーな主体の存在である．

　新聞，ラジオ，テレビといった20世紀を通して発展，普及したメディアから，インターネットメディアやソーシャルメディアの登場は，速報性，拡散性，相互浸透性というその特性のもと，リアルタイム報道といった手段を用い，あらゆる意味でメディア環境を変化させた．このような状況にあってジャーナリズムは，情報の検証といった基本原則以外に，いかに報道を広範に人びとに伝えるかということに重きが置かれる．情報は人目につかなければ埋もれてしまうからである．すでにソーシャルメディアを利用することでジャーナリストが個人単位で活躍する時代に突入している．動画共有サービスのUstreamやTwitterを活用することで活躍するジャーナリストが登場しはじめているが，ジャーナリストはその実名をさらし報道責任を負うことによってこそ，その存在をアピールすることが可能となる．

　他方，アノニマスはアノニマス・アナリティクスを除けばジャーナリズムメディアとは呼べないが，人びとを動員するその方法においては，仮面という匿名でもない半人称性を活用した戦略を採用する．ここで筆者は，アノニマスの政治活動そのものではなく，その半人称性（あるいは半匿名性）という仮面の存在に着目すべきであると考える．この方法論をジャーナリズムにも応用できないだろうか．

　無論，ジャーナリズム組織は報道の責任を負わなければならないが，既存大手メディアにも匿名記事は多いという指摘が一方にある．その場合，匿名記事の責任は記事を掲載した組織全体が負うことになる．筆者はジャーナリズム組織が掲載する記事は基本的にすべて記名性にすべきだと考える一方で，リークのような告発を個人レベルで行う場合は，匿名でなければ困難であることもまた認める．その意味でアサンジのように他者の告発を一手に引き受ける例は稀有なものだ．とはいえ，リークであれ何であれ，報道に対する責任は必要不可欠である．そこで考えられるのが，アノニマスのような半人称的な組織による，不特定多数の個人の集合体であるアイコンに，責任を負わせるといったタイプのものである．完全に運営者のわからないリークサイトの報道は信用性に乏しい．とはいえ，実名をさらすことも困難だ．そこで編み出された手段こそが，アノニマスのようなアイコンを通した半人称的な存在なのではないだろうか．

　これは古くは2ちゃんねるの「コテハン」に由来する方法だ．コテハンは，匿名掲示板である2ちゃんねる上で固定ハンドルネームを用いて人称性を獲得するものであり，トリップと呼ばれるなりすまし防止機能を用いることで，実際の本名はわからずとも，匿名世界における責任主体を確立する．アノニマスの手法はこのコテハンを一人に限定せず，不特定多数の総意を作り出すものだといえるだろう．

　命の危険を冒したアサンジの人称性やウィキリークスの情報源秘匿システムなど，

ウィキリークスがジャーナリズムに与えた影響は多大なものである．そしていま，ネット上で新たな半人称性という手段を確立し，アノニマス・アナリティクスといったジャーナリズム組織を創りあげたアノニマスの半人称性という方法論．本稿は人称性と半人称性という観点から両者を比較してきたが，ジャーナリズムを考察するうえで，両者は対立するものではなく今後のジャーナリズムに活用可能ないくつかの方法論を提示していると考えるべきであろう．もちろんこうした方法論にはまだまだ問題も多く，乗り越えるべき課題は多い．とはいえ，新興メディアの可能性を否定するだけでは意味がない．メディアの本質を捉え，ジャーナリズムに活用するための試行錯誤が求められているのである．

第Ⅲ部

拡張する〈ジャーナリズム〉

第9章

〈広告〉の視点からジャーナリズムを考える

対談：
遠藤　薫（学習院大学教授）
佐藤尚之（コミュニケーション・ディレクター）

さとなお氏の私的な経歴

遠藤　対談にお招きしたのは佐藤尚之さんです．この本はジャーナリズムに関する本ですが，佐藤さんはこれまでの意味でのジャーナリストではありません．ずっと，電通のクリエイターとして広告の世界で活躍されてきました．それと同時に，90年代からネット上での情報発信で多くの読者を集め，いわゆる「アルファブロガー」の一人としても知られています．また，2011年の東日本大震災では，直後から，Twitterなどを通じて，情報やボランティア支援の組織化を行い，官民協働の「助けあいジャパン」を立ち上げました．こうした活動は，「情報の編集，発信によって社会的な機能を発揮する」という意味では，「ジャーナリズム」の一種と呼んでいいのではないか．むしろ「新しいジャーナリズム」ということを考えるとき，こうした方向性にもっと光を当てるべきではないか．そんなふうに考えて，佐藤さんにお出でいただきました．

　まず，佐藤尚之さんという方はどういう方なのだろうというところからはおうかがいしたいと思います．ご自分のことをひと言でいうと．

佐藤　ひと言でいうのは難しいですが，とりあえず人とくらべてかなり好奇心が強いのはたしかみたいです．本業である広告はもちろんですが，本も，映画も，食事も，旅も，音楽も，だいたいほかの人よりもちょっと詳しくなってしまうぐらいまではいくタイプですね．

遠藤　それは小さいときからですか．
佐藤　小さいときからそうですね．
遠藤　お生まれは東京ですか．
佐藤　東京，大森です．鈴ヶ森のあたり．ちょっと北側に小学校があって，そこに小一から通っていました．
遠藤　そこは何区ですか．
佐藤　大田区．いや違う．あそこは品川区南大井だ．品川区と大田区の境い目で，いまは大田区の山王に住んでいて，昔は品川区でしたね．
遠藤　私も品川の小学校なのです．品川区と大田区もくっついていますが，私は目黒区と品川区のくっついている辺りでした．目黒のお不動さんの裏側ぐらいです．
佐藤　では，環状六号線の辺りですね．
遠藤　農林試験場というのがあって，あそこでずっと遊んでました．
佐藤　林試の森．
遠藤　そうそう．いまはそういうのですよね．昔は「試験場」といって，全部網が張ってあったのですが，ゴソゴソ潜り込んで遊んでいました．

広告の変化

遠藤　佐藤さんがお作りになった広告で，時代を意識したしないにかかわらず，できたものが時代だなみたいなものはありますか．
佐藤　自分でやったもので記憶に残るもののひとつはグランプリをもらった『SLAM DUNK』の広告キャンペーンです．漫画というのは孤独に一人で読むものですが，ネット上も含めてリアルでファンたちが集まってつながる場を提供した，そのはしりだったと思います．要するに何かを伝える広告ではなくて，場を作って生活者に集まって遊ん

でもらうみたいな，「広告から広場へ」という言い方をする人もいますが，そういう場を作ったこと自体が，あれは時代の先端っぽかったかな．

遠藤 2000 年ごろですかね．もうちょっと経ってから．

佐藤 2004 年ですね．まず新聞広告を中央 5 紙 + 1 紙で展開したんです．新聞みたいな大きなメディアを使っているのに，ファンだけに小さく伝えるという試みをしたんですね．新聞広告に『SLAM DUNK』の「ス」の字も書いていなくて，井上雄彦の漫画を知らない人は何の広告かもわからない．でもファンにはわかる．それをわかったファンだけをウェブに誘導し，さらにリアルイベントの場を作って誘導していったのですね．

遠藤 『SLAM DUNK』はいまの若い人でも読んでいますよね．佐藤さん的にはどこら辺が SLAM DUNK だったのですか．たまたま題材として SLAM DUNK だっただけですか．

佐藤 『SLAM DUNK』が累計 1 億冊を突破したので，井上雄彦さんがポケットマネーで感謝広告をしたいということで，その仕事を受けたのです．ただ，いわゆる広告屋が SLAM DUNK をキャンペーンみたいにして目立つように作っちゃうと，あの名作自体を汚してしまうなという気分もあって，相当考えに考えて作ったのです．9 人の仲間でずっと考えて手づくりしていきました．コピーライターやウェブプランナーという役割分担はなく，全員で考えていった．

遠藤 それはその時代にそういうやり方が可能になったということでしょうか．

佐藤 ネットが出てきて初めて可能になった部分だと思いますね．いまのソーシャルメディアの時代だったら，場を作るという意味では，もっと違うことができたかもしれません．マスメディアは場を作れないのです．情報を一方的に送ってくるだけ．場ができて，人が集まって，そこでみんなの会話やコミュニケーションが生まれる場を作るのがネットですよね．そういうことを広告では時代的にほぼ初めて作り上げた例ではないかな．大きな賞もいただきましたし，そういう意味では，当時としては時代性のある企画だったのだろうなと思います．

遠藤 ブログの経験みたいなものがベースにあったのでしょうか．

佐藤 そうですね．僕は 1995 年から個人サイトをやっているんですが，テレビ CM や新聞広告とは違って，自分の書いたことにすぐに反応が来たり，読者や生活者がすぐ横にいるような感覚が常にあったわけです．1995 年からずっとネットからの情報発信をやり続けた経験はやっぱり大きいと思います．それが僕のなかでの財産ですね．マスメディア広告を仕事でやっていた一方で，個人同士のチマチマしたやり取りも毎日毎日していたわけで，この繰り返しがいまのネットに対する肌感覚につながっていると思います．

阪神大震災とサイト開設

遠藤 なんでホームページを始められたのですか．

佐藤 理由は2つあります．僕は文系だったし，とてもアナログだったのですが，信頼する先輩が，まだ当時珍しかったインターネットをやっていて，「お前，絶対やれ」とずっと言い続けてくれていたのがまずひとつです．そこでネットに注目していたら，阪神大震災が起きました．僕は当時神戸に住んでいたので，真上にいたわけです．嫁さんは臨月で，もうえらい目に遭った．マンションは倒れなかったけれども，グチャグチャになってしまった．それが1月17日ですよね．

で，僕が住んでいる地域はラッキーにもその夜に電気が復旧し，テレビがついたのです．揺れた当日の夜ですから，こっちでは家が倒れているし，あっちでは人が埋まっている．道も地割れがすごくてガス管が壊れて向こうが陽炎のようになっているみたいな状況です．そんななかでテレビをつけたら「いま，このレベルの地震が東京で起こったらどうなるか」みたいな特集をやっていたのです．いま本当に困っている人への情報提供ではなく，東京の話題なんですよ．さすがに頭にきました．マスメディアというのは最大公約数の情報を届けることはできるけど，必要な個人に必要な情報を届けるのはできないんですね．もちろん当たり前のことなんです．だけど，そこがマスメディアの限界だと初めてわかった．それでテレビを消した．

そしてMacintoshを掘り出すわけです．倒れた家具に埋もれていたんですね．それを苦労して救出してピーヒャラララーと，当時のモデムで電話線につないで，何とかネットを見たんです．

当時は検索エンジンもないから，リンクをたどっていくわけです．そうしたらポツリポツリと神戸から発信している人がいた．この辺の状況はどうだ，とか，水はどこにある，とか，必要な情報を発信している人がいる．その瞬間に鳥肌が立って，あっ，これだ！と思ったんです．有史以来初めて普通の生活者が発信することの意味と，必要な情報を必要な人が出して必要な人が受け取るという意味が，その一瞬ですべてわかった感じでした．で，ネットをやろうと決めた．

そのあとすぐ東京に避難し，子どもが生まれたりしてなかなか実行に移せなかったのですが，その年の8月になんとか見様見真似で始めたのが，今のサイトですね．

遠藤 1995年というと，まだWindows 95が出ていない頃ですね．

佐藤 1995年というのは，前年の3月にYahoo!ができて，7月にAmazonができた年．でも両方ともアメリカの話です．で，翌年にYahoo! Japanができた．Googleは1998年ですから，まだ姿もカタチもない．その年の冬にWindows 95です．

遠藤 1993年から普通にインターネットが使えるようになったのです．Mosaicが出たのも1993年なので，WWWはまだ全然初期レベルです．そのころだとパソコン通信の電子会議室というのがありましたよね．

佐藤 NIFTY SERVEはありましたが，理系のオタクと学者しかいなかったかな（笑）．個人ホームページなんてまだ日本全体で100個くらいしかないころです．そんななかでサイトを開設しても，誰も無名の人のサイトなど見に来ないので，どうせ発信するならあまり人がやっていないことをしようと，当時まだやっている人がいなかったおいしい店のレビューを発信しはじめました．自分が行ったレストランの評価をしてどんどん書いていったんですね．最初は200店ぐらいから始めたと記憶しています．そうしたら人がワーッと集まってきた．その後「ジバラン」という，いまでいう食べログみたいな，当時としては新しい，生活者たちによる評価発信も，チームを組んでやったりしました．

遠藤 そのころの感じと，いまのTwitterやFacebookでは，情報発信側として感じがどこか違うところがありますか．それとも，その延長線上でしょうか．サービスの形式が違ってきていますよね．

佐藤 全然違いますよね．その後のブログ時代もそうですが，当時はやはり発信する人と受信する人が完璧に分かれていました．「インタラクティブ」とはいってもまだ全然双方向ではなくて，ネット上に一方通行の「ホームページ」とか「サイト」とか「ブログ」という名前の，新しい発信メディアができたのが当時だったと思います．だから本当に発信する人は少なかったし，受信する人は受信して読むだけという感じではありましたね．でもソーシャルメディアになってからは，RTとかいいね！なども含めれば，みんなが手軽に発信できるようになった．自分の共感したものをワンタッチで友人知人に発信できるようになったいまとは全然違うと思いますね．

遠藤 ユーザーの数が全然違いますよね．

佐藤 ユーザーの数も違いますし，みんなが手軽に発信できるようになって，ソーシャルメディアになって初めてウェブが真の意味での「Web」になったなと思いました．初めて本当の意味でのクモの巣になったなと．

遠藤 グルメの情報を提供したのは，それがやりたかったのか，たまたまそれで多くの人が見に来たからという感じですか．

佐藤 もともとは「書評サイト」をしたかったんですね．でも，無名の素人が書いてもそんなものは誰も見に来ないので，人寄せパンダとしてレストラン評価コーナーを作ったという感じです．ほかにそういうサイトがなかったから，食べ好きな人はこのサイトに集まってくるわけですよ．そういう人たちと一緒に，あの店はどうだとかこうだとか話していました．その頃は山本益博さんがマスメディアで「あのレストランはいいよ」

というと流行るわけです．しかし実際に僕たちが行ってみると書いてあるのと印象が違っていたりする．それで食べ好きの人たちと，文句を言い合っていたのです．

でも考えてみたら「もう発信できるメディアを僕たちは手に入れているではないか」と気づいたんです．じゃあ，発信しよう，と．「ジバラン」というサイトを（個人サイトとは別に）作って，素人が自腹で行ってどう思うか，再訪したいと思うかといった意見を仲間たちと発信してみようということになった．いわゆるトップダウンのマスメディアに対して，ある種のアンチテーゼとしてボトムアップの発信をしようとしたわけです．朝日新聞の社説などでも，「一般人の逆襲」みたいな論旨で取り上げられました．

そのころはそんな感じで，マスメディアに対するアンチテーゼ的逆襲を楽しんでいましたね．1995年くらいから10年間くらいはそんな感じでしょうか．

それが10年後くらい，2004年くらいに潮目が変わったんです．ブログがいっぱいできてみんなが食を語り出したし，いわゆる食のジャーナリズムも変わって，店が一般人を意識し，彼らの評価を重視し出したのです．それまでは一部のグルメ評論家しか意識してなかった．素人などどうでもいいみたいなところがあった．それが素人が発信するジバランみたいなものや，そのあとにブログがどんどん出て，この店はおいしいとかまずいとか，素人がどんどん言い出した．それであっヤバイということで，レストランがどんどん素人のお客さん目線に変わっていった．それをずっと目の当たりにしてきました．

そういう意味で，2005年ぐらいにはもうジバランも大体の役割は終わったかなと．その10年間，レストランは相当お客さん目線に変わった．それはジバランもきっかけのひとつだと思いますが，だんだん雑誌とか新聞のグルメ評論などが廃れていった．つまり，もうネットはマスメディアのアンチテーゼではなくなったのだなと．ネットは普通で真っ当な発信媒体に変わったのだなと．そんなふうに自分の態度を変化させました．

遠藤 レストランガイドみたいなものを通して，従来のジャーナリズムとは違うジャーナリズムを立ち上げるような気持ちが．

佐藤 結果的にはそうなりましたね．

遠藤 当初は，別にやりたいからやったみたいな．

佐藤 当初はグルメ評論家や『Hanako』や『danchu』みたいなグルメ雑誌とかに対する不満とか，視点が違うところとか，われわれがずれを感じていたところを発信していたのが，結果的にジャーナリズムっぽかったという．

二つの立場

遠藤 でも一方で佐藤さんは電通にお勤めでした．電通は，日本の巨大メディアという意味ではマスメディアですよね．でかいメディア．

佐藤 メディア側ですよね．

遠藤 そちら側の立場とブロガーとしての立場というのは，自分のなかではどんな感じですか．

佐藤 ちゃんと着替えて会社に行って仕事をする場がマスメディアで，家に帰ってラフな格好の個人に戻ると生活者，消費者になるというのは，自分のなかでは何の矛盾もなかったですね．だってみんな一人の消費者ですから．そして同時に勤め人としてみんな生産者でもある．その二重構造には自分のなかで矛盾はなかったし，みんなも使い分けてるんじゃないでしょうか．

　ただレストランと一緒で，広告は変わると思いました．

　要するにマスメディアで一方的に押し付ける広告は変わるだろうと．おそらく広告界では当時いちばんネットをやっていましたから，いち早くそれに気が付いた部分はあったかと思います．当時は大阪支社でしたが，社内で手を挙げてネットのクリエイティブ部門を作りました．これからはネットだと，広告は変わるだろうと．だってみんなが勝手に発信してしまうのだから．あるメーカーが CM などでいかに「この商品はいい」といっても，使った人や買った人が「ここら辺が駄目だよね」と書いてしまう．そうなると，いいところしかいわない広告は，大きく変わらないといけません．そんな危機感もあって，手を挙げてネット広告の部門を作ったのが 1998 年だったかな．

遠藤 ただ，自分で発信する場合には自分の思ったとおり，それ以外何もないという状態ですよね．お仕事でやる場合には，やはり仕事としてやるわけですよね．

佐藤 もちろんクライアントがいますね．

遠藤 とすると，やはりちょっと方向性がずれることもあるのではないですか．

佐藤 方向性というのは何だろう．ええと，たとえばクリエイターという人種って，仕事で賞を獲るとか，クライアントのお金を使って自分の好きな表現を模索したりするというパターンがわりと多いんです．もちろんその方がイイモノができる場合も多いんですが，僕はそれがどこかで納得できなかった．クライアントのお金を使って自己表

現するみたいなことが．でも，僕はもうそのときは本も書いていたし，サイトでも個人の名前とリスクで自分の好きなことを書いていたわけです．そういうこともあって，好きなことは自分のサイトや本で，自分のリスクでやろうと割り切れるようになりましたね．だから，クライアントの悩みを解決するためにどうすればいいか，私心なく考えられるようになった．そういう意味でいうと，そのずれはないのですよ．

　たとえば，僕はタバコを吸わない．生活者としてサイトでも「タバコ嫌い」と公言しています．だから，仕事でタバコの広告をするような矛盾は，なるべくしないようにしていました．どうしてもその仕事を断れない状況のときは，タバコ嫌いな立場からのアプローチを考えた．ビジネスはビジネスですから仕方ありません．ただ，自分のスジは通そうとしました．何かおかしいかな．

遠藤　おっしゃっていることはわかるのですが，たとえばレストランなどは，自分がおいしいと思ったから書くけれども，それが結果的に売り上げに結び付いてしまうということはあるわけですよね．

佐藤　レストラン？

遠藤　そうそう．

佐藤　もちろんあります．

遠藤　ということは，その手法を広告として使うということもあり得るわけですよね．

佐藤　ステマ（ステルス・マーケティング）的に，という意味でしょうか．どうかな．でも結果論ですよね，それは．というか，個人でどういうように発信しようが，広告でどういうように発信しようが，生活者は真実を勝手に話し合うわけで，それを前提に考えて，最初から設計しないといけないですね．

遠藤　電通の社内でも，その後に随分変わってきたという感じですか．

佐藤　電通は日本の他の企業と同じように，高度成長期の成功体験が強烈なのでなかなか変われない部分はありますね．やはりテレビCMがいちばん儲かるのです．テレビの枠はものすごい利益率です．テレビで何十億の単位でババババーンと儲かっていれば，ネットで何百万儲かっても全然関係ないですから．桁が違いすぎる．だから『明日の広告』という本に，テレビだけが効くわけではないよねということを書いて発表しただけでも，「広告業界を壊すのか」とテロリストのようにいわれました．でも，ずっとネットをやっている人間としては，いやいややっぱり変わるよね，テレビで押し付けるだけでは無理だよねというようなことは確信を持っていたんです．しかし，そんなことをいう人は当時は誰もいなかったですね．だから風当たりも強かった．『明日の広告』が相当ヒットしたので，業界にも少しそういう考え方が浸透した．その後にソーシャルメディアも出てきて，ようやく大きく変わった感じです．

これからやりたいこと

遠藤 いまは自分でオフィスを作ってやっていらっしゃるのですか.

佐藤 まだオフィスを持たずノマドでやってますが,そろそろオフィスを持とうと思っています.

遠藤 いまやりたいことはありますか.

佐藤 3つ4つあります.広告の観点からいうと,単にこういうのがいいよと人に勧める広告というのは,もうあまり興味がない.それよりもソーシャルメディア時代特有のコミュニケーションを考えたいですね.いまは社内キャンペーンにすごく興味があるんです.インナーキャンペーンです.インナーのミッションをみんなで共用して,みんながその会社に対してちゃんと愛情を持てるかたちに持っていって,一緒に作った商品などを個人の声として勧めていく.これからソーシャルメディアは個人の時代ですから,個人の声として盛り立てていくというような,愛情が浸み出ていくようなかたちでの,いままでの広告キャンペーンとはちょっと違うコミュニケーション構築がやりたいことのひとつです.

それと,会社を辞めたときとたまたま東日本大震災が重なったのですが,そのときに自然と突入してしまったボランティアというか,「新しい公共」的な分野ですね.僕は鳩山内閣にソーシャルメディア施策で協力したことがあったのですが,当たり前のことをいえば,世の中をよくするのは直接的には政治の問題になります.政治家になるという思いは1,000%ないんだけど,世の中をよくするために,ネットやソーシャルメディアを使って,コミュニケーションの力で政治を変えていく,みたいなことをやりたいという気持は持っています.

あと,自分で,小さくてもいいから少しずつ世の中を変えること.大きく変えるというおこがましいことはまったく思っていませんが,ちょっとしたことが変わるようなメディアとかツールとかサービスとか,そういったものを作っていきたいですね.単に何かのキャンペーンをするとかではなくて.

もうひとつ.僕の会社の名前は「ツナグ」といいます.僕はいま51歳ですが,僕ぐらいの年代で,ネットが詳しくて,マスメディアも詳しくて,両方の価値観に精通してという人はあまりいないのです.ですから上の世代の価値観と下の世代の価値観の真ん中に立って両方をつないでいけたらいいなと強く思ってます.いま,下は上を切り捨てようとしています.なるべく早く退場しろみたいに思っている.上は上で下がウザイわけですよね.でも上はいままでの日本をつくってきたし,下はこれからの日本をつくるわけなので,そこは両方の価値観がつなげられるといいなと思っています.

阪神大震災の経験

遠藤 佐藤さんは関西で阪神大震災を経験された．東日本大震災が起きた直後，阪神大震災のときのご自身の経験も発信なさっていましたよね．どういうところに注意すべきだとか．当時はどこら辺にお住まいだったのですか．

佐藤 夙川という場所です．阪神間の，神戸と大阪のあいだぐらいですね．

遠藤 そのときは何かなさったのでしょうか．先ほど，ネットに目覚めるひとつのきっかけになったというお話は聞きましたけれども，そのほかに何か活動をなさったとか．

佐藤 僕自体も被災者で，家族は東京に避難させて，自分は大阪に戻ってきてホテル住まいしてました．二重生活をしていたわけです．活動として具体的にやったのは2つあって，ひとつはCMを作りました．パナソニックがスポンサーで，ずっとお付き合いがあった黒田征太郎さんと，「神戸アゲイン」という，もう1回立ち上がろうみたいなCMを作りました．もうひとつはボランティアで，32インチのテレビを車に乗っけて，各避難所を回ってディズニー映画の上映会をした．避難所の子供たちにエンターテインメントの力が必要だろうと思ったのです．阪神大震災は1月17日に起こったので，もう春ぐらいになっていましたかね．みんな避難所へ移って，仮設に移る前ぐらい．だから，3月ぐらいですかね．子どもたちに娯楽が足りないから，避難所を回ってディズニー上映会を定期的にやっていました．

遠藤 たしかに，今回の東日本大震災でも，テレビで辛い被災映像ばかりが映されるのに対して，心を和ませるエンターテインメント番組を放送すべきだという意見もありましたね．エンターテインメントは，苛酷な状況でとても重要だと思います．

東日本大震災

遠藤 一方，東日本大震災では，企業CMが自粛になり，かわって，ACの公共広告が大量に放送されました．時間が経つにつれて，「がんばろう」みたいなCMがいろいろ創られましたが，そうした広告業界の動きについてはどうお考えですか？

佐藤 僕的には『明日へのコミュニケーション』という本にも書いたのですが，「歌う」から「動く」へ，みたいな方向転換が必要だと思っています．「イマジン」という名曲がありますが，あの歌はブッシュの戦争を止められなかったではないですか．アフガン戦争とか，そのあとのさまざまな不幸も止められなかった．要するにみんなで「イマジン」を歌ってわかり合っても，不幸は止められないと．それよりも少しでもアクションに移したほうがいいのではないかという思いが強くて．

阪神大震災のころはマスメディア時代だったので，公共広告でよかったと僕は思いますが，東日本大震災の場合は，もう何かを訴えて終わりではなくて，ちゃんと動くべきだろうと思っていました．だから，当日夜から僕は動いたのです．たとえば広告で何かのメッセージをコピーとかで伝えて，みんなが勇気づけられて，というのも否定しませんが，実際に自分で動いたらもっといいと思うのです．被災地に行ってもいいし，何かのプロジェクトをやってもいい．広告業界はコミュニケーションのプロばかり揃っているわけですから，何もやらないでどうしてんのという気は，僕はずっと思っていましたね．

遠藤　それは結構爆弾発言的ですね．

佐藤　そうですか？　そういえば，6月だったか7月だったか，震災3，4か月後にある広告系の団体から講演をしてくれと依頼されたことがありました．「震災に対して広告業界は何をやったか」みたいなことを話してほしいと．広告業界のなかですぐに動いた人間の代表として，僕に講演をしてほしいといわれました．だから，「わかりました．だけど，広告各社がすぐに何をやったのか，どう動いたのかそれをちゃんとレポートして教えてください．それを検証しつつ話したいです．それがなかったらやりません」とお返ししました．要するに僕は怒っていたわけです．コミュニケーションの専門家たちが大勢揃っているのに，すぐに動いた感じがほとんどなかった．Yahoo! や Google の方がずっと早く，ずっと大規模に動いていた．いや，広告業界でも，やっている個人はいるんですよ．でも，社として大きな動きはなかったし，動いたとしても遅かった．広告業というのはその成り立ちからして受け身で黒子なせいもあるかもしれません．仕事はクライアントの発注があって，クライアントのお金でやるものですから．でも，コミュニケーションのプロとして，もっとすぐに動くべきだった．そこに対する怒りみたいなものはありました．

　結局，その団体は講演依頼を撤回しました．要は何もやらなかったということがわかったわけです．いや，全然やらなかったわけではない．ゆっくりはやっているし，こんなことをやった，あんなことをやったという実績もあります．でも，積極的に自らすぐに行動を起こすということをやらなかった気がします．Google なん

かはその夜のうちに Person Finder を立ち上げたし，Yahoo! の動きも早かった．クライアントだって，ソフトバンクやらヤマト運輸やら，とても早かったわけです．そのなかでコミュニケーションのプロである広告会社の動きがまったく見えなかったというのは，僕はもうショックで．

遠藤　でも，先ほどおっしゃいましたように，広告会社というのはクライアントがいなければ，ビジネスだから動けないですよね．

佐藤　ですが，ヤマト運輸は別にビジネスで動いたわけではないですよ．Google もビジネスで動いたわけではない．東北にもいろいろおつきあいする業者もあるだろうし，買ってくれる生活者もいる．そういう方々といつもおつきあいしているわけじゃないですか．だから動けばいいし，動くべきだと思うんですよね．もしビジネスが大切なら，それはあとからでも生まれます．何でクライアントが動くまで動けないとなるのでしょう．

遠藤　つまり，そこでは企業もビジネス主体としてではなくて，社会的主体として動くべきなのに，広告業界はそれをしなかったというお怒りなのですね．

佐藤　しなかったとは言いません．したと思うけれども，動きは早くはなかったと思います．

遠藤　もっとできたはずだと．

佐藤　そう，コミュニケーションのプロたちがあんなにいるのであれば，もっとできることがあったのではないかとは思います．というか「クライアントが動かないと」といっていること自体が，生活者感覚ではないですよね．というようなことを，実際に動いた僕がいうと偉そうだし煙たがれるとは思いますが，でも，やっぱりできたことはいっぱいあったと思うんです．広告業界でももちろん，僕たちと一緒に動いている人で，すごく早く動いた人もいっぱいいるのですが，業界全体では見えなかったですね，動きがね．残念でした．偉そうに聞こえたらごめんなさい．でも，何かこう，もっとやりようがあったのではないかと思いますね．

個人でもアクションはできる

佐藤　たとえば僕は「助けあいジャパン」というプロジェクトを発案しました．いまは公益社団法人になって活動しています．それができたのは，みんなのおかげです．僕が作りあげたわけではないですが，言い出しっぺになったわけですね．東北にも自腹で何度も行きました．コンテンツもどこからもお金をもらわず，みんなでスキルと時間を持ち寄って作っていった．つまり，工夫すれば個人でできるわけです．できることはいっ

ぱいあると思います．組織も．

遠藤　「助けあいジャパン」には，たとえば電通さんや博報堂さんは全然関与していないのですか．

佐藤　寄付はいただいてます．電通の人間も個人で何人か入っていますね．でも，そういうのではなくて，コミュニケーションのプロたちとして，何かできたことはもっとあったのではないかなと思うだけです．批判ではないです．だって，動きたくても動けない人もいっぱいいるし，寄付金で協力することでも十分なことなので，それを批判しているのではなくて，ただコミュニケーションのプロが，情報が何も届かない被災地に対して，もっと何かできたはずだという思いは強いです．僕も阪神大震災のとき，いち被災者としてイライラしたわけです．情報がなくて．そういう経験も含めて，そのときの反省も込めて，もう少しできたのではないかと思っています．まぁ僕は当事者意識が強いからかもしれませんけどね．

遠藤　そうでしょうか．

佐藤　僕自身が阪神の被災者だったので，やはり当事者意識が強いんです．それがスピードにつながったのは否定できないと思います．

遠藤　でも，阪神大震災を経験した方はいっぱいいらっしゃる．

佐藤　阪神大震災を経験した人はたいがい関西に住んでいるので，東京にはそんなにいっぱいはいないです．でも，当日のソーシャルメディア上の当事者意識感は奇跡的なほどでした．みんなが自分事に考えて，どんどんプロジェクトができあがる．それはもう感動的なぐらい．涙が出るぐらいみんなで協力し合い話し合う世界が繰り広げられていました．それはとても素晴らしかったですね．

助けあいジャパンの立ちあげ

遠藤　助けあいジャパンの初めの一歩みたいなのはどんなふうだったのでしょう．

佐藤　初めの一歩は，モチベーション的には大きく2つあって，ひとつは，自分が元被災者だったということ．もうひとつは鳩山内閣のバックで個人的に協力していたことがあったので，そのときの人脈を生かして官と民をつなげた活動ができそうだ，と思ったことです．鳩山内閣のバックのときは，ほとんどボランティアでソーシャルメディアの施策をやっていたわけです．まさか一国の首相のバックアップ体制がこんなにお粗末というか，人数も少なく，コミュニケーション専門の人員も十分に持っていないとは思わなかったので，当時，これは何とかしないといけないと思いました．僕はノンポリなので，民主党に肩入れした，ということではなかったのですが．

遠藤　ボランティアだったんですか？　政府の仕事なのに．
佐藤　カタチ上の報酬はあったのですが，もうスズメの涙ほど．基本的にはボランティアといってもいいと思います．
遠藤　それは自分で立候補して．
佐藤　いえ，ひょんなことがきっかけです．民主党が8月30日の選挙で自民党に勝って，そのあと鳩山さんが首相になり，所信表明演説をするというときに，僕のブログを読んでくれていた松井孝治議員（当時官房副長官）に手伝ってくれといわれて，僕も演説原稿を少しだけ手伝ったのです．演説の大半は鳩山さんと松井さんと劇作家の平田オリザさんが書いたのですが，僕はそれをいかにやさしく柔らかく，聴いてわかるように書き直すかというところでコピーライティングのスキルを使ってお手伝いしました．そういうこともあって，鳩山さんも少し僕のブログを見てくれていたりして，彼が国連で演説して帰ってきてすぐに「誰か一般人とご飯を食べたい」と所望されたときに，たまたま僕が呼ばれたわけです．で，恵比寿の居酒屋でご一緒しました．

　そのときが初対面だったのですが，当時は鳩山ブームで，そんな旬な首相と一緒にいられる貴重な時間なのだから自分の言いたいことをちゃんと伝えようと思って，ご飯とはいえ，簡単なプレゼンを用意していったんですね．自民党のトップダウン政治，つまり密室で決めてトップダウンするやり方を，せっかく民主党に変わるのだから，ボトムアップなやり方に少し変えませんか，と．たとえば国民がつながって対話しているソーシャルメディアという場に，首相自ら下りてきて国民と対話を始めてください，みたいな話をしました．

　それは何のためにかというと，実は国民の政治不信や政治への無関心の払拭の試みが目的なんですね．政治家ってモンスター的に思われがちだけど，そうではなくて，切れば血が出る人間で，われわれと同じように悩んでいる．そういうことを，日々の生活とともにソーシャルメディア上の発信で知ってもらうことが，政治に対する無関心とかを払拭することにつながるのではないか，と考えたのです．そここそが今後の政治改革の本当の一歩目ではないかなと思っていたのですね．ソーシャルメディア上で国民が対話している場に首相が下りてきて，普段の自分を発信する．自分のタイムライン上に首相が毎日現れて，今日は何とかを食べたとか書いている．そういうことから政治への関心が日々のことになり，政治への参加意識も変わっていくのではないか，ボディブロウ的なことです．そういうことをその居酒屋で伝えたのです．そうしたら，鳩山さんは「すぐやろう」とおっしゃってくれました．

　で，まず僕と平田オリザさんを中心に，小山薫堂さんとか，佐々木かをりさんとかを誘い，広告界の人間も徳田祐司さんや須田和博さん，佐々木康晴さん，そしてNPOカ

タリバの今村久美さんとかにも入ってもらって,「国民と政治の距離を近づけるための民間ワーキンググループ」として発足したのです.会社とか関係なく,個人で,それもほとんどボランティアでやっていたので,政治家の方々からも信用されました.

　その政治家人脈があったので,東日本大震災が起こったときもその人脈に話にいけるなとすぐ思いました.阪神大震災のときの教訓として,情報がマッチングされていない,ということがあったんですね.こっちの避難所ではパンが足りなくて,隣の避難所ではパンが余っている.でもそれが伝わらない.で,ある避難所にパンが足りないということが全国に伝わるとパンばかりワーッと集まってしまって,パンが異常に余って,その整理で人が何十人も必要になるようなことが起こる.そんなことが水でも毛布でも起こる.一瞬を争うときにそういうことが各所で起こっていた.そういうことはネットやデジタル技術で解決できるから,東日本大震災ではネットを使ってそこを改善したほうがいいなと思った.それならできるな,と.

　だけど,民間だけでやると,情報が不正確だったり,情報の更新が難しかったり,あまり入ってこなかったりする.そういう意味で,政府や自治体と組んで情報をより正確に発信する必要がある.だから,民と官の連携が必要だと思ったのです.あくまでも民主体です.官主体でやると,普通の生活者,つまり民はそこに協力しないんですね.なので,民主体で,官が協力するというカタチがいいのではないか,と.で,「そういうサイトが必要です.もしそういうのがOKならば,どのぐらいできるかわかりませんけど,僕やりますよ」ということを震災の翌日,3月12日に,鳩山内閣当時の官房副長官であった松井孝治議員にメールを出したのです.

　メールを出すとき,送信ボタンを押す前に5分ぐらい迷いました.これを出して,松井さんが「よし,やろう」といったら,もう逃げられない.これは本当に自分でできるのかと.続けられるのかと.どうやってやるかもわからないし,誰が協力してくれるかもわからないし,もしやり始めたら,被災者がいる限りやめることができない.当時会社を辞めて独立する寸前だったので,こんなこと始めたら仕事もできず喰っていけない,とかも考えました.でも,エイヤと腹をくくりました.ネットがある程度できて,政府にルートがあって,年齢的にも50歳でまあまあ信用される年代だし,なにより被災経験者である自分がやらねば誰がやる,と.いろいろな要素を考えると僕は適任だったんですね.まぁ自分で勝手にそう思い込んで,送信ボタンを押したのです.

　そうしたら,その夜に「すぐ来てくれ」と返事が来た.で,翌日の13日の午前中に内閣まで出かけていきました.もしかしたらすぐやれという話になるかもしれないのでペーパーを何枚か書いて用意して行ったのですが,着いたら仙谷由人議員(当時官房長官)がいて,松井さんもいて,防災担当の副大臣もいて,官僚たちとともにズラッと並

んでいるわけですよ．もう大プレゼンの場になっていたわけです．エッとか焦りながら，なんとかプレゼンしたら，すぐやろうと，仙谷さんがその場で決定をした．「じゃあ，君たちと連携をする部署を作る，もしくはいま作ろうとしている部署を紹介するから」という話になって，それが辻元清美議員があとで担当になった災害ボランティア連携室だった．

ボランティア団体というのは，政府と連携するというのはあまりあり得ないのです．ボランティアはどちらかというと体制側を嫌うわけです．政府とは関係ないところで動くという，誇り高い気質みたいなのがあるのです．でも，連携し合わないと今回のような広域被害の大災害では無理なので，連携をちゃんとしましょうという組織がその災害ボランティア連携室ですね．内閣参与の湯浅誠さんを長にした組織で，首相補佐官の辻元清美議員がついた．僕はそこの組織への所属が決まって，民と官が連携することが決まったのが14日ですかね．動きは早かったです．民と官が連携するなんていう前例のないことなのに異例に早かった．でも，早いといってもそれでも3日間経っているので，人が次々と亡くなってしまっているのですが．

そのあと，ソーシャルメディアで「こんな活動をする」と表明したら，仲間たちがワーッと集まってくれました．会ったこともない人がほとんどですが，石川淳哉さんとか佐藤澄子さんとか斉藤徹くんとか，心強い仲間も揃ってくれた．で，何日も徹夜してみんなでサイトを作りあげた．いちから作るので，ものすごい大変な仕事でした．

ただ，僕は3月17日には内閣府の人たちと一緒に被災地に1回入って，いろいろと現地との連携を手探りでしだしていたのですが，そのころからだんだん「被災地では誰もネットを使っていない」とわかってくるわけですね．インフラは壊れているし，東北のおじいちゃん，おばあちゃんたちはネットも見ていないし，「あ，これ，ネット使っても無理だ」と，だんだんわかってくるわけです．あとから考えれば当たり前に思えるかもしれないけど，阪神大震災の都市型と違う，広域型災害である現実がようやくそのころ数日経ってわかってきたわけですよ．被災地でのネットのマッチングは無理だとわかってきました．

で，3月20日ぐらいに大きく方針転換して，東京とか都会の人びとに情報を発信し，彼らにボランティアに行ってもらう情報サイトにしようということになりました．被災地の情報だけでなく，ボランティアの情報を集約するセンター的な役割を担っていこうということです．その時点ではもう数百人が関与して動いてました．

そういう意味で，僕は人が集まるプラットホームを作っただけです．そこに，Twitterとかで「僕もやるよ」「私もやる！」と会ったこともない人たちが集まってきた．広告の手練れたちも，プログラマーたちも，メーカーの社員とか学生とかも集まってきた．

みんなで寄ってたかって作ってましたね．まるで Facebook 革命といわれたエジプト革命みたいな感じでした．うねるようにどんどんできあがっていく．「うわー，速い」と思いました．でも，それでも遅い．もうすでに 1 週間経っているわけです．被災地ではどんどん人が亡くなっていくわけです．でも，精一杯ですね．寝ずに全員でやって．これが助けあいジャパンの出だしです．それ以外にも 3 つぐらいプロジェクトをやっています．

遠藤 何をなさったのですか．

佐藤 3 月 11 日の夜に，フランスのブルゴーニュ地方の和食レストランの人が Twitter 上で僕に，「日本を助けたい．募金がしたい．でも，募金の箱に貼るような何かキャッチーなマークみたいなものがない．何とかなりませんか」と問い合わせてきたわけです．じゃあ何とかしようということで，石川淳哉さんとか森本千絵さんと Twitter 上でつながって，すぐ打ち合わせをして，3 月 12 日の夜にはマークができてきました．そのあと，みんながそれを Twitter のアイコンに使ったりしました．いまでも使ってくれている方は多いです．あ，講談社の雑誌の表紙にはいまでも入っているかもしれません．いろいろな雑誌の表紙に小さく入っています．Pray for Japan という森本千絵さんデザインのマークです．

あとは節電キャンペーン．これは僕がリーダーをやったのではなく一参加者として動いただけですが，わりと Twitter のフォロワーが多いので（7 万人），がんばって拡散させたりしてました．そのときに大きなメーカーの宣伝部長とかいろいろな人が Twitter 上にいたので，広告看板の消灯を訴えたわけですね．エヴァンゲリオンでのエピソードに似てるので，「ヤシマ作戦」と名付けられていました．

そのちょっとあと，仮設住宅ができてからですが，被災地の仮設住宅に絵を描きに行く活動もしました．仮設住宅って，仕方ないんですが，収容所みたいに無機質な建物が並んでるだけなんです．そこでみんなが仮住まいをする．でも，人生に仮の人生なんかなくて，そこで亡くなってしまう人もいれば，そこで小学生の大事な時期を過ごす子どももいるわけです．数年とはいえ大事な人生．それを，こんなに色がない無味乾燥な所で過ごすのはあんまりだと．しかも，同じような建物が並んでますから区別がつかなくて，たとえば 3 棟の 2 番目に住んでいる人は「3 棟の 2 さん」とか 2 ちゃんねるみたいな呼び方されているんです．生きる尊厳にかかわります．だから，各棟の壁に絵を描いて，たとえば，ここはイヌ棟，あっちはネコ棟，その横はカブトムシ棟とかわかるようにしたいし，表札もちゃんと作って個人の名前を書きたい．それが元々の発想です．で，イラストレーターの黒田征太郎さんと一緒に壁に絵を描いていったんです．そうすると無機質で街路樹もない仮設住宅団地に色がつく．絵を見回る人の動線ができる．近所に

住んでる人が絵を見に来る．そんな人の流れができました．そういう活動を数人のアーティストと何回かやり，これはいまでも続けています．いまは被災地で出たがれきの木っ端に子どもたちといっしょに絵を描いて，仮設住宅の壁にデザインして貼っていく，みたいなこともしています．もちろん放射線量を測った安全な木っ端を使ってます．

　原発についても，細野豪志原発事故担当大臣と連携して，よりわかりやすい原発事故の解説のサイトを作ったりとかしました．コンセプトは「正しく知って，正しく怖がる」．Facebook 上でわかりやすい動画を載せたりしました．これらすべてボランティア活動です．そんなこんなで1年がすぐ過ぎましたね．ちょうど電通から独立した年と重なってしまったので，もうサラリーはありません．働かないと干上がってしまいます．そろそろヤバイ，喰えない，ということで，1年過ぎたあたりから，ようやく仕事を受け始めて，いま，です．

遠藤　この対談もボランティアみたいなもので，申し訳ないのですけれども．でも，そのあいだに鳩山内閣が消えてしまい，松井さんも辞任を表明されたりして，いまはもう関与してらっしゃらないのですか．

佐藤　助けあいジャパンは内閣府と連携してましたが，いまは復興庁と連携しています．なので，復興庁の政策参与をしています．この政策参与というのは無償の肩書きで，特別にそういう役職を作ってもらったのですね．なのでこれもボランティアです．仲間たちがボランティアでやっているのに僕だけ政府から給与をもらうわけにはいきませんから．あと，政治家の方々とはまだ一部親しくさせていただいています．ご飯食べに行ったりとか．でも，別に政治家が好きなわけではなくて，松井さんがいろいろ紹介してつないでくれるのです．彼がいい政治家だと判断した人との場を設定してくれる．だからとても刺激になるいい方々と出会えています．

遠藤　何で松井さんは政治家を辞められるのでしょう．

佐藤　自分の信念として長くやる気はなかったみたいですよ．二期と決めていたとかうかがってます．いろいろな失望があったかもしれませんけどね．政治の世界，官邸とか内閣府とか毎日のように通ってちょっと垣間見させていただいたけど，ちょっとうんざりするような調整の世界なんですね．さまざまなステークホルダーの主張を調整して落としどころを作っていく妥協の作業です．もう気が遠くなるくらい大変．だから，やはり松井さんとしても，少しそういうのに疲れたとかもあったのではないですかね．わからないですけど．

遠藤　それこそ政治の世界も普通の人目線というのが必要なのかもしれないですね．

佐藤　普通の人目線も必要ですが，いま言ったとおり，政治ってある意味「妥協の作業」ではないですか．100人いたら100人意見が違うところを，どう落としどころをつけて

論を進め実行するか．いまの世の中は，その辺の「妥協」とか「調整」とかを受け入れる寛容性に欠けますよね．反対意見を持っている人が自分の立場だけからの意見を言って，「できないとは何ごとだ．政治家が悪い！」みたいなことを言いっぱなし．ソーシャルメディアで関与して動くタイプの人が出てきている一方で，自分を安全な場所において批判だけしている人もすごく多い．手軽に発信できるというネットならではの特徴も助長している部分はありますが，思考停止の人も増えている気がします．そういう意味で，普通の人目線だけではちょっと難しくなっていますよね．

　衆愚か，独裁か，みたいな，わりと極端な振れ幅になりそうな予感がしますが，どうなるのでしょうね．でも，僕自身は関与をやめる気はありません．政治家をする気は1,000％ありませんが，コミュニケーションで何かを解決できることがあるのであれば，関与し続けたいと思っています．

遠藤　衆愚と独裁では，どっちへ行っても駄目ではないですか．

佐藤　でも，いまそのあいだの良いバランスのところに落ちる気がちょっとしないですね．原発やがれき処理への反応を見ていると，何か白か黒かみたいな発想が強まっている気がします．放射能の場合，みんながエキセントリックになって，感情が入ってしまうのでしょうがないのですが．

政府のコミュニケーション

佐藤　ただ，思うのは，鳩山内閣をお手伝いしたときもちょっとびっくりしましたが，政府内のコミュニケーション戦略チームがお粗末すぎますね．

遠藤　いま，ないのですか．

佐藤　内閣広報室はありますよ．何十人かが働いていますが，あれはチェック機能で，メディア対応などを扱ってます．コミュニケーション戦略を立てるみたいなことはやっていないと思います．首相がぶら下がり取材で言ったことなどに後手後手で対応するという印象が強いです．

　たとえばオバマなんかは，コミュニケーション戦略チームを200人から250人持っていて，毎朝，5時に集まって戦略を立てるわけです[1]．今日はこんなことを言おう，国務省とこういう連携をとって，大統領は今日はスピーチで笑ってはいけない，ネクタイはクールな色でいこうとか，そういうのを全部コミュニケーション戦略チームが考えているそうです．それは演出ではなくて，この情報洪水時代に国民にわかりにくいことをわかりやすく，より伝わるようにするためにはどうするかという「戦略」なんですね．

　でも，日本の首相は非常に気の毒なことに，そういうチームがおらず，個人で対応し

ているんです．ぶら下がり取材とかでも，もうそのときの個人の反射神経でやっているわけです．だから，鳩山さんなんかはぶれると言われた．あれだってちゃんとコミュニケーション戦略をしていれば，ぶれて見えなかったかもしれない．野田さんだって，たとえば消費税増税にしても，原発再稼働問題にしても，いろいろな選択肢があったうえで彼がどのように考えてこの結論に至ったのかということが，わかりやすくちゃんと伝わっていれば，国民の反応も全然違うわけですよね．過程も理由もわからないから，みんな責めるし，不安に思う．

　要するにコミュニケーションになっていないのです．それがものすごく大きい気がするんです．だから，コミュニケーションで解決できることはまだまだある．ちゃんとわかりやすく国民に伝えれば，もっとわかりあえる．そう思います．

　マスメディアがそういう役割を担った時代もありました．その時代は，ほかに情報を得る手段がなかったからマスメディアをみんな信じてましたしね．だから，新聞とかテレビの意向によって世論が作られていました．偏向報道もあったけど，国民が信じやすかったのでコミュニケーションはそれなりにできていたわけです．いまはネットというボトムアップのメディアが出て，新聞やテレビだけでは世論が作りにくい時代になってきたので，もっとネットをちゃんと使って，コミュニケーションを作っていかないと伝わらない．それなのに政府がコミュニケーション全体の戦略を考えるチームも持っていない．あの震災のときもたった数人しかいなかったですよ．ネットで国民に災害の現状を伝えたりするチームですらそんな人数です．

遠藤　何でそういうことになってしまうのですか．

佐藤　人数を増やすと「またそんなところに税金を使ってる」と野党に突っ込まれたりとか，いろいろあるみたいですね．

遠藤　突っ込みそうな人がいるのはわかりますけどね．でも，鳩山さんのときにはボランティアだったかもしれないけれども，そういうチームを作ろうという気運はちょっとあったのですね．

佐藤　鳩山さんは「何と言われようがそういうのはやろう」と言っていました．でも，そのときも真っ正面から反対した人が何人もいましたよ．「そんな素人を官邸に入れて，コミュニケーションを任せるなんて何ごとだ．そんなことやってる場合じゃない」とか．「大体ソーシャルメディアとかによって，問題が起きたらどうするんだ．誰が責任とるんだ」みたいな．素人は責任をとれない．それはそうでしょうね．僕たちチームは最終的に責任はとれない．だから「どうするんだ」と，さんざん言われました．でも，鳩山さんが「いや，新しいことをやるときは，どっちにしろ波風立ったり，失敗も起こる．何言われようといいからやろう」と言ってくれて，始まったわけです．

普天間問題で彼が失脚しなければ，閣議の Ustream 中継とか記者クラブのオープン化など，われわれも着々とコミュニケーション改革のスケジュールを立てていたのです．それをやるのが良かったか悪かったかは別です．本当にそんなオープンにしていいのかと，いろいろ意見はありますが，1回コミュニケーション革命っぽいのは起こした方が良かった．でも，チームを作って5か月後に鳩山さんが辞任してしまったので成せなかった．しょうがないです．

遠藤 菅さんは，どうしてやらないのですか．

佐藤 菅さんには，こういうのを引き続きやりませんか，と鳩山さんのルートからお伝えしたんです．でも「いや，僕はIT原始人だから」と断られたそうです．それだけ．野田さんに至っては，話も届かないですね．ルート自体がなくなってしまった感じです．実は菅さんには，震災のあと，義援金をくださった世界の国々に感謝広告をしようと，自主プレゼンに行ったのです．そして新聞広告を世界何十カ国かに出しました．それはオッケーしてやってくれました．

遠藤 菅さんから国際社会への発信が少ないと，私は当初から書いていたのですけれども，そうか，佐藤さんがやってくださっていたとは知りませんでした．

佐藤 いえいえ，新聞広告を1個作っただけです．

遠藤 でも，それが重要ですよね．

佐藤 震災直後の4月1日に，松井さんに電話したのです．「義援金をくださった国々に対して感謝広告を出したほうがいいんじゃないですか」って．「たとえば震災1か月にあたる4月11日に各国の新聞に出したらどうでしょう」って．それでまた松井さんがすぐ来てと言ってくれて，その夜，アートディレクターの徳田祐司さんに協力してもらって徹夜で新聞広告原稿のカンプ作って持って行きました．松井さん，仙谷さん，そして鈴木寛さんの前でプレゼンをしたら，「じゃあ，これ菅さんに上げてみる」と言ってくれました．菅さんからは真っ赤に直されて返ってきたのですが，それでもぎりぎり出せましたね．出すことに意味があったので出せて良かったです．

遠藤 先ほど独裁かポピュリズムかみたいな話も，そこにコミュニケーションが成立していれば，第三の方向というのが出てくるのですが，そこでコミュニケーションルートがめちゃくちゃというか，断絶してしまっているようでは，悪い方向にしか行きようがなくなってしまうと思うのですね．

佐藤 国民に伝えたいことがちゃんと伝わっていなくて，みんなが感情に任せていろいろな発信をしてしまい，しかもそれらの発言に左右されてしまう政治家が多くなるという悪循環の向こう側には，先ほど言った衆愚的な状況が広がっていくと思います．それではいけないということで，より強いリーダーシップ待望論も現れますよね．そうする

と今後は独裁に近くなっていくという悪循環．まぁそんな単純ではないでしょうが，振れ幅が大きくて，真ん中がない感じになるのを怖れています．だから，真ん中を作るためにも，少なくとも理性的な国民に届くコミュニケーション戦略が必要だと僕は思います．理性的で関与するタイプの国民はたくさんいます．彼らにちゃんと伝えるべきことが伝わるコミュニケーション施策が必要です．彼らを味方にする，もしくは真っ当な批判をしてもらう．それが重要だと思います．

　日本はもともと民度はすごく高い．だから闇雲に強いリーダーシップとか求めなくても，ほかに道はある気がする．

遠藤　私がやっている世論調査でも，本当に多くの人が「強いリーダーシップ」を求めています．

佐藤　誰かに決めてほしいわけですね．面倒くさいから．自分で考えずにすむし．

遠藤　誰かが悪いと言っておけば，楽ちんですからね．

佐藤　レッテルを貼っておけば楽ちんです．「あいつは何派」とか「あいつが全部悪い」とか言っていちいち引きずり下ろしてればいいんです．何やっても揚げ足とられて引きずり下ろされる．首相も次々代わります．どんなリーダーが出てきても，引きずり下ろす．それでは何にも変わりません．強いリーダー待望論はやめた方がいいと思います．

遠藤　そのとおりです．

震災直後の災害ユートピア

遠藤　一方，助けあいジャパンの立ち上がりのときは，まさに災害ユートピアみたいな現象が現れたわけですよね．

佐藤　ソーシャルメディア上でですけどね．ユートピアというのは少し違うと思いますが，みんなが奇跡のように動いたのはたしか．エジプト革命もかくありなんって動き方でした．

遠藤　いまでもちゃんとやっている方は，やっているわけですよね．

佐藤　みんな動いていますよ．原発の問題にしても，反対賛成は別にして，動く人は動いていて，ソーシャルメディアができて，「自分事」になったことについて積極的に動く人は大きく増えましたね．

遠藤　だとしたら，そんなポピュリズムか独裁かというふうにならなくてもすむのではないかと思うのですが，何が欠けているとお考えですか．

佐藤　動く人たちに政府からの情報がちゃんと伝わっていない．実は情報はずいぶん出ているんです．でも，たとえば官庁のサイトなんか，すごい奥のほうにあったりしてす

ごくわかりにくい．PDF使ってるから検索に引っかからないことも含めてね．そうやって情報にたどり着きにくいものだから，その情報自体を隠しているとか官僚や政府が操作しているとか思っている人も多い．だからたとえ正しい情報を出したとしても信頼感がない．不信感しかない．そして，その情報自体もどう見たらいいのか，とてもわかりにくい．とくに原発問題とかは「怖い」という感情が先に立ちますから，わかりにくいだけでパニックになります．とにかく「政府はけしからん」となる．悪いスパイラルですね．もっとやり方がほかにあると思うのです．情報の出し方ひとつとってもずいぶん変えられる．ちゃんと正しい情報が必要な場所に伝わっていなければ，感情とデマに流されてポピュリズムになる可能性も増えます．動く人が悪い方向に動いて衆愚政治になる．

遠藤 そこら辺の状況に関して，現状のマスメディアについてはどうお考えですか．

佐藤 ネット上でのマスメディアの信頼感はがた落ちになっているので．

遠藤 たしかにひどいですね．

佐藤 まあ，いまでも50代，60代のマスメディアに対する信頼感は，高いんですよね．でも，20，30，40代のマスメディアの信頼感はものすごい落ちているので，どうするのですかね．

遠藤 どうするんですかね．

佐藤 ジャーナリズムになっていないんですよね．ただ，昔にくらべて，たとえば右寄りの産経から左寄りの朝日新聞までわりと主張がグラデーションになっているんだ，みたいなことはみんなが気がついてきたので，それはよかったかもしれませんね．

遠藤 もうちょっとみんながマスメディアからの情報も客観的に相対化して見られるようになれば，その方がよいのかもしれませんね．

オープンガバメントについて

佐藤 そういう意味でいうと，オープンガバメントというか，ガバメント 2.0 みたいにローデータ（生データ）を解釈なしにちゃんと出して，それを解釈するのは民間でも政府でも対等で，という，そういう情報開示やデータ開示をちゃんとやることが前提になります．そのうえで各新聞の解釈があったり，国民の解釈があったりすればいい．

遠藤 そうですね．ただ，一方で，現状ではオープンガバメントのサイトが非常にわかりにくい．ずいぶん改善されてきてはいるけれど，ユーザインターフェイスがまだまだ普通の人には扱いづらいという問題があります．また一方では，既存のマスメディアのなかには，そういうふうに政府が直接データを出すことに関して危機感を持っていらっ

しゃる方も結構いるみたいですね．

佐藤 どうして，危機感を持つのですか．

遠藤 私の意見ではないですよ．ただ，そういう方の意見では，政府が一次情報を出すことで，一般の人にはその情報を読み取る力がないため，政府による情報操作の危険がある，ということです．また，政府の権力を監視する従来のジャーナリズムの役割がないがしろにされてしまう恐れもあると．

佐藤 その意味がわからないですね．ローデータがあると，学者とか，オピニオンリーダーとか，もしくは企業とかがそのデータを解釈できますよね．そして政府も「そのローデータからわれわれはこういう解釈をしました」と国民に明らかにすることができる．それがなぜ洗脳になるのですか．

遠藤 すごく端的に言えば，現状でのマスメディアの役割というのがなくなってしまうのではないかというマスメディア側の危機感の表明かもしれませんね．

佐藤 マスメディアの役割というのは何だろうか．

遠藤 これまで，一次情報を手に入れられるのはマスメディアだけでした．結局マスメディアは一次情報の媒体であることで，大きなアドバンテージを得ていたわけですよね．

佐藤 それが諸悪の根源なんだと思います．一次情報は全員が共有すべきもので，それをどう解釈するかが「ジャーナリズム」でしょう．そうですよね．

遠藤 私はそう思いますけれどね．

佐藤 僕もそう思うんです．だから，とくに政府や官庁が出す一次情報はちゃんと国民全員で共有すべきものです．だって税金で調べているんですから，当たり前ですよね．

遠藤 そうなんです．

佐藤 それは全員が共有すべきことで，それを政府はこう解釈して政策を立てます，と．それに対して，真正面から批評，批判，進路変更すべきだという提案，そういったものをするのがジャーナリズムであって，一次情報を独占しているのはジャーナリズムでもなんでもありませんよね．というか，それは諸悪の根源ですよ．僕はそう思いますけれど．

遠藤 記者クラブもそういう考え方の現れだと思いますけれど．

佐藤 でも，それでは，マスメディアの都合のいい方向に発表できちゃいますよね．マスメディアは決してローデータは発表しない．自分たちの解釈に都合のいいように切り貼りして出す．最悪ですよね．それはオープンガバメントから一番遠いところにある．それをジャーナリズムと呼んでいるということであれば，滅びろと言うしかないですね．

遠藤　言っちゃいましたね（笑）.

佐藤　今回の原発事故では，細野環境大臣に，がれき処理についてのローデータの発表を提案しました．そしてがれき処理情報データサイトというサイトを作ったのです．環境省は日々がれきの状況をモニタリングしているわけですが，そのデータを開示するというだけのサイトです．素材を徹底的に並べるんです．八百屋と一緒ですよね．素材を並べる．料理はしない．つまり解釈をしない．たぶんまだ日本では珍しいタイプのサイトです．オープンガバメント的なものなんですけれど，その素材を使って，安全なのか安全ではないのかを，ちゃんとマスメディアが解釈して発信してほしいと思います．

遠藤　助けあいジャパンなどは震災関連に特化していますけれども，政府の情報をわりにわかりやすく配置してくださっているように見える．

佐藤　そうですね．政府から発信される情報が本当にわかりにくかったので，電通のプロのコピーライター 5 人のグループが，毎日政府省庁のサイトを見て，毎日更新情報を読んで，そのなかからわれわれに役立つ重要な情報をピックアップして載せるというのを，毎日ボランティアでやってくれてたんですよ．もう 1 年半．毎日ずっと．

遠藤　大変ですよね．

佐藤　凄まじいことです．政府の情報を民間がわかりやすく書き直して毎日伝えるなんて，いままでなかったと思います．それが助けあいジャパンの 1 コーナー．電通とかで仕事しながら，夜ボランティアで毎日毎日ですからね，本当に頭下がりますよ．

遠藤　それはもうボランティアでやってくださるのはすごくありがたいんですけれど，ただ，ボランティアでいつまでできるのかというのは．

佐藤　本当はマネタイズした方がいいんですけれどね．

助けあいジャパンのこれから

遠藤　やはりそこら辺，資金の手当てみたいなファンドを，どうにかすべきだというのがひとつ問題だと思います．また，助けあいジャパンをもっと活用することも考えるべきではないでしょうか．震災問題が現在より注目されていたときはもっとあちこちで取り上げられていた気がするんですけれども．

佐藤　まあ，震災から 1 年半経って，ほかにもう，ああいうふうに総合的に情報を集め

て続けているサイトはどんどんなくなっていったので．

遠藤 ええ，だと思うんですけれど．だから，助けあいジャパンをもっとみんなが使えばいいのにと思うんですけれども．

佐藤 もう関心が，震災に対しても，ボランティアに対してもすっかり低くなってしまいました．政治についても，もう原発問題のほうに意識がいっちゃっているし，被災地におけるボランティアの数も少なくなっている．そうした流れを大きく変えるのは，どうやったって無理じゃないですかね．関心は離れていくもんです．それが健全なことなんです．ただ，僕が阪神大震災の被災者として思うのは，ずっと覚えていてくれる人がいるというのは，いちばん勇気になるんですね．だから，助けあいジャパンは10年後でもずっと続ける．それをわれわれは目指していますね．

遠藤 助けあいジャパンは，情報の出し方に関して，すごくいろいろな分野にヒントになるサイトだと思うのです．

佐藤 ちょっとサイトが巨大になりすぎてしまった部分はありますけどね．でも，必ず評価されるときがくると思っています．また，次の震災も必ず来るわけで，いまは「備え」のコンテンツを増やすこともやっています．

遠藤 うれしくないことを言わないでほしいな．

佐藤 必ず来るでしょう．必ず来る．南海トラフも含めて必ず来ると思うので，備えが必要です．今回は3月11日から立上げまで1週間ぐらいかかってしまったので，もっと素早く立ち上げられるように準備を進めつつあります．まあ，今日来ちゃうと無理ですけれどね．みんな本業を持ったままボランティアでやっているんで，動きはちょっと遅い．そのうえ，人もずいぶん集まらなくなりました．やっぱり関心が相当落ちたという実感です．

遠藤 ソーシャルメディアの関心がそのときどきの空気で左右されるという話だとちょっとつまらないですね．

佐藤 ソーシャルメディアは人と人のつながりでできているので，世間の空気に大きく左右されますよ．ただ，毎日毎日われわれが発信していることが，それぞれのタイムラインに流れてくるというのは，いままでとは全然違うと思うのです．ソーシャルメディア登場以前よりは，格段に「自分事」になりやすい．それがRTとかいいね！で広がっていく．この構造はとても価値があると思います．必ず一定数は当事者意識を持ち続けてくれるんです．マスメディアしかなかった時代とは全然違うと思います．

遠藤 蓄積が次第に力になるということですか．

佐藤 当事者意識を常にチョコチョコ刺激し続けてくれるメディアだとは思います．僕も日々刺激されています．いろんな友人が昨日福島に行ったとか，先週仙台に行ったと

か流れてくる．そうすると，ああ，僕もやらなくちゃとまた思うし．それはソーシャルメディアがあったからこそです．あるからこそです．

私たちの情報環境の今後

遠藤 アメリカなどでは，既存の新聞社やテレビ局が，どんどんソーシャルメディアを使いこなして自分自身が変わっている．マスメディア自体がどんどんソーシャルメディアと融合して変わってきているというように見えるのですが，日本でもそういう方向に進むと思いますか？

佐藤 それはまだまだだと思います．というか，まず新聞に関しては発行部数が日本の場合は異常に多いですね．50代60代に相当食い込んでいて，そこに対して影響を与えられていれば世論が操作できる部分がある．政治にも影響を与えられる．新聞はそういう意味でいうと，まだまだ影響力があります．ネット世代で新聞読んでる人は相当減っていますが，まだまだ世間に影響力があります．

それと日本の新聞は宅配じゃないですか．これも世界の特殊例で，個人への販売収入のほうが広告収入よりも全然多いわけですよね．他国の新聞の収入源は広告のほうが多い．この宅配は老人がいる限り減りにくいので，日本の新聞はこのままのパーセンテージで落ちていっても，30年から40年は持つといわれています．30年は長いですからね．そういう意味でいうと，新聞は変化に対応できなくてもアメリカみたいに急に死に瀕することはなく，体質も変わりにくいのではないかなと思います．

遠藤 日本の既存の新聞体制のなかからも，現実感覚を持って変化しようとする人たちが出てきてよいのではないか，実際にもそういう人たちはいると思うのですが．

佐藤 いますね．でもいま言ったように，体質が変わりにくい部分はあるかと思っています．それに，いま僕は「新聞って便利」って思ってるんですよ．僕自身，いまソーシャルメディアで，友人のフィルターを通った情報やニュースをまずは見る．それにプラスして，新聞というパッケージメディアで社会的に優先順位がつけられた情報を摂取すると，なんだか抜けがないというか，バランスがいいんですね．だから，逆に僕のなかで新聞が便利になってきているのです．友人からきた情報プラス，パッケージメディアでパッと確認するみたいな．こんな使い方は，ソーシャルメディアが

普及すればするほど，みんな意外と気がつくような気がしています．一方的に上から目線な，いまみたいな新聞の発信のままでは困ります．でも，現在の経営陣が引退して，30代40代の記者たちが中心になったとき，新聞って逆に地方紙を中心に，もう1回伸びてくるのではないかという気も少ししているのです．

遠藤 今回の震災でも地方紙は随分頑張りましたからね．

佐藤 地方紙は逆にチャンスですね．全国紙は危ないと思うけれど地方紙はチャンス．地方紙は，たとえば高知だったら高知という地域のローカルなソーシャルグラフ，いわゆる友人，知人の人脈と記者たちがつながっているわけじゃないですか．高知に住んでいる人たちは，自分の友人の友人ぐらいにはもう高知新聞の人がいて，つながりを持っている．しかも地域の身近なニュースというのはキラーコンテンツです．東京や大阪に住んでいる高知出身の人たちとのつながりまで考えると，地方紙は強いですね．全国紙は逆に広すぎてそういう絆がない．そこが致命的になっていくかもしれません．

遠藤 そこら辺が結構おもしろいなと思っているのですが，今後はね．

佐藤 ここ10年ぐらいでしょうね，その変化が起こるとすれば．

遠藤 ええ．

佐藤 でも，新聞社自身にはほとんど危機感ないですけれどね，言うほど．

ソーシャルメディアと稼ぎと勤め

遠藤 もう1点おうかがいしたいのは，ソーシャルメディアで活躍する方たちの収入源の問題です．いまソーシャルメディアで情報を発信したり，社会的なコミュニケーションに力を尽くしてくださっている方たちは，かなりの部分ボランティアでやっていらっしゃいますね．それは貴重な尊いことなのだけれども，ボランティアだけでは全体を担うには大変荷が重すぎるということがあるかなとも思います．だとすると，どういうふうにファンディングしていく可能性があるのだろうと考えるのですが．その辺は実際に動いていらっしゃる立場として，いかがですか．

佐藤 ブログを書くのもボランティア，という意味ですか．

遠藤 まあ，そうでしょう．

佐藤 ボランティアで世の中に情報発信をする．

遠藤 情報を発信するというのは，すべてジャーナリズムの一種といえますよね．そのなかにはボランティアジャーナリズムもある．それは素晴らしいことです．マスメディアもかつてはボランタリーな性格が強かった．それが産業化するにつれて，いろいろな問題が生じてきた，とハバーマスという社会学者は言っています．しかし，今後，世の

中のジャーナリズム全部をボランティア的なかたちで担うことは，現実的なんだろうか．

佐藤 お金的にはそうですね．ただ，江戸時代に，たとえば「稼ぎ」と「勤め」みたいな概念があるではないですか．稼ぎは仕事ですよね．勤めというのは町内会のことだったり，家の前を掃くとか，あとは誰かの面倒をみるとか，そういう公共的な貢献のこと．大人の義務みたいなことです．鳩山内閣が提唱した「新しい公共」みたいなことです．で，僕は勤めをマネタイズする必要はないと思うのです．マネタイズした時点で稼ぎになり，モチベーションも意義も変わってきます．そういう意味では，ブログは大きくいうと勤めです．もちろんマネタイズしようとする人はいますよ．それは勤めで家の前を掃除する人がいるのと同じように，プロの掃除人がいるようなもの．そうでないと継続できなかったりという場合もあると思うのですが，大人数が勤めで関与する社会，が僕は可能だと思うのです．

　だって，トヨタ自動車でも社員はたかだか何万人，何十万人ぐらいでしょう．要するに日本トップの稼ぎ団体でも何十万人どまりだけど，勤めでみんなが関与すると，それこそ何百万人とかもあり得るわけです．なんでもお金，というより，社会にそれぞれが少しずつ勤めとして関与するのはとても大切です．理想論っぽく聞こえてしまうかもしれませんが．

　助けあいジャパンも「稼ぎ」は目指してますよ．2012年の4月から公益社団法人になって，有給専任の人を雇っています．要するにお金を稼ぎながら，活動していく体制に移ってきたのです．そこにはファンディングも必要だし，事業も必要なのですが，勤めで参加する人がたくさんいるという状況とも両立したい．何百人いるボランティアの人が動いてくれないと回りません．

遠藤 それでも，やはり専任の方にはお金の手当てをしなくてはいけないわけですよね．

佐藤 アメリカでNPO団体が就職人気ランキングの1位になりました．AppleとかGoogleとかを抑えて1位になっているわけです．日本もそういう流れがちょっとあって，学生などでNPOとか公益社団法人などに，すごく給料が少なくても入ってくれるような人が出てきている．たとえば学習院大学で学生たちに教えていても，ホリエモンがもてはやされた時代には，起業して上場して売り抜けてリッチになってやるみたいな学生が多かったですが，いまは本当にいないです．いまはみんな社会の役に立ちたいといっていて，何かお金よりも社会に貢献するとかという方向にいっている人が多いような気がします，空気として．

　マネタイズはもちろん大事なんだけど，時代的に随分変わってきている．そして，そ

ういう場所に人が集まってくるということは，そこにビジネスが必ず生まれるので，マネタイズできてくる方向に動くとは思います．東日本大震災の2011年は寄付元年といわれていますよね．阪神大震災がボランティア元年で，今回が寄付元年．そういう寄付文化がようやく日本でも普及しはじめたきっかけのいまが，変わり目なのではないですかね．まだ流れは緩やかでささやかですが．

まとめサイトの重要性

遠藤 最後に何か，言い足りないことがあればお願いします．

佐藤 最近，NAVERのようなまとめサイトにこれからのジャーナリズムのヒントがあると思っています．まとめサイトは，すごい過去のことからいまのものまでバーッとまとめてあって，すごくわかりやすい．流れもわかるし傾向もわかる．まさに間メディアです．そういうことを新聞のようなパッケージメディアはしてきていないですよね．

たぶん新聞とかテレビとかは，新しいニュースを扱う分，ファストメディアと自分たちを位置づけていると思うのですが，実はスローメディアだと思うのです．ネットの普及でネットがファストメディアの位置にとっちゃいましたから，いままで生活者本位に情報をわかりやすくまとめてゆっくり出すのは雑誌や新書がやったりしてきたわけですが，雑誌や新書はいまやもうスロースローメディアになっていて，さすがに情報が遅すぎる．一方，新聞などはファストからスローに移ってきている．だったら新聞はスローメディアとして，いままで雑誌がやってきたような的確な「まとめ」をすればいいのではないかと．

そうなってくると，ネットの速報性プラスソーシャルメディアによる友人のフィルタリングがまずあって，そこにスローメディアとしての新聞・テレビ，スロースローメディアとしてもっと深く踏み込んだ雑誌・新書．そんな感じで情報の摂取体系ができあがるととてもありがたいなと思うんですね．とくに新聞はなるべく早くファストメディア意識から離れたほうがいいのではないかと思いますね．いまのように一次情報っぽいのをポンと出すだけではもう存在価値がないです．個人の記者の分析と意見が入って，しかもそれがまとめサイト的に俯瞰できたりすると，とても意味がありますし，便利です．それこそがこれからのジャーナリズムになり得るのではないかと思います．いまはちょっと中途半端な気がしますね．

遠藤 ありがとうございました．

現代社会の間メディア化のなかで，〈ジャーナリズム〉も単に事実を伝えるというだけでなく，社会の人びとと共に対話し，行動していくものに変わりつつあるように思い

ます．また，間メディア社会では誰もが〈ジャーナリスト〉の時代でもあります．〈ジャーナリスト〉のプロシューマー化がどのように公共性を発展させていくのか，今後も考えていきたいと思います．

　　付記：本対談は，2012年9月7日に収録されたものである．

第 IV 部

グローバル世界の
ジャーナリズム変容

第10章

The Daily Show with Jon Stewart と米国 TV ジャーナリズム

今岡 梨衣子

1. はじめに

　米国の TV ジャーナリズムは，歴史のさまざまな変動を国民に伝えてきた．とくに，米国三大ネットワーク（全国放送局）である American Broadcasting Companies（通称 ABC），Columbia Broadcasting System（通称 CBS），National Broadcasting Company（通称 NBC）やそのアンカーたちは，さまざまな権力に対する監視役として社会に影響を与えてきた．また，これらの放送局に Cable News Network（通称 CNN）を加えて，米国四大ネットワークとも呼ばれ，今日では米国の主要メディアである．しかし，近年，これらの放送局に対する視聴数と信頼度の低下が見られる．
　今日，このような TV 報道に対し，新たなジャーナリズムの流れが生まれつつある．たとえば，ブログ形式のニュースサイト『Politico』や『Huffington Post』などである．なかでも，TV 報道に警鐘を鳴らし，注目を集める TV 番組がある．それは，風刺コメディー番組『The Daily Show with Jon Stewart』である．
　本稿では，この番組に着目し，米国ジャーナリズムの変化のメカニズムを論じる．

2. The Daily Show with Jon Stewart と CNBC 批判

　『The Daily Show with Jon Stewart（略称 TDS）』は，1999 年から Comedy Central に

て放送されている，風刺コメディー番組である．月曜日から木曜日（変則）の深夜23時から30分間放映され，番組のセットや放映内容の構成が，主要メディアのニュース番組を模しているため，「フェイク・ニュース」とも呼ばれる．メディアの報道を素材とし，主に公権力（大統領や議員・政党，裁判官など）や経済的・社会的な出来事を風刺する．「アンカー」（司会）兼 Executive Producer を務めるのは，コメディアンのジョン・スチュアート（Jon Stewart）である．TDS では「プロのジャーナリストは採用しないこと」「公権力へのアクセスは持たないこと」が明言されている[1]．TDS は自らをあくまでもコメディー番組と位置づけ，TV 報道の世界において，メジャーな存在である既存メディアとは一線を画している．

それにもかかわらず，TDS やスチュアートへの注目は高まっている．たとえば，スチュアートは 2005 年の「世界で最も影響力のある 100 人」[2]に選ばれ[3]，TDS も "The 100 Best TV Shows of All-TIME"（2007 年）[4]に，The CBS Evening News with Walter Cronkite や，「TV ドキュメンタリー番組の祖」（Brooks and Marsh［1979］2007: 1213）と称される See It Now（CBS）とともに選ばれている[5,6]．14 回の Emmy 賞の受賞（2001-2010 年）[7]はさることながら，メディア界で「最高の栄誉」とされる Peabody 賞[8,9]を 2 度受賞している．加えて，220 人以上の TV 専門ジャーナリストによる The Television Critics Association からは，2004 年の「Outstanding Achievement in News & Information」に選ばれている[10]．この賞は過去に，テッド・コッペル（Ted Koppel）が 25 年間司会を続け，現在も放映される報道ドキュメンタリー番組 Nightline（ABC）[11]や，公共放送の Public Broadcasting Service（通称 PBS）において 1983 年から今日まで続く，調査報道の長寿番組 Frontline[12] が受賞している．

「フェイク・ニュース」を伝えるスチュアートであるが，2004 年 10 月 15 日，22 年間続く CNN の討論番組 Crossfire にゲスト出演したことがある．この際，スチュアートは，Crossfire は国民ではなく政治家や企業を助け，「国民を傷つけている」，そして，Crossfire を含め TV 報道はショー化しており，これでは政党支持のジャーナリズムとなってしまっている，と力説した．加えて，メディアには「公開討論」への責任があるが，まったく果たされていないとも語った[13]．この放送への反響は大きく，Crossfire の 9 月平均視聴が 61.5 万人であったのに対し，86.7 万人以上の視聴があった．67 万人以上が動画サイト iFilm（現 Spike.com）において，この放送の動画をダウンロード，無数の BBS やブログが動画やトランスクリプト（発言の記録）へのリンクをはった，と報じられた[14]．翌 2005 年には Crossfire の打ち切りが発表され，CNN/US の社長ジョナサン・クライン（Jonathan Klain）は，スチュアートを支持した[15]．

2009 年，このような背景のもと起こったのが，スチュアートによる CNBC 批判であ

る．CNBC は，米国三大ネットワークのひとつである NBC により，1989 年に創設された，経済ニュース専門チャンネルである．1992 年に全米 50％の家庭で視聴されるようになり[16]，2000 年頃から番組視聴率で CNN を抜き始めた[17]．このような成功の原因は，視聴者がリアルタイムで株式市場に参加できる番組を作ったこと，番組にはアナリストだけでなく，企業経営者（CEO）自ら登場し業績を説明することである，と nikkei BPnet（2000）において CNBC 社長（2000 年当時）は語っている．加えて，CNBC の目指すものは，株式市場の情報を誰でもが得られるようにすることだ，とも発言している．つまり，CNBC は，CEO からの生の情報，情報の民主化といった〈理念〉のもと登場したのである．

　The Daily Show with Jon Stewart は，2009 年 3 月 4 日から 1 週間の放送分において，このような CNBC を痛烈に批判した．2008，2009 年の株価暴落を受け，CNBC が放映した経済予測・株価予測（2007-2008 年）や 2008-2009 年の金融危機の解説に現実との乖離があったからだ．そして，CNBC は真実を知る一方で視聴者には異なる情報を伝えている，という CNBC の二枚舌を指摘した．とくに，スチュアートは株取引情報番組 Mad Money（CNBC）のホスト，ジム・クレイマー（Jim Cramer）に言及した．スチュアートの CNBC 批判は，他メディアでも報じられ，次第に話題となり，3 月 12 日の TDS にクレイマーのゲスト出演が決定すると，これを大手メディアが報道した．全国紙『USA Today』でも報道され[18]，スチュアートとクレイマーの対談は，視聴者が 230 万人を数えた[19]．対談でスチュアートは，自身の論拠を論理的に提示しつつ CNBC の矛盾を明確に示した．このようなスチュアートに対し，経済評論家のクレイマーは的確な回答をできずにいた．

　対談放映後，ABC の The World News with Charles Gibson では，The Washington Post 紙の Media writer，ハワード・カーツ（Howard Kurtz）が，「一人のコメディアンが，一国の大手ネットワークに恥をかかせるという，TV メディアにおいて，きわめてまれな出来事であった」とコメントした[20]．The New York Times（2009）では，ネット上の反響がまとめられている．そこでは「ネット空間では全会一致でスチュアートの勝ち」と報じられている．雑誌『the Atlantic』のジェームズ・ファローズ（James Fallows）がスチュアートを「新たなエドワード R. マロー（Edward R. Murrow）」と言い表わしていることや，ブログ Balkinization 主催者で Yale Law School 教授であるジャック・バルキン（Jack Balkin）が，スチュアートは素晴らしいジャーナリズムを実践していると評価したことにも，The New York Times（2009）は言及している．また，ブログ形式のニュースサイト Huffington Post でも，TDS への感嘆の声や，「メディアは TDS ／スチュアートを見習うべき」といった意見が多く寄せられた．つまり，本来はジャーナリ

ズムの象徴である「権力監視機能」(〈ジャーナリズムの理念〉) を，人びとはコメディー番組である TDS に見たのである．

以上をまとめると，フェイク・ニュースを発信するコメディー番組は，証拠の提示という〈ジャーナリズムの理念〉と結びつき，主張の正当性を得て人びとから受け入れられた．また，それと同時に，TDS の CNBC 批判を通して，〈ジャーナリズムの理念〉は，CNBC の掲げた CEO からの生の情報，情報の民主化から，権力監視機能へと変容したのである．

そこで本稿では，TV 報道の世界においてマイナーな存在であるコメディー番組の TDS が，メジャーな主要メディアに対抗する，という逆説的な事例を対象とする．具体的には，TDS の放送内容と，ニュースサイト Huffington Post へ寄せられたコメントを分析する．そして，それらの分析を通し，フェイク・ニュースの TDS が，〈ジャーナリズムの理念〉と結びつくと同時に，TDS の CNBC 批判を通して〈ジャーナリズムの理念〉が変容するという再帰的な動きを明らかにする．

動的な変動を捉える三層モラルコンフリクト・モデルを分析の枠組みとして，〈ジャーナリズムの理念〉の動きをおさえたい．ただし，本稿では，TV ジャーナリズムの範囲を，主に米国四大ネットワークに限定する．また，とくに記述のない場合，翻訳・トランスクリプトは著者によるものである．

3. 米国四大ネットワークの現状

既述したように，米国の TV 報道は，歴史のさまざまな変動を国民に伝えてきた．とくに，米国四大ネットワークである ABC，CBS，NBC，CNN やそのアンカーたちは，国民から信頼を得て，社会に影響を与えてきた．たとえば，The CBS Evening News のアンカーであったウォルター・クロンカイト (Walter Cronkite) は，しばしば「アメリカの良心」(CBS 2009：Para.4) と呼ばれ，約 20 年間アンカーを務めた．ABC の看板報道番組 The World News Tonight のアンカーを 20 年間続けたピーター・ジェニングズ (Peter Jennings) が 2005 年に亡くなると，その年の Person of the Year (『TIME』)[21] に選ばれた．2014 年現在も NBC のイブニングニュース番組 The Nightly News でアンカーを務めるブライアン・ウィリアムズ (Brian Williams) は，雑誌『TIME』による「世界で最も影響力のある 100 人」(2007 年)[22] に選ばれている．このように，米国の TV 報道のアンカーたちは，国民の信頼と支持を得つつ，米国 TV ジャーナリズムの一翼を担ってきたのである．しかし今日，このような状況は変わりつつある．

Pew Research Center for the People & the Press によると，米国におけるニュース視

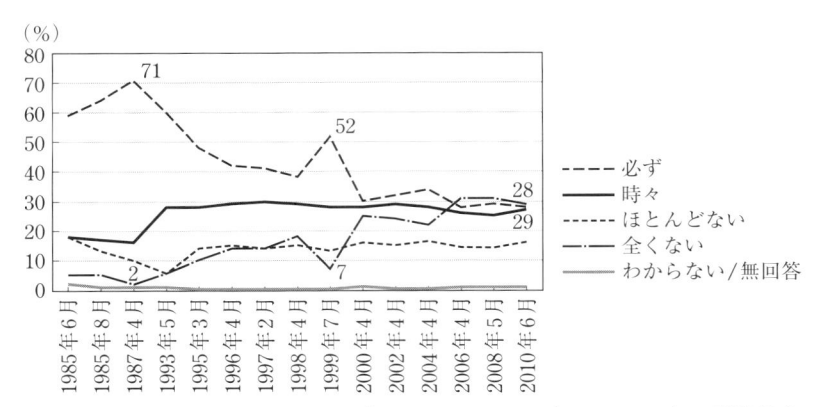

図 10-1 ネットワーク・ニュース（ABC/CBS/NBC の夜のニュース）の視聴頻度（1985-2010 年）[23]

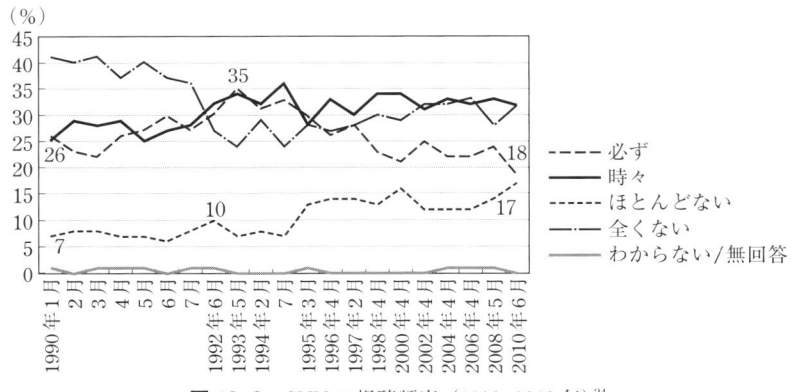

図 10-2 CNN の視聴頻度（1990-2010 年）[24]

聴は減りつつある．図 10-1，10-2 によると，三大ネットワークの夜のニュースを「必ず」見る人は，1987 年 4 月の調査では 71％ であるのに対し，1999 年 7 月には 52％，2010 年 6 月には 28％ と低下し，「全く」見ない人（29％）を下回っている．また，CNN を「必ず」見る人の割合も 1993 年 5 月のピーク時（35％）にくらべ，2010 年 6 月には 18％ と落ち込んでいる．1990 年から 2010 年の 20 年間で，CNN を「時々」見ると答えた人は 30％ 前後を推移しているが，「ほとんど見ない」と答える人の割合が 10％ 増加している．今日，人びとはニュースをあまり見ない傾向にある．

また，放送局やアンカーに対する信頼度も減少しつつある．図 10-3，10-4，10-5，

3. 米国四大ネットワークの現状　195

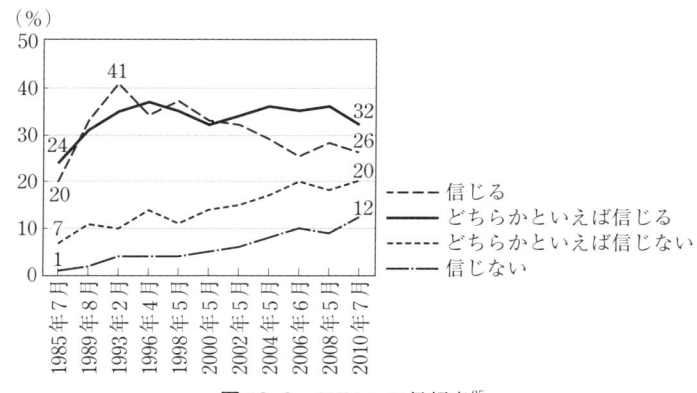

図 10-3　CNN への信頼度[25]

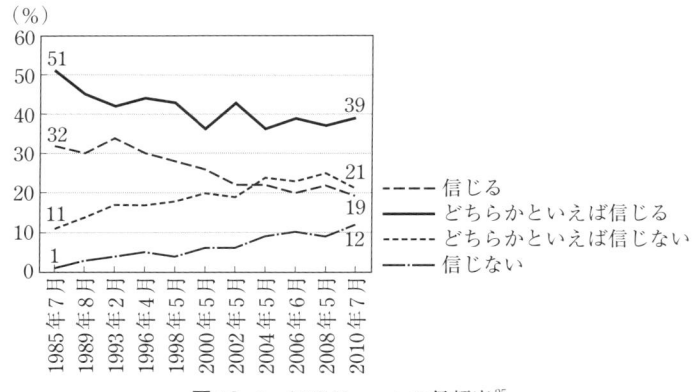

図 10-4　ABC News への信頼度[25]

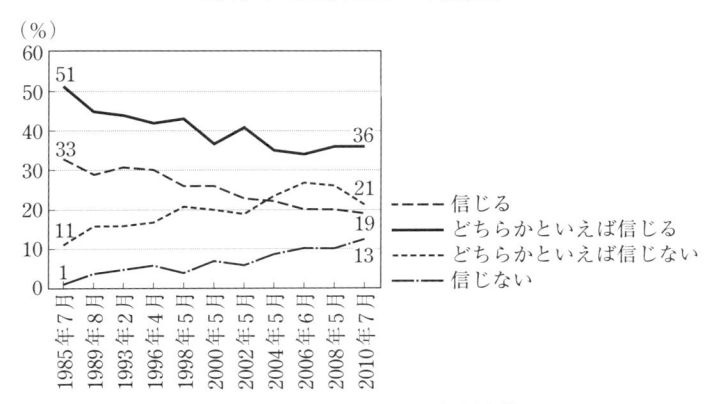

図 10-5　CBS News への信頼度[25]

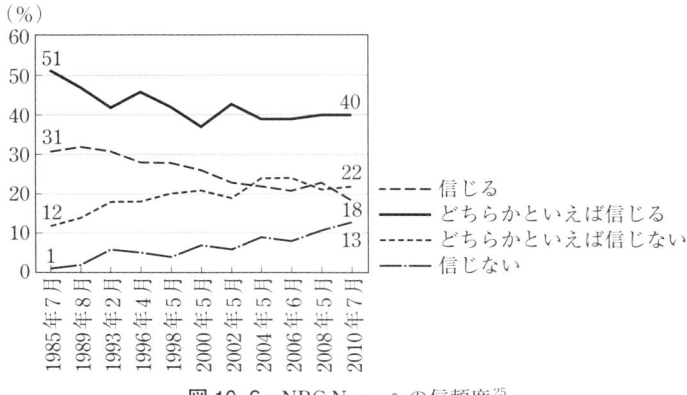

図10-6 NBC Newsへの信頼度[25]

10-6によると，1985年7月の調査では，三大ネットワークのニュースを「信じる」「どちらかといえば信じる」と答えた人の割合は，いずれの放送局も約80％ある．しかし，2010年7月の調査では，約55％まで落ち込んでいる．「信じない」と答えた人は，1985年7月にはCNNを含めいずれの放送局も1％しかなかったが，2010年7月の調査では，10％以上に増加している．また，図10-7，10-8，10-9は，いずれも夜のニュースを担当したアンカーについての信頼度を示したものである．前述したピーター・ジェニングズはABCでThe World News Tonightのアンカーを20年間，ダン・ラザー（Dan Rather）はCBSでThe CBS Evening Newsを24年間，トム・ブローコー（Tom Brokaw）はNBCでThe Nightly Newsを21年間担当した．1985年と2002年の調査をくらべると，「信じる」「どちらかといえば信じる」と答えた人の割合は，ブローコーが若干増加しているのに対し，ジェニングズは4％，ラザーは10％の減少が見られる．また，いずれのアンカーに対しても，「どちらかといえば信じない」「信じない」と答えた人が約10％増えている．1980年代にくらべ，近年の視聴者は放送局とアンカーに対して，多少なりとも不信を抱いている．

4. TDSの動向

では，番組開始から約15年のThe Daily Show with Jon Stewartはどうか．2009年7月，「アメリカの良心」と呼ばれたクロンカイトが亡くなった．この際，『TIME』のウェブサイトでは，「ポスト・アメリカの良心」として，「次の"最も信頼のおけるニュースキャスターは？"」というオンライン投票が行われた．そこには，既述したブライアン・ウィ

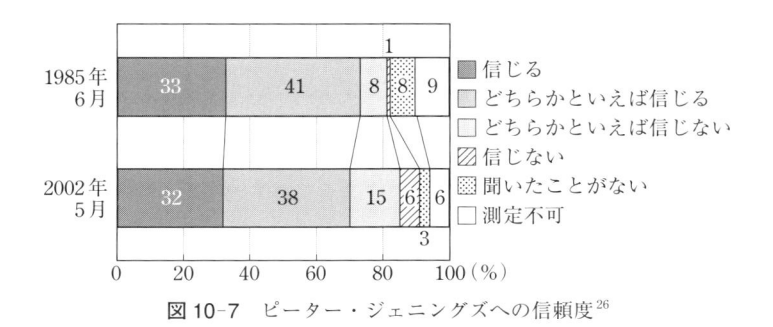

図10-7 ピーター・ジェニングズへの信頼度[26]

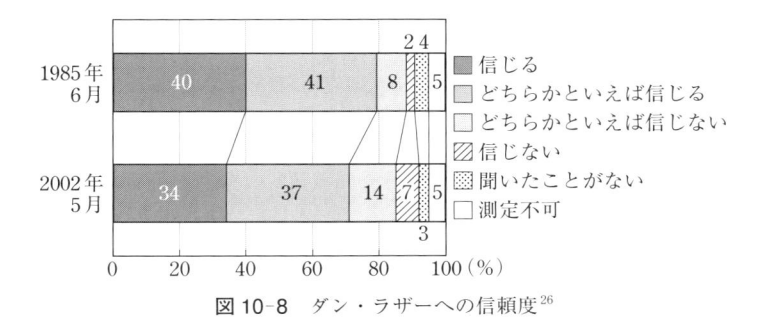

図10-8 ダン・ラザーへの信頼度[26]

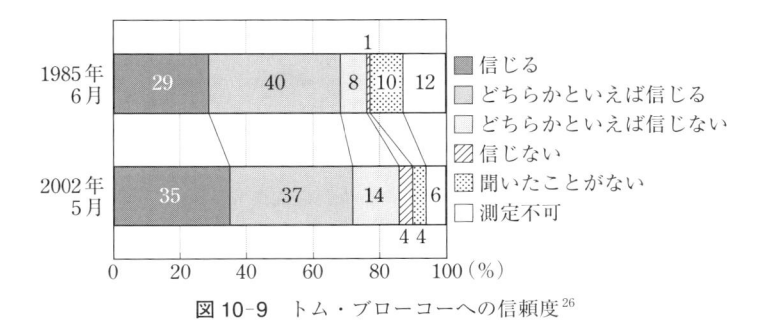

図10-9 トム・ブローコーへの信頼度[26]

リアムズ（NBC）や，2006年から The CBS Evening News のアンカーとなったケイティー・クーリック（Katie Couric），The World News（ABC）のアンカー，チャーリー・ギブソン（Charlie Gibson）の名が挙がった．しかし，総投票数9,411のうち，44％の得票で1位となったのは，TDSのジョン・スチュアートであった（図10-10参照）．

また，TDSの視聴頻度はどうか．TDSは2010年現在で放映開始から約10年経つが，

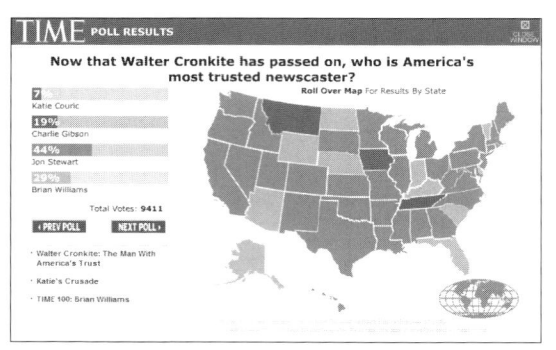

注：この調査は科学的なものではなく，投票意思のある人の意見のみを反映したものである．

図 10-10 TIME.com におけるオンライン投票――"最も信頼のおけるニュースキャスター"（出典：Time Inc[27]）

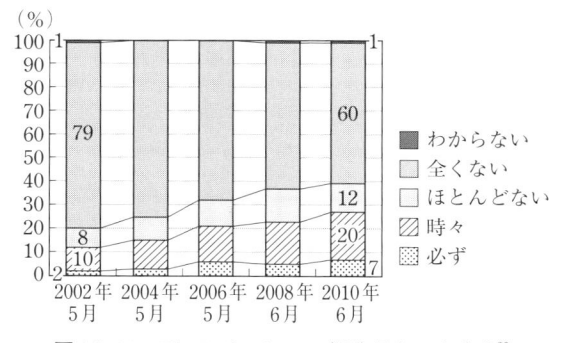

図 10-11 The Daily Show の視聴頻度：時系列[28]

60％の人が「全く見ない」と答える．だが一方で，「時々見る」「必ず見る」人の割合は，2002年からの8年間で15％増えている（図10-11）．また，2010年現在の視聴頻度を年齢別にみると（図10-12），18-29歳の40％，30-49歳の30％が「時々見る」「必ず見る」と答えている．とくに，18-24歳はその44％が，25-29歳は35％の人がTDSを「時々見る」「必ず見る」のである（図10-13）．また，18-29歳の視聴頻度を時系列でグラフに表したのが図10-14である．18-29歳の視聴者は，「時々見る」「必ず見る」割合が，2006年の35％から2010年には40％と，4年間で5％増加している．TDSは，近年その視聴者を増やし，とくに若者に人気があり，支持を集めている．たしかに，「全く見ない」視聴者もいまだ多いが，人びとの主要メディアのニュース視聴が減少するな

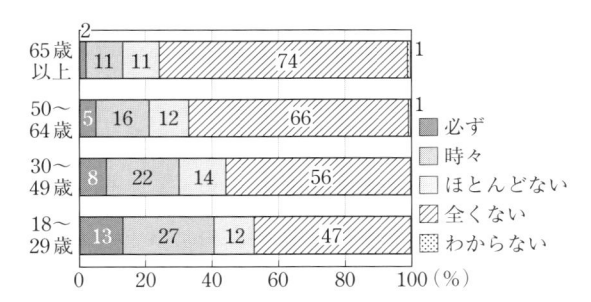

図 10-12　The Daily Show の視聴頻度：全年齢別（2010 年）[28]

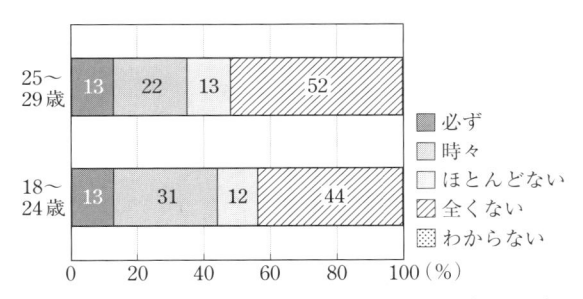

図 10-13　The Daily Show の視聴頻度：18-29 歳までの年齢別（2010 年）[28]

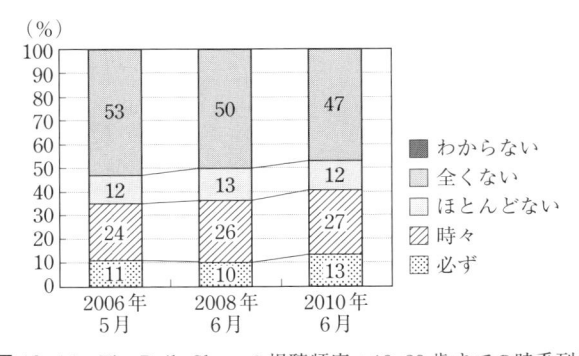

図 10-14　The Daily Show の視聴頻度：18-29 歳までの時系列[28]

か，TDS は，視聴者を増やしており，とくに 20-30 代の若年層の視聴者が多い．TDS はフェイク・ニュースを伝えるコメディー番組でありながら，社会における存在感を増しているのである．

　以上のように，主要メディアである四大ネットワークの視聴数と信頼度は，近年，低

下しつつある．その一方で，コメディー番組の TDS の視聴者数は増加傾向にあり，スチュアートは「最も信頼のおけるニュースキャスター」として認識されるまでになった．このような状況を背景に，TDS による CNBC 批判は発生したのだが，ジャーナリズムやその理念に対する議論はこれまでも行われてきた．そこで次節では，これ以前に議論された米国ジャーナリズムに対する批判や理念の捉え方を整理する．

5. 米国ジャーナリズムの特性と理念

　米国のジャーナリズムには，その特性ともいうべき宿命がある．それは，言論の自由と経済活動の自由の実践である．この二つは，米国建国の理念であり，とくに，言論の自由（アメリカ合衆国憲法修正第 1 条）は，「デモクラシーの維持・発展に欠かせないものと見なされてきた」（小田編 2004: 790）．つまり，メディアとしての米国ジャーナリズムは，企業として営利を求めなくてはならない一方で，言論の自由を具現化して公共的な役割を果たさなくてはならないのである．これは「ともすれば二律背反するこれらの目標を，バランスを取りながら実現しなくてはならない」（小田編 2004: 790-1）ということを意味し，二つの理念のあいだで揺らぐことも米国ジャーナリズムの宿命である．それにもかかわらず，ジャーナリズムの理念は，固定的な「理念」として捉えられてきた．

　1922 年，非営利団体の米国新聞編集者協会（The American Society of Newspaper Editors，通称 ASNE）が創設されると，翌 1923 年，倫理綱領である「ジャーナリズム規範集」を採択した．別府（2006）の全訳を参考にすると，この倫理綱領は，責任，新聞の自由，独立性，誠実さ・真実性・正確さ，公平性，公明正大さ，品性（別府 2006: 15-7）の 7 条からなる．1975 年に Statement of Principles[29] として書き換えられ，1923 年の綱領よりも軽量化されている．ASNE がその正式名称から "paper" を取り（2009 年），「The American Society of News Editors」となった今日でも，Statement of Principles は継承され，「ジャーナリズムの理念」として掲げられている．

　だが，言論の自由と経済活動の自由の実践は性質上困難であり，ゆえにジャーナリズムに向けての批判は絶えない．別府（2006）の整理によると，1960 年代には客観性や公平性に関する議論が深まったことや，1980 年代からはメディア産業（経営者）への批判が高まったことが挙げられる．これは，1950 年代に登場した TV ジャーナリズムも例外ではない．たとえば，MacNeil（1968=1970）は，メディアが放送免許と経営を気にかけ，政府に弱腰になる姿を指摘した．また，メディアが企業として，経営に偏向することへの批判も，Bagdikian（1983=1985）によって行われている．

このような状況への危機感から，ジャーナリズムのあるべき姿の調査が，Committee of Concerned Journalists[30]（通称 CCJ）によって進められている．CCJ は，「ジャーナリストや大衆を対象に，ジャーナリズムはいかにあるべきかについて，慎重な調査をおこなうことを決定し」（Kovach and Rosenstiel 2001 = 2002: 5），1997 年に調査を開始した．具体的には，2 年で 21 回のフォーラム[31]を開き，300 人以上のジャーナリストから証言を得たり，ジャーナリストを対象に，彼らの持つ原則について，2 度の調査[32]を行ったりしている．また，世論の調査機関である The Pew Research Center for the People & the Press[33] のプロジェクトである The Pew Research Center's Project for Excellence in Journalism[34]（通称 PEJ）とともに，約 12 のニュース報道を内容分析し，ジャーナリストの歴史も調査している．CCJ は足掛け 3 年にわたり，「市民やジャーナリストからの意見聴取，私たち［CCJ］の実証的研究」（［　］内は筆者が加筆）（Kovach and Rosenstiel 2001 = 2002: 5）を行い，「アメリカにおけるジャーナリズムの進化の歴史に関する文献研究によって生まれたジャーナリズムについての理論や文化」（Kovach and Rosenstiel 2001 = 2002: 5-6）を研究・調査した．これらの調査から得られた結果は，書籍『ジャーナリズムの原則』にまとめられ，「ジャーナリズムの原則」が 10 の要素として提示された．そのひとつであるジャーナリズムの目的について，以下のように記している．

　　それらの第一は，ジャーナリズムの目的は人びとが自由であり自ら統治するうえで必要な情報を提供することである．（Kovach and Rosenstiel 2001 = 2002: 6）

そして，この目的を達成するための，九つの原則を以下のように列挙している．

1. ジャーナリズムの第一の責務は真実である．
2. ジャーナリズムは第一に市民に忠実であるべきである．
3. ジャーナリズムの真髄は検証の規律である．
4. ジャーナリズムに従事する者はその対象からの独立を維持しなければならない．
5. ジャーナリズムは独立した権力監視役として機能すべきである．
6. ジャーナリズムは大衆の批判および譲歩を討論する公開の場を提供しなければならない．
7. ジャーナリズムは重大なことをおもしろく関連性のあるものとするよう努力しなければならない．

8. ジャーナリズムは，ニュースの包括性および均衡を保たなくてはならない．
9. ジャーナリズムに従事する者は自らの良心を実践することを許されるべきである．（Kovach and Rosenstiel 2001 = 2002: 6-7）

「ジャーナリズムの原則」は，既存の批判や議論を包括的にふまえ，導き出されたものである．しかし，ここでもジャーナリズムのあるべき姿（理念）は，動的に変容する存在としての〈理念〉ではなく，固定的な存在としての「理念」として捉えられているのである．

6. 米国ジャーナリズムの変容──1950-80年代

　前記のように，既存の議論においてジャーナリズムの理念は，「理念」として固定的に捉えられてきた．しかしながら，以下で示すように，ジャーナリズムの理念は，動的に変容する〈理念〉なのである．以下では，TVジャーナリズムとその理念を，1950年代から1980年代まで追い，ジャーナリズムの変容を捉える．そして，その動きを確認するため，本稿分析の枠組みである三層モラルコンフリクト・モデルで読み解く．

1950年代：エドワード・R・マローの〈ジャーナリズムの理念〉

　米国三大ネットワークもCNNも，登場した当初はTDSのようにマイナーな存在であった．1930年当時，主要メディアはラジオであり，Kierstead（2011）によると，NBCは1926年に，CBSは1927年にラジオ局として開局した．TV局として認可されたのは，ともに1941年であった．また，Noyes（2011）によると，ABCはNBCの一部を前身として1943年に誕生した[35]．当時，TVは「Golden Age of Television」（Blanchard ed. 1998: 240）と呼ばれ，番組は娯楽性の高いものが多かった．大ヒットTVドラマI Love Lucy（CBS）が始まったのもこの時代であり[36]，TVは娯楽のためと考えられていた．のちに，TVジャーナリズムの礎を築くエドワードR.マローも，当時は著名なラジオ記者（CBS）であった．マローと彼のアシスタントの歴史を追ったCloud and Olson（1996 = 1999）では，彼らのTVに対する懐疑心が記されている．

　このようなTVジャーナリズムが，初めて〈ジャーナリズムの理念〉を提示した事例がある．それは，マローによる赤狩り批判である．1950年代，米ソ冷戦が激化しつつあり，その影響で共産党員や関係者を取り締まる，いわゆる「赤狩り」が頻繁に行われていた．TV業界も例外ではなく，その緊迫した様子をFriendly（1967 = 2006）が述べている．赤狩りは，ジョセフ・マッカーシー（Joseph McCarthy）上院議員主導により

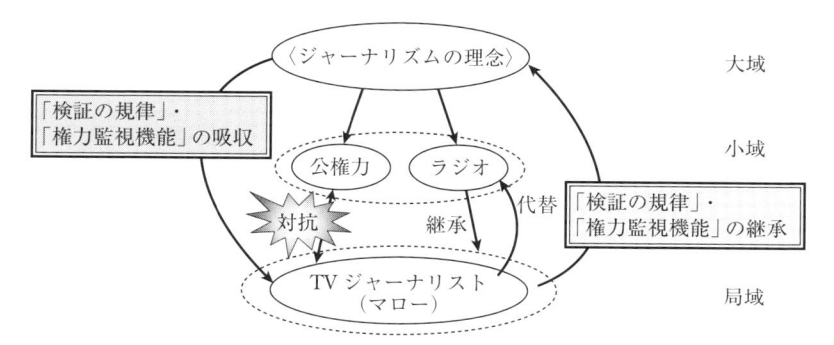

図 10-15 三層モラルコンフリクト・モデルでみる，マローの赤狩り批判

行われていたが，その取り締まりは徐々に過激なものになっていた．これを告発したのが，マローであった．マローは自身司会の報道ドキュメンタリー番組 See It Now（CBS）の 1953 年 10 月 20 日放送分において，マッカーシーを批判した．そこでは，綿密な取材と調査にもとづいた調査レポートが行われ，赤狩りの理不尽さや行きすぎが明確となった．そして，1954 年 3 月 9 日，この番組へマッカーシー本人が弁明のため登場した．一連の放送への反響は大きく，その主な意見がマロー支持であったと，See It Now プロデューサーは Friendly（1967 = 2006）にて述べている．つまり，当時はマイナーな存在であった TV 報道が，メジャーな存在である議会・議員を非難したのである（図 10-15 参照）．当時，TV メディアは「オルトエリート」として作動したといえる．

まとめると，マローの赤狩り批判は，証拠の提示を行い赤狩りの矛盾をついた．そして，議会・議員という権力の行きすぎを指摘した．これは，「ジャーナリズムの原則」第 3 項「検証の規律」と，第 5 項「権力監視機能」に相当し，マローは TV ジャーナリズムでも，「検証の規律」と「権力監視機能」の実践が可能であると証明した．これが，TV ジャーナリズムのあるべき姿〈ジャーナリズムの理念〉を提示した初めての事例であった．

1960 年代：TV ジャーナリズムの躍進

上記の経過を経て，1960 年代，三大ネットワークは，自らもメジャーな存在に変容する．

1960 年代，The CBS Evening News アンカー，クロンカイトの発言が，ジョンソン大統領に影響するまでとなる．これは，ベトナム戦争に対する反戦意見をクロンカイトが 1968 年 2 月 27 日の The CBS Evening News で述べたことによる．クロンカイトの手記

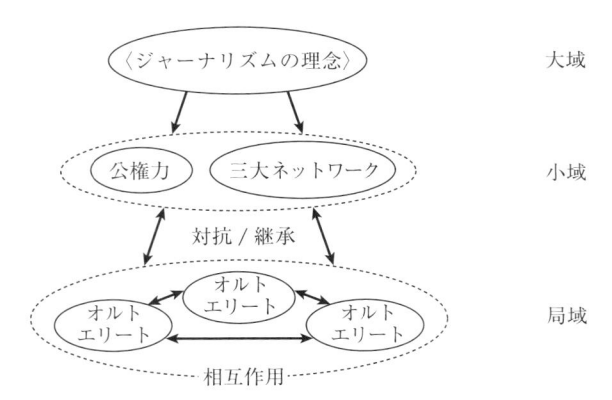

図 10-16 三層モラルコンフリクト・モデルでみる，1960-1970 年代のメディア

(Cronkite 1996＝1999：327) によると，この放送を観たジョンソン大統領が「クロンカイトを失ったということは，アメリカの主流を失ったも同然だ」と述べたとある．この結果，大統領は再出馬を断念した．

つまり，1950 年代にマイナーな存在であった三大ネットワークは，1960 年代になるとメジャーな存在となり，大統領にも影響を及ぼすような「権力」となったのである．この状況は 1970 年代もかわらず，三層モラルコンフリクト・モデルで捉えると，図 10-16 のようになる．

1980 年代：CNN の〈ジャーナリズムの理念〉

TV は，1960-1970 年代にかけて大きく発展し，三大ネットワークはメディア産業としても大きな成長を遂げていた．商業主義への傾倒は，もはや 1958 年 Radio-Television News Directors Association and Foundation（通称 RTNDA）の大会におけるスピーチ[37] で，マローによって指摘されている．それにもかかわらず，1980 年代，一大産業となった三大ネットワークは，熾烈な視聴率競争を繰り広げた．この様子は Goldberg and Goldberg（1990＝1991）が記しており，夜のニュースをめぐる視聴率の微妙な推移を見ることができる．このような状況下に登場したのが，ニュース専門チャンネル CNN であった．

CNN は，1980 年に開局したニュース専門のケーブル TV ネットワークである．当初，CNN の頭文字から「Chicken Noodle Network」と揶揄されるほどマイナーな存在であった．これは当時，ケーブルチャンネルがまだ珍しく，CNN が議会や議員などの権力へのアクセスを持っていなかったからである．Whittemore（1990＝1991）によると，当時，

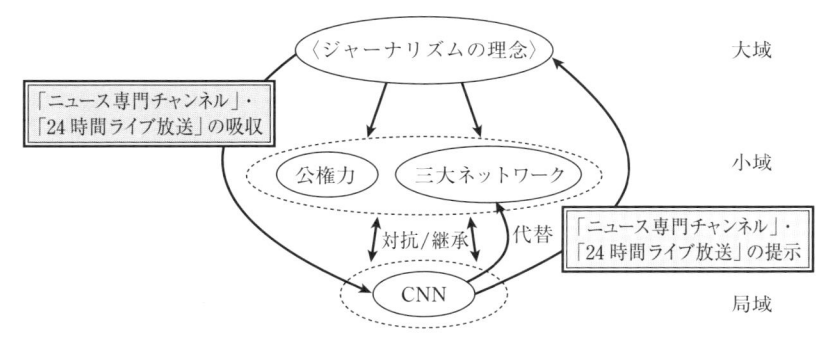

図10-17　三層モラルコンフリクト・モデルでみる，CNNの登場

　政府関係の取材には，「プール制度」という仕組みが適用されていた．三大ネットワークが持ち回りで取材を行い，その素材を共有する，というシステムであった．これに対しCNNは，1981年レーガン大統領暗殺未遂のスクープをきっかけに，三大ネットワークへの抗議を展開する．この結果，1982年以降，CNNもプール制度へと組み込まれる．だが，Brooks and Marsh（［1979］2007）やWhittemore（1990＝1991）が記すように，周囲からの扱いは厳しく，いまだマイナーなTV局のままであった．
　CNNは一貫して，視聴者のためのニュース専門チャンネル・24時間ライブ放送という理念を掲げた．その結果，1985年のTWA航空機ハイジャック事件の生放送や，1986年スペースシャトル，チャレンジャー号大事故のスクープを経て，視聴者からの支持を得た．これは，24時間ニュースのみを流すCNNにしかできない偉業であったからだ．また，1987年には，レーガン大統領が，記者会見に「"四大ネットワークを全部"呼ぶようにと命令した」（Whittemore 1990＝1991: 265）という．
　つまり，CNNは当初マイナーな存在として登場したが，新たな理念で支持を得て，メジャーな存在となった．この時代には，CNNが「オルトエリート」となった（図10-17参照）．
　以上で，1950年代から1980年代までのTVジャーナリズムの歴史と，理念を追った．マローもCNNも当初はマイナーな存在であり，オルトエリートであったということが明らかになった．また，マローの赤狩り批判で提示された〈ジャーナリズムの理念〉とCNNが提示した〈ジャーナリズムの理念〉は異なるものであった．つまり，〈ジャーナリズムの理念〉は動的に変容するものであるのだ．
　ここまで，近年，主要メディアである四大ネットワークの信頼度・視聴数の低下と，TDSの興隆を見た．そしてその動態をマクロな視点から見るために，1950年代から

1980年代までの米国ジャーナリズムの実状を，三層モラルコンフリクト・モデルで整理した．その結果，動的に変動するのは，マイナーな文化やメジャーな文化だけではなく，大域文化（〈ジャーナリズムの理念〉）も変容することが説明された．

以下では，三層モラルコンフリクト・モデルを使い，TDS の CNBC 批判が，社会に受け入れられるという逆説的な現象を分析する．そして，大域文化である〈ジャーナリズムの理念〉がマイナーな存在である TDS に見られることを明らかにする．同時に，TDS による CNBC 批判によって〈ジャーナリズムの理念〉が変容する，という動きも示す．

7. TDS の米国ジャーナリズムにおける今日的位置づけ

米国ジャーナリズムと TDS を，三層モラルコンフリクト・モデルで捉えると，図10-18のようになる．これをもとに考察を行う．

The Daily Show with Jon Stewart にみる〈ジャーナリズムの理念〉

本稿では紙数の都合上明示しないが，筆者は，TDS ／スチュアートによる CNBC 批判の内容分析（スチュアートとクレイマーとの対談を含む）を行った．これによると，スチュアートは TDS において，調査にもとづき資料や画像を集め，これを証拠とし，問題点の提示や真実の解明を行っている．たとえば，動画「CNBC Financial Advice」では，CNBC の分析では「経済が上向き」と報じる一方，Dow ポイント数が下落する軌跡を提示した．加えて，経営危機が指摘される一方，CNBC に出演した CEO たちが「状況

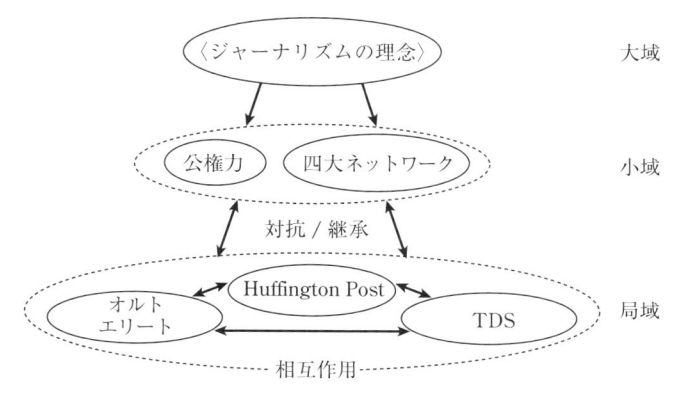

図 10-18 三層モラルコンフリクト・モデルでみる，TDS と米国ジャーナリズム

は良好」とコメントする様子を示し，経営危機を率直に明言する経営者など存在しないことをスチュアートは指摘する．動画「In Cramer We Trust」においては，Cremer の過去の発言を追い，全く正当性のない主張がなされていることを明確にした．

このように，TDS は証拠を示すことで，問題点の提示や真実の解明を行った．まさに，本稿で指摘した「ジャーナリズムの原則」第 3 項「検証の規律」である．これはマローの赤狩り批判の際も出現した理念である．つまり，TDS はひそかに〈ジャーナリズムの理念〉を継承しつつ，そこへ正当性をおいているのである．ここに「フェイク・ニュース」の TDS に〈ジャーナリズムの理念〉を見ることができる．

Huffington Post のコメントにみる〈ジャーナリズムの理念〉

前記の CNBC 批判に対し，定期的に議論の展開する場所があった．ニュースサイト Huffington Post である．

Huffington Post は，2005 年に創設されたブログ形式のニュースサイトである．The Encyclopedia Britannica（2010）によると，保守的な立場をとる The Drudge Report に対し，リベラルな対抗勢力として登場した．政治家のジョン・ケリー（John Kerry）やジャーナリストのビル・モイヤーズ（Bill Moyers）からの寄稿もあり，ブログの著者は政治家や研究者，著名人と幅広い．TDS 同様，近年注目を集めており，最も優秀なウェブサイトに贈られる「The Webby Awards」を Political Blog 部門で 2 度（2006，2008 年）受賞し，一般のネットユーザーが選ぶ「The People's Voice」も，同部門で 3 度（2008，2009，2010 年）受賞している[38]．2009 年には，Politics 部門の "The Webby Awards" を受賞，News 部門にノミネートされている[39,40]．TDS 同様，Huffington Post も "新たなジャーナリズム" として，近年注目を集めている．ここでは，このような Huffington Post に寄せられたコメント分析の結果をもとに考察を行う．

CNBC は経済ニュース専門チャンネルとして，主に二つの理念を掲げて登場した．それは，CEO からの生の情報，情報の民主化（株式市場の情報を誰でもが得られるようにすること）であった．この理念への問題を提起し，批判をしたのが，TDS／スチュアートであった．CEO からの生の情報に関し，上述した動画「CNBC Financial Advice」において，CEO から情報を得ることへの問題点が示され，クレイマーとの対談においても，スチュアートはその危うさについて言及している．同対談においては，情報の民主化に関し，スチュアートによって疑問が投げかけられている．スチュアートは，「マーケットは実際二つ存在するのではないか」，CNBC はこの仕組みを知っていながら，知らないふりをしているのではないか，との持論を展開し，問題の告発を行う．

このような TDS の姿勢に対し，Huffington Post にはコメントが寄せられた．動画

「CNBC Financial Advice」に関しては，これぞ調査レポートであり，素晴らしいジャーナリズムの実践であるとの意見があった．また，スチュアートに関し，「米国で最も優れたジャーナリストの一人」「スチュアートこそが，真実を語ることを恐れない人」とのコメントがあった．スチュアートのことを「宮廷道化師」と表現し，「宮廷道化師が権力に対して真実を語る」との意見もあった．対談に対応する Huffington Post のコメントには，スチュアートをマローに重ねて評価する意見や，これこそジャーナリズムのあるべき姿とする意見があった．また，スチュアートや TDS がメディアの「監視役」であるとのコメントや，前記同様，「宮廷道化師が権力に対して真実を語る」といったコメントも見られた．とくにこの対談に対しては，「ジャーナリズムは TDS／スチュアートのようにあるべき」と感じる人が多かったことになる．

以上をまとめると，「フェイク・ニュース」である TDS は，大手メディアの抱える矛盾や問題を提起・告発した．これはまさに，本稿で指摘した「ジャーナリズムの原則」第5項の「権力監視機能」である．CNBC が登場する際に掲げられた〈ジャーナリズムの理念〉が，ここで「権力監視機能」へと変容したのである．ここに，TDS（CNBC

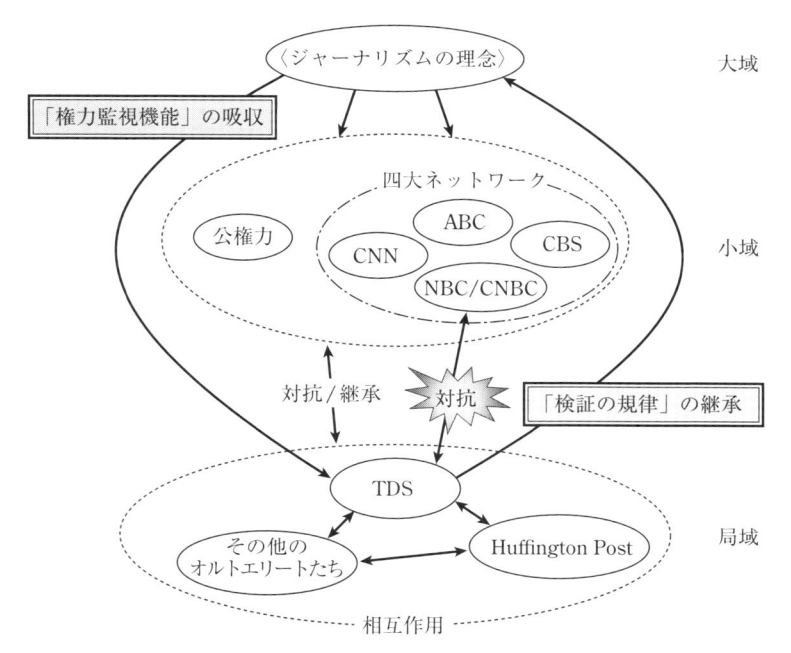

図 10-19 三層モラルコンフリクト・モデルでみる，TDS の CNBC 批判

批判）から〈ジャーナリズムの理念〉へという動きが見られるのである．

8. おわりに

　本稿では，TDSによるCNBC批判を事例として，大域文化である〈ジャーナリズムの理念〉がマイナーな存在であるTDSに見られる，というパラドックスを明らかにすると同時に，TDSによるCNBC批判によって〈ジャーナリズムの理念〉が変容する，という動きをつかむことができた．ただし，本稿の範囲では，ABCやCBS，CNNといった他ネットワークの動きを示すことができなかった．CNBC批判についての多方面からの分析と考察も必要であった．また，この研究では，TDSによるCNBCへの批判を分析したが，TDSによる他メディアへの批判も調査をするべきであり，さまざまな事例の検証が必要だろう．そして，ジャーナリズムの重要な役割のひとつが，公権力の監視であることを鑑みると，その点に関するTDSの批判や見解へも，さらなる研究が必要だろう．

第11章

中国社会におけるインターネットの「世論監督」機能
―― 「三層モラルコンフリクト・モデル」から見たネットの政治的役割

魏　然

1. はじめに

中国におけるネットの役割

　情報化の進展につれて，政治的領域におけるインターネットの影響も大きくなりつつある．政党や有権者がネット上でさまざまなコミュニケーション活動を行うことにより，ネット上に新たな政治空間が創出されつつある．中国でも，政治的領域におけるインターネットのプレゼンスが高まっている．2008年の胡錦濤・前国家主席のネットメディアでの露出はその象徴である．2008年6月20日，胡前主席が『人民日報』のウェブサイト『人民網』を視察し，ネット市民と交流した．他方，『人民網』は，2008年に「人民網ネット世論監視測定室」[1]を設立し，既存マスメディアのネット版，BBSやブログなどの〈ネット世論〉[2]を24時間監視・測定する体制が整えられ，〈ネット世論〉の影響力が確実に増加していることをも示している．

　一方，言論の自由が制限されている中国社会のなかで，インターネットは「一般市民にとって，情報統制に抵抗し，意見表明ができる唯一のメディア」（胡 2008: 24）ともいわれる．一般市民が自ら情報発信できる新しいメディアとしてインターネットを利用し，ときにはそれが大きな世論となって政府に影響を及ぼす．このような流れは，日本や西側のメディアにも好意的に報道され，民主化の推進が期待されている[3]．

しかしながら，ネット上の声がすべて現実社会に反映されているかは疑問である．数多くのネット言説のなかで，可視化され，政治に影響を与えているものはごく一部であると考えられる．本稿は，可視化される〈ネット世論〉が，どのように現実社会の政治を動かしているのかというメカニズムを検討していく．その作業を通じて，ネットの中国社会における政治的役割の一側面を明らかにしていく．

研究方法と本稿の構成

本稿では，まず，〈ネット世論〉をめぐるメディア上の言説を考察し，それらの言説が示唆するネットの「世論監督」という政治的役割を明らかにする．そのうえで，『人民網』の「ネット世論分析報告書」（2007年，2008年，2009年）によるデータを参照し，〈ネット世論〉が「世論監督」機能を果たした事件の典型例について事例研究を行う．さらに，そのような世論が現実社会を動かすメカニズムを，後述する「三層モラルコンフリクト・モデル」を用いて明らかにする．最後に，本稿をまとめ，今後の課題を示す．

2. 中国における〈ネット世論〉をめぐる動き

まず，中国における〈ネット世論〉をめぐる動きについて概観しておこう．ネットが中国における社会的布置を考察するために，「中国学術情報データベースCNKI」[4]の「中国主要新聞紙データベース」を利用し，〈ネット世論〉をめぐる新聞言説について調べた．〈ネット世論〉を題名[5]とする記事数の推移は図11-1のとおりである．

一見してわかるように，〈ネット世論〉をめぐる言説は増加傾向にあり，とくに2006年以降急伸している．『人民日報』に絞ると，記事のタイトルは表11-1のとおりである．

表11-1からわかるように，2007年までは，〈ネット世論〉を題名とする記事はなかった．しかし，2008年には7件と最も多くなる．この年，胡前主席が『人民網』を視察し，ネットメディア露出を行った．〈ネット世論〉の力を重要視しながら，政策に取り入れ

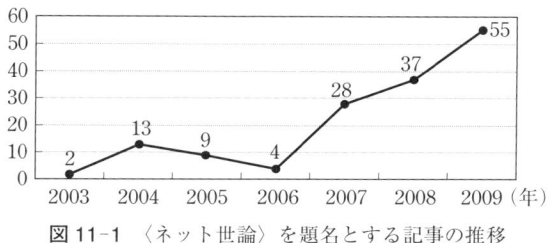

図11-1 〈ネット世論〉を題名とする記事の推移

表 11-1 『人民日報』における記事の一覧表

年	ニュースのタイトル	期日
2007 年	ネット世論の暴力にノー	2007-08-10
2008 年 (7 件)	中国のネット市民は発言する意欲が高い 「綏徳事件」は何を意味するのか 「饅頭事件」は何を提示しようとしているのか 「KUSO 事件」は何を表しているのか ネット時代ではいかに「発言」するのか ネット世論に理性的に向き合おう 2 億人以上の市民がネットでニュースを読む	2008-01-04 2008-01-09 2008-01-10 2008-01-11 2008-01-14 2008-01-15 2008-12-22
2009 年 (3 件)	世論監督の幅広いプラットフォーム ネット世論の誘導主導権をしっかり握ろう 中国の政府と民衆，ネット上で良い交流を展開	2009-02-03 2009-12-07 2009-12-25
2010 年 10 月現在	調和のとれたネット世論環境を構築しよう	2010-05-11

ようとする中央政府の姿勢が見える．さらに，記事の内容を見ると，可視化された〈ネット世論〉に注目している一方，〈ネット世論〉の非理性的な要素に留意する必要があると述べている．また，インターネットの「世論監督」機能を認めつつ，政府が〈ネット世論〉を誘導し管理する主導権を握りたい，との思惑も見え隠れする．

　ネットの政治的役割として重要視されるのが，インターネットの「世論監督」機能である．『人民網』による「ネット世論分析報告書」(2007年)は，「政府に対する信頼度」と「腐敗撲滅」が〈ネット世論〉の焦点のひとつであると指摘している．2008年の同報告書では，「政府がネット世論による監督を重要視し，官僚の問責制を取り入れ，政府の信頼性を高める」との政府の方針を示している．さらに，2009年の同報告書では，「権利の保護，公権力の監督，公共秩序の保護」などが〈ネット世論〉を集めたホットな話題である．

　本稿は，このような現状をふまえ，近年，とくに顕著に公権力監督の役割を果たした〈ネット世論〉を分析する．具体的には，前述の「ネット世論分析報告書」(2007年，2008年，2009年)[6]から，それぞれの年に最もネットで話題となったトップ20の事件のなかで，公権力を監督するものを，表11-2のように抽出した．

　一見してわかるように，警察，官僚にかかわるものが多い．また，事件の詳細を調べた結果，これらの事件とは，政府・警察・司法・官僚などの公権力や，貧富の格差や労働紛争ゆえの社会的弱者に対する不平・不正などについて，ネット市民が事件の真相を究明したり，異議申し立てをするものである．

表 11-2　公権力に異議申し立てを行った〈ネット世論〉の一覧表

年	番号	事件名
2007 年 （3 件）	1	華南トラの偽物疑惑
	2	広州での警官による医師射殺事件
	3	国家の薬品管理局の「鄭局長」の賄賂にかかわる事件
2008 年 （5 件）	4	華南トラの写真が偽物と鑑定
	5	上海の楊佳氏が警察殺し
	6	貴州の瓮安での群衆抗議事件
	7	ATM の故障が誘発した犯罪の判決とそれに対する反発
	8	ハルビンの警察 6 人が大学生殺し
2009 年 （12 件）	9	湖北省の鄧玉嬌事件
	10	雲南省「鬼ごっこ」事件（刑務所不審死事件）
	11	上海交通部門（警察）による「おとり捜査」
	13	グリーンダムソフトに対する異議
	14	杭州の富裕層第 2 世代が猛スピードで人を轢き殺した事件
	15	中央テレビ局が Google のポルノ情報対策を非難
	16	出稼ぎ労働者の一人が「塵肺病」を検査するために開胸を要求
	17	鄭州市の副局長の言葉，「党と人民，どちらの立場に立つか」
	18	「羅彩霞事件」，権力用い娘を偽装入学
	19	鄭州市の副局長の言葉，「党と人民，どちらの立場に立つか」
	20	河南霊宝市の一人が書き込みで「政府誹謗罪」で逮捕
	21	貴州習水県の公務員児童売春事件

3.　二項対立的でない視点から

　先行研究では，中国社会におけるネットの政治的役割について，外交が注目されてきた．たとえば，スーザン・シャーク（Susan Shirk）（2007: 248-50）は，次のように述べる．「官僚たちはマスメディアやインターネットの情報にもとづいて，民族主義的な意見が強くなっており，山火事のように広まりつつあるという強い印象を持っている．このイメージが，官僚が外交政策を決定する政治的背景を変えているのである」．

　一方，海外の研究では，主にネットが中国の民主化を促進できるか否かとの問題が中心となってきた[7]．たとえば楊・呉（2004）は，ネットの普及により，政治参加は「行政レベルごとの政治参加」から，「行政レベルを超えた多層的政治参加」に変更しつつあると主張する．一方，胡（2008: 330）は，ネットは「政府が唯一の完全にコントロールできないメディア」であり，公衆は「はじめて，公共の事件に対し議論し，意見交換を行い，世論を形成する場所」を獲得できた．また，「ネットを通じた抗議や署名も，政府にわりと容認されている」として，ネットが民衆間の集団行動を促進していると述

べている．

　このように，〈ネット世論〉の力をめぐる議論では，〈ネット世論〉対〈政府〉という二項対立的な視点が取られやすい．国内の政治構造に照らし合わせて，行政レベルを超えた政治参加が実現されたことを示唆する研究もあるが，〈ネット世論〉と結びついた具体的な議論は展開されていない．

　だが，〈ネット世論〉の力が最初に注目された2003年の「孫志剛氏傷害致死事件」[8]では，ネット上の情報発信がマスメディア報道と相まって，世論が大きく喚起され，中央政府の温家宝・前首相の目に止まった．その結果，業務上不適切な行動を取った現地の司法部門の関与者に有罪判決が言い渡された．さらに，温前首相の「お墨付き」で「都市流浪，物乞いの収容移送規則」という規則が廃止された．

　すなわち，この事例では，〈ネット世論〉が中央政府を動かし，地方政府の不適切なところを是正した構図が観察される．つまり，公権力を監督する〈ネット世論〉について考える場合，公権力とは一枚岩のようなものではないことに注意すべきである．にもかかわらず，先行研究では，中央政府の力を借り，地方政府と対抗するような複層的な結託／対抗関係は指摘されていない．

　さらに，本稿の分析対象（表11-2）を見ると，3番の「国家の薬品管理局の鄭局長の賄賂にかかわる事件」，13番の「グリーンダムに対する異議」[9]，15番の「中央テレビ局がGoogleのポルノ情報対策を非難」以外，85％が地方での出来事である．2003年の「孫志剛氏傷害致死事件」に観察される〈ネット世論〉・地方政府・中央政府のあいだの複層的な結託／対抗関係が展開されているかもしれない．

　本稿では，こうした先行研究では見落とされている側面に着目し，実際の政治構造のなかで展開される複層的な結託／対抗関係に目を配っていこうと考える．そのうえで，〈ネット世論〉が，どのように公権力を監督する役割を果たしているのかを考察していく．

4.　湖北省の鄧玉嬌案

事件の概要

　「湖北省の鄧玉嬌案」（以下，「鄧氏事件」）とは2009年5月10日に，中国南部の湖北省[10]巴東県[11]野三関鎮[12]で起こった殺人事件である．この事件は，ある娯楽施設の従業員である「鄧玉嬌」氏（以下，「鄧氏」）が風俗業担当と勘違いされ，役人の一人とのあいだで衝突が起き，一人が刺されて死亡し，もう一人が負傷したというものである．こ

の事件は辺鄙な地方で起きた普通の刑事事件であった．しかし，ネット空間と全国のマスメディアで大きな反響を呼び，とくに，ネットでは鄧氏支持一辺倒と，彼女の釈放を主張する世論が喚起された．たとえば，中国中央テレビ局（CCTV）のウェブ・アンケートでは，鄧氏が正当防衛で無罪か，過当防衛で有罪かについて，約13万人の投票者のなかで，93.42％が前者を選んでいる（図11-2）．ついには，鄧氏は過当防衛で故意傷害罪だが，処罰を免除するという判決が出るに至ったのである．これについて，湖北省の裁判所の副裁判長の王晨氏が9月に『人民網』によるインタビューにおいて，「民意にそのような要求があったから」，鄧氏の処罰を免除したと述べた[13]．

〈ネット世論〉が喚起されたプロセス

鄧氏事件をめぐる世論形成プロセスを分析するために，「人民網」の「強国論壇」における書き込み件数の推移を次のように調べた（図11-3）．

対訳：
湖北の女性従業員が殺人殺し
投票時間：2009/05/19-2009/06/18
調査事項：女性従業員の役人殺しが正当防衛だと思うか
1 正当防衛で無罪 —— 93.42％
2 過当防衛だが，故意殺人までいかない —— 5.83％
3 わからない，要検討 —— 0.75％
投票数：129111 票

図11-2 中央テレビ局（CCTV）のウェブサイトにおける「鄧氏事件」についてのアンケート結果

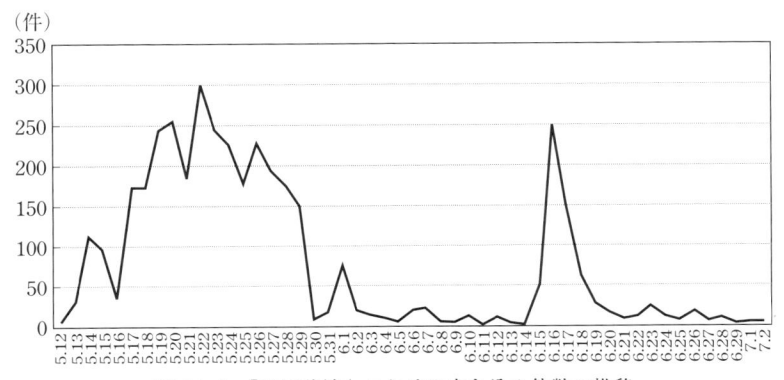

図11-3 「強国論壇」における書き込み件数の推移

ピークに達したのは5月22日であり，1日のあいだに301件の書き込みがあった．また，22日の前に，14日，19日・20日にも二つのピークがある．もし，〈ネット世論〉が22日までに徐々に形成されたとすれば，それを促した要素は何だろうか．

まず，14日のピークは，〈ネット世論〉の関心が，事件の報道が多くなるのと共振したと考えられる．13日，現地の巴東県のオフィシャルサイトが，警察側の事件に対する2回目[14]の説明を報道した．その日から，各大手ポータルサイト，南京や北京の大衆紙，そして現地の県が所属する市[15]の恩施市テレビ局[16]，そして中央テレビ局の報道[17]などのマスメディアがこの事件を報道した．これに呼応して，〈ネット世論〉もこの事件に関心を示し，動き始めたのである[18]．

次に，19日と20日のピークについて見る．18日，警察側は事件の経緯と調査の途中結果について，3回目の通達を出した．この通達と，これまでの2回の説明とのあいだには，表11-3に示すような言葉遣い上の齟齬があり，それをめぐってマスメディアと〈ネット世論〉が騒然とした．表現の変更が，役人へのえこひいきとみなされ，事件に対する議論や憶測が急増し，多くのマスメディアも批判的な態度を示した[19]．

一方，ネット市民の意見を代表する〈ネット世論〉への信頼感は着実に高まっていた．21日，無料弁護を約束した民間の弁護士2人が鄧氏との面談を果たした．そこで，鄧氏が性的暴行未遂を受けたことを確認できたという．弁護士はまた，その情報をネット空間に公開し，マスメディアも弁護士に取材するなどして事件の進展を報道した．その結果，22日に書き込みがピークとなったと考えられる．

まとめれば，「鄧氏事件」が刑事事件から公衆議題となり，そして〈ネット世論〉を喚起した原因は，主に次の2点である．第一に，事件の説明を変更したなど，現地の警

表11-3　警察側による鄧氏事件の説明の変更

	2回目の説明	3回目の説明
事件が起きた場所	「休憩室」	「水浴サービスのある部屋」で鄧氏を風俗従業員と勘違いし，サービスを求めたところ，そこの部屋の従業員ではないと答えた鄧氏が「休憩室」へ移動．鄧氏の態度に不満を持った役人は鄧氏にくっついて隣の「休憩室」へ
鄧氏に求めたサービス	「特殊サービス」	「異性水浴サービス」
鄧氏ともめた経緯	4,000人民元の札束を鄧氏に誇示した	4,000人民元の札束を誇示したあと，鄧氏の肩や頭を打った
	鄧氏をソファーに押し倒した	鄧氏を押して座らせた

察や政府に対する不信と不満が拡大した[20]．第二に，民間の弁護士が介入するなど，現地政府と対立する〈ネット世論〉の信頼感が高まった．

〈ネット世論〉の内容分析

では，〈ネット世論〉は，実際どのような内容だろうか．本稿は『人民網』の『強国論壇』における書き込みについて内容分析を行った．『強国論壇』は，胡前主席が利用した掲示板であり，「最も著名な中国語掲示板」ともいわれている．左寄りと右寄りの言論が混じり合い，お互いに対立するケースがよく見られ[21]，偏っているとはいえない．

まず，書き込みの全体の傾向を調べた．その結果，合計3,997件の書き込みがあり，1件あたりの平均の文字数が356.7字で，閲覧回数が241.4回で，レスポンス数が2.3件であることがわかった．

『強国論壇』では，管理者が書き込みの文字数や内容にもとづいて「ホットな書き込み」に設定することができる．これに設定されると，『人民網』のトップページに掲載されることがある．「鄧氏事件」の場合，表11-4の九つの「ホットな書き込み」が検索された．

表11-4 「強国論壇」におけるホットな書き込みの一覧[22]

番号	発表時間	タイトル	字数	閲覧回数	レスポンス数
①	2009/5/16	鄧氏のナイフがGDPにダメージ，社会の調和をも促進	1,031	51,334	138
②	2009/5/17	鄧案を放置しないように：瘡ができているため，手術を恐れてはならない	714	89,900	227
③	2009/5/17	鄧氏を模範にしたら，多数の官僚が救われる	1,164	97,445	236
④	2009/5/20	「巴東」の警察側：逮捕すべきなのは鄧氏だけではない	1,825	1,121	13
⑤	2009/5/21	鄧氏事件の元凶はいったい誰？	1,463	212	0
⑥	2009/5/22	鄧氏事件が中国式の陪審団制度の早期成立を訴えている！	24	116,826	271
⑦	2009/5/22	鄧氏案件はいつ終わる？	1,682	356	0
⑧	2009/6/1	湖北省警察側が鄧氏を防衛過当と認定	330	1,472	22
⑨	2009/6/1	湖北省警察側が鄧氏を防衛過当と認定，事件のもう一人の当事者が党籍剥奪処分	1,101	63,573	687

これらの「ホットな書き込み」の1件あたりの平均文字数が1,037字，閲覧数が46,915回で，レスポンス数が177件である．一般の書き込みより注目度が圧倒的に高く，また多くの議論を呼んでいることがうかがえる．これら九つの「ホットな書き込み」を「強国論壇」における〈ネット世論〉の代表と考え，内容分析の対象とした．

　Flick（2002: 238-40）によると，質的内容分析には，要約的内容分析，説明的内容分析，構造化内容分析という三つの技法がある．本稿では，分析対象の数が少なく，かつそれぞれの文字数が多いことを考慮し，要約的内容分析を採用した．要約的内容分析とは「データのいいかえ（paraphrasing）であり，ここでは重要でない文章やいいかえのうち，同じ意味のものがほかにある部分を削除したり（第1段階）や，同じ意味のいいかえをひとまとめにしたりする（第2段階の削減）」．ここでは，上記九つの書き込みについて，同じ意味の文章や重複する陳述を削除し，主に表したい意見を，次の表11-5に示す4つのコード化単位にまとめた．また，二つのコードに言及しているスレッドは，両方に振り分けている．

　まず，地方政府に対する批判として，無能な現地政府，現地の役人の慣習こそが事件の元凶との主張がある（⑤番）．また，現地のメディアが2本の公式報道以外，詳細な報道を取り上げていないことに対する指摘もある（②番）．さらに，「鄧氏事件」のような多くの前例があるなかで，各地方レベルの司法システムに対する不信といった集合的憂慮があるとの指摘もある（④番）．

　そして，事件の解決策への提案では，中央政府が腐敗の現状を冷静に捉える必要があり，風俗業にかかわる官僚や役人を，直ちに辞任させるべきであると②番が主張する．

表11-5　「人気スレッド」の要約的内容分析

コード化単位	件数	番号	コードの主な内容
事件の深層にある構造的問題に対する指摘	4	①③⑤⑦	●政府経費の濫用 ●娯楽サービス業（風俗業）の勃興 ●公権力の濫用 ●官僚の贅沢な生活ぶり ●人びとが「見えないルール」[23]を黙認
地方政府（司法機関・現地マスメディア）に対する批判	3	②④⑤	●地方政府に対する不信 ●各レベルの司法機関の法治意識のうすさ
事件の解決策に対する提案	3	②⑤⑥	●中央政府に提案 ●地方政府に情報公開の提案 ●上級政府と司法機関の関与 ●道徳・法治の意識の建て直し
事件の結果報告	2	⑧⑨	●新華社の報道を引用

また，⑤番は，地方政府に頼るだけでは，公平・公正に事件を処理するのが難しいとし，上級政府あるいは司法機関による介入が望ましいと主張する．

このように，「鄧氏事件」をめぐる〈ネット世論〉は，地方政府を批判する一方，上級政府や中央政府の存在を意識しつつ，かれらの力を借りて，問題を是正していきたいと議論している．

有力大衆紙『南方都市報』の報道は，この事件の判決結果は，「中国共産党中央政法委員会[24]が定めたものであり，形式上現地の裁判所で行われただけ」であり，「中央政法委員会が，2009年の11月に，現地にスタッフを派遣し事件を記録し，トップ4の『群衆事件』[25]のひとつとされている」と報じている．

5. 地方政府「中抜き」の世論形成のモデル

以上の事例研究を通じて，地方政府に対する不信・不満の拡大により，世論が喚起された側面があることがわかった．また，〈ネット世論〉の中身は，地方政府を批判する一方，上級政府や中央政府の力を借りて，問題の是正を図ろうとする構図が見られ，最終的に中央政府の関与によって事件が終息したといえる．このような構図を，地方政府「中抜き」の世論形成モデルとして抽出できる．

中央政府とネット市民の結託

既述したように，2008年の6月20日，胡前主席が人民日報のウェブサイト『人民網』を訪問し，ネットを「民情を把握し，民衆の知恵を集約する重要なルート」と評価した．また，『人民日報』をはじめとするメディアは，インターネットの「世論監督」機能を語っている．〈ネット世論〉を政策に取り入れることを通じて，社会の抱えている問題の改善を図る中央政府の思惑がうかがえる．

中央政府は1980年代から，腐敗撲滅にむけた取り組みを展開してきた．とくにここ数年，厳しい対処を繰り返し強調してきた[26]．しかしそれが必ずしも地方政府レベルで有効に機能しているとはいえない．その原因のひとつとして，地方の司法システムも腐敗撲滅を担当する「紀律委員会」も，同レベルの共産党幹部・行政システムの指導を受けているため，独立した権威ある機関として役割を果たしていないことが挙げられる．このような状況のなかで，地方政府レベルでは既得権益集団が拡大し，集団腐敗が多発している[27]．

さらに，中国において，地方メディアは，国家の管理機関からイデオロギー面と行政面での指導を受けているが，基本的に各地方政府の管理下にある．そのため，地方メ

ディアは，積極的に現地政府の不祥事を追求しようとしない．これも，地方政府レベルにおける権力の癒着につながる．

一方，中央政府・司法機関が重い腰を上げれば，地方政府・司法の不適切なところを是正できる．「鄧氏事件」をめぐる〈ネット世論〉も，上級政府と司法機関の介入や，腐敗の現状を冷静に捉える必要があるとの中央政府への提案が見られている．また，胡前主席，温前首相の関与を呼びかけることをタイトルとする書き込みがほかにも15件あった．これは，中央政府との結託を通じて，地方政府の不正を是正しようするネット市民の思惑といえる．

挟み撃ち状態となった地方政府等の中間権力

「鄧氏事件」をめぐる〈ネット世論〉は，地方政府・官僚・司法・地方メディアに対する不信や批判を訴えている．実際，中央政府の〈ネット世論〉重視の戦略自体が地方政府にも貫かれているのである．「鄧氏事件」の場合，最初に情報公開したのが〈地方政府〉の公式サイトであった．これは中央政府が押し進めている「情報公開」政策[28]の表れである．

しかし，地方政府が〈ネット世論〉による監督に備えていても，既存の統治構造により，「中抜き」された世論形成の構造が成り立つ．既述したように，これまで，地方政府と地方メディアの上下関係から，地方政府レベルの不祥事はほとんど可視化されなかった[29]．しかし，地域を越えて監督が可能なインターネットによって，その状況は一変した．さらに，他の地域の有力紙や全国紙の介入と相まって，地方政府がコントロールできない全国規模の世論が形成されてしまう．

さらに，世論から批判や反発を受けても，地方政府の既存の統治構造では対応しきれない，といった限界がある．「鄧氏事件」の場合，殺された役人が鄧氏に4,000人民元の札束を誇示した．それをめぐって，そもそもその役人が勤める「企業誘致オフィス」の業務に，賄賂があったのではないかと疑われている．そのため，殺された役人を批判すると，自己批判となってしまうという地方政府のジレンマが背後に潜んでいるのである．こうして，地方政府は，全国規模の世論と既存の統治構造とのジレンマに陥る．加えて，上述の〈ネット世論〉と中央政府の結託関係があり，地方政府「中抜き」の世論構造が形成してしまう．

6.　〈ネット世論〉が現実社会を動かすメカニズム
　　　——「三層モラルコンフリクト・モデル」を手がかりに

　では，このような地方政府「中抜き」の世論構造が，実際，現実社会を動かしているのだろうか．筆者は，分析対象であるほかの地方での出来事を用いて検討した．そこで，中央政府などの上位権力の介入の有無，中間権力に対する粛清の有無，そして，事件の発展に影響を与えたかどうか（ネット市民による異議申し立てが成就したかどうか）を項目に考察した．その結果が表11-6である．

　まず，中央レベルの上位権力の介入が明らかにあったものが，17件のうちの13件（約76％）である．と同時に，2件以外は全部中央テレビ局に取り上げられたほど，全国規模の世論が形成された．そして，1件以外，ほぼすべての事件で，地方政府や官僚などの中間権力に対する粛清が，関係している官僚の免職というかたちで行われた[30]．さらに，2件以外は〈ネット世論〉による異議申し立てが成就し，事件のリアルな発展に影響を与えた．

　つまり，地方政府などの中間権力は，世論にうまく対応できないなら，免職されるかたちで中央政府から処罰を受けるようなことを，意識せざるを得なくなっている．いわば，地方政府「中抜き」の世論が，現実社会の政治をも動かせるのである．このようなメカニズムについて，「三層モラルコンフリクト・モデル」（遠藤 1998，2004，2007，2010）を用いて説明することができる．

　「三層モラルコンフリクト・モデル」とは，社会の異なる集団のあいだの価値観の対立＝モラルコンフリクトの構造を分析するためのモデルである．内容を概略すると，次のようである（遠藤 2007: 43-4）．現実社会では，上位集団と下位集団とのモラルコンフリクトは，単純な二項対立的なものではなく，上位集団-下位集団-小集団という三層のコンフリクト構造を構成する（図11-4）．

　上位集団と下位集団のモラルが矛盾する場合，上位集団から暗黙に許容されることが多い．しかし，上位集団からのモラル粛清や，小集団からの異議申し立てや内部告発がなされることもある．遠藤（2007）によると，三層モラルコンフリクトが顕在化するのは，「小集団が下位集団に対し異議申し立てを行い（大域モラルに依拠し），かつ下位集団が局域モラルに固執する場合である」（遠藤 2007: 44）．また，結果として「上位集団が大域モラルを主張する（秩序安定度が相対的に高い）場合，小集団の主張が事後的には認められる蓋然性が高い．反対に，上位集団が局域モラルを承認する（秩序安定度が相対的に低い）場合，下位集団の主張が結果的には認められる蓋然性が高い」（遠藤 2007: 44-5）（図11-5参照）．

表 11-6 〈ネット世論〉の政治的有効性

年	事件名	上位権力の介入	中間権力に対する粛清	異議申し立ての世論の成就（現実社会に与える影響）	中央テレビによる報道
2007年 (2件)	華南トラの偽物疑惑	国家林業局が介入[31]	現地政府の陝西省の林業庁の副庁長，野生動物保護処長（課長にあたる），情報宣伝センター主任が免職[32]	華南トラの写真が偽物と鑑定	○
	広州での警官による医師射殺事件	国家公安部が介入[33]			
2008年 (5件)	華南トラの写真が偽物と鑑定	国家林業局が介入	現地政府の陝西省の林業庁の副庁長，野生動物保護処長，情報宣伝センター主任が免職	華南トラの写真が偽物と鑑定	○
	上海の楊佳氏の警察官殺害	最高裁判所が終審を行った[34]	―		○
	貴州の瓮安での群衆抗議事件	共産党中央政治局常務委員の周永康氏，国務委員・公安部の部長の孟建柱氏が指示を出した[35]	現地政府の県長，公安局長の免職[36]	不審死した女性に対し，司法解剖と検査が3回実施された[37]	○
	ATMの故障が誘発した犯罪の判決とそれに対する反発	最高裁判所による審理の確認が行われた[38]	―	「無期懲役，政治的権利の終身剥奪，すべての個人財産の没収」という一審の結果から，「5年懲役，2万人民元の罰金」という二審の結果になった[39]	○
	ハルビンの警察6人が大学生殺害	国家公安部が指示，国家公安部と最高検察院の専門家の派遣[40]	大学生を殴打し，致死させた警察1人に無期懲役，もう1人に12年の懲役，2人で約33万人民元の罰金[41]	現場のビデオの一部しか公開されなかったが，無修正版バージョンが公開されるようになった．国家公安部の専門家による検査の確認[42]	○

2009年 (10件)	湖北省の鄧玉嬌案	中央共産党政法委員会が結果を定めたが,形式として現地で行われた	現地の共産党政法委員会書記の楊立勇氏が免職	判決の結果が,「鄧玉嬌氏の行為は故意傷害罪になるが,処罰を免除する」ことであり,鄧氏が自由の身になった	○
	雲南省「鬼ごっこ」事件(刑務所不審死事件)	共産党中央政治局常務委員の周永康氏が指示を出した[43]	現地の検察院の刑務所内担当主任を含む6名が免職[44]	記者やネット市民の調査団によって,再度に調査が行われ,真相が明らかになった[45]	○
	上海交通部門による「おとり捜査」		担当の警察に問責[46]	上海浦東新区区長が謝罪,おとり捜査があると容認[47]	○
	杭州の富裕層第2世代が猛スピードで人を轢き殺した事件		—	杭州の警察側が事件の最初の説明について,謝罪[48]	○
	出稼ぎ労働者の一人が「塵肺病」を検査するために開胸を要求	中国衛生部が事件の解決を監督するチームを現地に派遣[49]	現地の職業病防止治療所副所長の李国玉氏,衛生局の副局長が免職された[50]	「塵肺による感染症」と認定され,61.5万人民元の賠償金が支払われた[51].中国衛生部が全国の企業に対し,職業安全状況について調査することを決定[52]	○
	鄭州市の副局長の言葉,「党と人民,どちらの立場に立つか」		副局長が停職,調査を受けた[53]	市政府が調査チームを作り,副局長が担当している建設案件について調査を実施[54]	○
	「羅彩霞事件」,権力用い娘を裏口入学	公安部長が指示を出した[55]	娘を裏口入学させた公安局の警察に懲役4年の実刑[56]	羅彩霞に4.5万人民元の賠償金[57]	○
	河南霊宝市の一人が書き込みで「政府誹謗罪」で逮捕		河南省の副省長兼省公安庁の秦玉海氏が謝罪し,霊宝市公安局担当の副局長が停職となった[58]	783.93人民元の国家賠償金が支払われた[59]	○

貴州習水県の公務員児童売春事件	中央が調査チームを派遣[60]	被告の県人民代表が代表の資格を剥奪された．習水県移民弁公室の主任李守民氏が免職[61]	事件の管轄が変更になった[62]	○
湖北石首市での群衆抗議事件	中央リーダーが事件に対し指示[63]	石首市の共産党書記が免職[64]	不審死した女性に対し，司法解剖と検査を3回実施した[65]	○

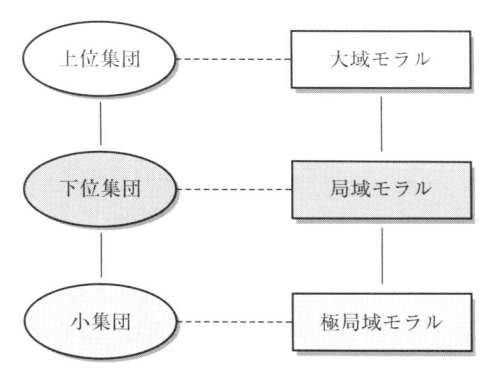

図 11-4 三層のモラル図（出典：遠藤 1998）

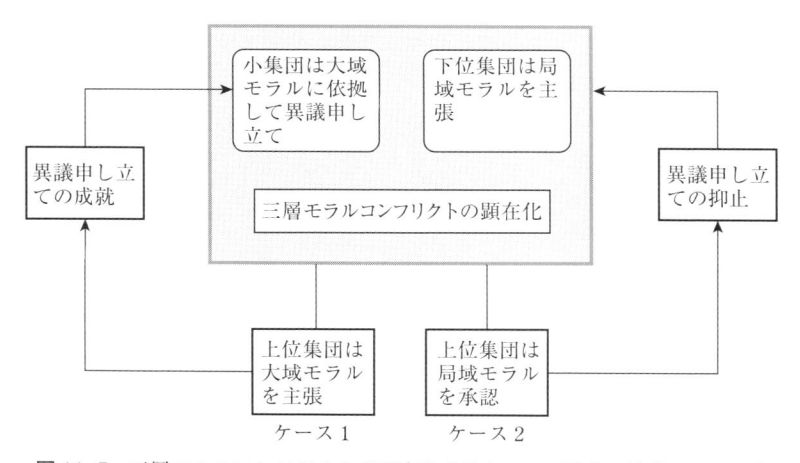

図 11-5 三層モラルコンフリクトが顕在化するケース（出典：遠藤 2007: 44）

本稿で述べた地方政府「中抜き」の世論構造が現実社会を動かしたのは，既得権益集団の腐敗や司法の不正など，中間権力のモラルと上位権力のモラルとの不一致の度合いがきわめて高かったためである．公権力を監督しようとする〈ネット世論〉は，これらのモラルが不一致であることについて，（上位権力に依拠し）異議申し立てを行っているのである．さらに，従来の下位集団に従属する小集団が，ネット上では，地域を越えたより大きな規模（少なくともそのように見える）の集団を作れる．これは，三層モラルコンフリクトの顕在化を促進する．結果として，表11-6に示すように，中間権力に対する粛清が行われ，ネット市民の異議申し立てが成就するかたちで，現実社会に影響を与えていくのである（図11-5のケース1にあたる）．

7. 結びにかえて

本稿は，中国の〈ネット世論〉による公権力を監督する役割をめぐって，それがどのようなメカニズムで現実社会を動かしているのかについて分析した．そこで，公権力とは一枚岩的な存在ではないという視点に立ち，中央政府といった上位権力，地方政府や既得権益集団などの中間権力，〈ネット世論〉のあいだに展開される結託／対抗関係に目を配って考察した．2007年から2009年まで，最も可視化された公権力を監督する〈ネット世論〉のなかで，85％が地方の出来事であった．そして，事件研究を行った結果，地方政府「中抜き」の世論形成構造を抽出した．この構造のもとで，中央政府の介入に

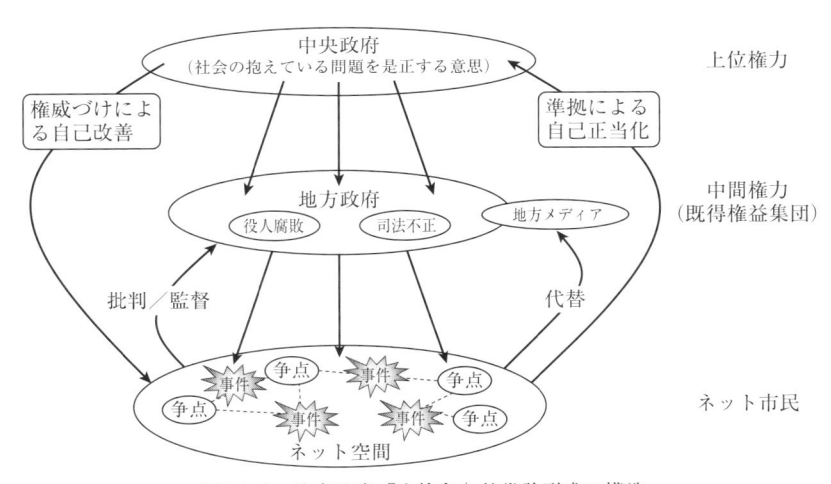

図11-6 地方政府「中抜き」的世論形成の構造

よって，地方政府や既得権益集団などの中間権力に対し粛清が行われ，〈ネット世論〉による異議申し立てと監督が成就する（図 11-6）．

　このような構図は「三層モラルコンフリクト・モデル」を用いて説明できる．〈ネット世論〉の力が顕在化される前，中央政府−地方政府をめぐる世論の構造は安定していた．地方メディアは地方政府によりコントロールされ，ほとんどの不祥事が隠ぺいされていた．しかし，〈ネット世論〉によって，中央政府と一般民衆が直接に結びつく可能性が出てきた．そして，こうした結託関係のもとで全国規模の世論が形成される場合，地方政府の官僚が免職されるなど，挟み撃ち状態が生じる．このような〈ネット世論〉をめぐる結託／対抗関係の展開によって，地方政府や既得権益集団といった中間権力が弱体化する傾向があるといえよう．

　本稿は，公権力を監督する〈ネット世論〉のなか，大半を占める地方での出来事を対象にしたが，少数ながら，中央政府に対する〈ネット世論〉も存在する．それらの政治的影響の分析を今後の課題としたい．

第 12 章

韓国のデジタル・オートクラシー
―― 2012 年韓国大統領選挙における権力とネットの不穏な結合

玄　武岩

1.　裏切られたデモクラシー

　2014 年現在，2012 年の韓国大統領選挙はまだ終わっていない．かつてない保守－進歩（リベラル）勢力の一騎打ちとして展開された第 18 代大統領選で，国家情報院（国情院）および韓国軍サイバー司令部の選挙介入があったとして，2013 年 2 月に発足した朴槿恵政権は，1 年が経っても「官権選挙」「不正選挙」をめぐる攻防が繰り広げられる異例の事態となった．

　1987 年の民主化以降，制度的に民主主義が定着したと見られてきた韓国において，国家機関の政治への介入は由々しき出来事である．2002 年の大統領選挙で，政治的には非主流派の盧武鉉がインターネット選挙を先取りして当選を果たすと，以来ネット選挙は政治権力を左右する重要なトレンドとして注目されることになった．しかしネット政治という新たなスタイルで市民が政治に参加する「デジタル・デモクラシー」は花咲くどころか，むしろ政治権力によりネットや SNS（ソーシャル・ネットワーキング・サービス）上のコミュニケーションが操作されることで，「デジタル・オートクラシー」に転落したのである．

　2007 年の大統選で圧倒的な得票で発足した李明博政権は，ネット上の表現の自由を抑圧するとともに，公営放送への統制を強化した．さらにこうしたメディア掌握の欲望は，保守論調が圧倒する新聞にあきたらず放送業界の再編にまで及んだ．その結果が，

保守新聞系列の「総合編成チャンネル」の誕生と，公営放送の無力化である[1]．さらに権力を再創出してその延長を目論む保守勢力は，2012年大統領選に向けて勝利の要となるネット上の世論の攻略に臨んだ．

ところで李明博政権は，民主主義国家を自任する韓国においてはもはや禁じ手である国情院および軍の政治介入に手を染めた．明らかに違法な行為であり，しかも民主主義の根幹を揺るがす一大事件は，大統領選の投票日間際に発覚したものの，ほどなく政治権力によってもみ消された．だが，そうした隠蔽工作は当初捜査にあたった警察官の勇気ある証言と，李明博政権の放送掌握の過程で解雇されたジャーナリストたちが立ち上げた調査報道メディアにより水面に浮上し，徐々に国情院の世論誘導の実態が露わになった．

国家情報機関による選挙介入の様相が明るみになるにつれ，市民社会からは民主主義を棄損して当選したとして退陣要求が高まり，朴槿恵政権は政治的正当性を確立できないままである．前政権下の出来事で自分とは関係ないと強弁するが，朴槿恵がその父・朴正煕元大統領が権力を掌握した5・16クーデターと同じく51.6％の票を獲得して当選した接戦だっただけに，市民勢力は国家機関の政治介入が選挙結果に大きく作用したとして攻勢を緩めない．

本章ではこうした政治情勢を鑑み，「デジタル・デモクラシー」が権力のメディア統制とネット上の情報操作によって「デジタル・オートクラシー」へと劣化する政治過程と，それに対抗して展開されるジャーナリズムの挑戦を検討することで，韓国における激変するインターネット政治の現状について考察する．

2. 保守政権のメディア掌握

放送をリセットする——公正放送を目指してゼネストへ[2]

李明博政権は，2008年2月の発足直後に米国産牛肉の輸入再開を決定したことで大規模な市民的抵抗に直面した．すると，きっかけとなる番組『PD手帳』を制作したMBC（文化放送）のPD（プロデューサー）らを逮捕するなど締めつけを強化する．KBS（韓国放送公社）については，鄭淵珠社長を「放漫経営」を根拠に解任したうえ，自宅で逮捕するという手荒な行動にでた．

労働組合の影響力が強いKBSおよびMBCなど公営放送を統制下におこうとする試みが強引であったことは，両者とも大法院（最高裁）で無罪が確定した司法の判断を見ても明らかだ．その一方で，これらのメディア弾圧を主導した放送通信委員長の崔時仲

は，収賄事件で逮捕され懲役刑に服すことになる．権力とメディアのゆがんだ構図を象徴する．

　KBS・MBCには，ストライキもいとわない放送民主化の過程で獲得した，公正放送協議会の設置や番組編成の独立性を保障する局長責任制などの労使協約がある．保守勢力としては，この労使協約における「公正放送条項」の削除こそが公営放送改革の要であった．

　2010年2月にMBCの経営主体である放送文化振興会によって李大統領に近い金在哲が社長に任命されると，早速労組に労使協約の破棄を突きつけるなど圧迫を強めた．一方，KBSは，李明博の選挙キャンプで言論特別補佐を務めた金仁圭が社長に就任することで，権力の広報機関へと転落する．「公正放送」をめぐる，懲戒や人事異動，それに対抗するストや実力行使が飛び交う労使の攻防のなかで，KBS・MBCはなし崩しに独立性・公正性を失い，放送ジャーナリズムは破綻状態となった．

　もはや金在哲と金仁圭の体制の下で「公正放送」は望めなかった．MBC労組には李明博政権になって5度目となるストを打つほか道はなかった．2012年1月30日に組合委員長は「もはや（メインニュースの）『ニュースデスク』を通じて世の中の真実を伝えられず，もはや『PD手張』を通じてこの時代における真の目撃者の役割を担えなくなった」と宣言して，ゼネストの先陣を切る．KBSも3月6日，視聴者に言論機関としての本分を果たせなかったことを謝罪し，「Reset KBS，国民だけが主だ！」とするスローガンを掲げてストに突入した．同じく社長の退陣を求めるニュース専門チャンネルのYTNおよび通信社の聯合ニュースもあとを追うようにしてゼネストに合流する．

　全国言論労働組合のゼネストが決行されると[3]，KBS・MBCは放送への影響が回避できず，会社側は再放送やニュース時間を短縮するなどしてしのいだ．ただし，ストライキはたんに報道・番組制作を手放すことではない．「公正放送」の回復を目指す組合員は，圧力によって扱えなかった独自の番組制作に乗り出してそれをネットで公開し，権力に馴らされた本家の報道に対抗するという，世界的にもまれなストを展開するのである．

　MBCの記者たちは2月9日，独自のニュース番組を制作し，YouTubeおよび「低画質公正放送」を標榜する労組の宣伝サイト『罷業チャンネルM』で公開した．番組名は『まともなニュースデスク』である．その間の偏向・歪曲報道を反省して，メインニュースを「まともな」報道番組にすることの意志を込めた名称で，ストライキの期間中に全15作が制作された．第1作が4日間で36万件のアクセスを記録して話題になると，会社側は番組の「制作および流布」の中断を求めた．

　KBS労組も自らが指向する番組制作に取りかかる．番組名は『Reset KBSニュース9』

図 12-1 『Reset KBS ニュース 9』

と名づけ、3月13日から YouTube などで公開した。すると、KBS 広報室は翌日、「いわゆる『Reset KBS ニュース 9』に対する KBS の立場」という報道資料を公表し、「KBS ニュースの公正性を棄損する行為を即刻中断せよ」と迫った。そうしたなかでも番組の第3弾（3月30日）は「国務総理室民間人査察文書」を暴露するなど、たんに既存ニュースを批判するだけでなく、李明博政権の足元を揺るがすスクープも連発した。これらの「番組」は、粗末な機材とセットという劣悪な設備でも「公正放送」を実現することができることを示したといえよう。

MBC 労組は、2012年7月におよそ半年に及んだストから復帰し、「公正放送」の未来を同年末の大統領選挙に託した。ときの権力の影響を受けやすい公営放送の性質上、政治と言論の関係の危うさを示しながらも、それは「公正放送」を実現するもっとも確実な選択肢であった。しかし大統領選で進歩勢力が敗れることで、「公正放送」はおろかストライキを主導した幹部に対する「制裁」が吹き荒れた。会社側は労組に莫大な損害賠償を請求するとともに、6名に解雇、38名に停職処分を下し、ストの動力源である番組ディレクターらを制作現場から追い払った。

こうした弾圧を受けて KBS・MBC の状況は李明博政権時よりも悪化し、両局の信頼度や公正性に対する評価も急落したように、「公正放送」の価値はどん底に陥ることになる。

ただ、のちの2014年1月17日、MBC 労組は解雇の取り消しを求めた訴訟で勝訴する。懲戒処分の無効を言い渡した判決は、「一般企業とは異なり、言論媒体の場合民主的基本秩序の維持発展に必須の表現の自由と国民の知る権利、正しい世論形成のために放送の客観性と公正性を維持する義務がある」と明示したうえ、「放送社の公正放送義務は労使の双方に求められる義務であるとともに、公正性の保障の要求は労使関係の基礎となる勤労条件」であるとして、放送の公正性を回復するためのゼネストの正当性を認めたのである。

解雇されたジャーナリストたちの挑戦

　放送ジャーナリズムのインターネットへの進出はこうした緊急避難だけではない．MBCがストに突入する直前の2012年1月27日，古いニュースを打破するという意味を込めて独立系ニュースサイト『ニュース打破』[4]がスタートした．李明博政権の放送掌握の過程でYTNやMBCを解雇させられた元組合委員長らが中心となって設立した同サイトは，初回放送でソウル市長選における投票所の変更疑惑や李明博政権の米国産武器導入など，地上波では見られないニュースが波紋を呼び，YouTubeでは5日間で30万件のアクセスを記録した．日本では，2014年4月に韓国で発生した旅客船セウォル号沈没事故の船内映像を，各メディアが『ニュース打破』から提供を受けて報道したことで知られるだろう．

　放送が市民から見放されることで，インターネットに基盤する「放送」が浮上したのは偶然ではない．『オーマイニュース』などネット新聞が既存の新聞に対する不信から生まれたように，『まともなニュースデスク』『Reset KBSニュース9』『ニュース打破』は，放送が権力にのみこまれていくなかで，「死にかけているジャーナリズムを復元」すべくして登場した．

　これらのインターネット放送は，放送における報道やジャーナリズムの意味についても再考を迫っている．「国務総理室民間人査察文書」を報じた『Reset KBSニュース9』は，2012年4月，韓国放送学会の「今月の放送記者賞」に選ばれた．同学会は授賞にあたり，「これまで正規の放送による報道が重要な審査基準であったが，メディア環境が変化し放送の概念を拡大する必要があり，ストライキという特別な状況で国家が国民を査察することの深刻性を伝えようとしたニュース的価値も高く評価した」として，アカデミズムからのお墨付きを与えた．

　これらの「番組」は，ただストライキ中の補完的なものにとどまらない．『Reset KBSニュース9』はたんなるパロディ番組ではなく，調査報道の復元を目指す放送ジャーナリストの「公正放送」への希求から生まれた試みとして，オルタナティブな放送メディアの領域を切り開いたといえる．それは，いいかえれば，放送が視聴者をたんなる情報の消費者とみなすのではなく，一方的にニュースを伝達するだけではもはやジャーナリズムの役割を果たすことができないことの覚醒であろう．最新の装備を要すると考えていた放送ジャーナリストは，実際に「市民メディア」レベルの機材を活用しても正規の放送よりも価値ある報道ができることを証明してみせた．『ニュース打破』は市民の後援によって現在シーズン3が進行中であり，2014年4月にはメディア協同組合『国民TV』が開局した．

『ニュース打破』のアンカーを務めた元YTN組合委員長の盧宗勉は次のようにいう.「スタジオではなく，必要なのはひとつのショットだ．巨大な資本と空間投入などは飾りにすぎない．それが「放送は誰でもできるものでない」という威圧感を与える．しかしそれがなくても放送は可能だ」．

『ニュース打破』は毎回50万件のアクセスを記録する人気コンテンツに浮上する．視聴率にすると低迷を続ける総合編成チャンネルよりも圧倒的に高く，KBSやMBCの討論番組・ドキュメンタリーに匹敵するとも評価される．実際，次項で述べるように国情院の大統領選挙介入の実態を，『ニュース打破』は徹底的に追跡し，その決定的な証拠を暴くのである[5]．

メディア関連法の改正——解禁されたクロスオーナーシップ

李明博政権のメディア政策は，「労営放送」とレッテルを貼ったKBSやMBCを飼いならすことだけではない．世論形成において影響力が莫大の放送ジャーナリズムを掌握するためには，保守色の強い放送局を設立し，公営放送体制を根底から覆す必要があった．その方法は二つあった．ひとつはKBS2TVとMBCを民営化すること，いまひとつは新聞社大手の「朝中東」(チョジュンドン)（朝鮮日報・中央日報・東亜日報）に放送業界への進出の道を開くこと，である．

KBS2TVは，全斗煥政権の言論統廃合によってKBSが中央日報／サムスン系列のTBC（東洋放送）を吸収したものであり，東亜日報系のラジオ放送DBS（東亜放送）もこのとき統合させられた．MBCが今日の公営放送となったのも独裁権力による言論弾圧の名残であることから，ゆがんだメディア構造の解消という意味でも放送の再編は根拠のないものではなかった．とはいえ，韓国の二大公営放送体制は民主化のなかで確立してきたものである．

韓国におけるクロスオーナーシップの規制は，1980年に全斗煥政権において成立した言論基本法に盛り込まれた．言論統制がねらいであったが，それは民主化後の与野党の合意で制定された「定期刊行物法」においても踏襲された．かくして放送法は公営放送体制を支える一方，「定期刊行物法」はメディアの複数経営を規制した．したがってKBS2TVとMBCの民営化には市民社会の抵抗が強く，新聞と放送の兼業や財閥企業による放送局の所有が法律で禁止されている状況を変え，「朝中東」に放送進出への道を開くことが現実的であった．

ただ，1990年代以降のメディア環境の変化は，インフラとしてすでにその土壌を整えていた．「朝中東」は，ケーブルテレビや衛星放送ではそれぞれ専門チャンネルを保有しており，サムスン系列のCJ E&Mは最大の複合メディア企業に成長した．クロス

オーナーシップを解禁し，総合編成チャンネルの事業者として放送通信委員会が「朝中東」に免許を交付すれば，KBS・MBCに対抗できる「朝中東」放送が誕生するのであった．

これは保守勢力の長年の課題であるだけでなく，「朝中東」の悲願でもあった．「朝中東」は盧武鉉政権においても放送とはことごとく対立し，保守勢力と一体となって「PDジャーナリズム」[6]への政治攻勢を先導してきた．なによりも新聞産業が低迷するなか，「朝中東」は放送業界への進出に将来の活路を見いだしており，そのためには公営放送体制に亀裂を入れることが急務であった．こうして「朝中東」は新自由主義的な民営化を叫ぶ李明博政権を支え，そこにクロスオーナーシップの解禁をかけたのである．

李明博政権が，自らの権力獲得に大きく貢献した保守新聞の要求に報いるのが現行の関連法規の改正にほかならなかった．李政権は放送法および新聞法（新聞等の自由と機能保障に関する法律），言論仲裁法，情報通信網法などメディアの組織，行政，政策に関する法律を一括して「メディア法」とし，その改正を進めたのである．大統領選挙を制したことに続いて，ハンナラ党（現セヌリ党）が2008年4月の総選挙で国会の多数を占めることでメディア法の改正に拍車がかかり，同年12月に改正案を発議した．

かくして2009年は，メディア法改正をめぐって韓国の政界およびメディア業界が大きく揺れることになる．巨大資本によるメディアの独占を強化し，保守的な言論権力の放送進出によって世論の多様性が損なわれるというメディア所有の規制論に対して，緩和論は，メディア産業の多角的な経営を通して国際的に競争力を備えたグローバルメディア企業を育成し，それが雇用の創出と経済の活性化を導くとした．こうした複合的メディア企業のためには，新聞企業と大企業の放送業界への進出が欠かせないというのである．

とはいえ，当時ハンナラ党の羅卿瑗第6政調委員長が初当選議員ワークショップで，メディア法の改正が「保守−進歩の葛藤の場になる」としたように，それはたんなる産業的側面にとどまらないことは明白であった．ハンナラ党主導で始まるメディア法改正案をめぐる対立は，表面的にはメディア産業政策をめぐる対立ではあるが，事実上公共圏における主導権を確保するためその再構造化をめぐる対立としての性格が強かったのである（金 2009）．

メディア法のなかでとくに争点となった新聞法・放送法の改正案は，2009年7月に国会で強行採決された．それを受けて，放送通信委員会は総合編成チャンネルの選定に取りかかるが，その作業は予定調和的であった．2010年12月に「朝中東」の3紙に加え，毎日経済新聞が事業者として選定された．政府の全幅的なバックアップ体制のなか，2011年12月にTV朝鮮，JTBC，チャンネルA，MBNの4局が開局する．

3.　国情院の選挙介入と『ニュース打破』の挑戦

国情院，大統領選に介入する

　大統領選挙投票日のおよそ1週間前の2012年12月11日，ソウル江南にあるビジネス街のオフィス兼用住居の一室に統合民主党（民主党，現新政治民主連合）関係者と，通報を受けた警察および選管職員が駆けつけた．帰宅した女性は，国情院の職員なのかを問われると，否定しつつも入室を承諾した．そこにはパソコン2台がおかれ，住居の気配はなかったもののとくに異常はなく，訪問者はすぐに部屋を出た．しかし民主党関係者が再度入室を要請したところ，それを拒否した女性はおよそ2日間閉じこもることになる．いわゆる「国情院大選介入疑惑事件」の幕開けである．

　民主党は国情院の部内者から，国情院三次長傘下の心理情報局がネット上で書き込みをするなどして国内政治に介入しているという情報を入手し，11月から張り込み調査を行い，女性が国情院の職員であることを突きとめた．女性が閉じこもると，民主党は記者会見を開き，国情院が文在寅の落選のため世論操作を展開していると主張した．事実ならば，国の情報機関が大統領選に介入するという民主主義国家としてあるまじき行為に，選挙そのものがのみこまれかねない事態であることはいうまでもない．

　その翌々日には，セヌリ党SNSメディア本部長が運営する，Twitterなどで世論誘導を行う違法な選挙運動組織が発覚したが，ことが国情院ともなれば謝罪で済まされないのは明白だ．国情院は当該女性が職員であることを認めながらも，民主党の主張は事実無根で，逆に公務員を監禁して不法査察を行い，国情院の名誉を傷つけたと主張した．セヌリ党も民主党関係者を監禁・住居侵入・個人情報法を違反したとして告発する始末であった．さらに朴槿恵候補は遊説で，民主党が国情院の女性を人質にして政治攻勢を展開していると非難し，「監禁」する女性を解放するよう求めた．その間女性職員は，「監禁」されている自室でパソコンのデータを復旧不可能な状態に消去していた．

　民主主義の根幹にかかわる，大統領選の行方を左右しかねない事態に，与野党の両陣営は命運をかけて非難合戦を展開した．12月16日，統合進歩党の李正姫候補が辞退し，朴槿恵と文在寅両候補の資質が鮮明になる緊迫した最後のテレビ討論会直後の深夜，警察は電撃的に中間捜査結果を発表した．「デジタル分析の結果，文在寅・朴槿恵候補に対する支持・誹謗の書き込みは発見されず」という結論に，両候補の明暗はくっきりと分かれた．攻勢を強めて勝機を得た朴槿恵は3日後，大統領の座をつかんだ．敗北した民主党は，立ち直ることができないまま，「国情院大選介入疑惑事件」も葬り去られるかに見えた．

ところが年明けの2013年1月3日，当初捜査を指揮した権垠希水瑞警察署捜査課長が，当該女性のものと推定されるハンドルネームが大統領選の関連用語とともに存在する痕跡が見つかり，2012年8月から事件が発覚する直前の12月10日までリベラル系サイトで16個のIDを利用し100回あまりの賛否の意思表示（クリック）をしたと公表した．それは大統領選挙日の直前に行われた警察発表を覆す衝撃的な内容であった．同時に当該国情院職員を被疑者として出頭させ調査した．民主党は態勢を整えて「国情院憲政破壊国基紊乱真相調査委員会」を立ち上げ攻勢に転じた．「国情院大選介入疑惑事件」がふたたび政治の中心に浮上することになるが，しかし容疑の内容は氷山の一角にすぎなかった．

国情院職員はネット上の書き込みや意思表示が発覚すると，自らの行為が「従北（親北朝鮮）活動を摘発する固有の業務」だとして容疑を否認した．のちに明かされるが，このとき権捜査課長は上層部から口封じの圧力を受けていた．警察の捜査も遅々として進まなかったが，メディア報道によって少しずつ与党を称賛して野党を非難する書き込みの内容が明らかになった．性急に中間捜査結果を発表した警察も政治介入の責任を問われることになる．じつは，権捜査課長が事件発覚直後に申請しようとした捜査令状も，上層部に握りつぶされたのである．

ところでセヌリ党は，発足したばかりの朴槿恵政権の政府組織法改正案と引き換えに，2013年3月17日に国情院の大統領選挙における疑惑について検察捜査の終了と同時に国政調査を行うことで合意した．その翌日，「対北心理作戦の一環」だと主張する国情院の書き込みが元世勲国家情報院長の指示によるもので，指示事項は2009年5月から2012年11月まで内部通信網を通じて25回に及んだことが新たに暴露された．国情院が院長の直接の指示によって国内政治に介入したことが明らかになると世論が沸騰し，4月1日に民主党は国家情報院法および公職選挙法の違反で国家情報院長を告発することになる．

ただし，権捜査課長の異動が象徴するように，警察は消極的な捜査に終始し実態の解明は不十分であった．事件から4か月後に出された警察の捜査結果は，国情院職員および関連する民間人を，政治関与を禁じた国家情報院法第9条の違反容疑で検察に起訴意見として送致したが，政治活動は行っても選挙には介入していないとして公職選挙法違反の容疑は認めなかった．400個あまりの書き込みのうちおよそ100個が政治にかかわるものだと判断したのであるが，これは書き込みを割り出すためのキーワードを，セヌリ党・民主統合党・朴槿恵・文在寅のわずか4つに絞った結果であった．

それを受けてソウル中央地検は即刻特別捜査チームを編成して捜査を開始する．法務部長官の指揮権発動ぎりぎりの圧力を受けながらも，6月14日に検察は国家情報院長

および金用判前ソウル警察庁長を国家情報院法・公職選挙法の違反の容疑で起訴する一方，職員などは命令を遂行しただけだとして起訴猶予にした．一方，2013年10月には，韓国軍サイバー司令部の心理戦団も大統領選に介入していたことが明らかになった．

『ニュース打破』が暴く SNS 世論操作

　警察の隠蔽・縮小捜査は，政治介入の証拠となる書き込みなどネット上の活動を独占したことによる必然的な結果であった．しかしオルタナティブなメディアは公権力にそうした情報の独占を許さなかった．というよりも，ネット上に蓄積されるビッグデータを独占することはそもそも困難であろう．国情院の世論操作に関する痕跡を独自に追跡し，その実態を暴いたのが，調査報道メディア『ニュース打破』である．

　『ニュース打破』は，国情院の選挙介入を内部告発して解雇された職員をメディアでは初めて公式的にインタビューするとともに，警察の隠蔽・縮小捜査を批判した．また独自調査の結果，2012年4月の総選挙においても野党を非難する組織的な政治活動があったことを明らかにした．さらに『ニュース打破』は，Twitter においても国情院が連携していると推定される多数のIDを突きとめることになる．

　『ニュース打破』はまず，国情院女性職員が活動したサイトにおける書き込みと類似する文章をSNS上で追跡した．するとそれと瓜二つの内容がいくつも発見された．こうして『ニュース打破』は国情院と関連があると見られる65個のIDを特定した．これらのIDのユーザーは，国情院女性職員の書き込みの内容を投稿し，互いに「お友達」関係にあった．ほとんど8月20日前後に活動が活発になるが，この日は朴槿恵がセヌリ党の大統領候補に指名された日である．そして事件が最初に発覚した12月11日に，一斉に活動を停止するのである．

　こうして『ニュース打破』は2013年3月15日，大統領選に向けて国情院職員と連携していると推定される Twitter ID が集団的・組織的に活動を展開した状況をつかんだと報じるにいたる．『ニュース打破』の調査に拍車がかかり，国情院関連らしき Twitter ID は660個に上った．その手法も徐々に明るみになる．

　たとえば，前述した国情院長の指示事項の文章をそのまま Twitter にアップした Twitter 名「紳士の品格」の場合，投稿した「文在寅が大統領になれない理由」は66人にリツイートされたが，そのうちおよそ40個が国情院関連のIDと思われるものであった．また，李明博の海外歴訪を評価する投稿をリツイートした637個のうち，461個が国情院関連のIDであった．「紳士の品格」が投稿やリツイートしたものは3か月間で487万人に転送されたが，これを問い詰める『ニュース打破』の取材に国情院側は事実を否定しなかった．

さらに，これらの660個のIDが投稿・リツイートした28万件をネットワーク分析すると，少なくとも10グループに分かれ組織的に活動を展開していたことが見えてきた．主要コンテンツ生産者である「核心ID」が「つぶやく」と，多くの「周辺ID」がそれをリツイートするのである．

　また28万件のキーワード分析からは，国情院女性職員のネット上の書き込みと前後して，「核心ID」による同内容の投稿が活発にアップされたように，国情院心理情報局の指示に従って，選挙関連のイッシューが突出するたびに職員たちが組織的に活動を展開した様相が浮かび上がってきた．この28万件のうち，リツイートされたものを省くと，最初に投稿されたのは3万6,000件で，そのうち大統領選関連のものが3,400件であった．

　『ニュース打破』は，Twitterの情報はサーバーが米国にあるためユーザーを特定することは困難だったが，ポータルサイトにおける同一IDのユーザーと照合して，およそ30人の身元を確認した．それには国情院関連と推定される「核心ID」が2個含まれていたが，そのうちのひとつ「オッパは美男子スタイル」というTwitter名を使用するnudlenudleが国情院心理情報局の職員であることを突きとめることに成功した．

　nudlenudleは大統領選挙運動が本格化する4か月間に3,000件を投稿し，それはほぼ毎日，多い場合は1日70件に達した．日常的な内容はなく，ほとんどが北朝鮮非難と政治関連の投稿であった．同IDは，国情院女性職員と同時期に同じ内容を投稿し，リツイートすることもなく一貫して自ら投稿している．それを多くのIDがリツイートしたのであるが，フォロアーのほとんどは事件発覚後削除された国情院関連と推定されるIDであった．

　これは捜査機関を除き，メディアで国情院の世論操作の実態を確認した初のケースである．各「核心ID」の投稿は全体量こそ異なるものの，ほぼnudlenudleと同じパターンを示していた．またこれらの10グループは，投稿のみする「核心ID」，投稿およびリツイートを行う「補助ID」，リツイートのみのアルバイトあるいは自動リツイートソフトによる「ボットプログラムID」によって構成されていることも共通している．

　一方，前述した6月14日の検察の捜査結果発表によると，国情院は総選挙および大統領選挙に対応すべく，3つの班からなる心理情報局に，2012年2月にSNSを担当する第4班を新設した．しかし，類例のない政治介入の実体が明らかになった国情院の起訴内容に含まれたのは，インターネットサイトにアップされた73件の大統領選挙関連を含む1,977件の政治関連の書き込みおよびそれぞれ1,744回（政治関連）と1,281回（大選関連）の賛否の意思表示のみであった．証拠隠滅によるわずかな件数にとどまり，それには『ニュース打破』が明らかにしたSNSの活動は含まれていない．

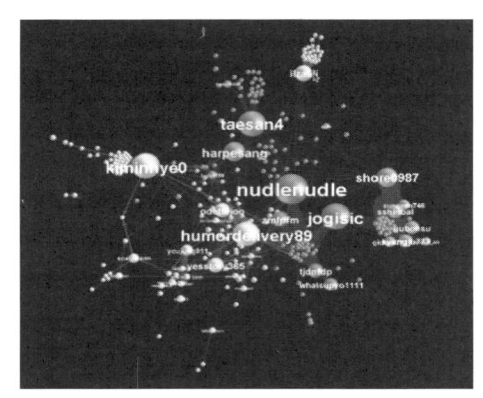

図12-2 『ニュース打破』が解明した国情院と
推定される10個のTwitterグループ
（2013年4月19日）[7]

こうした状況から，セヌリ党は国会法制司法委員会などで，73件の書き込みをもって国情院が組織的に活動したというのは過度な解釈だと強く反発するのである．しかし次項に示すように，その数は膨大な量に跳ね上がる．ちなみに元世勲前国情院長は別件の汚職事件による収賄容疑で7月に逮捕された．

朴槿恵候補のソーシャルメディア戦略

大統領選挙に向けて各候補はSNSを利用した選挙運動を本格化した．2004年にネットを中心にした選挙運動へと大きく舵を切る公職選挙法の改正が行われても，その第93条の1は，「選挙日180日前から選挙日まで選挙に影響を与えることを目的にして政党または候補者を支持・推薦あるいは反対する内容が含まれる内容物を掲示できない」としていた．それが，2011年12月に憲法裁判所が同条項に対する限定違憲判決を下すことで，Twitterやブログ，ウェブサイトなどを通じた選挙運動に対する制約がほぼ撤廃された．

ネット選挙が全面的に解禁される状況で実施される2012年大統領選挙に，若年層の支持率が伸び悩む朴槿恵候補側，オフラインで不利なメディア状況に対抗せねばならない文在寅候補側はそれぞれソーシャルメディア戦略を積極的に展開した．

若者層への浸透が課題である朴槿恵候補側は，9割以上がスマートフォンを利用し，それぞれ90.2％，72.28％がSNSを活用する「野党性向」の20代，30代を取り込むソーシャルメディア戦略に重点をおいた[8]．選挙戦略の核心に位置づけられたソーシャルメディア本部は，民間の専門家やネットビジネスの経営者が戦略の企画や広報の仕事を担

当し，コンテンツの種類を少なくする一方，情報の拡散に力を入れた．情報発信は選挙キャンプに一元化し，支持組織，ボランティアなどさまざまなチャンネルから行った．こうして選択されたコンテンツの作成と拡散の組織化をメディア戦略の中心にしたのである．朴槿恵側の集中型のソーシャルメディア戦略は，文在寅側が，情報発信源を多様化し，情報の拡散は組織的なプロセスをとらず有権者の自主性に任せたのとは対照的である（李 2013: 113）．

　セヌリ党の集中型のソーシャルメディア戦略が行きすぎた結果露呈したのが，前述したSNSコンサルティング事業者が運営する未登録の違法な選挙運動組織が発覚し，有罪判決を受けたいわゆる「十字軍アルバイト団」（「シバル団」）である．国情院の心理情報局が「シバル団」と通じていたことが検察の調査で明らかになった．検察が押収した心理情報局5班の電子メールには「シバル団」の頭文字が表示されたTwitter IDが多数見つかり，「シバル団」のTwitter IDと国情院IDのnudlenudleが同一の文章を相互にリツイートしていた．国情院が民間人を通してセヌリ党と連携していたのである．

　いずれにしろセヌリ党の集中型のソーシャルメディア戦略は，国情院によるSNS世論操作には好都合であっただろう．実際，国情院が実行したインターネットやSNSにおける書き込みやクリック，転送などは膨大な量に拡大する．『ニュース打破』による一連の調査報道に触発されて，検察は米国との司法共助を通じてTwitter上の20グループ，383個の国情院関連IDを割り出した．『ニュース打破』が突きとめた660個のIDとは281個が一致し，およそ5万5,000件の政治関連のツイッターの投稿・リツイートを確認した．これは『ニュース打破』が提示した数とほぼ同数で，nudlenudleなど7つの「核心ID」もそこに含まれていた．ソウル地検特別捜査チームは，この事件を「選挙で例を見ない重大犯罪」と規定した．

　さらに検察はビックデータ事業者を通じて2年分のTwitterのデータを確保するとともに，『ニュース打破』同様，ポータルサイトにおける同一IDと照合して身元を確認するため立ち入り調査を実施した．とくに決め手となったのは，国情院への立ち入り調査で確保した職員の電子メールに記された活動指針等の内容であった．そしてこれらの捜査成果を追加すべく起訴状の変更を申請する．検察が確定した国情院関連のTwitterの投稿数は121万件に拡大し，そのうち大統領選挙関連の投稿が64万件であった．

　ところで検察の起訴状変更はさまざまな圧力・妨害にさらされ，期限直前にようやく認められることとなった．それに対する検察捜査チームの代償は大きく，蔡東旭検察総長には突如として「隠し子」問題が浮上し，世間を騒がせたうえ辞任を余儀なくされた．また検察捜査を指揮した尹錫悦特別捜査チーム長も，指示に逆らったとして停職処分を受けた．

事件の裁判過程で，検察は起訴状にある 383 個の国情院関連 ID と 121 万件の投稿は裁判日程および捜査チーム人員の問題で制限的に選択した一部であって，2011 年から 2012 年 12 月まで確保した投稿・リツイートは，2,653 個の ID により 2200 万件に上ることを明らかにした[9]．1 人が多数の ID を管理し，自動プログラムを駆使して同時にリツイートを実行したことも明らかになった．またハッシュタグや，ブログに新たな文章がアップされれば自動的に Twitter にリンクするサービスを活用して保守論客の文章を拡散したのである[10]．

　一方，国情院の活動の発覚が，当初インターネットサイトによる書き込みであったように，ネット上の世論操作も無視できない．

　たとえば，朝鮮日報（2013 年 4 月 24 日）が，「大選世論操作目的なら 330 位のサイトを選ぶか」という見出しのコラムで国情院の言い分を擁護したが，当該サイト『今日のユーモア』における世論操作の手法は巧妙であった．『今日のユーモア』の代表が事件の裁判過程で証言したように，特定の書き込みに対する反対クリックだけでなく，芸能や料理など非政治的な書き込みに対して集中的に賛成クリックをする国情院 ID の組織的な意思表示によって，特定の書き込みがメイン画面に表示されないようになる状況が明らかになった．すると国情院の賛否クリックによる活動の件数が膨らむだけでなく，それはネット世論のなかで形成される議題の設定過程にゆがみをもたらすことになる[11]．

　それが「330 位」のサイトに限らないとみるのが自然であろう．前述したように国情院心理情報局は 1・2・3・5 の 4 つの班で構成され，発覚した女性職員の 3 班は「330 位」の『今日のユーモア』や『DC インサイド』『日刊ベスト貯蔵所』など一般人気サイトを担当した．1 班は総括企画を担当するが，2 班が『ネイバー』『タウム』などポータルサイト，5 班が Twitter など SNS を担当し，各班はさらにそれぞれ 4 つのパートに分かれていた．各パートが 4 〜 7 人で構成される心理情報局は総勢 70 人にいたるが，国情院女性職員は 3 班 5 パートに所属しているにすぎなかったのである．

SNS 世論操作は大統領選挙にどう作用したか

　セヌリ党のソーシャルメディア戦略は若者向けの SNS だけでなく，シニア層向けには，日本で普及している LINE のようなモバイル・メッセンジャーの Kakao Talk に注力した．実際，手軽に使いこなせるこの閉鎖的な SNS が 50 代の動員と結集に効果を発揮し，大統領選の行方を左右する大きな決め手になったともいわれる．大統領選挙では人口規模が最多の 50 代の投票率が 9 割に達し，その 6 割以上が朴槿恵候補に投票したとみられるからだ．

したがって，国情院の選挙介入が大統領選においてどのように影響したか測るのは容易ではない．とはいえ，実際に国情院の組織的活動がSNS上における保守的な世論の形成にどう作用したのかについて検討しなければならない．

李明博政権のメディア掌握によって，放送環境までもが保守傾向を強めることになると，リベラル系はいっそうネットやSNSで情報を求めた．とくに影響力のあるパワーツイッタリアン（ツイッター民）の上位のほとんどをリベラル系が占め，フォロアーや大統領選挙関連のイッシューについてリツイートされた数では，保守系のツイッタリアンを圧倒していた（イ 2013: 83）．2012年大統領選挙においては，保守系のツイッタリアンも積極的に朴槿恵候補を支持して投稿したが，IDの数やリツイートされた数では振るわず，依然SNS空間はリベラル系が優勢であった．

こうした状況で，大統領選が本格化する前の9月中のTwitterを分析すると，親朴槿恵の文章を投稿するIDは全体の12％にすぎなかったにもかかわらず，投稿量は60％以上を占めた（イ 2013: 85）．こうしたIDの数と投稿量のズレを，国情院の組織的活動がある程度埋めていたことは，『ニュース打破』の調査報道や検察の捜査を見ても疑う余地はない．

もちろん投稿量が世論と比例するとは限らない．だが，11月27日に公式的な選挙運動が始まってからの10日間，Twitterにおける候補別のバズ量（言及回数）の推移を分析すると，朴槿恵候補が51.2％（106万8,142件），文在寅候補が48.8％（101万9,430件）であった[12]．これは実際大統領選での得票率とほぼ同じ数値だ．これらになんらかの相関関係があるとするならば，国情院の選挙介入の影響は決して無視できるものではない．

韓国では，2011年10月のソウル市長補欠選挙や翌年4月の総選挙を経てますますSNSの影響力が注目されることになるが，Twitterの政治的影響力は，なによりもTwitterに内在する関係構築とコミュニケーション機能の活性化に端を発する．フォロアー同士の密接な連結とリツイート行為は，同調勢力の結合と情報の共有および拡散を極大化し，ユーザーたちを持続的な対話状態におくのだ．しかしソーシャルネットワークが自動的に政治的効果を発揮するのではなく，それにはネットワークのユーザーを大規模で連結しクラスターを形成して影響力を行使するアクティビストの存在と役割が欠かせない．大量の選挙関連のツイートのなかでアクティビスト集団がどのようなツイートを選択して伝播するのかによって中心的なイッシューが異なってくることも指摘されている（チャン 2013: 129）．

またTwitterの影響力を決めるのは，フォロアーの数が多いパワーツイッタリアンよりも，リツイートのように情報の流通および拡散というメディア的機能を積極的に遂行

する「媒介的有力者」であるという研究結果もある（イほか 2011: 62）．国情院の活動が世論操作に大きく作用する構造が，そこにはあるのだ．

　さらに，『オーマイニュース』が大統領選挙期間中の 12 月 7 日から 14 日までの 1 週間のリツイートのソース資料を分析したところ，『ハンギョレ新聞』などリベラル系メディアの記事はユーザーの自発的なリツイートによって拡散する一方，「朝中東」や保守系ネット新聞の記事は Twitter への自動転送ソフトによるものが確実に多かった[13]．保守系メディアの拡散がなんらかの自動転送の装置に依拠していることが見受けられるのである．

　もうひとつ重要なのが，国情院の選挙介入疑惑をめぐる警察捜査結果の選挙への影響についての検討である．それには，インターネット新聞『ポリニュース』が主催した座談会で，世論調査会社「リアルメーター」代表の発言が吟味に値する．同代表は，「リアルメーター」と放送 3 社の共同世論調査で，大統領選挙戦が終盤にさしかかった 12 月 16 日に形勢が逆転して 47.5％対 47.0％と文在寅候補がわずかながら上回ったものの，当日のテレビ討論直後に行われた警察の緊急記者会見の翌日（17 日）の調査では，ふたたび朴槿恵候補が 48.7％で 46.9％の文在寅候補をしのぐ結果になったと指摘する[14]．国情院の選挙介入疑惑における警察の「無実」確認が「特別な変数」として大統領選挙の結果に作用したというのだ．

　こうした再逆転現象の根拠は他の世論調査において裏打ちされる．世論調査会社「リサーチビュー」が 2013 年 11 月に 2,000 人を対象に行った世論調査は，朴槿恵大統領に対する高い支持率（職務評価）を示したが，2012 年の大統領選挙で朴槿恵候補を選択した 984 人のうち，9.7％（95 人）が国情院の選挙介入の事実が明らかになっていたならば文在寅候補を選択していたと答えた．また同年 7 月の「モノリサーチ」の調査でも，半数以上（54.4％）が国情院の世論操作が大統領選の結果に影響したと答えた．

　候補や政党間の政策を競うよりも，イデオロギー対立やネガティブ・キャンペーンが突出する韓国の政治制度・選挙文化において，口コミや世論の動静が選挙戦の流れを大きく左右することになる．とくにテレビ討論会がわずか 4 回しか実施されなかったことに加え，それに対する政治評論家のコメントは Twitter など SNS を通じて瞬時に広まった．SNS が政策議論を促す討議民主主義の形成に資するかどうかは別にして，選挙の過程で積極的に活用され，関連する情報や意見が有権者に届き，選挙結果に多くの影響を与えたことはたしかであろう（チェ 2013: 133）．

　なによりも SNS を駆使したネット選挙が実現し，保守－進歩勢力の一騎打ちとなり接戦を演出した大統領選挙であっただけに，選挙戦終盤に浮上した国情院の選挙介入をめぐる攻防と警察発表による収束は，選挙の結果を左右する重大な要因のひとつであっ

たことは間違いない．2012年大統領選挙において，国情院の組織的な活動の展開がSNS空間における保守的なイッシューの議題化と世論の拡散に貢献したことの政治的意味は，韓国のネット選挙・政治文化の重大な危機を指し示すのである．

4.　ネット社会のデジタルなオートクラシーに抗して

　2012年韓国大統領選挙は，極端にゆがんだメディア環境のなかで実施された．こうしたメディア環境のゆがみは一連のメディア掌握によるものであったといえる．

　総合編成チャンネルは，それ自体が保守論調を拡散しただけでなく，資質の疑われる政治評論家に番組出演の場を与え，ネットやSNSで共有する情報の供給源となった．セヌリ党は，盧武鉉元大統領が2007年南北首脳会談においてNLL（北方限界線）を放棄したと主張するいわゆる「従北フレーム」を自ら構築した．それを「朝中東」放送で保守系の論客が拡大し，さらにSNSを通じて拡散していったのである．すなわち，朴槿恵の大統領選挙戦略は，メディアの保守的地形への再編に加え，「従北フレーム」というイデオロギー攻勢，そして国家機関を動員した不法選挙介入が一体となって機能し，接戦となった大統領選を制したのである．

　2013年6月に検察が発表した調査結果が不十分で，与野党が合意した国政調査が先送りになると，国情院による選挙介入の真相究明を要求する市民の抗議行動も拡大していく．8月10日に開催された第6次ろうそく集会には5万人（主催者推定）が参加し，その主張は国政調査の徹底と責任者の処罰はいうまでもなく，国情院の改革と大統領の退陣にまで及んだ．しかし公営放送が，数万人が集結するデモを報じることはきわめてまれであった．逆にセヌリ党が不利な政治的形勢をかわすために提起したNLL問題という，違法に入手した南北首脳会談「対話録」の内容を歪曲して仕掛けた政治攻勢は大きく取り上げた．

　2014年2月には金用判前ソウル警察庁長が一審判決で無罪が言い渡され，波紋を呼んだ．朴槿恵政権としては政権の正当性にかかわる問題だけに，有罪判決はなんとしても避けたかっただろう．判決を受けて開かれた「まったく予想できなかった衝撃的な判決」と反発した権垠希捜査課長の記者会見について，「朝中東」はほとんど無視するか逆にそれを批判し，公営放送のKBSやMBCでは報道すらしなかった．記者会見の生中継の準備に入ったMBNは，直前にバラエティ番組の再放送に切り替えた．

　一方で，実質的に国情院の選挙介入の責任が問われる元世勲元国情院長には，2014年7月14日の論告求刑で懲役4年が求刑された．検察は，「本事件は，国情院の原則と限界を越えて職位を利用し政治工作を行い大統領選に関与した選挙運動の犯行として，

民主主義の根幹をゆるがす反憲法的な行為」という意見を示した．2014年9月11日には一審判決が下され，国家情報院法の違反については有罪となったが，公職選挙法違反については無罪となり，執行猶予付きの2年6か月の懲役刑が言い渡された．判決については政界・市民社会はもちろん，現職判事まで「詭弁」と批判したように，政局に波乱を予告している．

　保守政権によるメディア掌握は，新聞‐放送‐ネット‐SNSの体系的な統制構造を完成させることで，選挙に限らず日常的に言論の自由・表現の自由を圧迫していくだろう．しかし，既存のメディアシステムに頼らない放送人・ジャーナリストは，権力がマス・メディアとインターネット空間を統制する「デジタル・オートクラシー」に抗っている．「覚醒」した放送人・ジャーナリストの挑戦は，これからの新たな「デジタル・デモクラシー」を目指すだろう．

第13章

アルジャジーラというジャーナリズム

遠藤　薫

1.　アラブの春

　序章でも述べたように，2010年末から2011年初めにかけて，中東のアラブ諸国で，激しい反政府運動が顕在化した．

　最初に大きく動いたのは，チュニジアだった．2010年12月17日，失業中の青年が，生計を立てるために開いた露店を無許可営業としてとがめられ，焼身自殺を図った．この事件がネットなどを通じて拡がり，1月5日の葬儀には多数の群衆が集まった．その後，現体制への鬱積していた不満が抗議デモや暴動へと発展した．数十人の死者が出て，運動が深刻化していくなか，1月14日，ベン＝アリ大統領はサウジアラビアへ亡命し，独裁体制にあったチュニジアの政権は崩壊した．

　チュニジアを表す花の名を取って「ジャスミン革命」と呼ばれるようになったこの「革命」は，イスラム圏における民主化運動として，またその展開の速さによって世界を驚かせた．しかも，この動きはたちどころに近隣諸国に波及した．

　エジプトでも，1月半ばから，焼身自殺を図る若者が相次ぎ，大規模なデモが繰り返された．とくに1月25日には多くの民衆が集まり，治安部隊が出動する騒ぎになった．このあと，ムバラク政権は運動を厳しく制圧する方向に向かい，インターネットなどを遮断する情報統制も行った．しかし，激しいデモは収まらず，2月11日，ついに30年近く続いたムバラク政権はあっけなく崩壊した．

同年2月20日時点で，イラン，リビア，バーレーン，イエメン，アルジェリア，クウェート，サウジアラビア，オマーンなどにも反政府運動は野火のように拡がっている．

中東・アフリカにおけるメディアリティの作動

一方，中東・北アフリカのアラブ諸国ではどうか．2011年の「アラブの春（アラブ同時革命）」は，当初から，FacebookやTwitterの影響が取りざたされていた．これを「ネットによる民衆運動」として報じるマスメディアも多かった（たとえば，2月20日という早い時期に，NHKはすでに「ネットが革命を起こした～アラブ・若者たちの攻防」という特集番組を放送している）．ただし，このような見方について，懐疑的な議論も当初から多く見られた．

そのひとつの理由は，これらアラブ諸国のインターネット利用率の低さ（表13-1）である．いずれの国も10～20％程度であり，統計もない国では数％にも達しないかもしれない．もっとも，携帯電話の普及率は意外なほど高い（表13-1）．したがって，「携帯」通信も「ネット」に含めるならば，影響力を過小評価するには及ばないかもしれない．

また，普段ならあまり情報が入ってこないアラブ諸国の動乱を，極東のわれわれがリアルタイムで体験することができるのも，ネットによる．それは，単に観客が多いことを意味するだけでなく，国際世論に影響を及ぼし（アメリカやフランスはいち早く民主化運動への支持を表明した），結果を左右したのである．

筆者自身，動乱の初期から，TwitterやYouTubeで，東京に居ながらにして情報を得ていた．もっとも，一番の情報源は中東の衛星放送『アルジャジーラ』のサイトであった．では，アルジャジーラは，「ネット」なのだろうか？　本来，アルジャジーラはテレビ放送すなわちマスメディアである．しかし，その「放送」はネットを通じても配信されている．つまり，今日ではもはや，「マスメディア」か「ネット」か，という問い

表13-1　北アフリカ諸国の通信利用率（データ出所：ITU Africa, ICT Indicators, 2007[1]）

	人口 （千人）	固定電話利用率 （％）	携帯電話利用率 （％）	インターネット利用率 （％）
アルジェリア	33,860	8.63	63.34	10.34
エジプト	75,500	14.87	39.80	11.42
リビア	6,160	14.56	73.05	4.36
モロッコ	31,220	7.67	64.15	23.38
チュニジア	10,330	12.33	75.94	16.68

は意味を持たない．

　エジプト政府は，ネットによるデモの拡大を恐れて，ネットを遮断し，携帯を遮断し，放送を遮断した．しかし，それでも，デモは拡大し続けた．現実のコミュニケーションは，使いうるすべてのメディアを臨機応変に組み合わせること（「間メディア性」）によって，しぶとく機能を発揮し続けるのである．

　「ネット革命」懐疑論のもうひとつの主張は，2011年初頭の一連の動きを「ネット決定論」化してしまうことによって，背景にある多様なパワー関係（政治，軍，宗教，経済など）を閑却してしまう（させる）ことへの危惧である．この危惧は，まったく正当である．そこには重大な政治的罠が潜んでいる．しかし同時に，メディアが，その他のパワー構造と独立にあるわけではないことも忘れるべきではない．言い古された，メディア＝虚構，その他の社会要素＝リアル，という迷妄もまた，われわれが問題とすべき事柄を見誤らせる．メディアリティは，グローバリティと相互に共鳴し合いつつ，進行するのである．

2.　アルジャジーラの誕生から現在まで

アルジャジーラとは

　アルジャジーラは，1996年11月に設立された，カタールを本拠地とする衛星テレビである．
　その経営姿勢は，2011年12月にアルジャジーラ総局長に就任したアフマド・ビン・ジャーシム・アール・サーニーの就任挨拶にも表れている．

　　親愛なる同僚の皆さま
　　このメッセージは，あなた方への初めての言葉になる．アルジャジーラが15年前から追求してきている視聴者のための価値，任務，視点を明確にし，勇気のある報道および深い洞察に基づく分析を備えた，公平かつ独立したメディアでなければならない．多くのメディアが政府と企業の間をさまよう中，アルジャジーラのコンパスはかつて，そして現在も自由の方向を指している．この信念を貫く過程で，アルジャジーラはハラスメント，特派員の拘束，そして支局の閉鎖等，数々の圧力を受け，我々のスタッフが殺害されるまでに至った．しかしながら，これらの脅威はあなた方の任務を妨害することはできず，あなた方は志をもって，アルジャジーラのモットーを追及している．[2]

ここからもわかるように，アルジャジーラは，中東発のメディアであるが，西欧で発達したジャーナリズムの理念に則っている．しかし，まさにその結果としてなのかもしれないが，世界のさまざまな政治権力と対立することも多い．

一方，アルジャジーラは，文字どおり，地球規模のメディアとして活動している．アルジャジーラは当初はアラビア語放送だけだったが，2006年からは英語放送を開始した．これにより，アルジャジーラの視聴層は大きく拡大した．また，インターネットの活用にもいち早く着手した．現在では，世界のほぼどこにいても，ネットを通じてアルジャジーラのさまざまな番組を視聴することができる．

Seib（2008）は，アルジャジーラの最大の特徴は，インターネットと結びついて，国境を超えたヴァーチャルな共同体を創り出すところにあると指摘している．ネットワーク的に構成される「ヴァーチャルな共同体」は，世界情勢にどのような影響を及ぼすか．「歴史の終わり」から「文明の衝突」へと向かう今後の世界は，どのように変容していくか．アルジャジーラは，そのひとつの試金石といえる．

本稿では，このようなアルジャジーラの現在を紹介しつつ，そこから今後のジャーナリズムのあり方を考えることとする．

アルジャジーラのこれまで

アルジャジーラは1996年，カタール王室などの出資で設立された．イラク戦争では，反米勢力寄りの報道も目立った．そのため，アメリカ政府と対立するような場面もしばしばあった．しかし，次第にグローバルな報道機関としての地歩を固め，現在，世界約130カ国の約2億5000万世帯で視聴されており，約100の支局を持つ．

アルジャジーラの中心的な局の開局日を表13-2に示す．

アルジャジーラの台頭と批判

アルジャジーラの存在が世界的に認知されるようになった大きな契機は，2003年3月に始まったイラク戦争だった．だが，この時期，アルジャジーラの評判は世界的に芳しいものではなかった．当時の朝日新聞にも次のような記事が掲載されている．

> イラク戦争では，米軍攻撃の犠牲となったイラク市民の遺体やイラク側の捕虜となった米兵の映像を流して，米政府や米メディアから「マスコミの倫理を知らない」とたたかれた．
> ビンラディン・テープやアルカイダ幹部のメッセージを独占放映し続けたことから，アルカイダの支援組織だとの批判も受けた．タリバーン政権時代のアフガニス

表 13-2　アルジャジーラの展開

局	開局日	
Al Jazeera	1996 年 11 月　1 日	
Al Jazeera Sports	2003 年 11 月　1 日	スポーツチャンネル
Al Jazeera Mubasher	2005 年　4 月 15 日	アラビア語ライブ放送
Al Jazeera Children's Channel	2005 年　9 月　9 日	アラビア語子ども向け
Al Jazeera English	2006 年 11 月 15 日	英語チャンネル
Al Jazeera Documentary Channel	2007 年　1 月　1 日	アラビア語ドキュメンタリー専門
Al Jazeera Mubasher Misr	2011 年	アラブ動乱中継チャンネル
Al Jazeera America	2013 年　8 月 21 日	カレント TV の買収によるアメリカ向け英語チャンネル
Al Jazeera Turk	2014 年　1 月 24 日	トルコ語によるウェブサイトを開設．テレビ放送は今後．

タン，カブール支局長だったタイシール・アルーニ氏は昨年，スペインでアルカイダ関係者との容疑で逮捕されたが，数カ月後に釈放された．米政府のアルジャジーラたたきの一環だった可能性が強い．

　アラブの身内からも，アルジャジーラ批判は出ている．複数のベテラン記者たちから，「サウジアラビアやエジプト政府の批判は平気でやるのに，カタール政府批判はしない」「中立報道であるように見せかけて，反米的な編集者の意図が感じられる番組もある」といった声を聞いた．[3]

　2003 年 5 月，当時のアメリカ大統領ブッシュがイラク戦争の「大規模戦闘終結宣言」を出した（実際には，2011 年まで戦闘は続いた）．これを受けて 2003 年 6 月に新たな放送機関「イラク・メディア・ネットワーク（IMN）」が設立された．このとき，IMN 総裁は，アルジャージーラについて次のように述べている．

　　アルジャジーラのバグダッド支局が去年の 8 月以来，イラク移行政府の命令で閉鎖されたままとなっている．アルジャジーラの報道はテロや暴力を扇動するニュースが多く，多民族のイラクをバラバラにする可能性がある．この意味でアルジャジーラのニュースは信頼性と客観性に欠けており，政府の閉鎖措置はやむを得ないと思う．（太田 2005）

アルジャジーラの理念

とくに初期には多くの批判を受けたアルジャジーラだが，ワッダーハ・ハンファール報道局長（当時）は，2004 年の朝日新聞のインタビューに対して，アルジャジーラの理念を次のように語っている．

> 我々はイスラムとアラブの伝統的な価値観を重視する立場をとる．反米主義を打ち出しているわけではなく，独自の倫理に基づいたジャーナリズムを築こうと努力しているのだ．
>
> カタール政府からは財政的な支援を受けているが，編集権に関しては，あくまでも独立した組織なのだ．米政府からの圧力で報道姿勢を変えるように言われたこともなければ，そのような圧力に屈するつもりもない．
>
> アルジャジーラ設立の経緯を見てもわかるように，英 BBC 放送との関係は深く，新人記者の研修は英国人のベテラン記者が担当している．
>
> ただ，主観と客観報道，中立性と扇情主義の違いについて，我々が探る理念は，欧米メディアとは異なるだろう．
>
> どこの国のメディアでもそうだが，究極の客観報道などは存在しない．米国，日本，中国，アフリカにそれぞれの報道スタイルがあるように，アラブにはアラブなりの報道スタイルがあってもいいではないか．
>
> 米政府はアルジャジーラを 24 時間，点検して，事実の間違いが数多くあると批判している．ファルージャでの戦闘でイラク人の子供や女性が米軍による攻撃の犠牲になったことも，当初は「誤報」だと言っていたが，実態が明るみに出るにつれて沈黙してしまった．
>
> 〔略〕
>
> この世に完全無欠の報道など存在しない．報道の質を高め，視聴者からの信頼性を高める上でも，批判は謙虚に受け入れるべきであることを忘れないようにしたい．[3]

悲惨な戦争が，新しいメディアの台頭を促すことが歴史上しばしばある．ベトナム戦争ではアメリカ三大ネットワークのひとつである CBS が戦争の真実を暴き，湾岸戦争ではアメリカの CNN が独自の視点から報道を行った．イラン戦争はアルジャジーラの存在を世界に知らせたといえるかもしれない．

アルジャジーラ・イングリッシュ

アルジャジーラは，中東にとどまらず，グローバルな報道機関を目指している．

アルジャジーラの英語放送として，『アルジャジーラ・イングリッシュ（AJE）』がスタートしたのは2006年11月だった（図13-1）．

衛星放送によってAJEを視聴できる範囲を図13-2，図13-3に示す．ほぼ全世界を覆っていることがわかるだろう．これ以外の地域でも，AJEは，ケーブルテレビやインターネット経由で見ることができる．

アルジャジーラの動きをうけて，イランも英語の『プレスTV』を2007年7月発足させた．中東以外では，1936年から開始されたBBCワールドは別として，韓国が2000年から衛星放送による地球規模の英語テレビ放送『アリラン・ワールド』（Arirang World）の配信を開始．中国も2000年9月25日から中華人民共和国の国営テレビ局中国中央電視台の英語による国際ニュース放送チャンネル『CCTV-9』の放送を開始．フランスは2006年12月6日からインターネットで国際ニュース専門チャンネル『フランス24』の配信を開始した．

グローバリゼーションの流れのなかで，国際放送の国家戦略的重要度が高まっている

図13-1　アルジャジーラ・イングリッシュ（AJE）の画面

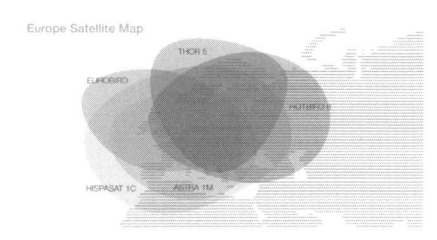

図13-2　AJEの衛星放送がカバーする範囲（ヨーロッパ内）[4]

図13-3　AJEの衛星放送がカバーする範囲（全世界）[5]

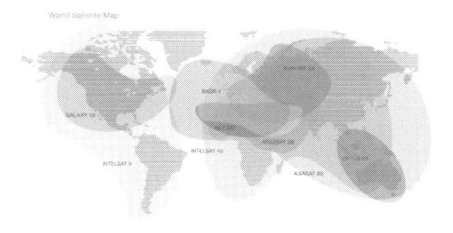

ともいえるし，また，グローバル世界の情報に対するニーズが高まっていることもその背景にあるだろう．

アルジャジーラのアメリカ進出——アルジャジーラ・アメリカ

2013 年 1 月 2 日，アルジャジーラはアメリカのケーブル・テレビ局「カレント TV」を買収し，「アルジャジーラ・アメリカ」とすることを発表した．買収額は，約 5 億ドル（日本円で約 440 億円）と推定されている．

「中東かわら版」の記事[6] によれば，アルジャジーラは声明で，「今回の買収により，米国の 4000 万以上の世帯に米国発信のニュースを報道することができるだろう」と発表し，アフマド・ビン・ジャーシム・アール・サーニー・アルジャジーラ総局長は，「カレント TV」を買収したことにより，アルジャジーラは米国進出のための重要な足がかりを作ることができた」と述べた．また，アルジャジーラ関係者は「今回の買収の背景には，米国内の視聴者からの強い要請があった．アルジャジーラ・イングリッシュのインターネット配信ニュース閲覧者の 4 割が米国在住であった」と述べた．

アルジャジーラが買収したカレント TV は，アメリカ元副大統領で『不都合な真実』などの著作でも知られるアル・ゴアらの共同出資によって 2005 年に創設され，アメリカの約 6000 万世帯に視聴者を持っていた．ドキュメンタリー番組に加え，リベラル派の論客が激論を交わす硬派の討論番組も放映していた．ゴアは買収後も経営陣の 1 人として同社に残り，2013 年 1 月 2 日，「多様な観点から，誰も語らなかったストーリーを伝える」との声明を発表した．

その後，アルジャジーラ・アメリカは，次々とアメリカの著名なリベラル派ジャーナリストをスタッフに迎えた[7]．そして 2013 年 8 月 20 日，ニューヨークに本社を置き，アメリカ全土の主要都市に 12 の支社を持つ，アルジャジーラ・アメリカが出発した．

さらに，2013 年 10 月 24 日，アルジャジーラ・アメリカは，タイム・ワーナー・ケーブル・アンド・ブライトハウス・ネットワークとの提携を発表し，2013 年 12 月 6 日，放送を開始した．これにより，アメリカ国内の 5500 万人がアルジャジーラ・アメリカを視聴することができるようになった．

2014 年 2 月時点で，アルジャジーラ・アメリカのジャーナリスト，スタッフは 800 人弱に達したという．

3. アルジャジーラと日本

アルジャジーラに報じられた日本

「アルジャジーラ」というメディアの名が，日本ではっきりと認識されたのは，2004年秋に発生した，イラク日本人人質事件だった．

NHKの記事によれば，

> 2004年10月26日夜，日本時間の27日早朝，中東のテレビ局アルジャジーラは「イラクの武装勢力が日本人だとする男性を拘束し，48時間以内に日本の自衛隊が撤退しなければ，男性を殺害すると脅迫する映像がインターネットのホームページに掲載された」と伝え，映し出された男性はまもなく福岡県直方市出身の香田証生さんと判明しました．イラクでは日本を含む多くの国の外交官やジャーナリスト，NPO活動家などが相次いで拘束されたり，殺害されたりして依然危険な状態のため，日本政府はアメリカの政府やイラク駐留軍に香田さん救出に向けて全面協力を要請し，日本のマスメディア各社も24時間の取材・即応体制を敷きました．[8]

この事件は，香田さんの殺害という悲しむべき結果を迎え，またこの時期に日本国内で起こった「自己責任論」とともに，後味の悪い出来事となった．

東日本大震災とアルジャジーラ

2011年3月11日午後2時46分，マグニチュード9.0の巨大地震が日本を襲った．

図13-4 「巨大津波，日本を襲う」[9]

この情報は，直ちに海外に伝わり，世界中の報道機関が東日本大震災の状況をリアルタイムに伝えはじめた．

アルジャジーラも，大々的に大震災のニュースを伝えはじめた．情報源は，NHKの英語によるテレビ国際放送『NHKワールド』に加え，民放の映像も使われた．ネット上では，LIVEBLOGによって詳しい情報が書き込まれた．しばらくすると，アルジャジーラ日本支局からの情報も入るようになった．

福島第一原発事故に関する報道

アルジャジーラは，福島原発事故についても，当初から熱心に報道を行った[10]．

そしてその報道姿勢は，今日も変わっていない．事故からほぼ3年が経過した現在も，アルジャジーラの英語サイトには，『JAPAN'S NUCLEAR MELTDOWN（日本の原発メルトダウン）』というサイトが継続的に維持運営されており（図13-5），日本国外も含め，

図13-5 『日本の原発メルトダウン』サイト[11]

図13-6 アルジャジーラが批判した「いたずら写真」[12]

福島原発に関するさまざまな情報が収集，蓄積されている．

アルジャジーラは，福島原発事故の問題に深い懸念を示しているが，その一方で，世界で広がる，福島原発事故に関する根拠のない風評についても厳しく警鐘を鳴らしている．

たとえば，2014年2月21日の記事[12]では，「福島放射能汚染神話の真実を暴く」と題して，図13-6に示した「いたずら写真」を批判している．記事によれば，「この写真は，もともと冗談ニュースのサイトに掲載された合成写真だったが，（あたかも真実の写真のように受け取られて）ネット上に広まり，ソーシャルメディア・ユーザーたちの陰謀説（「日本政府は，福島原発による海洋汚染によって海洋生物の突然変異が起きていることを隠している」といった根拠のない憶測）を活気づかせている」とのことである．

「福島原発事故が重大な事故であることはまぎれもないが，だからといって，癌の発生率や海洋生物の突然変異に関するデマを信じてはならない．専門の研究機関や報道機関に対する信頼感がむしばまれているために，人びとは「真実の」情報を得ようとしてソーシャルメディアに向かい，でたらめな情報に惑わされてしまうのだ」とこの記事は主張している．

現在の〈ジャーナリズム〉の根幹にかかわる問題といえよう．

日本の（反）平和主義に対する懸念の表明

また，安倍政権の成立後は，その保守的な姿勢に対して，しばしば疑念を投げかけるコンテンツが掲載されている．

たとえば，2014年2月4日の「Japan：Pushing aside pacifism?（日本は平和主義を棄てるのか？）」[13]という記事では，次のように述べている：

図13-7　アルジャジーラの「Japan：Pushing aside pacifism?」記事に埋め込まれた動画[13]

図13-8　Twitterを介した討論

　日本の平和主義は終わろうとしているのか？　地域安全保障の脅威が高まる中で，日本は自衛の範囲に止まらない，より強い軍隊を欲している．しかし，日本国民や，第二次世界大戦後の日本の平和文化にとって，それは何を意味するのだろう？　われわれはまた，日本の保守主義へのシフトに対する反応を注視しようと思う．19時30分（標準時）からの討論に参加しよう．（遠藤訳）

　引用文からもわかるように，上記呼びかけののち，世界からこの問題提起に対する反応が，Twitterなどを介して書き込まれた（図13-8参照）．

4. アルジャジーラの間メディア戦略

アルジャジーラのインフォグラフィクス

　アルジャジーラは，間メディア社会の新しい報道手法にも積極的に取り組んでいる．わかりやすい報道のために，早い時期から「インフォグラフィクス」を採用している．「インフォグラフィクス」とは，データをデザイン的に図像化することにより，複雑な内容も一目で理解できるようにする手法である．
　図13-9や図13-10はその一例であるが，わかりやすく，見やすく，美しい．

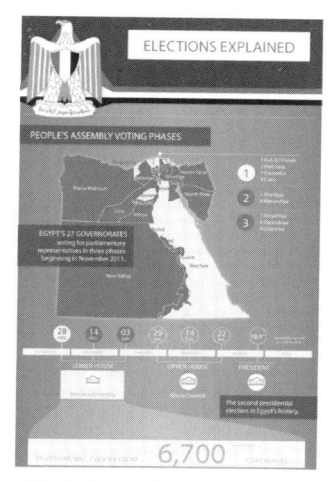

図13-9 エジプトの選挙解説
(2011年11月)[14]

図13-10 新ローマ法王の選出
(2013年2月27日)[15]

また，インフォグラフィクスは，単に，見やすいだけでなく，そこから新たに見えてくるものもある．たとえば，(アルジャジーラではないが,) イギリスのザ・ガーディアンは，2011年12月，ロンドン暴動の際の噂の広まり方をインタラクティブに表現して，大きな反響を呼んだ[16]．

ライブ・ブログ

近年のオンライン・ジャーナリズムの多くは，ライブ・ブログを採用している．「ライブ・ブログ」とは，リアルタイムで実況映像を流すと同時にブログ形式で次々とコメントを書きこんでいくコンテンツである．

2013年11月に始まった政府に対するウクライナ国民の抗議運動[17]は，あっという間に激しさを増し，2014年2月18日にはデモ隊と警官隊の衝突により100人近い死者を出すにいたった．2014年2月22日，ヤヌコビッチ大統領はウクライナ最高会議で解任決議され，ドネックの空港から出国しようとしたが失敗した．

この出来事は，まさに3年前の「アラブの春」を思い起こさせるものだった．

「ウクライナ革命」では，エスプレッソTV，UKRストリームTV，スピルノTV，チャンネル5など，テレビ放送が遮断された現地から，独立系メディアがネットを介して生中継を行っている．そうした情報を，ワシントン・ポスト，ニューヨーク・タイムズ，ガーディアン等が参照し，世界に情報を転送している．

図 13-11　アルジャジーラによる「ウクライナ革命」のライブ・ブログ[18]

　アルジャジーラもまた，ネット上でライブ・ブログを展開し，ウクライナの状況を逐次，報道し，論評している．

アルジャジーラとクリエイティブ・コモンズ

　間メディア社会化が進むなかで，ジャーナリズムが収集，編集したコンテンツの著作権をどう考えるかという問題が大きく浮上している．

　コンテンツの創出にかかわった人びとや企業の権利を守るとともに，コンテンツの公共性を高めるにはどうしたらよいか．情報のデジタル化はこの問題を否応もなくわれわれに突きつけている．

　この問題に対する解決を，アルジャジーラはクリエイティブ・コモンズ（Creative Commons：CC）の考え方を用いて，実践している．

　クリエイティブ・コモンズとは，クリエイティブ・コモンズ・ジャパンの公式サイト[19]によれば，「クリエイティブ・コモンズ・ライセンス（CC ライセンス）を提供している国際的非営利組織とそのプロジェクトの総称」であり，「CC ライセンスはインターネット時代のための新しい著作権ルールの普及を目指し，さまざまな作品の作者が自ら「この条件を守れば私の作品を自由に使って良いですよ」という意思表示をするためのツール」である．

　アルジャジーラは，2009 年 1 月，Al Jazeera Creative Commons Repository[20] を設立した．ここには，「イスラエルによるガザ侵攻に関する取材映像が集めてあり，すべて

図 13-12　アルジャジーラ・クリエイティブ　　図 13-13　クリエイティブ・コモンズ・ジャ
　　　　　コモンズ・リポジトリ　　　　　　　　　　　　　　パンのアルジャジーラ紹介ページ[21]

の動画が「CC-BY」ライセンスで公開されています．西側ニュースメディアによるガザからの報道が制限されるなか，アルジャジーラは現地メディアとしての強みを生かした取材を行い，しかも映像をCCライセンスで公開して誰もが利用可能な状態にしたことで，この問題についてより多くの人が議論を行うことを可能」にしたと，CCは紹介している．

5.　おわりに——世界に拡がるグローバル情報発信

　以上，本稿で見てきたように，アルジャジーラは今後さらに世界のジャーナリズムのなかで新しいタイプの存在感を高めていくだろう．

　その一方で，摩擦もしばしば起きる．たとえば，アルジャジーラは2012年5月8日，北京に駐在していたメリッサ・チャン（Melissa Chan）記者が外国人記者証の更新を拒まれたため，英語放送の北京支局を当面閉鎖することを明らかにした．この事件に対して，「中国駐在の外国メディア関係者で作るFCCC（中国外国人記者クラブ）では，アルジャジーラが2011年11月に放送した，中国の政治犯や宗教家への当局の弾圧を描くドキュメンタリー『奴隷制〜21世紀の悪〜』に怒った中国政府の報復行為と見ており，「チャン氏はこの番組の制作には関与していない」と中国政府を批判している」（山田2012）という．

　アルジャジーラがグローバル世界から大きな注目を集めた「アラブの春」からすでに3年が経った．当初，中東における「民主革命」と賞賛されたアラブ動乱だったが，その後，状況は一筋縄ではいかない多面的な様相を見せつつ，現在も混乱は続いている．

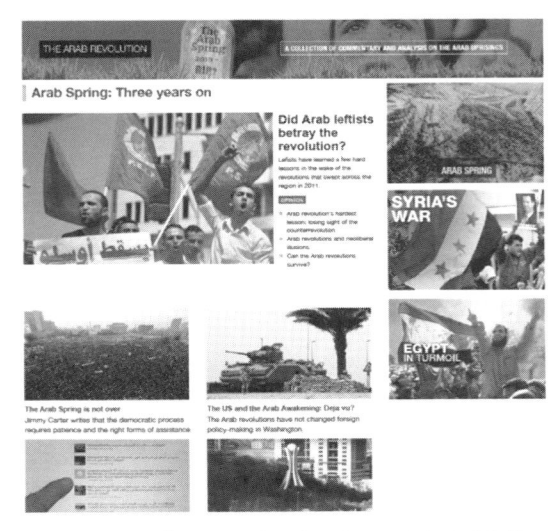

図 13-14 『アラブの春：あれから 3 年』サイト[22]

　アルジャジーラは，この間の長期にわたる複雑なプロセスを，報道コンテンツのアーカイブとその問い直しというかたちで，継続的に問題提起を続けている．このような取り組みも，間メディア社会における〈ジャーナリズム〉の使命である．
　今後，アルジャジーラだけでなく，次々と革新的な報道機関が登場してくるだろう．それらがどのような公共性を構築しようとしているのか，しっかりと見きわめていくことが重要だろう．

第 V 部

未来に向かって

終章

ジャーナリズムの明日
―― 二度の政権交代とネット選挙

遠藤 薫

1. はじめに

　2012年12月17日の各紙朝刊の一面には,「政権奪還」「壊滅的敗北」といった刺激的な太文字が大きく躍っていた.

　この紙面構成は, 一種の既視感をともなっていた.「これは, そう遠くない過去に見たことのある光景だ」という感覚. もちろんそれは事実で, ほんのわずか3年前, 2009年8月31日付けの新聞各紙は, ほぼ同じような文字と写真で一面を飾っていた. ただし, 報じられる主体は交替したのだが.

図 14-1　2012年12月16日衆院選を報じる新聞

図 14-2　2009年8月30日衆院選を報じる新聞

2. 二つの歴史的選挙

2012年衆議院選挙までの道程——55年体制のゆらぎと復帰

　この2012年衆院選に至るまで，どのようなプロセスがあっただろうか．

　日本の政権は，5年のあいだ比較的安定した支持を得ていた小泉政権ののち，安倍，福田，麻生と，1年交替の政権が続いた．この政権のゆらぎが，2009年の民主党政権誕生の大きな原動力になったといえる．

　ところが，その民主党政権でも，鳩山，菅，野田と短期での政権交代が続いた．その背景には，長く続いた55年体制を脱却した政治体制を再構成するにはある程度の時間がかかること，2011年には東日本大震災という未曾有の災害に襲われたこと，さらにはそれによって福島原発事故というきわめて困難な問題に直面せざるを得なかったことなどが挙げられる．

　しかしいずれにせよ，このような民主党政権の「もたつき」は，民主党への大きな失望と，「野党」としての自民党や日本維新の会への「期待」へと転化されたといえるだろう．

　またそれは，図14-3に示したような，2000～2012年の衆議院・参議院選挙における議席獲得率推移としてみれば，実は，二大政党制への日本的移行のプロセスといえるかもしれない（現状では単独政党制への移行の恐れもあるが）．

表14-1　2000年代以降の政権，衆参議院議員数，アメリカ大統領選

年	首相	選挙	自民議席	民主議席	アメリカ大統領選
2000. 6.25	森	衆院選	233	127	ブッシュ（共和）勝利
2001. 7.29	小泉政権誕生	参院選	111	59	
2003.11.11	小泉	衆院選	237	177	
2004. 7.11	小泉	参院選	115	82	ブッシュ（共和）勝利
2005. 9.11	小泉→安倍	衆院選	296	113	
2007. 7.29	安倍→福田	参院選	83	109	
2009. 8.30	麻生→鳩山	衆院選	119	308	オバマ（民主）勝利
2010. 7.11	鳩山→菅	参院選	84	106	
2012.12.16	野田→安倍	衆院選	294	57	オバマ（民主）勝利

2012年衆院選	61.3	11.9	26.9	自民圧倒
2010年参院選	34.7	43.8	21.5	
2009年衆院選	24.8	64.2	11.0	自民圧倒
2007年参院選	34.3	45.0	20.7	
2005年衆院選	61.7	23.5	14.8	自民圧倒
2004年参院選	47.5	33.9	18.6	
2003年衆院選	49.4	36.9	13.8	二大政党拮抗
2001年参院選	45.9	24.4	29.8	
2000年衆院選	48.5	26.5	25.0	

■自民議席　□民主議席　□その他

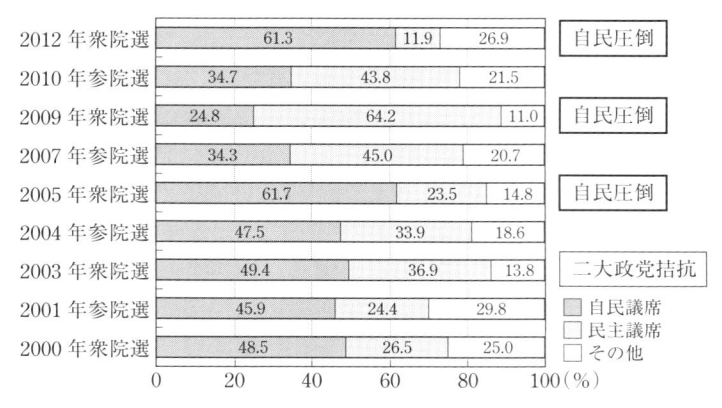

図14-3　2000〜2012年の衆議院・参議院選挙における議席獲得率推移

3. メディアと選挙——ソーシャルメディアの影響

メディア・イベントとしての開票速報

　マスメディアの発達とともに，選挙はメディア・イベントともなった．「メディア・イベント」とは，メディア研究者のダヤーンとカッツが提示した概念で，「祭礼的なテレビ視聴」（Dayan and Katz 1992＝1996: 13）を指す．その特徴は，「中断，独占，生放送，局外中継の諸要素」（ibid.: 25）で，「通常の番組スケジュールを中止して，いくつかのチャンネルが同じ内容で歩調をそろえることは，放送主体は活用できる最もドラマティックな句読法となる．放送主体は，放送される他のすべてのことを完全に中止し，併存する多くのチャンネルを単音階として連結する．もちろん，こうした諸要素にも，意味論でいうところの意味がある．それらはイベントの偉大さを物語るのである．また，それらには語用論的側面もある．すなわち，テレビの連続的流れが中断されることによって，通常の生活の流れにピリオドが打たれるのである」（ibid.: 25）．

　とくに，投票・開票日における開票速報は，まさに，メディア・イベントであり，各局は，視聴者の注目を集めるために，総力を挙げて，番組の企画を立てる．

　実際，開票速報は，まさに祭礼的である．とくに2009年には，NHKの開票速報第1部（19時55分〜21時）は，なんと24.70％の高視聴率を獲得している．また，この時間帯のすべての選挙速報番組[1]の視聴率を単純に合わせると51.9％に達した．

　その一方，近年では，インターネットを情報源として重要視する人も増えている．「2012年総選挙に関する意識調査（以降「2012年総選挙〔事前・事後〕調査」）」[2]では，

3. メディアと選挙   265

表 14-2　東京キー局の選挙特番と関東地区平均視聴率

局	番組名（2012年選挙）	時間帯	2012年12月16日	2010年7月11日	2009年8月30日
NHK	「衆院選2012開票速報」	19時55分〜65分間	17.30%	18.80%	24.70%
フジテレビ	「FNN総選挙2012ニッポンの決意・1部」	19時58分〜92分間	9.50%	8.20%	6.80%
テレビ朝日	「選挙ステーション2012・第1部」	19時56分〜124分間	9.30%	7.20%	9.80%
日本テレビ	「NNN総選挙特番ZERO×選挙2012第1部」	21時39分〜81分間	8.90%	9.70%	26.40%
テレビ東京	「池上彰の総選挙ライブ」	19時54分〜126分間	8.60%	8.00%	2.40%
TBS	「乱！総選挙2012・第1部」	19時57分〜103分間	7.10%	9.20%	8.20%
NHK	「衆院選2012開票速報」	21時〜60分間	14.50%	16.1%	21.90%
NHK	「衆院選2012開票速報」	22時〜60分間	12.90%	14.30%	21.90%
NHK	「衆院選2012開票速報」	23時〜60分間	11.10%	11.90%	17.00%
テレビ朝日	「選挙ステーション2012・第2部」	22時〜90分間	10.10%	9.10%	12.00%

2009年衆議院選挙，2010年参議院選挙，2012年衆議院選挙（選挙期間前），2012年衆議院選挙（選挙期間後）における，「選挙に関する重要な情報源」を聞いた．その結果を，図14-4に示す．

これによれば，NHKテレビ，民放テレビ，全国紙では，2009〜2012年（選挙前）までは微減傾向であるが，2012年の選挙前と選挙後で大きく低下している．一方，地元紙やラジオは，2009〜2012年（選挙前）までは横ばいであるが，2012年の選挙前と選挙後でやや増加が見られる．インターネット上の各サービスは，報道機関のサイトやポータルサイトを除いてまだ重要と答える人の割合は低い．ただし，その割合は，着実に上昇している．家族や知人からの情報は横ばいから微増傾向にあり，また，自治体からの情報は増加傾向にある．

図14-5は，やはり各メディアの重要度を，年代とクロス集計したものである．

これによれば，テレビは，2009〜2012年（選挙前）までほぼ同じ重要度で，年代が

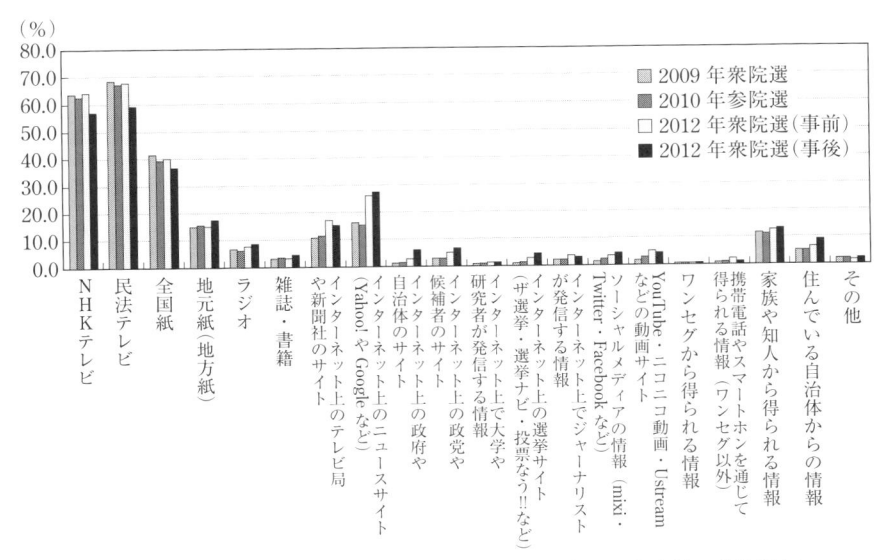

図 14-4　選挙の重要な情報源の時系列推移（2012年総選挙事前・事後調査）

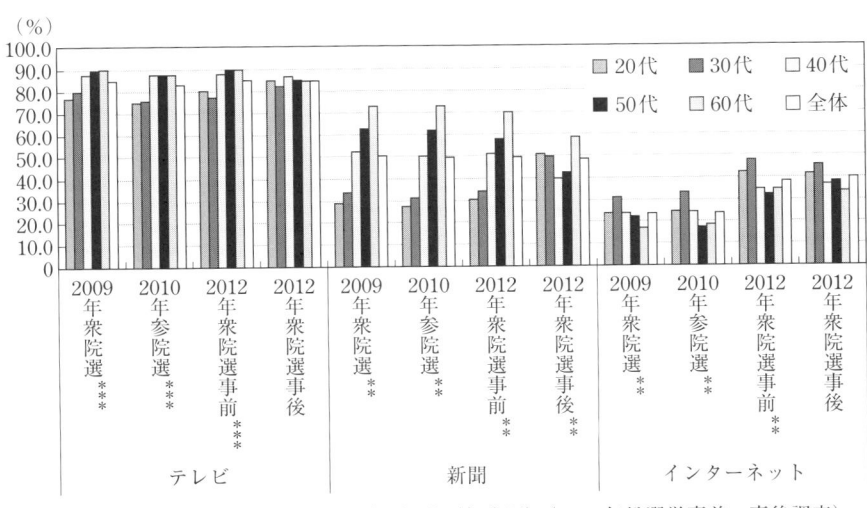

図 14-5　選挙の重要な情報源の時系列推移（年代別）（2012年総選挙事前・事後調査）
（***：0.1％有意，**：1％有意）

上がるに従って重要度が増す傾向が見られた．しかし，2012年の事後調査では，若い層も高年齢層と同程度にテレビを選挙の情報源としていたことがわかった．新聞についても，2009〜2012年（選挙前）までほぼ同じ重要度で，年代が上がるに従って重要度が増す傾向が見られた．しかし，2012年の事後調査では，若い層も高年齢層と同程度に新聞を選挙の情報源としていたことがわかった．一方インターネットは，2009〜2012年（選挙前）までほぼ同じ重要度で，年代が上がるに従って重要度が減少する傾向が見られた．しかし，2012年の事後調査では，高年齢層も若年齢層と同程度にインターネットを選挙の情報源としていたことがわかった．

結局，さまざまなメディアが広く社会に浸透した現在では，人びとはもはや年代にかかわりなく，多様なメディアを場合に応じて使い分け，組み合わせつつ，選挙情報を得ているといえるかもしれない．

ソーシャルメディアと日本の選挙

2012年12月16日時点，日本では公職選挙法によってインターネットを介した選挙活動が禁じられていた．このため，諸外国のようにソーシャルメディアを駆使した選挙キャンペーンは行われていない．

それでも，既述のように，ソーシャルメディアは，さまざまなかたちで重要な情報源

図14-6　動画サイトの「選挙特番」

となりはじめた．開票速報も，ニコニコ生放送やUstream，YouTubeなどから配信された．

ニコニコ動画による党首討論

さらに2012年11月29日にはニコニコ生放送でネット党首討論会が開かれ，延べ150万近い来場者数を記録した．

この党首討論会の視聴について尋ねたところ，「リアルタイムで見た」と「タイムシフトで見た」を合わせた視聴率は12.5％であった．「見たいと思っていたが見ていない」(30.3％)，「知らなかった」(43.8％) という人びとは，今後見る可能性もある．「見たくない」という人は11.1％にとどまった（図14-7）．

また，このような試みについてどう思うか聞いたところ，「どんどん進めるべきだ」が48.3％（図14-8）に達した．「テレビ中継するべきだ」も33.5％いるが，テレビでは完全中継は困難であるから，ネットで完全中継，テレビで縮約中継という分担が望ましいかもしれない．

選挙の重要な情報源

図14-9は，「2012年総選挙事前調査」で，2009年衆議院選挙，2010年参議院選挙，2012年衆議院選挙において重要な情報源は何だったか（何か）を尋ねた結果である．

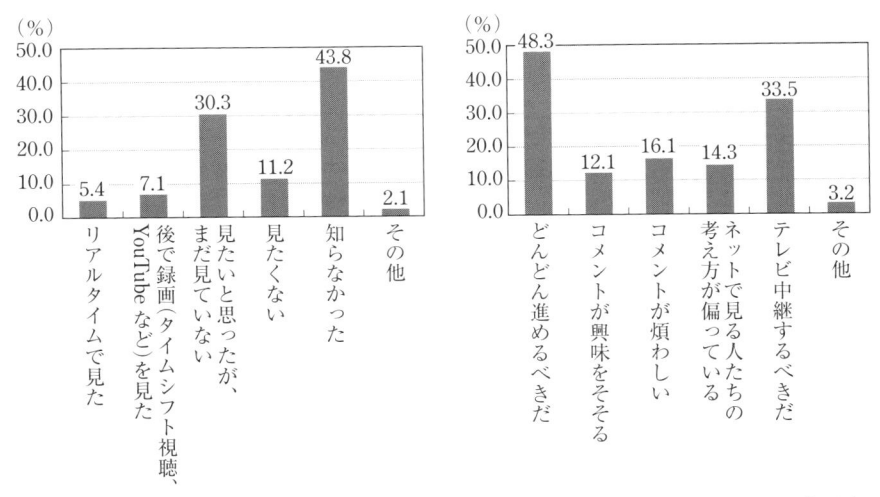

図14-7 「ネット党首討論会」を見ましたか（2012年総選挙事前調査）

図14-8 このような試みについてどう思うか（MA）（2012年総選挙事前調査）

3. メディアと選挙　269

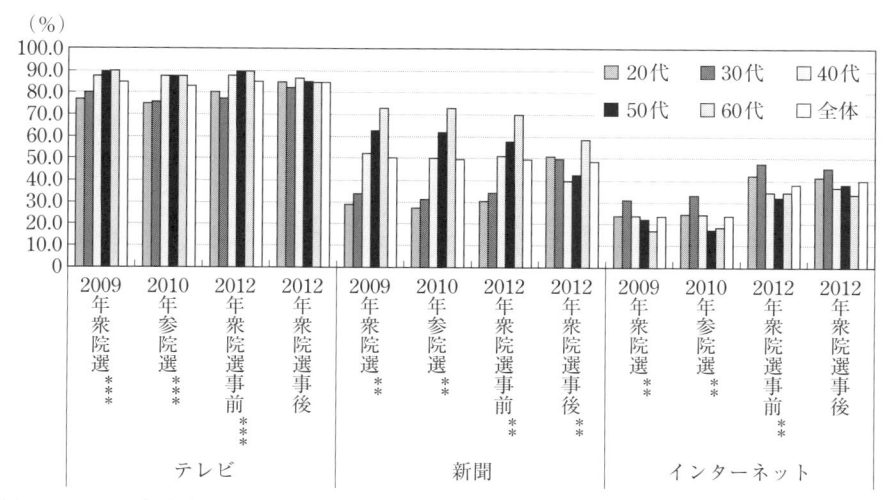

図14-9 2009年衆議院選挙, 2010年参議院選挙, 2012年衆議院選挙において重要な情報源（2012年総選挙事前・事後調査）
（***：0.1%有意, **：1%有意）

これによれば，テレビと新聞の重要度（重要と答えた人の割合）は，この3年間で大きな変化はないが，インターネットは2009年の24.1%から2012年の38.8%へと急増している．またテレビや新聞では，高年齢層ほど重要度が高いのに対して，インターネットは30代が最も重要と答えている．

一方，図14-10は，同じ調査で，ソーシャルメディアについて尋ねた結果である．インターネット利用というと，ソーシャルメディアよりもポータルサイトなどの利用が多く，現時点では，ソーシャルメディアの利用率はあまり高くない．それでも，ソーシャルメディア全体では，2009年の3.0%から2012年の7.0%へと激増しており，今後の普及が予想される．ソーシャルメディアについては，若年層の重要度の高さが顕著であり，2012年，20代では11.2%に達している．一方，動画サイトについては，60代でも高い重要度を示している．こうした現況をふまえつつ，年代にかかわらずソーシャルメディアを政治参加に活用できる方向を目指すべきだろう．

インターネットの政治利用に関する意識

では，有権者たちは，インターネットの政治利用をどのように考えているだろうか？

図14-11に，インターネットの政治利用に関する質問項目の調査結果を示す．質問項目は，「インターネットの利用によって，人びとは政治や選挙について，より多くの

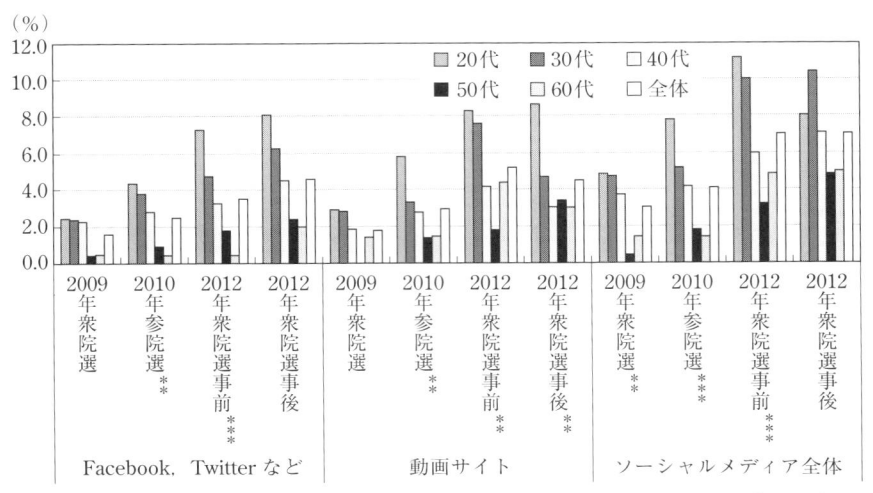

270　終章　ジャーナリズムの明日

図 14-10　選挙の重要な情報源としてのソーシャルメディアの時系列推移（年代別）（2012年総選挙事前・事後調査）
（***：0.1％有意，**：1％有意）

図 14-11　インターネット利用と政治・選挙（2012年総選挙事後調査）

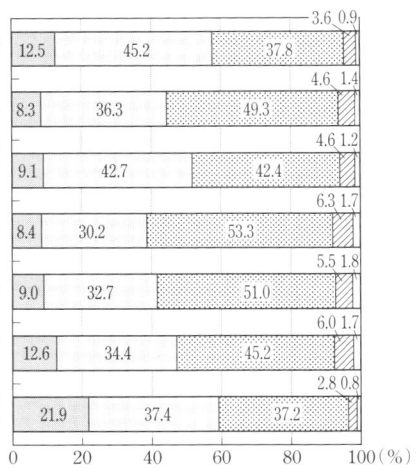

項目	まったく賛成	どちらかといえば賛成	どちらともいえない	どちらかといえば反対	まったく反対
インターネットの利用によって，人びとは政治や選挙について，より多くの情報を知ることができた	12.5	45.2	37.8	3.6	0.9
インターネットの利用によって，人びとが政治や選挙について，良く理解できるようになった	8.3	36.3	49.3	4.6	1.4
インターネットを活用することで，政府や政治家は，政治に関する国民の意見を知ることができる	9.1	42.7	42.4	4.6	1.2
インターネットの利用によって，人びとの政治的関心が高まった	8.4	30.2	53.3	6.3	1.7
インターネットの利用によって，人びとの政治的発言力が高まった	9.0	32.7	51.0	5.5	1.8
インターネットの利用によって，人びとが脱原発デモなどに容易に参加するようになった	12.6	34.4	45.2	6.0	1.7
政府，自治体，政党などは，インターネットを通じて，もっと情報公開に努めるべきだ	21.9	37.4	37.2	2.8	0.8

情報を知ることができた（情報の増加）」「インターネットの利用によって，人びとが政治や選挙について，良く理解できるようになった（理解の向上）」「インターネットを活用することで，政府や政治家は，政治に関する国民の意見を知ることができる（国民の意見）」「インターネットの利用によって，人びとの政治的関心が高まった（政治的関心増加）」「インターネットの利用によって，人びとの政治的発言力が高まった（政治的発言力向上）」「インターネットの利用によって，人びとが脱原発デモなどに容易に参加するようになった（デモ参加）」「政府，自治体，政党などは，インターネットを通じて，もっと情報公開に努めるべきだ（情報公開の必要）」など，インターネットの利用が，政府や自治体の情報開示／世論認知活動や，有権者の政治参画意識に何らかの影響を与えるかとの問いに対して，5段階で回答してもらったものである．

この結果によれば，いずれの質問についても，回答者の5割前後が「まったく賛成」または「どちらかといえば賛成」と答えている．「どちらかといえば反対」「まったく反対」はいずれの質問についても5％前後であることを考えれば，有権者はインターネットの利用が，国や自治体，有権者のいずれにもポジティブな影響があると考えていると見られる．また，「情報の増加」「理解の向上」「政治的関心増加」について，年代による差が有意水準1％で観察された．いずれも，20代，30代で，「賛成」「どちらかといえば賛成」の割合が高かった．

しかし，インターネット上の言説に関しては，批判的なまなざしも多く寄せられている．そこで，インターネット上を流通する情報／言説に関する意見を尋ねた結果が，図

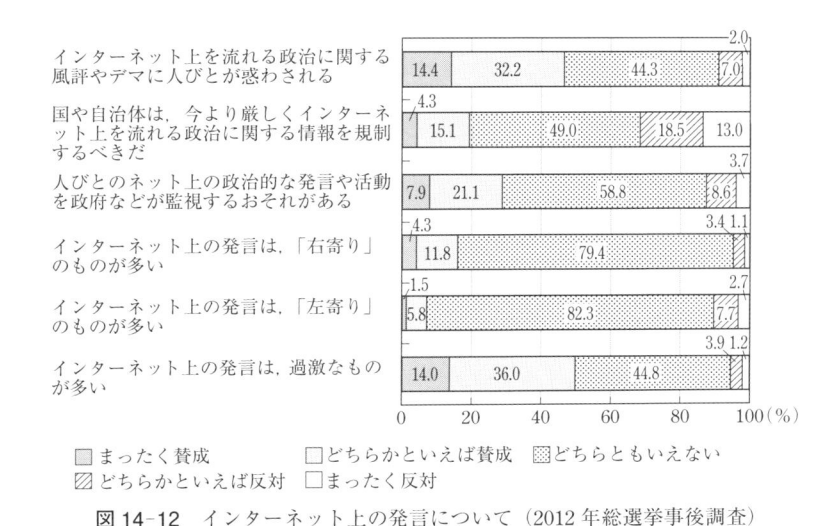

図 14-12 インターネット上の発言について（2012年総選挙事後調査）

14-12 である．

これによれば，「インターネット上を流れる政治に関する風評やデマに人びとが惑わされている」という意見には，半分近い回答者が「まったく賛成」「どちらかといえば賛成」と答えている．とはいうものの，「国や自治体は，今より厳しくインターネット上を流れる政治に関する情報を規制するべきだ」という意見に賛成するものは2割に満たず，むしろ，「人びとのネット上の政治的な発言や活動を政府などが監視するおそれがある」という危惧を表明するものが3割近くいる．この調査が，インターネット調査であるという点も影響しているかもしれないが，風評やデマのリスクは認識していても，総体として回答者たちは，ネット上の表現の自由を評価していると考えられる．

また，「インターネット上の発言は，「右寄り」のものが多い」「インターネット上の発言は，「左寄り」のものが多い」という二つの意見については，賛成するものは，前者が約16%[3]，後者が約6%と，いずれもかなり低い．この二つの質問については，反対も，前者が約5%，後者が約10%と低い．「右寄り」「左寄り」という概念が曖昧であるのかもしれない．他方，「インターネット上の発言は，過激なものが多い」という意見には，約5割が賛成の意[4]を表明している．

ネット選挙に関する意見

このような流れのなかで，ネット選挙に関する議論も，具体的になされるようになってきた．

周知のように，日本では，公職選挙法の解釈によって，インターネットを介した選挙活動は原則禁止の状態にあった．しかし，選挙費用の低廉化，政治情報の透明化などのために公職選挙法を改正して，ソーシャルメディアを活用する道を開くことを求める声も高い．その一方で，安易なソーシャルメディア利用には，誹謗中傷や情報操作の横行などに対する危惧も大きい．

コミュニケーション技術の進歩はまさに激流のようである．人びとは，社会的コミュニケーションを活性化し，社会の公共性を高めるために技術を発展させてきた．しかし，われわれはこの新しいメディアをうまく使いこなすことができるのか．われわれの社会的知性がいままさに問われている．

2012年12月の衆議院選事後調査でも，ネット選挙に関する意見を尋ねた．その結果が図14-13である．

図14-13（a）は，ネット選挙に関する可否意見（単数回答）であるが，約4分の3強の回答者は，ネット選挙に前向きな姿勢を示している．「原則自由」としたのは18.1%で，もっとも回答の多かったのは，前向きな意見のなかで最も慎重な「公式サイ

(a) ネット選挙の可否: 原則自由とすべきである 18.1、誹謗中傷などは禁止するが、制限をかなり緩和する 26.9、公式サイトなどに限定して認める 31.1、慎重に議論することからはじめるべきである 14.2、現状のままで問題ない 9.2、その他 0.4

(b) その理由: ネットにより選挙が混乱する、誹謗中傷やデマが横行し 35.0、ネットによる選挙活動の解禁により政治家にとって不利になる 12.8、ネットによる選挙活動の解禁により候補者にとって不利になる 18.5、ネットによる選挙活動の解禁によりより多くの情報が得られるようになる 49.3、ネットによる選挙活動の解禁により選挙費用がかからなくなる 33.0、ネットによる選挙活動の解禁に有権者の意見が直接反映されるようになる 23.0、その他 2.3

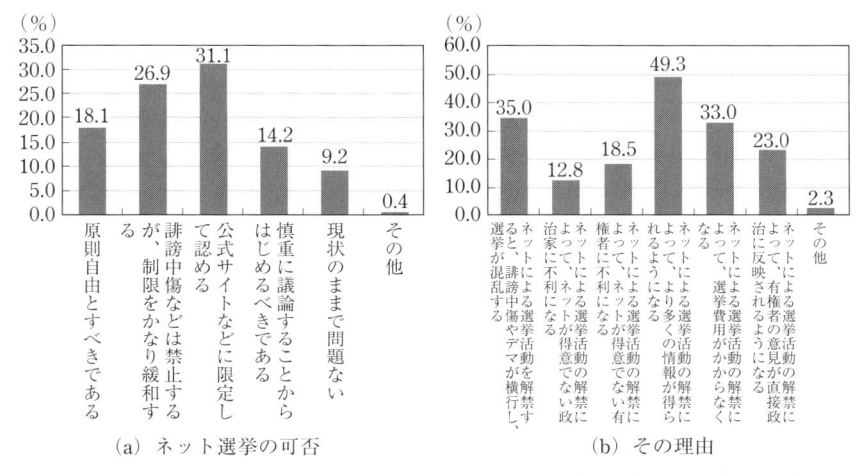

図 14-13 いずれも，年代による有意な差はなかった（2012年総選挙事後調査）

トなどに限定して認める」の 31.1% だった．年代による有意な差は見られなかった．

また，その理由（図 14-13 (b)）としては，ネット選挙によって「多くの情報が得られる」(49.3%)，「費用がかからなくなる」(33.0%)，「有権者の意見が直接反映される」(23.0%) など肯定的な意見が多く，否定的な意見としては「誹謗中傷やデマ」などに関する危惧 (35.0%) は多いものの，候補者や有権者の情報格差についてはあまり多くなかった．この問いについても，年代による有意な差は見られなかった．

とはいうものの，先にも見たように，2012 年の衆院選でも，(選挙期間中の更新はできなくても)，候補者たちは，所属する党や自身のサイト，Facebook, Twitter などで，さまざまなメッセージを発信していた．有権者たちはどの程度そうしたネット上の候補者情報を見たのだろうか．

図 14-14 は，調査の回答を集計したものである．これによれば，何らかの候補者のサイトを見たのは全体の約 35% で，年代による差はあまり見られなかった．これに対して，「見たいと思わなかったので見なかった」という，いわばネット選挙に対する拒絶反応は，全体では 46.3% であるが，年代によって明らかな差が見られる．若い世代では拒絶反応は 4 割に満たないが，高年齢層では 5 割を超える．反対に，「そういうものを知らなかった」と答える人は，むしろ若年齢層の方が多い．「知らなかった」人は，知ることによって今後視聴する可能性がある．したがって，若年層がネットから政治情報を受信することは増えるだろうと予想される．一方，高年齢層でも，「食わず嫌い」の可能性もある．いずれにせよ，こうした情報の存在を広く周知させることが重要である．

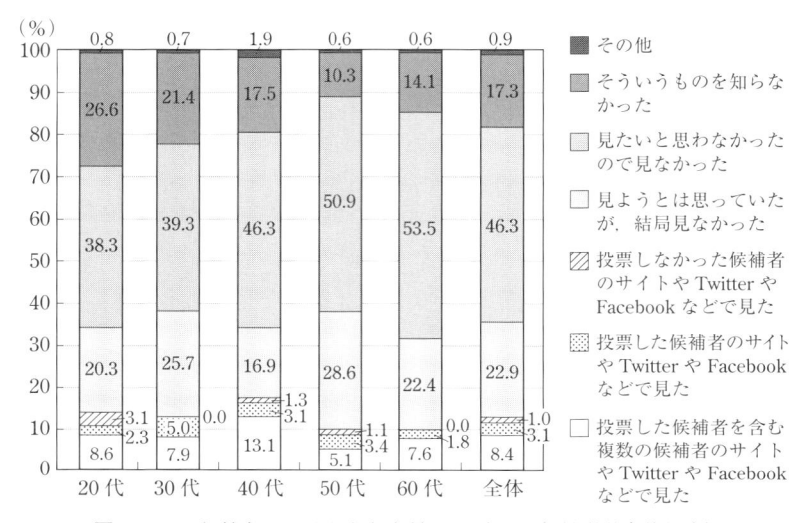

図 14-14 候補者のサイトなどを見たか（2012年総選挙事後調査）

4. 今後のゆくえ——集団知性・集団浅慮・集団分極化

ソーシャルメディアと民主主義——集団知性か集団浅慮か，集団分極化か

　ソーシャルメディアは，一般の人びとが，場所や時間の制約なく，自由に意見を述べ，論じ合う場を提供する．そのことから，直接民主主義におけるアゴラ（市民が意見を述べあう場）として機能するのではないか，との期待が寄せられてきた．

　この期待は，「集団知性」という考え方によって補強される．J.スロウィッキーによれば，少数の専門家よりも，多様な意見を持った人びとの意見を総合することによって正しい判断が得られるという．これを「集団知性」と呼ぶ．

　しかし，心理学者の I. ジャニスは，多くの人間による意思決定では，欠陥のある判断が生じやすい（集団浅慮）と論じている．

　またアメリカの憲法学者である C. サンスティーンは，集団分極化の危険を指摘している．ソーシャルメディアでは，「友だち」関係でつながっていくために，似た考え方を持つ人が集まりやすい．このような集団では，共通の考え方を過激化し，ほかの考え方を持つ人を排斥，攻撃する傾向がある．これを「集団分極化」という．

　ただし，これらの見方は相互に相対立するものではない．多様な意見を受け入れ個々のメンバーが自律的に判断するようなオープンな環境では集団知性が創発し，偏狭でバ

イアスのかかった集団では集団浅慮や分極化が起こりやすい．

このことをふまえて，理性的なネット言論を醸成していくのがわれわれの務めであろう．

2013年4月ネット選挙解禁
——2013年7月参議院選挙～2014年2月都知事選挙

2013年4月19日，参議院で公職選挙法改正案が可決された．これにより，夏の参議院選から，ネットを利用した選挙運動が可能になった．

インターネット選挙運動等に関する各党協議会による『改正公職選挙法ガイドライン（平成25年4月26日）』[5]によれば，この改正によって，

1. 政見や個人演説会の案内，演説や活動の様子を撮影した動画など，選挙に関して必要な情報を随時ウェブサイトや電子メール等で提供する．
2. 候補者・政党等以外の者のウェブサイト等による選挙運動も解禁する．
3. ただし，選挙運動用・落選運動用ウェブサイト等については電子メールアドレス等の表示義務（罰則なし）を課し，また，選挙運動用電子メールについては送信主体を候補者・政党等に限定し，一定の送信先に限って送信をできるとする（罰則あり）．

などが可能になった．

その3か月後の2013年7月，参議院選挙が行われた．そしてその7か月後には東京都知事選が行われた．

いまだ政治家も有権者も，ネットを活用した社会情報の交換に慣れていないように見える．しかし，本書ではその詳細を論ずる余裕はないが，2013年7月の参議院選挙で，ネットによる選挙活動解禁の影響は目立ったものではなかったというのが，大方の評価であった．

では，ネットメディアは今後も選挙や世論形成に大きな意味は持たないのだろうか．

図14-15を見ていただきたい．これは，2013年参議院選挙直後に行った意識調査[6]で，ネット選挙に対する評価を尋ねた結果である．これによれば，かなりの人びとがネット選挙をポジティブに評価している．すなわち，即効性の効果はないとしても，今後もネット選挙を推進していくことが望ましいと考えている．

とくに注目されるのは，「ネットではデマや中傷が多くなる」という不安が，ネット選挙実施前（図14-12参照）より減っていることだ．実際にネットというメディアを社会情報の回路として活用していくなかで，メディア・リテラシーを身につけていけるという感触を人びとは2013年の参院選で得たのかもしれない．

着実に，間メディア社会に適合するジャーナリズムの変容が進んでいる．日本でも，

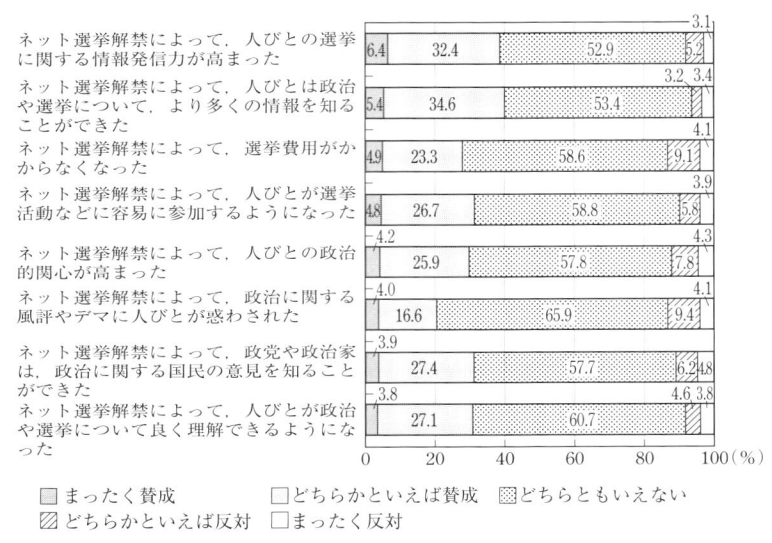

図 14-15　ネット選挙をどう評価するか（2013 年 7 月社会意識調査）

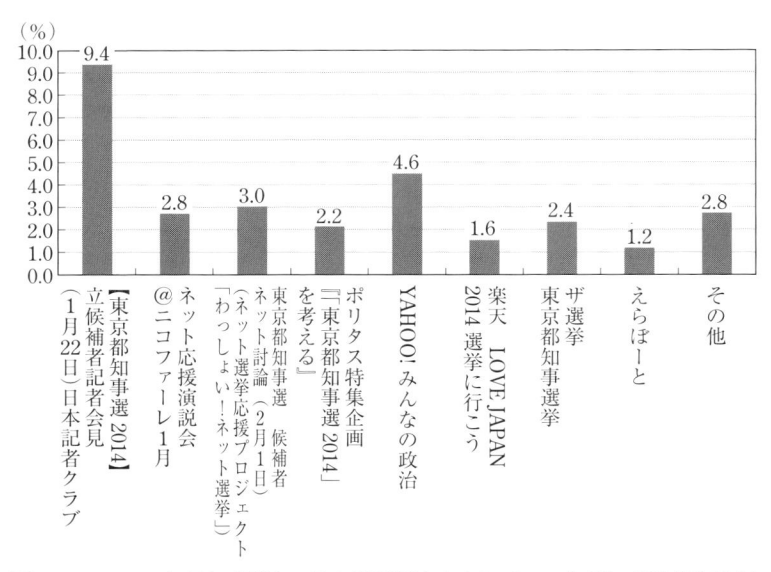

図 14-16　2014 年都知事選中に見た選挙関連サイト（2014 年都知事選事後調査）

ニコニコ動画やUstreamを媒介に次々と新しい試みが打ち出されている．また，老舗のYahoo!政治などはもとより，ポリタス，ブロゴス，シノドスなどのブログジャーナリズムや，ハフィントンポスト日本版など，新しいジャーナリズムの形式も次々と登場している．まだ読者は少ないとはいえ，時とともに着々とオーディエンスは増加している．

これからのジャーナリズム

こうした動向をふまえて，今後のジャーナリズムを展望しておこう．

第一に，さまざまな問題を抱えつつも，社会の間メディア化はさらに進んでいくだろう．それにともない，序章に挙げた「従来の報道機関の価値創出連鎖」のそれぞれのフェーズにおいて構造的な変化が生じる．

まず，コンテンツ創出（記事制作）のフェーズでは，

① コンテンツの創出，伝達，編集などがデジタル化される．その結果，従来は，このプロセスが組織的に行われていたが，個々の段階でパーソナル化が可能になる．つまり，今後は，ジャーナリストが組織に属するよりも，フリーで活動できる範囲が大幅に拡大する．それは同時に，編集者もまた，フリーで活動できる可能性が拡大する．結局，従来は，記者-編集者が組織として一体化されていたが，これが，ばらばらになり（アンバンドルされ），そのときに応じて，集合離散するアメーバ状の構造になる．従来の媒体は，その時点時点で，アメーバ状に編集されたコンテンツの束をオーディエンスに提示するプラットホーム機能を果たすものとなる．

② プラットホーム機能を果たす媒体は，紙でもよいし，放送でもよいし，オンラインでもかまわない．おそらくはこれらを複合的に組み合わせた，言い替えれば多様な媒体を縦横無尽に行き来する，まさに間メディア的な動的媒体が構成されることになるだろう．そのとき，このようなコンテンツを「実現」するために必要なのは，これまでの「新聞制作」や「番組制作」の方法論とはまったく異なる方法論であるかもしれない．

③ 配布の段階でも大きな変化が起きるだろう．日本では新聞の宅配制度が新聞メディアの大きな基盤となってきた．しかし，ネットの普及は，宅配制度の意義を薄れさせていくだろう．また，テレビやラジオなどの放送メディアも，テレビモニターやラジオ装置などの専用の端末によって視聴する携帯から，PCのような汎用端末を媒介に視聴されるようになるだろう．

第二に，間メディア化が進めば，記事の内容は従来よりもさらに，緻密に，データにもとづいて，しかもわかりやすく伝えることが求められるだろう．それは，これまでのように，「見識の高い人物」が読者や視聴者を啓蒙するというようなかたちではなく，

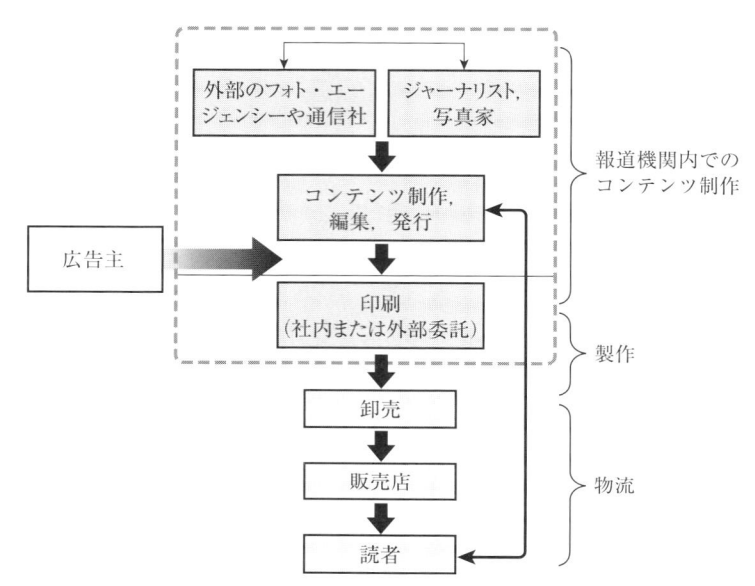

図14-17 従来の報道機関の価値創出連鎖（OECD[7]）

読者や視聴者が，その社会に生きるものとして，問題を理解し，社会的合意を形成するための材料提供の意味が強くなるだろう．ジャーナリストに必要とされる能力も，より科学的な部分が増えていくに違いない．

このような未来像は，現在のジャーナリズム・システムに強い愛着を抱いている人びとにとっては，違和感を感じるものであるかもしれない．しかし，歴史家のホブズボームが「伝統」はしばしば近代に創造されたものであると指摘しているように，また，第1章の記述からもわかるように，現在当たり前のように思われている〈ジャーナリズム〉も，決してそれほど古い起源を持つものではない．社会の他のシステムと同様，〈ジャーナリズム〉も常に変化している．また他方，人間にとって自分の周囲で起こることに対する知の欲望，あるいは知の必須性は，太古より普遍的に連続している．その意味では，時代が変わろうと，メディア環境が変わろうと，〈ジャーナリズム〉の本質は変わらないともいえる．

その両面をにらみつつ，社会にとって必要とされる〈ジャーナリズム〉と健全な公共性のあり方を今後も追求していきたい．

　　付記：本稿で報告した意識調査は，2012～2013年度学習院大学計算機センター特別プロジェクトの助成を受けたものである．

注

序章

1. The Bias of Communication, p.28（『グーテンベルクの銀河系』p.330 の引用による）.
2. 「東日本大震災からの復興に向けた総合的社会調査」（2012 年 11 月実施，訪問留置訪問回収，二段階無作為抽出法，サンプル数 2,000，有効回収票 1,216）.
3. http://www.itu.int/en/ITU-D/Statistics/Pages/stat/default.aspx
4. OECD, "THE EVOLUTION OF NEWS AND THE INTERNET", 2010.6.11, p.33.

第 1 章

1. カトリック中央協議会「教皇空位期間関連用語説明」（2013 年 12 月 30 日閲覧，http://www.cbcj.catholic.jp/jpn/pope/setsumei/stove.htm）
2. Fumo branco.jpg（http://en.wikipedia.org/wiki/File:Fumo_branco.jpg）
3. Philip Stevens, Easel proclaiming birth of Prince George of Cambridge.jpg（http://en.wikipedia.org/wiki/File:Easel_proclaiming_birth_of_Prince_George_of_Cambridge.jpg）
4. https://twitter.com/pontifex
5. https://twitter.com/BritishMonarchy
6. たとえば，川浦康至編『現代のエスプリ（No. 391）日記コミュニケーション』至文堂，2000.
7. Samuel Pepys diary manuscript volumes.jpg（http://en.wikipedia.org/wiki/File:Samuel_Pepys_diary_manuscript_volumes.jpg）
8. ウェストファーレン条約は，1648 年に締結された条約で，ヨーロッパで 30 年間続いたカトリックとプロテスタントによる宗教戦争（30 年戦争）を終結させるものであった．近代国際法の祖ともいわれ，条約締結国は相互の領土を尊重し内政への干渉を控えることを約し，新たなヨーロッパの秩序が形成された．
9. Flugblatt zum Westfälischen Frieden（Postreiter）（http://www.preussenchronik.

280　注

10. http://www.bodley.ox.ac.uk/ballads/01280.htm
11. 2014年5月に米新聞業界団体AAMが発表したところによれば，2013年10月～2014年3月の電子版を含む1日平均発行部数トップは『USAトゥデイ』であったが，紙媒体の発行部数では『ウォール・ストリート・ジャーナル』であった．
12. 原注：K. Bucher, Die Anfange des Zeitungswesens, in：Die Entstehung der Volkswirtschaft Bd. I, S. 257,10. Aufl., Tubingen 1917.
13. 原注：D. P. Baumert, Die Entstehung des deutschen Journalismus, Munchen-Leipzig 1921.
14. 原注：U. de Volder, Sociologie der Zeitung, Stuttgart 1959, S. 22.
15. UNESCO（http://visual.ly/crime-unpunishment-why-journalists-fear-their-safety）
16. Committee to Protect Journalists, "Journalists Killed in 2013"（http://www.cpj.org/killed/2013/）
17. UNESCO, "JOURNALIST DEATHS BY REGION 2006-2012"（http://visual.ly/crime-unpunishment-why-journalists-fear-their-safety）
18. UNESCO, "JOURNALISTS KILLED BETWEEN 2006-2012"（http://visual.ly/crime-unpunishment-why-journalists-fear-their-safety）
19. フランシス・バル『そしてもし新聞がなかったら……』（Et si la presse n'existait pas…, p.100）（Mathien 1995＝1997：20の引用による）．
20. Mathien 1995＝1997：18の引用による．

第2章

1. 菊池貴一郎，1905，『江戸府内絵本風俗往来 下巻』東洋堂，24.
国立国会図書館「近代デジタルライブラリー」（http://kindai.ndl.go.jp/info:ndljp/pid/767857）
2. 雲村閑人，1916，『江戸物語』和田維四郎．
国立国会図書館「近代デジタルライブラリー」（http://kindai.ndl.go.jp/info:ndljp/pid/1874795）
3. 遠藤 1991＝2010 など参照．
4. 遠藤 2012 など参照．
5. 対馬口，薩摩口，松前口，長崎口．
6. 山本 1999：7.
7. 1856年，幕府が開設した洋学の研究教育機関．1862年に「洋書調所」，1863

注　281

　　　　年に「開成所」と改称し，その後東京大学の一部となった．
 8. 国立国会図書館「明治・大正時代の主な新聞とその参考文献」(2012.12.20閲覧，http://rnavi.ndl.go.jp/research_guide/entry/theme-honbun-700041.php)
 9. http://ja.wikipedia.org/wiki/朝野新聞 #mediaviewer/ファイル：Chōya_Journal_1879.jpg
10. http://ja.wikipedia.org/wiki/朝日新聞 #mediaviewer/ファイル：Asahi_Shimbun_first_issue.jpg
11. 国立国会図書館「近代デジタルライブラリー」(http://kindai.ndl.go.jp/info:ndljp/pid/761234)
12. http://ja.wikipedia.org/wiki/時事新報 #mediaviewer/ファイル：Jiji_Shinpō_1889.jpg
13. 宮武　1932など参照．
14. 引用者（遠藤）注：読みは「はっこうゆう」．第二次世界大戦時の日本による大東亜共栄圏のプロパガンダとして用いられた．「世界を一つとする」といった意味．
15. 春原昭彦「新聞統合」『新聞研究』2009年11月号．p.45中の引用による．

第3章

 1. "A Turn of the Page for Newsweek"（2012年10月19日（日本時間）閲覧，http://www.thedailybeast.com/articles/2012/10/18/a-turn-of-the-page-for-newsweek.html)
 2. Kaufman, Leslie；Noam（7 March 2014). "Newsweek Returns to Print and Sets Off Bitcoin Storm". *The New York Times*. Retrieved 27 May 2014.
 3. http://upload.wikimedia.org/wikipedia/commons/9/96/News-Week_Feb_17_1933%2C_vol1_issue1.jpg
 4. http://upload.wikimedia.org/wikipedia/en/3/3c/Newsweek_final_issue.jpg
 5. 日経新聞「米NYタイムズ，162年目の大改革相次ぐ事業・資産売却」2013年2月28日（http://www.nikkei.com/article/DGXNASFK2703K_X20C13A2000000/）参照．
 6. http://upload.wikimedia.org/wikipedia/commons/e/e2/First_NYTimes_frontpage_%281851-9-18%29.png
 7. http://upload.wikimedia.org/wikipedia/en/5/56/New_York_Times_8-07-1945_Rare_City_Edition.jpg
 8. 【万華鏡日誌】「陳光標：わたしの『ニューヨーク・タイムズ』買収は笑い話ではない（140108）」2014年1月8日（http://bylines.news.yahoo.co.jp/furumaiy

oshiko/20140108-00031376/）
9. データ出所：アメリカ新聞協会（2012.9.4）（http://www.naa.org/Trends-and-Numbers/Circulation-Volume/Newspaper-Circulation-Volume.aspx）
10. データ出所：ピュー・リサーチ・センター（http://www.journalism.org/2013/08/07/the-newspaper-industry-overall/）
11. The State of the News Media 2013（http://stateofthemedia.org/）
12. http://slashdot.org/
13. http://www.drudgereport.com/
14. データ出所：ピュー・リサーチ・センター（http://www.journalism.org/2011/05/09/drudge-report-small-operation-large-influence/）
15. http://www.huffingtonpost.com/
16. http://www.propublica.org/
17. http://www.politico.com/
18. http://www.buzzfeed.com/
19. http://www.washingtonpost.com/
20. http://www.newsweek.com/
21. http://www.cnn.com/
22. Frank N. Magid Associates, 2012, "Newspaper Multiplatform Usage"（http://www.naa.org/~/media/NAACorp/Public%20Files/TopicsAndTools/Research/multiplatform_usage.ashx）
23. データ出所：ピュー・リサーチ・センター（http://www.journalism.org/2012/09/26/how-social-and-traditional-media-differ-their-treatment-conventions-and-beyo/）
24. データ出所：ピュー・リサーチ・センター（http://www.journalism.org/2012/10/01/future-mobile-news/）
25. http://www.pressnet.or.jp/data/circulation/circulation01.php
26. 総務省『放送局の経営分析に関する調査研究（資料編）』2013年（http://www.soumu.go.jp/iicp/chousakenkyu/data/research/survey/telecom/2013/broadcasting2013-annex.pdf）
27. 総務省『放送局の経営分析に関する調査研究結果（概要）』2013年（http://www.soumu.go.jp/iicp/chousakenkyu/data/research/survey/telecom/2013/broadcasting2013.pdf）
28. 日本新聞協会『調査データ』（2014年1月22日閲覧．http://www.pressnet.or.jp/data/media/media01.php）
29. http://blogos.com/

30. http://iwj.co.jp/
　　31. http://tsuda.ru/category/tsudamag/page/20/

第 4 章

1. 遠藤 2012 など参照．
2. ただし，図 4-7 と図 4-8 は異なる調査の結果なので，必ずしも単純には比較できない．
3. 2011 年 7 月実施．インターネット調査．調査主体：遠藤薫．対象：被災三県．サンプル数 300．

第 5 章

1. Data Journalism Awards（2013 年 12 月 22 日，http://www.globaleditorsnetwork.org/dja/）
2. 日本においては，とくに日本ジャーナリスト教育センター（JCEJ, http://jcej.info）が積極的に国内外の最新のデータ・ジャーナリズムの技術や動向を紹介し続けているほか，各種のワークショップなども精力的に開催している．また，平和博のブログ『新聞紙学的』（http://kaztaira.wordpress.com）においても最新の情報が紹介され続けている．
3. これは科学技術のまつわる問題に関するジャーナリズム＝「科学ジャーナリズム（Science Journalism）」とは別の概念であることに注意．
4. そもそも，「データ」という概念に関する議論だけで 1 章分を費やすことは容易であるが，本稿の主旨からは逸れるので割愛する．たとえば，Rogers（2011）は，データ・ジャーナリズムにおけるデータは，もはや単数であり複数であるとみなしてよいのではないか，といった議論を展開している．
5. ナイチンゲールによる「鶏のトサカ・ダイアグラム」のオリジナルはこちらから閲覧できる（2013 年 12 月 22 日，http://www.florence-nightingale-avenging-angel.co.uk/Coxcomb.tif）．また，現代の統計学から見た誤りを修正した改訂版はこちら（2013 年 12 月 22 日，http://www.florence-nightingale-avenging-angel.co.uk/correct.tif）
6. ただし，その後も統計学は発展を続けたが，ジャーナリズムへの導入においては，きわめて初期の段階からさしたる変化は起こっていない．平均，パーセンテージ，国民総生産（GDP）のように義務教育課程に存在し，さらに繰り返し用いられて社会的に浸透した統計的指標以上はあまり用いられることもなく，長い時間が過ぎたといえる．
7. UNIVAC（UNIVersal Automatic Computer）は，世界最初期のコンピュータ．

ENIACをもとにレミントン・ランド社により製造・販売された．重量7.2トン，価格は159,000ドル．開発者であるジョン・エッケルト（Jhon Eckert）とジョン・モークリー（Jhon Mauchly）は，大統領選をUNIVACの性能を宣伝するまたとない機会と捉え，CBSに売り込んで数学者たちとともに自ら結果予測のプログラミングを行った．

8. ただし，CBSネットワークはこの結果を利用することに躊躇し続け，結局UNIVACの計算結果を生かしきれなかった．大統領選の趨勢が大逆転劇で決した夜，CBSのチャールズ・コリングウッド（Charles Collingwood）は，テレビの前の聴衆に対して「UNIVACは数時間前に精確な予測をしていたが，CBSはそれを放送していなかった」と反省の弁を述べるに至った（Maney 2004）．この結果を経て，次の1956年の大統領選では，三大ネットワークすべてが選挙結果の予測にコンピュータを使用するようになり，報道機関がコンピュータを使用することが一般化していった．

9. ハーバード大学で当時の最新の社会科学手法を学び終えたばかりだったメイヤー（Mayer）は，デトロイト暴動を「無教養な低賃金労働者層の反乱」として矮小化する論調に対し，ミシガン大学のネイサン・キャプラン（Nathan Caplan）と協働し，大学院生を中心に訓練された30人のインタビュアーが収集した情報を，コンピュータを併用して整理し，わずか1か月でまとめあげて発表した（Mayer 1967）．メイヤーは，1965年のワッツ暴動の社会学的分析の成果に報道の着想を得ている．しかし同時に，メイヤーは「研究のように，3年もかかってはいけない」という意識があったと述懐している（Younge 2011）．

10. この調査報道の成果は，当時の「世論」の見方と異なり，経済状況や教育程度と暴徒のあいだに相関はなく，また暴徒には移民ばかりではなく，教養の高い層も含まれていたことを示していた．群衆の不満は，警察の横暴，劣悪な住環境や就業の困難さといった，生きる権利を奪われている状況そのものに向けられていたのである．この報道もあって，デトロイト暴動は末期の公民権運動における出来事として歴史のなかに位置づけられることになり，メイヤーは1968年のピューリッツァー賞に輝いた．なお，メイヤーの発想と手法は2011年のロンドン暴動においても，ガーディアン紙によって応用されている（The Guardian 2011; Mayer 2011）．

11. デッドマン（Dedman）は，アトランタの銀行による住宅ローン貸し付け審査は，顧客が同程度の収入であった場合であっても，白人に甘く，有色人種に厳しいことを調べ上げ，居住区ごとの有色人種比率と貸し付け率のあいだに相関があることを，地図の塗り分けによって印象的に提示し，大きな議論を巻き起

こし，ピューリッツァー賞に輝いた．
12. この調査報道は一方で「データによる報道」が持つ説得力や社会的影響力について，別の問題を喚起している．2007 年 6 月に始まり，世界の金融市場を揺さぶったサブプライムローン問題は，この報道を発端にしているのではないか，という指摘がささやかれていた（Masterson 2008 など）．少なくとも現象面では，デッドマンの 1988 年報道の翌日から直ちにアトランタの銀行は積極的に低所得層への住宅ローン貸し付けを開始し，またそこに商機を見いだした人びとにより，無軌道に全米に波及していったことは事実である．もちろん，デッドマン本人（Dedman 2008）も反論し，ケイン（Kane 2009）が指摘するように，こうした論は，金融業界の失策を人種差別問題における積極的差別是正措置へと責任転嫁するものといえ，与し得ない．しかしそれでも，データの裏付けとともにデッドマンの掘り起こした議題が，（それが本来の報道の意図とは異なるとしても）ある種の説得力を持つテーゼとして繰り返し用いられて，サブプライムローン問題という別の深刻な社会問題へとつながっていった可能性があることは，ジャーナリズムにおけるデータの価値と威力の問題として，一考に値するだろう．
13. たとえばリップマンは，民主主義の根幹を支えるために「科学的精神（scientific spirit）」を持って報道することの重要性を説いている（Lippmann 1914: Ch.XXV, 3）し，精密ジャーナリズムを唱道したメイヤーの取り組みも，社会科学の手法をジャーナリズムに持ち込むための試みにほかならないし，近年においても「報道における科学の知的原則」（Kovach and Rosensteil 2007: 89）を伝えることが，ジャーナリズムの職能そしてジャーナリズム教育機関の責務であると考えられている．
14. オバマ大統領は「透明・参加・協働」を掲げて当選した後，オープンガバメント化を推進している（http://www.data.gov など）．この 3 テーゼはデータ・ジャーナリズムの理念と共鳴することに注意されたい．日本においても政府のオープンガバメント推進の一環として，2013 年 12 月 20 日にデータカタログサイトの試行版がスタートした（http://www.data.go.jp）．
15. ここまでの引用発言（順に Bradshaw, Stray, Lorenz による説明）はいずれも DataDrivenJournalism.net に 2012 年末まで掲示されていたが，現在はサイトには残っておらず，2013 年末時点では，より統一的な定義のみが掲載されている．しかし，過渡期の議論を示すものとして資料価値があると考え，ここに遺す．なお，Gray et al.（2012）には同種の多様な定義が掲載されている．
16. ただし，Data Journalism Awards などの名称から見て取れるように，Data Driven Journalism の "Driven" の文字は近年省略される傾向にある．しかし，

日本における議論は，省略された語の意味を使用者が共有できる議論に至っていないと思われるため，本稿ではあえて DDJ の呼称を採択する．

17. 冒頭に述べたように，本稿では詳細な実践手法そのものについては踏み込まない．より具体的な実践手法については，Mayer（2002），Briggs（2013），Bradshaw and Rofumaa（2011），Bradshaw（2012e, 2013b），Miller（2013）や，datadrivenjournalism.net や Rogers（2012）の提示するテキスト群も参照のこと．新しいほど良いものとはかぎらず，読者のバックグラウンドによって，より最適なものは異なると思われる．たとえば，DDJ にかかわりたいと考えるプログラマーにとっては，Briggs（2013），Gray et al.（2012）のような入門書によって全体の流れを把握したあとは，Mayer（2002）や社会科学の教科書によって分析の視点と基礎手法を身につけることの方が重要だろう．

18. 初期の Wikileaks は，まさにこうした手法に議題構築の可能性を見いだしたものであった（Leigh and Harding 2011）．また，英ガーディアン紙によるクラウドソーシング型データ・ジャーナリズムとして知られる "MP's expences"（http://www.theguardian.com/politics/mps-expenses）も，このデータ提示の仕方そのものを通じて議題構築を目指した初期の実践例であるといえる．

19. 個人的に，筆者はこのミンコフの視点に同意する．「テーマや仮説を立て，それをデータによって検証する」能力を涵養するうえでは，「（定量的）研究」の実践に勝る学習システムはないと考える．

20. この「データ・ジャーナリストに必要な素養」の順番は，筆者の科学的ジャーナリスト／データ・ジャーナリスト教育の経験をもとに，修得が容易なものから再配列した．

21. たとえばフィリップ・メイヤーは，ジャーナリストに最低限必要な数学能力のテストを提案している．これは最低限のラインであろう：Mathematics Competency Test for Journalists（2013 年 12 月 22 日，http://www.unc.edu/~pmeyer/carstat/mathtestquestions.html）．

22. 筆者の科学的ジャーナリストの養成にかかわってきた経験からは，この相対値と絶対値の使い分けを正確にできることが，最初の関門になると思われる．

23. 現時点でとくに有用なサービスには，たとえば次のようなものがある：Google Media Tools（http://www.google.com/get/mediatools/），ScraperWiki（https://scraperwiki.com），ProPublica-Tools&Data（http://www.propublica.org/tools/）

24. 筆者は，2005 年から早稲田大学で開始された文部科学省新興調整費による「科学技術ジャーナリスト養成プログラム」で教育システム開発に携わってきた．こと科学を扱う場合，ジャーナリストは時に科学的データの吟味を要求される．われわれが科学技術ジャーナリスト養成プログラムの取り組みを通じて到

達した結論は「2年間では，それまでに統計科学などを学んできていない人材に実際にジャーナリズムの中でデータを扱えるまでの能力を付与するのは無理．出来ることは，科学に対するアレルギーを無くし，その能力を持った人々と協働できる能力を付与するところまで」というものであった（小林ほか 2010）．これは DDJ の人材養成にもつながる示唆であろう．
25. ただし，データ科学者は世界的に圧倒的な売り手市場であり，この傾向は当面続くと思われる（Manyika et al. 2011）．メディア企業は，ジャーナリスト以上の高給取りである優秀なデータ科学者を雇用することが可能だろうか？
26. こうした「市場」の要請に対応し，世界のジャーナリスト教育現場ではさまざまな取り組みがされている．それら DDJ コースの多くは，従来からあった CAR の講義を改善することによって実施されている．これらの講義では，Excel や SPSS を用いた古典的な統計の授業から，データ・ジャーナリスト向けサービスを利用した教育手法まで多岐にわたる．また，情報科学やデザインを専攻する学生との協働により，プロジェクト形式で講義を行っている例もある（以上は筆者の個人的親交，海外調査や国際会議での議論に基づく）．
29. 作業中に徹底して一貫した論理を保持する必要があるプログラミング能力の修得には，人によって適不適があるらしい（Dahadi 2006）ことを考慮すると，こうした DDJ の分業化はやむを得ないことになる．
28. この図における各アクターの役割は次のとおりである：編集デスク（Editor）：チーム全体の主導的な役割を担う「監督」である．調査の進行に従って，仮説として検証されるべき議題を繰り返し提示し，これをチームが協働的に具現化していくことになる．／コミュニティ・マネージャー（Community Manager）：チームが検証する議題が実社会に反映される「場」，コミュニティに焦点を当てる役割である．データから浮かび上がる被害者のリアルな存在を焦点化したり，SNS のなかに分け入って，ストーリーが提示する問題の当事者を見つけ，現実の問題と議題との摺り合わせを行う．／データ・ジャーナリスト（Data Journalist）：コミュニティ・マネージャーが人びと，そして人びとの関係性に注目するのに対し，データ・ジャーナリストはデータそのもの，そしてデータの関係性に注目して調査を行う．／マルチメディア・ジャーナリスト（Multimedia Journalist）：カメラやビデオも併用しつつ，現場取材を担当する．専門家，目撃者（証人），社会的議題の実例を収集する．／ネットワーク・アグリゲータ（Network Aggregator）：多様な情報源からニュースの素材やきっかけを収集し，またチーム全体の行っている取材の社会的位置づけを模索する．継続的な報道の際にはオーディエンスの反応を収集する．
29. 図 5-2 を一見してわかるように，データ・ジャーナリスト以外の役割は，基

本的に従来の OJT で獲得可能なジャーナリストの技法である．ただし，日本においてはネットワーク・アグリゲーションの技術に関してすら，筆者らのこれまでの調査では伝統的メディアのジャーナリストには意外なほど普及していない．もちろん例外もあるが，RSS，ソーシャル・ブックマークや Google Alert などを細かく設定して日常的に使いこなし，自らの手元に情報が流れ込むような能動的な仕組みを築いているジャーナリストはまだまだ少なく，この点も日本においては OJT および教育上の課題であろう．平（2012b）はジャーナリストに向けたこの種の入門書として最適である．

30. ただし，実際上の問題としてデータ科学は，データ工学的要素を強く打ち出すかたちで整理されつつある．

31. この最も顕著な例は，東日本大震災後における報道ジレンマだろう．事後の検証においても，ジャーナリストたちは「炉心溶融が起きていたことをリアルタイムに把握していたとして，それは明示的に書くことができたか」という問いに対し，結論を出せないでいる（ファクラーほか 2013）．炉心溶融とはいわずとも，たとえば放射能の拡散状況はある程度の DDJ の知識があれば，震災後の早い段階でマッシュアップした地図として作製することは可能であった．しかしそれを公開することは，政府方針とは大きく異なる生存にかかわるメッセージを出すことになる．DDJ には「不確実性の高い状況下で，その分析結果を公開できるか」という規範的検討を行っていくことも問われている．

32. 視覚化技術は，歴史的には「特定のイデオロギーを主張するために」発展してきたことは，DDJ においても十分に留意されるべきだろう．たとえばインフォグラフィクスを拓いたオットー・ノイラート（Otto Neurath）の ISOTYPE プロジェクトは，マルクス主義という「科学」の理解を増進するための「科学的な」取り組みであった（Rayward 2008）．

33. この具体例としては，2012 年のデータ・ジャーナリズム賞に輝いた "Methadone and the politics of pain"（The Seattle Times 2012）が適しているだろう．この報道ページを開いてまず飛び込んでくるのは，娘の遺影を前に嘆き悲しむ夫婦の写真である．

34. 監視社会下，さらには特定秘密保護法下でリークを期待するならば，ジャーナリストは TOR（The Onion Router）のような発信源を秘匿した情報を受け入れ，その検証の責任を引き受けることになる．この責任を担保する技術的・倫理的検討も，また DDJ の大きな課題のひとつである．

35. Wikileaks 創設者であるジュリアン・アサンジが，その目指すところを「科学的ジャーナリズム」と呼ぶことを好んでいることは興味深い（Scola 2010；Leigh et al. 2011＝2011）．

36. そもそも，議題（agenda）という語それ自体が，データ（data）と同様，単数形でも複数形でもありうる点は示唆的である．複数形としてのDatumを内包した現在のdata概念の議論についてはRogers（2011）を参照されたい．
37. Widman, Martin.（@mwidmann），"'Data Journalism is very time consuming, needs experts, is hard to do with shrinking news rooms', sagt Eva Linsinger, Profil #ddj", June 14, 2012, Tweet.
38. たとえば，WalesOnlineのクレア・ミラー（Clare Miller）は，卓越した調査報道により，2013年度のデータ・ジャーナリスト賞を受けた．ミラーの手法は，小さなニューズルームがDDJを実践するうえでのまたとない教科書として，自身の手によりまとめられている（Miller 2013）．しかし手法面から見れば，ミラーの手法は精密ジャーナリズムの現代版としての範囲を大きく逸脱するものではない．
39. 技術の設計や適用に先立って存在し，その技術のあり方に影響を与える「あるべき社会」という主観的なイメージやヴィジョン．（時に設計者にとっても非自覚的に）生産物に内包される「設計思想」．より精緻な議論についてはJasanoff and Kim（2009）を参照のこと．
40. Google社は，世界のすべての情報を編み上げたい，というその隠すことない野心とともに「邪悪になるな（Don't be evil）」という社是を掲げている．
41. チャーナリズム（churnalism）とは，BBCのジャーナリスト，ワシーム・ザキール（Waseem Zakir）が発案し，Davis（2008）によって広まった概念である．第五階級としてのパブリック・リレーションズの力が強まった現在の情報環境において，ジャーナリズムはプレスリリースの強い影響下にある．さらにメディアを解雇された記者は広報担当者に転職し，「すぐ記事に使える（newsready）」プレスリリースがますます世界に溢れていく．この結果，たとえば英国の報道に含まれる情報は80%以上がプレスリリース由来で，ジャーナリストが追加した情報はたった12%にすぎなくなっている（Lewis et al. 2008）．こうした，日本の新聞でも「ヨコのものをタテにするな」と記者にとって禁忌とされてきた一次情報への依存が高まっている状況は，現代のジャーナリズムを蝕む問題である．
42. コンテンツファーム（contents farm）とは，広義には「クリックされる（売れる）」コンテンツを迅速かつ大量に取りそろえたウェブサイトといえる．アルゴリズムによって，検索頻度の増加など人びとの興味関心の立ち上がりを把握し，その情報欲求を満たすウェブページを自動生成あるいは人力によって用意する．この際には質よりも速度と量が何よりもモノをいう．いわば，ジャーナリズムにおけるファストフード産業であるといえる．

43. 私事ではあるが，筆者は早稲田大学大学院ジャーナリズム・コースの自身の講義において，「データ・ジャーナリスト」を育成する立場にあり，実習を含む各種の講義を担当していることを申し添えておく．
44. 邦訳は平（2013）による．

第 6 章

1. kirakirayuji『東日本大震災発生時（仙台市）Earthquake in Sendai』，YouTube，2011（http://www.youtube.com/watch?v=j3fUqdGXLbM）
2. 陸前高田市消防団米崎分団第 1 部部長大和田『陸前高田市消防団員の津波映像フル映像その 1』，YouTube，2011（http://www.youtube.com/watch?v=P1uvCaiGGGo）
3. http://www.j-cast.com/
4. 『共同通信がヤフーに逆襲』FACTA，2006 年 9 月号．
5. 「メディア・リポートネット「流出・内部告発」既存メディアを揺さぶる」，『Journalism』第 248 号，2011，pp.58-61．
6. 『尖閣諸島沖での中国漁船衝突問題，オリジナル映像が YouTube に流出か』，GIGAZINE，2010（http://gigazine.net/news/20101105_senkaku_movie_youtube/）．
7. https://twitter.com/OXOTCKOE_MOPE/status/295416449990669697
8. 『年金電話相談　回答要員は「素人」で大丈夫？』，J-CAST ニュース，2007（http://www.j-cast.com/2007/06/13008405.html）．
9. 『社保庁，年金相談急仕立て　増員は素人派遣頼み』，asahi.com，2007（http://www.asahi.com/special/070529/TKY200706130391.html）．
10. http://www.pjnews.net/news/467/20110201_2
11. 『秋葉原刺殺事件に遭遇して』Recently，2008（http://blog.kenan.jp/index.php/2008/06/08/秋葉原刺殺事件に遭遇して/）．
12. WOM マーケティングに関するガイドライン（http://womj.jp/overview.html#anchor05）．
13. 藤代裕之，「地方紙記者に教育・研修の場を」，『Journalism』第 258 号，2011，pp.30-36．
14. 『ジャーナリストキャンプ報告「震災後の福島に生きる」』，ダイヤモンドオンライン，2013（http://diamond.jp/category/s-fukushimajournalist）．
15. http://www.huffingtonpost.jp/jcej/内のジャーナリストキャンプ 2014 高知の記事を参照．
16. 藤代裕之，「被災地でつくる「大槌みらい新聞」学生インターンの学びの場と

して活用」,『Journalism』, 第271号, 2012, pp.14-6., 木村愛,「ゼロから取り組むメディアづくり　大学を休学して大槌に残る」,『Journalism』, 第271号, 2012, pp.17-21.

第7章
1. ただし「平成23年3月19日〜20日に関東に在住する20歳〜59歳のインターネットユーザーを対象に行った調査」であるという要素は検討する必要があると思われる.
2. http://studygift.net/

第8章
1. この活動方針は, ウィキリークスのウェブサイト（www.wikileaks.org）内の「About」にて確認できる. なお,「About」内の文章は時折更新されることがある.
2. http://www.guardian.co.uk/news/datablog+media/wikileaks
3. http://www.theguardian.com/news/datablog/2010/nov/29/wikileaks-cables-data#zoomed-picture
4. http://hackshackers.com/
5. 佐々木氏の翻訳による.
6. Vincent Diamante, Anonymous at Scientology in Los Angeles.jpg（https://ja.wikipedia.org/wiki/%E3%83%95%E3%82%A1%E3%82%A4%E3%83%AB:Anonymous_at_Scientology_in_Los_Angeles.jpg）

第9章
1. 第一期当時. 第二期は2,000人以上.

第10章
1. PBS, 2010a, "April 27, 2007 Bill Moyers talks with Jon Stewart," PBS.org, New York: Public Affairs Television,（Retrieved November 10, 2010, http://www.pbs.org/moyers/journal/04272007/watch.html）.
2. Brokaw,Tom, 2005, "Jon Stewart," Time Magazine, New York: Time Inc.,（Retrieved September 26, 2010, http://www.time.com/time/subscriber/2005/time100/artists/100stewart.html）.
3.「世界で最も影響力のある100人」に選ばれると, その人物に関するエッセーが, ゆかりある人物によって書かれる. このとき, スチュアートについての

エッセーを書いたのは，1980 年代から約 20 年間，The Nightly News（NBC）でアンカーを務めたトム・ブローコーである．
4. Time Inc., 2007b, "The Daily Show," Time Magazine, New York: Time Inc., (Retrieved September 26, 2010, http://www.time.com/time/specials/2007/article/0,28804,1651341_1659188_1652083,00.html).
5. Time Inc., 2007a, "The CBS Evening News with Walter Cronkite," Time Magazine, New York: Time Inc., (Retrieved September 26, 2010, http://www.time.com/time/specials/2007/article/0,28804,1651341_1659188_1652077,00.html).
6. Time Inc., 2007c, "See It Now," Time Magazine, New York: Time Inc., (Retrieved September 26, 2010, http://www.time.com/time/specials/2007/article/0,28804,1651341_1659196_1652647,00.html).
7. Academy of Television Arts & Sciences, 2010, "Primetime Emmy®Award Database," Academy of Television Arts & Sciences, North Hollywood, CA: Academy of Television Arts & Sciences, (Retrieved September 27, 2010, http://www.emmys.com/award_history_search).
8. The Peabody Awards, 2010b, "PEABODY WINNERS BOOK," The Peabody Awards, Athens, GA: The Peabody Awards, (Retrieved September 27, 2010, http://www.peabody.uga.edu/winners/winners_book.php).
9. The Peabody Awards（2010a）によると，毎年 1,000 作品以上の中から，最も優れた 25 から 35 作品が選ばれる．
10. Television Critics Association Awards, 2010, n.d.: Television Critics Association Awards, (Retrieved September 27, 2010, http://tvcritics.org/tca-award-winners-complete-list/).
11. ABC News, 2010, "TIMELINE: Nightly 30th Anniversary," ABC News.com, New York: n.d., (Retrieved September 27, 2010, http://abcnews.go.com/Nightline/fullpage?id=8984599).
12. PBS, 2010b, "A Brief History," FRONTLINE, Boston: WGBH Educational Foundation, (Retrieved September 27, 2010, http://www.pbs.org/wgbh/pages/frontline/us/).
13. Cable News Network LP, LLLP, 2010, "CNN CROSSFIRE: Jon Stewart's America," CNN.com, Atlanta: A Time Warner Company, (Retrieved November 10, 2010, http://edition.cnn.com/TRANSCRIPTS/0410/15/cf.01.html).
14. Hines, Matt, 2004, "Jon Stewart 'Crossfire' feud ignites Net frenzy," Technology News: CNET News, San Fransisco: CBS Interactive, (Retrieved November 10,

2010, http://news.cnet.com/Jon-Stewart-Crossfire-feud-ignites-Net-frenzy/2100-1026_3-5417676.html).
15. Kurtz, Howard, 2005, "Carlson & 'Crossfire,' Exit Stage Left & Right：At CNN, a Defection and a Deletion," Washington Post, Washington, DC：The Washington Post Company, (Retrieved November 10, 2010, http://www.washingtonpost.com/wp-dyn/articles/A52274-2005Jan6.html).
16. Brooks, Tim and Marsh, Earle, [1979] 2007, The Complete Directory to Prime Time Network and Cable TV Shows 1946-Present, 9th ed, New York：Ballantine Books.
17. nikkei BPnet, 2000,「経済ニュース専門チャンネル『米CNBC』社長に聞く」, nikkei Bpnet, 2000年11月22日, (Retrieved January 10, 2011, http://www.nikkeibp.co.jp/archives/117/117522.html).
18. Lieberman, David, 2009, "CNBC's Cramer to spar with Comedy Central's Jon Stewart," USATODAY.com, McLean, VA：Gannett Co., Inc., (Retrieved September 28, 2010, http://www.usatoday.com/money/media/2009-03-11-cnbc-cramer-stewart_N.htm).
19. Lafayette, Jon, 2009, "Stewart-Cramer Confrontation Draws 'Daily's' Second-Biggest," TVWeek, Detroit：Crain Communications Inc., (Retrieved September 28, 2010, http://www.tvweek.com/news/2009/03/stewartcramer_confrontation_dr.php).
20. ABC News, 2009, "Stewart Mad at 'Mad Money's' Cramer," [Video] ABC News.com, New York：n.d., (Retrieved September 28, 2010, http://abcnews.go.com/Entertainment/Television/story?id=7075368&page=1)
21. Time Inc., 2005, "Peter Jennings," Time Magazine, New York：Time Inc., (Retrieved September 26, 2010, http://www.time.com/time/specials/packages/article/0,28804,2016788_2016476_2016442,00.html).
22. Isaacson,Walter, 2007, "Brian Williams," Time Magazine, New York：Time Inc., (Retrieved September 26, 2010, http://www.time.com/time/specials/2007/article/0,28804,1595326_1595332_1616821,00.html).
23. Pew Research Center for the People & the Press（1985a, 1985b, 1987, 1993b, 1995, 1996, 1997, 1998, 1999, 2000, 2002b, 2004, 2006, 2008, 2010）をもとに筆者が作成。
24. Pew Research Center for the People & the Press（2010）をもとに筆者が作成。
25. Pew Research Center for the People & the Press（1985a, 1989, 1993a, 1996, 1998, 2000, 2002a, 2004, 2006, 2008, 2010）をもとに筆者が作成。

26. Pew Research Center for the People & the Press（2002a）をもとに筆者が作成．
27. Time Inc., 2010, "Poll Results：Now that Walter Cronkite has passed on, who is America's most trusted newscaster," Time Magazine, New York：Time Inc., (Retrieved September 26, 2010, http://www.timepolls.com/hppolls/archive/poll_results_417.html).
28. Pew Research Center for the People & the Press（2002b, 2004, 2006, 2008, 2010）をもとに筆者が作成．
29. The American Society of News Editors, "ASNE's Statement of Principles," The American Society of News Editors, Reston,VA：The American Society of News Editors, 2009, (Retrieved September 12, 2010, http://asne.org/article_view/articleid/325/asnes-statement-of-principles.aspx).
30. CCJは，将来のジャーナリズムを危惧するジャーナリスト，出版関係者，オーナー，研究者たちの協会である．会長はビル・コヴァッチ（Bill Kovach）で，副会長はトム・ローゼンスティール（Tom Rosenstiel）である．詳しくは，CCJウェブサイト（http://www.concernedjournalists.org/）を参考．
31. フォーラムの詳細（抜粋）は，Committee of Concerned Journalists（1999）を参考．
32. 調査の詳細は，The Pew Research Center for the People & the Press（1999）を参考．
33. 米国の調査機関（無党派）で，政治，マスメディア，公的な問題への世論を調査する．政治家やジャーナリスト，研究者や市民に情報を提供しており，七つのプロジェクトを遂行している．
34. The Pew Research Centerの七つのプロジェクトの内のひとつで，とくに，実証的なメソッドによる調査にたけ，報道機関の活動を内容分析にもとづいて調査している．無党派で，非イデオロギー，非政治的な立場をとっている．CCJとは10年近く，ウェブサイトや事務所，エグゼクティヴ・スタッフをともにしてきた．
35. 1940年代NBCはNBC-BlueとNBC-Redという二つのネットワークを所有していた．だが，法規制により1943年NBC-Blueは売却され，それをThe American Broadcasting System, Inc.が買い取り，ABCが誕生した．
36. I Love Lucyは1951年から1961年の10年間放送されたSituation Comedy．
37. このスピーチは，1958年10月15日に米国シカゴで開かれたRTNDA大会において行われたもの．その内容とトランスクリプトは，Murrow（2011）を参考．
38. The Webby Awards, 2010a, 2010b, 2010c, 2010d.
39. この際，News部門で受賞したのは，主要メディアのひとつBBC（BBC's

News Website）である．
40. The Webby Awards, 2010c.

第 11 章

1. http://yq.people.com.cn/service/index.html を参考にした（2009 年 11 月 5 日アクセス）．中国語では，「人民網輿情監測室（人民日報社網絡中心輿情監測室）」という名前である．
2. 〈ネット世論〉という言葉は曖昧で，多義的である．本稿における「世論」が一般世論であることを示すため，括弧を付ける．
3. 遠藤（2010）によるネット世論に対する記事の分析では，中国における「ネット世論」についての語りは，「『ネット世論はポピュリズムを促進』し反日運動など問題を引き起こしているが，その一方，『ネット世論は民主化』への大衆運動であるともいえ，政府は『ネット世論の誘導・工作・監視』に努めている，とのストーリーを浮かび上がらせる」．
4. 中国学術データベース（CNKI: China National Knowledge Infrastructure）は中国社会に「知識のインフラ」を整備するために構築された，大規模な国家プロジェクトである．具体的な説明は，http://www.toho-shoten.co.jp/cnki#what を参照．なお，このプロジェクトは，新聞，雑誌，学術論文などさまざまな分野のデータベースを整備している．
5. キーワードを含む．
6. 具体的には，三つから五つまでの代表的な BBS を選んで，それらの BBS において，ネット市民が最も関心を寄せている，つまり最も書き込み数（合計）が多い上位 20 件の公共的事件・話題についてまとめてある．
7. たとえば，Zhou（2006）によると，ネットが中国の政治的領域にもたらした最大の影響は政治活動の大衆化である．情報の流れをコントロールすることが難しくなり，大衆の政治参加の機会を拡大させたと述べている．一方，中国政府の情報規制に注目し，ネットが民主化を促進することに否定的な見解を示す研究もある．たとえば，Harwit and Clark（2006）が，データのネットワークとコンテンツに対する中国政府の規制に注目し，政府と行政部門のネットワークの構築における役割を検討した．その結果，ネットが中国の社会や政治変革を促進する良い道具とはいえないとの結論を得ている．
8. 地方出身の大学生「孫志剛」氏が，大都市の広州の収容所で暴行を加えられ死亡した事件である．孫氏の家族や友達がネット上で情報発信を続け，その訴えがマスメディアに取り上げられるなど，世論が大きく喚起された．
9. 元々，中国で禁止されているポルノなどの画像をブロックすることを目的と

し，2009 年 7 月 1 日から，「グリーンダム」というソフトの搭載義務付けが開始される予定だった．しかし，言論の自由を脅かし，適切なプロセスなしに選ばれたなどの理由から，「グリーンダム」を揶揄する歌が流行るなど，ネット市民から激しい反対の声があった．最終的に，工業情報省は計画を無期限で延期することを発表した．

10. 現代の中国では地方行政区画のうち最上位のものを指す．
11. 「省」の下にある行政区画である．
12. 中国の「郷」と同じレベルの行政区である．都市よりも人口の少ない人口集中区域で，住民の多くは農業以外に従事する．
13. 『南方都市報』2009 年 12 月 30 日報道「鄧玉嬌：烈女が司法理性にじゃま」（http://gcontent.oeeee.com/f/6c/f6c9dc70ecfd8f90/Blog/4b1/7f4f48.html）
14. この事件は最初に，現地の巴東県のオフィシャルサイト（http://www.cjbd.com.cn）と地元の新聞社によって報道された．オフィシャルサイトは，5 月 11 日に警察側の説明を受け 12 日に「オフィシャル」な報道をした．ニュースのタイトルは「野三関鎮の某娯楽施設で殺人事件，現行犯逮捕」で，役人と鄧氏のあいだに衝突が起きたのは「言葉のトラブル」があったからとして，鄧氏のかばんの中にうつ病に効く薬を発見したと報道した．そして，同日に，同じ地元の新聞社「長江商報」と「三峡夕刊」は事件を報道した．
15. 直轄市や大都市の市街に設置された県級行政区である．市轄区が他の県級行政区と違い，都市の主体的部分となっている．
16. 5 月 14 日の『今晩九時半』という番組で報道．
17. 5 月 15 日の『新聞週刊』という番組で報道．
18. たとえば，「超級低俗屠夫」を名前とする 36 歳のネット市民による働きかけが注目された．5 月 14 日，彼は鄧氏が強姦に正当防衛したと主張し，鄧氏を助けようと呼びかける書き込みをした．その日の午後に本名と身分証明書などの情報をネットに公開し，募金活動を始めた．そして率先して 2,000 人民元（3 万円に相当）を寄付した．現地に駆けつける決意がネット空間で表明されたのち，ほかのネット市民からも寄付金が集まった．彼の 5 月 16 日のブログ記事によると，その日の午後までに寄付金は合計 13,000 人民元（17 万円に相当）に達した．
19. たとえば，『中国青年報』は 20 日に「法律専門家：女性の性的暴行未遂に対する防衛は結果を考えなくてもよい」というタイトルの社説を出し，人民網がそれを転載する際に「『押し倒された』から『押して座らせた』への変更：警察側の表現の変化に対する専門家の解読」というタイトルに変えて，警察側の齟齬を重点的に強調している．

20. 県政府のスポークスマンが，民間の弁護士と鄧氏との面談について批判したほか，28日に現地で取材する北京の『新京報』と広州の『南方人物週刊』の2名の記者が身元不明者に殴られる事件も発生した（5月29日に「中央人民ラジオ放送」の『中国の声』という番組で放送）．
21. http://bbs1.people.com.cn/postDetail.do?boardId=24&treeView=1&view=2&id=86864096 を参考．左寄りとは毛沢東思想を擁護するのが特徴であり，右寄りとは資本主義思想の導入を好むのが特徴であるといわれている．
22. 閲覧回数とレスポンス数は2010年11月26日現在のものである．
23. 中国語では「潜規則」という．明文化された法律・規則よりも，さまざまの権力による「見えないルール」が優先されるという意味である．
24. 中国共産党中央政法委員会とは，情報，治安，司法，検察，公安などの部門を主管する機構．略称は中央政法委．中国共産党中央規律検査委員会と共同で政府の監察部門を指揮し，中国共産党中央軍事委員会と共同で人民武装警察の指揮を執る．委員会のトップである書記は，司法部長（法務大臣）や最高人民法院長（最高裁長官）らを束ねる立場で，その権力は絶大である．
25. デモや暴動などのような多くの市民を動員した抗議や事件．
26. たとえば，2006年9月，上海市の共産党委員の書記の陳良宇氏が腐敗の問題で免職された．また解放軍の副司令の王守業氏が，政府経費の濫用で無期懲役になった．このような一連の要職の腐敗に対する処罰は，中央政府が腐敗撲滅に対する決心を表している．
27. 2009年12月28日の『中国青年報』に掲載された中国共産党中央党学校の教授・林喆氏の文章「腐敗と反腐敗の戦い——2009年の腐敗現象と反腐敗行動の特徴」では，2009年の腐敗の現状と特徴が分析・報告された．2006年以来の腐敗の傾向について，次の三つの傾向をまとめてある．①汚職幹部の地位がますます高くなっている．②所得金額がますます増加している．③集団化現象がますます増えている．
28. 2007年4月5日「中華人民共和国政府情報公開条例」が公表された．県レベル以上の地方人民政府弁公庁（室），あるいは県レベル以上の地方政府が指名したその他の情報公開主管部門が，本行政地域の情報公開業務の推進，指導，協調，監督を担当することが定められている．
29. 2007年7月14日，中国の国務院新聞弁公室の副主任の王国慶氏が中国中央テレビの『新聞会客庁』の番組で，地方政府が90％の不祥事を隠すことができると発言．
30. ほか3件は銀行のATM事件や，富裕層が起こした交通事故，そして警官が殺されたもので，粛清される対象が存在しないものである．

31. 北京の大衆紙『新京報』の 2007 年 10 月 24 日の報道による（http://news.sina.com.cn/c/2007-10-24/022514149492.shtml）
32. 通信社新華社のウェブサイトの『新華網』の 2007 年 12 月 26 日の報道による（http://news.163.com/08/0629/11/4FJOUSPC0001124J.html）
33. 『新華網』の 2007 年 12 月 26 日の報道による（http://news.sohu.com/20071226/n254300099.shtml）
34. 『新華網』の 2008 年 11 月 16 日の報道による（http://news.southcn.com/china/zgkx/content/2008-11/26/content_4729346.htm）
35. 『貴州日報』2008 年 6 月 30 日の報道による（http://gzrb.gog.com.cn/system/2008/06/30/010297587.shtml）
36. 『貴州日報』2008 年 7 月 4 日の報道による（http://news.qq.com/a/20080704/000173.htm）
37. 『新華網』2008 年 7 月 10 日の報道による（http://news.xinhuanet.com/newscenter/2008-07/10/content_8519872.htm）
38. 北京の大衆紙『北京青年報』の 2008 年 9 月 6 日の報道による（http://bjyouth.ynet.com/article.jsp?oid=42854802）
39. 同上.
40. 中国中央テレビ局のニュース番組『新聞 1＋1』の 2008 年 10 月 22 日の報道による.
41. 『新華網』2009 年 6 月 12 日の報道による（http://news.sina.com.cn/c/2009-06-12/125418006503.shtml）
42. 『新華網』2008 年 10 月 25 日の報道による（http://news.xinhuanet.com/legal/200810/25/content_10252290_1.htm）
43. 『新京報』の 2009 年 2 月 28 日の報道による（http://news.sina.com.cn/c/2009-02-28/020617304733.shtml）
44. 同上.
45. 同上.
46. 『中国新聞網』2009 年 10 月 26 日の報道による（http://www.chinanews.com.cn/gn/news/2009/10-26/1930351.shtml）
47. 『中国新聞網』2009 年 10 月 27 日の報道による（http://www.chinanews.com.cn/gn/news/2009/10-27/1932649.shtml）
48. 『浙江オンライン』2009 年 5 月 15 日の報道による.
49. 『新京報』の 2009 年 7 月 27 日報道による（http://acftu.people.com.cn/GB/67579/9724145.html）
50. 『新華網』2009 年 7 月 29 日の報道による（http://news.sina.com.cn/s/2009-07-

51. 『新華網』2009 年 9 月 16 日の報道による（http://news.163.com/09/0916/22/5JC7OUH80001124J.html）
52. 『重慶晩報』2009 年 8 月 1 日の報道による（http://news.163.com/09/0801/02/5FJK1IDG00011229.html）
53. 『新華網』（鄭州）2009 年 6 月 22 日の報道による．
54. 『新華網』2009 年 7 月 13 日の報道による（http://news.ifeng.com/society/special/lujuntishuishuohua/news/200907/0713_7169_1245783.shtml）
55. 北京の大衆紙『京華時報』2009 年 5 月 11 日の報道による（http://news.sina.com.cn/c/2009-05-11/032015601733s.shtml）
56. 『新華網』2009 年 8 月 14 日の報道による（http://news.xinhuanet.com/video/2010-08/14/c_12444938.htm）
57. 同上．
58. 『新京報』の 2009 年 5 月 19 日の報道による（http://leaders.people.com.cn/GB/9322654.html）
59. 同上．
60. 『人民網』2009 年 4 月 23 日の報道による（http://opinion.nfdaily.cn/content/2009-04/23/content_5094347.htm）
61. 『中国放送網』（北京）2009 年 7 月 24 日の報道による（http://news.163.com/09/0724/10/5EVTTISE0001124J.html）
62. 全国紙の『中国青年報』2009 年 05 月 22 日の報道による．現地の検察から，裁判所に公訴した（http://news.qq.com/a/20090522/000356.htm）
63. 『人民網』の 2009 年 6 月 22 日の報道による（http://leaders.people.com.cn/GB/9517361.html）
64. 『人民網』の 2009 年 7 月 26 日の報道による（http://news.sohu.com/20090726/n265485861.shtml）
65. 『荊楚網』2009 年 6 月 25 日の報道による（http://news.cnhubei.com/gdxw/200906/t721144.shtml10）

第 12 章

1. 韓国における公営放送とは NHK のような公共放送を意味するが，受信料を徴収する公営的性格の所有構造でありながらも財源を広告収入に依存しているように，それは一様ではない．公営放送は主に設立主体や経営主体における公的所有を機軸にした概念である．
2. 韓国の公営放送における労使協約の「公正放送条項」および 2012 年ゼネスト

については，李康澤・玄武岩「市民とともにある『公正放送』を求めて――韓国メディア，ゼネラルストライキの軌跡」『世界』2012年10月号を参照されたい．
3. 全国言論労働組合は新聞，放送，出版，印刷などメディア産業に従事する労働者が加入する産別労働組合として，傘下にKBS本部，MBC本部など企業別の支部（本部）をおいているが，便宜上それぞれKBS労組，MBC労組と記す．
4. http://newstapa.com
5. 2012年1月に全国言論労働組合の支援を受けて発足した『ニュース打破』は，シーズン1（2012年1月27日～2012年7月26日），シーズン2（2012年8月17日～2012年12月14日）を経て，現在シーズン3（2013年3月1日～）が進行中である．シーズン2から財政独立を目指して後援会員を募集し，非営利民間団体「韓国調査ジャーナリズムセンター」を標榜して新たなスタートを切る．会員数は現在3万人で，毎週火曜日と金曜日にコンテンツをアップしている．
6. 放送民主化の過程で誕生したMBCの『PD手帳』など調査報道番組は，韓国社会の透明性と公正性のグレードアップに貢献してきた社会告発番組として「PDジャーナリズム」と呼ばれ，「記者ジャーナリズム」とともに放送ジャーナリズムを構成している．
7. 『ニュース打破』2013年4月19日（http://newstapa.com/news/2013862）
8. SNSの世代別活用率については，インターネット振興院『2012年インターネット利用実態調査』2012年12月，65頁（韓国文）．
9. 2014年2月に検察は，投稿数の121万件を78万件に，Twitter IDの2,600個を1,100個に変更した．
10. 『オーマイニュース』2013年12月5日（http://www.ohmynews.com/NWS_Web/View/at_pg.aspx?CNTN_CD=A0001934020&CMPT_CD=P0001）
11. 『メディアオヌル』2013年10月14日（http://www.mediatoday.co.kr/news/articleView.html?idxno=112484）
12. 『週刊東亜』2012年12月10日（韓国文）．
13. 「朝中東」の記事の自動転送ソフト「ツイッターフィード」による転送率は，『東亜日報』41％（1万1588件），『朝鮮日報』34％（8,352件），『中央日報』23％（3,531件）であった．『オーマイニュース』『ハンギョレ新聞』『京郷新聞』はそれぞれ2.0％，2.4％，3.1％．『オーマイニュース』2013年12月17日（http://www.ohmynews.com/NWS_Web/View/at_pg.aspx?CNTN_CD=A0001938899&CMPT_CD=P0001）
14. http://www.polinews.co.kr/news/article.html?no=181991

第 13 章

1. http://www.itu.int/ITU-D/ict/statistics/at_glance/af_ictindicators_2007.html
2. 「アルジャジーラ総局長のメッセージ（2011 年 10 月 13 日付シャルク紙（アラビア語））」『中東かわら版』No.129．（財）中東調査会（2011 年 10 月 18 日，http://www.meij.or.jp/members/kawaraban/20111019100153000000.pdf）
3. 2004 年 5 月 18 日付『朝日新聞』朝刊，「イラク報道めぐり米が不満」より．
4. http://www.aljazeera.com/watchaje/
5. http://www.aljazeera.com/watchaje/
6. 「カタル：アルジャジーラ総局長のメッセージ（2011 年 10 月 13 日付シャルク紙）」『中東かわら版』2011 年 10 月 18 日（http://www.meij.or.jp/members/kawaraban/20111019100153000000.pdf）
7. http://america.aljazeera.com/tools/about.html（2014 年 2 月 26 日閲覧）
8. 「検証：イラク日本人人質事件報」『放送研究と調査』2005 年 2 月号（http://www.nhk.or.jp/bunken/summary/research/oversea/021.html）
9. http://www.aljazeera.com/news/asia-pacific/2011/03/2011311607470826.html（2014 年 2 月 25 日閲覧）
10. 遠藤 2012 など参照．
11. http://www.aljazeera.com/indepth/spotlight/japanaftershocks/（2014 年 2 月 25 日）
12. "Debunking Fukushima's radiation myths"（http://www.aljazeera.com/indepth/features/2014/02/debunking-fukushima-radiation-myths-2014221153139302317.html）
13. http://stream.aljazeera.com/story/201402040053-0023442（2014 年 2 月 4 日）
14. http://www.aljazeera.com/indepth/interactive/2011/11/20111121104852168402.html
15. http://www.aljazeera.com/indepth/interactive/2013/02/2013225163024473164.html
16. "How riot rumors spread on Twitter"（http://www.theguardian.com/uk/interactive/2011/dec/07/london-riot-twitter）
17. 2013 年 11 月．政府が EU と関係を強める連合協定の調印手続きを突然凍結した．この親欧路線の転換に反発した野党勢力や市民が抗議行動を起こした．
18. http://live.aljazeera.com/Event/Ukraine_liveblog（2014 年 1 月 25 日　閲覧）
19. 「クリエイティブ・コモンズ・ライセンスとは」（http://creativecommons.jp/licenses/）
20. http://cc.aljazeera.net/（2013 年 3 月 22 日）

21. http://creativecommons.jp/features/2009/10/701/（2013年3月22日）
22. http://www.aljazeera.com/indepth/spotlight/arab-spring-year-four/（2014年2月25日閲覧）

終章

1. 東京キー局全6局のうち，日本テレビのみ，選挙速報は21時からとなっている．
2. 2012年12月16日に実施された第46回衆議院選挙前後の有権者の意識に意識調査の概要は，以下のとおりである：

    「事前調査」： 実施日：2012年12月1日〜3日
    　　　　　　　　　インターネットモニター調査　サンプル数：1,050
    「事後調査」： 実施日：2012年12月17日〜19日
    　　　　　　　　　事前調査回答者に調査　サンプル数：977

3. 年代による差が1％の水準で有意．
4. 年代による差が5％の水準で有意．
5. http://www.soumu.go.jp/main_content/000222706.pdf
6. 2013年参議院選挙直後に行った意識調査の概要は，以下のとおりである．

    「2013年7月参院選調査」

    調査主体：遠藤薫　調査方法：インターネットモニター調査

    (1) 2013年選挙前調査

    　　調査日：2013年7月1日〜7月3日

    　　サンプル数：1,150

    　　地域割当：被災地350，首都圏560，関西240

    　　性別：男性575，女性575

    　　年代：20代230，30代230，40代230，50代230，60代230

    (2) 2013年選挙後調査

    　　調査日：2013年7月22日〜7月24日

    　　サンプル数：1,000（選挙前調査の回答者のうち，事後にも回答があったもの）

    　　地域割当：被災地300，首都圏500，関西200

    　　性別：男性508，女性492

    　　年代：20代184，30代195，40代203，50代204，60代214

7. OECD, "THE EVOLUTION OF NEWS AND THE INTERNET", 2010.6.11, p.33.

参考文献

序章

遠藤薫, 2013,「モダニティ・グローバリティ・メディアリティ——グーテンベルクから「アラブの春」までの社会変動を新たな視座から捉える」宮島喬・舩橋晴俊・友枝敏雄・遠藤薫編『グローバリゼーションと社会学』ミネルヴァ書房.

第1章

Benjamin, W., 1931, "Karl Kraus.（＝1996, 浅井健二郎訳「カール・クラウス」『ベンヤミン・コレクション2　エッセイの思想』ちくま学芸文庫 486-554.）

Boorstin, Daniel J., 1962, *The Image*.（＝1964, 星野郁美ほか訳『幻影の時代マスコミが製造する事実』東京創元社.）

Bourdieu, pierre, 1996, *Sur la television: suivi de l'Emprise du journalisme*, Liber Editions.（＝2000, 櫻本陽一訳『メディア批判』藤原書店.）

Canning, John ed., 1986, *The Illustrated Mayhew's London*, London: George Weidenfeld & Nicolson Limited.（＝1992, 植松靖夫訳『ヴィクトリア時代　ロンドン路地裏の生活誌』上・下, 原書房.）

カトリック中央協議会「教皇空位期間関連用語説明」,（2013年12月30日閲覧, http://www.cbcj.catholic.jp/jpn/pope/setsumei/）.

Debord, Guy, 1992, *La Societe du Spectacle*, Paris: Gallimard.（＝2003, 木下誠訳『スペクタクルの社会』ちくま学芸文庫.）

遠藤薫, 1996＝2010,「オルトエリート（alt.elite）——再帰的自己創出システムとしての大衆電子社会」『オルトエリートと三層モラルコンフリクト』勁草書房.

Giddens, Anthony, 2011, Sociology 4th Revised, Polity Pass.（＝2004, 松尾精文他・訳『社会学　第4版』而立書房.

橋元良明, 2001,「『テレビに踊らされる人々』という神話」,『論座』2001年8月号, 朝日新聞社, 70-78

Habermas, Jürgen, 1990, *Strukturwandel der Offentlichkeit: Untersuchungen zu einer Kategorie der burgerlichen Gesellschaft*, Frankfrte am Main: Suhrkamp Verlag.（＝

1994，細谷貞雄・山田正行訳『公共性の構造転換』未来社.）
石川旺，2004，『パロテイングが招く危機――メディアが培養する世論』リベルタ出版.
小林章夫，2007，『チャップ・ブックの世界――近代イギリス庶民と廉価本』講談社.
Mathien, Michel, 1995, *Les Journalistes*, Paris: Presses Universitaires de France. (＝1997，松本伸夫訳『ジャーナリストの倫理』白水社.）
Mayhew, Henry, 1861-2, *London Labour and the London Poor*. (＝2009，松村昌家・新野緑訳『ヴィクトリア朝ロンドンの下層社会』ミネルヴァ書房.）
McCombs, Maxwell, Einseidel, Edna and Weaver, David, 1991, *Contemporary Public Opinion: Issues and the News*, New York: Lawrence Erlbaum Associates, Inc.. (＝1994，大石裕訳『ニュース・メディアと世論』関西大学出版部.）
McNair, Brian, 2006, *The Sociology of Journalism*, Edward Arnold Limited. (＝2006，小川浩一・赤尾光史訳『ジャーナリズムの社会学』リベルタ出版.）
村上直之，2010，『改訂版　近代ジャーナリズムの誕生――イギリス犯罪報道の社会史から』現代人文社.
Noelle-Neumann, Elisabeth, 1980, *Die Schweigespirale*. (＝1988，池田謙一訳『沈黙の螺旋階段――世論形成の社会心理学』ブレーン出版.）
大石裕編，2006，『ジャーナリズムと権力』世界思想社.
Pepys, Samuel. The Diary of Samuel Pepys, Project Gutenberg Presents, (http://onlinebooks.library.upenn.edu/webbin/gutbook/lookup?num=4200).
Schramm, Wilbur ed., 1960, *Mass Communication: A Book of Readings*, 2nd ed., University Illinois Press. (＝1968，清水幾太郎監訳『新版　マス・コミュニケーション――マス・メディアの総合的研究』東京創元社.）
Smith, Anthony, 1979, *The Newspaper: An International History*, London: Thames and Hudson Ltd.. (＝2011，仙名紀訳『ザ・ニュースペーパー』新潮選書.）
谷藤悦史，2005，『現代メディアと政治――劇場社会のジャーナリズムと政治』一藝社.
Tarde, G., 1901, *L'Opinion et la foule*. (＝1964，稲葉三千男訳『世論と群集』未来社.）
Thompson, John B., 1995, *The Media and Modernity: A Social Theory of the Media*, Stanford.
―――, 2000, *Political Scandal: Power and Visibility in the Media Age*, Blackwell.
Tocqueville, Alexis de, 1835, *De la Demovratie en Amerique*. (＝2005，松本礼二訳『アメリカのデモクラシー』第一巻（下），岩波文庫.）
―――, 1835, *De la Demovratie en Amerique*. (＝2008，松本礼二訳『アメリカのデモクラシー』第二巻（上），岩波文庫.）
Weber, Max, 1992, "Soziologische Grundbegriffe" in Wirtschaft und Gesellschaft, J. C. B. Mohr. (＝1972，清水幾太郎訳『社会学の根本概念』岩波書店）

第 2 章

遠藤薫, 1991=2010,「徳川システムにおける公領域と私領域──「忠臣蔵」現象の問題」『日本近世における聖なる熱狂と社会変動』勁草書房.

────, 2012,「関東大震災と流行歌」『学習院大学法学会雑誌』48 (2).

福地桜痴, 1894,『懐往事談: 附・新聞紙実歴』民友社.

福沢諭吉, 1872,『西洋事情・初編 巻之一』慶應義塾出版局.

伊藤正徳, 1943,『新聞五十年史』鱒書房.

川辺真蔵, 1942,『報道の先駆者福地桜痴』三省堂.

菊池貫一郎, 1905,『江戸府内絵本風俗往来 下巻』東洋堂.

雲村閑人, 1916,『江戸物語』和田維四郎.

松方冬子, 2010,『オランダ風説書』中公新書.

宮武外骨, 1932,『壬午鶏林事変』花房太郎.

富澤達三, 2005,「黒船かわら版とそれ以前」『東京大学アメリカ太平洋研究』第 5 号, 31-40.

小野秀雄, 1998,『かわら版物語──江戸時代マスコミの歴史』雄山閣出版

都倉武之,「『時事新報』の創刊」, (http://www.keio-up.co.jp/kup/webonly/ko/jijisinpou/1.html).

土屋礼子, 1998,「戦前期新聞研究における読売瓦版・錦絵新聞・小新聞──新聞の大衆性をめぐって」『人文研究 大阪市立大学文学部』50 (9), 39-58

山本博文, 1999,『長崎開役日記──幕末の情報戦争』ちくま新書.

第 3 章

遠藤薫編著, 2004,『インターネットと〈世論〉形成──間メディア的言説の連鎖と抗争』東京電機大学出版局.

────, 2005,「ジャーナリスト魂が今, ここで試される」『論座』2005 年 9 月号, 56-65.

────編著, 2011,『大震災後の社会学』講談社現代新書.

────, 2011,「東日本大震災とメディア──何が何をどのように伝えたか」『学術の動向』2011 年 12 月号.

────, 2012a,『大震災・原発事故をメディアはどのように語ったか──報道・ネット・ドキュメンタリーを検証する』東京電機大学出版局.

────, 2012b,「東日本大震災後をどう生きるか」『横幹』2012 年 10 月号

────, 2013,「民放ドキュメンタリーは何を語ってきたか」『月刊民放』2013 年 3 月号.

池田正之, 2009,「放送ジャーナリズムの発展と問題点」島崎哲彦・池田正之・米田律

編『放送論』学文社，84-107．

McNair, Brian, 2006, *The Sociology of Journalism*, Edward Arnold Limited.（＝ 2006，小川浩一・赤尾光史訳『ジャーナリズムの社会学』リベルタ出版．）

Mitchell, Amy, Jurkowitz, Mark and Guskin, Emily, 2013, "What's Behind The Washington Post Sale," August 7,（http://www.journalism.org/2013/08/07/whats-behind-the-washington-post-sale/）．

Waldman, Steven et al., 2011, The Information Needs of Communities: The changing media landscape in a broadband age, Federal Communications Commission, June 9.

http://blog.prtimes.co.jp/yamaguchi/2011/04/2年連続ピュリツァー賞を射止めたプロパブリカ/

http://d.hatena.ne.jp/yabuDK/20120417/1334621378

http://matome.naver.jp/odai/2128885088343811601

http://www.defermat.com/journal/2009/000445.php

第 4 章

遠藤薫，2012，『メディアは大震災・原発事故をどう語ったか――報道・ネット・ドキュメンタリーを検証する』東京電機大学出版局．

第 5 章

Anderson, B., 1983, *Imagined Communities: Reflections on the Origin and Spread of Nationalism*, Revised and Extended Edition, London: Verso.（＝ 2007，白石さや・白石隆訳『定本 想像の共同体――ナショナリズムの起源と流行』書籍工房早山．）

Anderson, C.W., 2011, "Deliberative, Agonistic, and Algorithmic Audiences: Journalism's Vision of its Public in an Age of Audience," *International Journal of Communication*, 5, 529-47.

Andrejevec, M., 2011, "Social Network Exploitation," in Papacharissi, Z. eds., *A Networked Self: Identity, Community, and Culture on Social Network Sites*, New York: Routledge, 82-101.

朝日新聞夕刊，2012，「データジャーナリズムの世界（1）～（4）（連載）」2012 年 5 月 14-17 日．

朝山慎一郎・石井敦，2011，「地球温暖化の科学とマスメディア：新聞報道による IPCC 像の構築とその社会的含意」『科学技術社会論研究』9，70-83．

Bacon, W. and Pavey, S., 2010, "Who's really controlling the media message?," *Crikey*, 2010.10.14.（2013.12.22, http://www.crikey.com.au/2010/03/15/whos-really-controlling-the-media-message/）．

Banks, J. and Humphreys, S., 2008, "The Labour of User Co-Creators Emergent Social Network Markets?," *Convergence*, 14 (4): 401-18.

Bardoel, J., 1999, "Beyond Journalism: A profession between information society and civil society," Tumber H. eds., *News: A Reader. London*, UK: Oxford University Press, 379-91.

Benkler, Y., 2011, *The Penguin and the Leviathan: How Cooperation Truiumphs Over Self-Interest*, London: Random House.

Bradshaw, P., 2012a, "Moving Away from 'The Story': 5 Roles of an Online Investigations Team," *Online Journalism Blog*, 2012.2.2, (2013.12.22, http://onlinejournalismblog.com/2012/02/02/moving-away-from-the-story-5-roles-of-an-online-investigations-team/).

―――, 2012b, "How to be a Network Journalist," *Online Journalism Blog*, 2012.3.13, (2013.12.22, http://onlinejournalismblog.com/2012/03/13/how-to-be-a-network-journalist/).

―――, 2012c, "The Help Me Investigate Blog," *Online Journalism Blog*, 2012.3.13, (2012.12.22, http://helpmeinvestigate.posterous.com/7-ways-to-follow-a-field-you-want-to-investig).

―――, 2012d, "Let's Explode the Myth that Data Journalism is 'Resource Intensive'," *Online Journalism Blog*, 2012.7.6, (2012.12.22, http://onlinejournalismblog.com/2012/07/06/lets-explode-the-myth-that-data-journalism-is-resource-intensive/).

―――, 2012e, *Scraping for Journalists: How to grab data from hundreds of sources, put it in a form you can interrogate - and still hit deadlines*, 2013.10.2 version, Leanpub, (http://leanpub.com).

―――, 2013a, "Ethics in data journalism: automation, feeds, and a world without gatekeepers," *Online Journalism Blog*, 2013.9.20, (2013.12.22, http://onlinejournalismblog.com/2013/09/20/ethics-in-data-journalism-automation-feeds-and-a-world-without-gatekeepers/).

―――, 2013b, *Data Journalism Heist: How to get in, get the data, and get the story out - and make sure nobody gets hurt*, 2013.11.25 version, Leanpub, (http://leanpub.com).

Bradshaw, P. and Rofumaa, L., 2011, *The Online Journalism Handbook: Skills to Survive and Thrive in the Digital Age*, Essex, UK: Pearson.

Briggs, M., 2013, *Journalism NEXT*, 2nd edition, Thousand Oaks, CA: CQ Press.

Bruns, A., 2005, "Some exploratory notes on produsers and produsage," *Snurblog*, 2005.11.3, (2013.12.22, http://snurb.info/index.php?q=node/329).

―――, 2008a, "Gatewatching, not Gatekeeping: Collaborative Online News," Snurblog,

(2013.12.22, http://snurb.info/files/Gatewatching,%20Not%20Gatekeeping.pdf).

―――, 2008b, "Gatewatching, Gatecrashing: Futures for Tactical News Media," Boler M. eds., *Digital Media and Democracy*, Cambridge, MA: The MIT Press.

Cardon, D., 2010, *La démocratie Internet: Promesses et limites*, France: Seuil. (= 2012, 林香里・林昌宏訳『インターネット・デモクラシー――拡大する公共空間と代議制のゆくえ』トランスビュー.)

Collins, H. and Evans, R., 2007, *Rethinking Expertise*, Chicago, IL: The University of Chicago Press.

Cooper, S.D., 2006, *Watching the Watchdog: Bloggers as the Fifth Estate*, Milwaukee, WI: Marquette Books.

Couldry, N. 2010, "New Online News Sources and Writer-Gatherers," Fenton, N., eds., *New Media, Old News–Journalism and Democracy in the Digital Age*, London: Sage.

―――, 2012, *Media, Society, World: Social Theory and Digital Media Practice*, Cambridge, UK: Polity Press.

Dahadi, S. and Bornat, R., 2006, "The Camel has Two Humps (Working Title)," 2006.2.22, (2013.12.22, http://www.eis.mdx.ac.uk/research/PhDArea/saeed/paper1.pdf).

Davis, N., 2008, *Flat Earth News*, London, UK: Random House.

DeFluer, M. H., 1997, *Computer-assisted Investigative Reporting: Development, and Methodology*, Mahwah, NJ: Laurence Erlbaum.

Dedman, B., 1988, "The Color of Money," *Atlanta-Journal Constitution* (four-part series), May 1-4.

―――, 2008, "Where the Mortgage Crisis Begin (Updated)," *Red State Conservative*, 2008.9.26, (2013.12.22, http://redstateconservative.blogspot.jp/2008/09/where-mortgage-crisis-began.html?showComment=1222554720000).

Edwards, P.N., 2010, *A Vast Machine: Computer Models, Climate Data, and the Politics of Global Warming*, Cambridge, MA: The MIT Press.

Eghawhery, E. and O'Murchu, C., 2012, *Data Journalism*, The Centre for Investigative Journalism, City University London.

European Journalism Centre (EJC), 2010, *Data-driven Journalism: What is there to learn?*, *ejc.net*, (2013.12.22, http://mediapusher.eu/datadrivenjournalism/pdf/ddj_paper_final.pdf).

マーティン・ファクラー／外岡秀俊／依光隆明, 2013.「特集 3.11後のジャーナリズム：第2部 原発報道を根底から検証する」『ジャーナリズム』277号, 朝日新聞社.

Feldstein, M., 2006, "A Muckraking Model: Investigative Reporting Cycles in American History," *Press/Politics*, 11 (2): 1-14.

Frost, C., 2011, *Journalism: Ethics and Reguration* (3rd edition), Essex: Pearson Education Limited.

Gillmor, D., 2004, *We the media: Grassroots Journalism by the People, for the People*, 1st edn. Sebastopol CA: O'Reilly.（=2005, 平和博訳『ブログ世界を変える個人メディア』朝日新聞社.）

Gray, J., Bounegru L. and Chambers L., eds., 2012, *The Data Journalism Handbook (1.0 Beta)*, European Journalism Centre / Open Knowledge Foundation.

The Guardian, 2011, *Reading the Riots: Investigating England's summer of disorder* [Kindle Edition], Guardian Short.

Haas, T., 2005, "From 'Public Journalism' to the 'Public's Journalism'? Rhetoric and reality in the discourse on weblogs," *Journalism Studies*, 6 (3): 387-96.

Hacking, I., 1990, *The Taming of Chance*, Cambridge: Cambridge University Press.（=1999, 石原英樹・重田園江訳『偶然を飼いならす――統計学と第二次科学革命』木鐸社.）

Hansen, E., 2013, "Aporias of digital journalism," *Journalism*, 14 (5): 678-94.

Hardt, H., 1990, "Newsworkers, technology, and journalism history," *Critical Studies in Mass Communication*, 7 (4); 346-65.

Hinton, S. and Hjorth, L., 2012, *Understanding Social Media*, London: Sage.

Howard, A., 2012, "The Bond Between Data and Journalism Grows Stronger," *Strata*, 2012.2.14, (2013.12.22, http://radar.oreilly.com/2012/02/data-journalism-computer-assisted-reporting-government.html).

Iyenger, S., 1991, *Is Anyone Responsible?: How Television Frames Political Issues*, Chicago, IL: University of Chicago Press.

Jasanoff, S., and Kim, S-H., 2009, "Containing the Atom: Sociotechnical Imaginaries and Nuclear Power in the United States and South Korea." *Minerva*, 47 (2): 119-46.

Jones, J. and Salter, L., 2012, *Digital Journalism*, London, UK: Sage.

Jones, L., 2006, "Don't be deluded: A blog does not make a journalist," *Press Gazette*. July.

Kane, M., 2009, "Scapegoating Minorities for Failures of Banking -Blaming CRA makes little sense, but gets finance industry off the hook," *FAIR: Fairness and Accuracy in Reporting*, Jan. 2009, (2013.12.22, http://www.fair.org/index.php?page=3669).

Karp, S., 2009, "Retraining wire and feature editors to be web currators," *Publishing 2.0. The (r) Evolution of Media*, 2009.5.2, (2013.12.22, http://publishing2.com/2009/05/02/retaining-wire-and-feature-editors-to-be-web-currators/).

Kaye, J. and Quinn, S., 2010, *Funding Journalism in the Digital Age: Business Models, Strategies, Issues and Trends*, New York: Peter Lang.

小林啓倫, 2012,「ネットの力を取り込んで英米で始まる新たな調査報道」『ジャーナリズム』262 号，朝日新聞社．

小林宏一ほか編，2010,『科学技術ジャーナリズムはどう実践されるか』東京電機大学出版局．

Kovach, B. and Rosensteil, T., 2007, *The Elements of Journalism: What Newspeople Should Know and the Public Should Expect*, New York: Three Rivers Press.

―――, 2010, *BLUR–How to know what's true in the age of information overload*, New York: Bloomsbury.

Kovačič, M.P. and Erjavec, K., 2010, "Construction of Semi-Investigative Reporting: Journalists' discourse strategies in the Slovenian daily press," *Journalism Studies*, 12 (3): 328-43.

Lang, G. E. and Lang, K., 1983, *The battle for public opinion: The President, the press, and public opinion*. New York: Columbia University Press.

Leigh, L. and Harding L., 2011, *Wikileaks: Julian Assange's War on Secrecy*, Guardian Faber Publishing.（= 2011, 月沢李歌子・島田楓子訳『ウィキリークスアサンジの戦争』講談社．）

Lewis, J., Williams, A. and Franklin, B., 2008, "A Compromised Fourth Estate? UK news journalism, public relations and news sources," *Journalism Studies*, 9 (1): 1-20.

Lewis, J.M.W., Williams, A.J. and Franklin, R.A., 2008. "Four rumours and an explanation: A political economic account of journalists' changing newsgathering and reporting practices." *Journalism Practice*, 2 (1), 27-45.

Lippmann, W., 1914 (2012), *Drift and Mastery: An Attempt to Diagnose the Current Unrest* (*Classic Reprint*), Forgotten Books.

Lorenz, M., 2010, "Data-driven journalism: Status and Outlook," August 2010, (2013.12.22, http://www.slideshare.net/mirkolorenz/data-driven-adam).

―――, 2012, "Business Models for Data Journalism," *Media Helping Media*, 2012.6.5, (2013.12.22, http://www.mediahelpingmedia.org/training-resources/data-journalism/699-business-models-for-data-journalism).

Maguire, S., 2011, "Can Data Deliver Better Government?," *The Political Quartery*, 82 (4): 522-25.

Maney, K., 2004, "In '52, huge computer caller Univac changed election night," *USA Today*, 2004.10.26, (2013.12.22, http://www.usatoday.com/money/industries/technology/maney/2004-10-26-univac_x.htm).

Manyika, J., Chui, M., Brown, B., et al., 2011, "Big data: The next frontier for innovation, competition, and productivity," *McKinsey & Company*, May 2011, (2013.12.22, http://www.mckinsey.com/insights/business_technology/big_data_the_next_frontier_for_

innovation).
Masterson, M., 2008, "Where the mortgage crisis began," *NWAonline*, 2008.9.23,（2013. 12.22, http://www.nwanews.com/adg/Editorial/238182/）.
松波功．2012．「メディアに求められるデータを可視化する発想と能力」『ジャーナリズム』263 号．朝日新聞社．
Mayer, P., 1967, *The People Beyond 12th street: A Survey of Attitudes of Detroit Negroes After the Riot of 1967*, Detroit, MI: Detroit Urban League.
――――, 2002, *Precision Journalism: A Reporter's Introduction to Social Science Methods*, 4th Edition, Lanham, MD: Rowman & Littlefield Publishers Inc.
――――, 2011, "Riot Theory is Relative," *The Guardian*, 2011.2.9,（2013.12.22, http://www.theguardian.com/commentisfree/2011/dec/09/riot-theory-relative-detroit-england）.
McQuail, D., 2013, *Journalism and Society*, London: Sage.
Miller, L.C., 1998, *Power Journalism: Computer-Assisted Reporting*, San Diego, CA: Harcourt Brace & Company.
Miller, C., 2013, *Getting Started with Data Journalism: Writing data stories in any size newsroom*,（2013-08-09 edition）, Lean Publishing.
Minkoff, M., 2011, "Bringing Data Journalism into Curricula," *Data Driven Journalism*, Oct. 24. 2011,（2013.12.22, http://datadrivenjournalism.net/news_and_analysis/bringing_data_journalism_into_curricula）.
Morozov, E., 2011, *The Net Delusion: How Not to Liberate the World*, London: Allen Lane.
宗像慎太郎・塚原東吾．2005．「地球温暖化と不確実性」藤垣裕子編『科学技術社会論の技法』東京大学出版会．
Peters, H.P., Brossard, D., de Cheveigne, S., Dunwoody S, Kallfass M. and Miller S., 2008, "Science communication - Interactions with the mass media," *Science*, 32 (1): 204-5.
Porter, T.M., 1995, *Trust in Numbers: The Pursuit of Objectivity in Science and Public Life*, Princeton, NJ: Princeton University Press.（＝2013, 藤垣裕子訳『数値と客観性』みすず書房．）
Philips, A., Couldry, N. and Freedman, D., 2010, "An Ethical Deficit? Accountability, Norms, and the Material Conditions of Contemporary Journalism," Fenton, N., eds., *New Media, Old News–Journalism and Democracy in the Digital Age*, London: Sage.
Pinholster, G., O'Malley, C., 2006, "EurekAlert! survey confirms challenges for science communicators in the post-print era," *Journal of Science Communication*, 5 (3): 1-11.
Protess, D.L. and McCombs M., 1991, *Agenda Setting–Readings on Media, Public Opinion, and Policymaking*: Lawrence Erlbaum.

Rayward, W.B., eds., 2008, *European Modernism and the Information Society: Informing the Present, Understanding the Past*, Hampshire, UK: Ashgate.

Rogers, S., 2011, *Facts Are Sacred: The Power of Data*, Guardian Books.

―――, 2012, "Every Data Journalism Book Since 1970: Interactive Timeline," *The Guardian*, May 11, 2012, (2013.12.22, http://www.guardian.co.uk/news/datablog/2012/may/11/data-journalism-book).

Rosner, C., 2011, "Hacker-assisted Reporting: Can it be Ethical?," *The Canadian Journalism Project*, 2012.2.4, (2013.12.22, http://j-source.ca/article/hacker-assisted-reporting-can-it-be-ethical-0).

Sambrook, R., 2006, "How the net is transforming news," *BBC News Online*, 2006.1.20, (2013.12.22, http://news.bbc.co.uk/2/hi/technology/4630890.stm).

The Seattle Times, 2012, "Methadone and the politics of pain," *The Seattle Times*, 2012.4.30, (2013.12.22, http://seattletimes.com/flatpages/specialreports/methadone/methadoneandthepoliticsofpain.html).

Scola, N., 2010, "Julian Assange's Vision of a 'Scientific Journalism'," *Techpresident*, 2010.6.2, (2013.12.22, http://techpresident.com/blog-entry/julian-assanges-vision-'scientific-journalism').

Shirky, C., 2009, "Newspapers and Thinking the Unthinkable," *Clay Shirky*, Mar. 13, 2009, (2012.12.22, http://www.shirky.com/weblog/2009/03/newspapers-and-thinking-the-unthinkable/).

Slovic, P., 2007, "If I look at the mass I will never act": Psychic numbing and genocide, *Judgment and Decision Making*, 2 (2): 79-95.

Snider, J.H., 2010, "Connecting the Dots for Democratic Accountability: Semantic Web-Based Information Sharing Policy and the Future of Investigative Reporting," iSolon.org, Electronic Copy Available at, (2013.12.22, http://ssrn.com/abstract=1728882).

Stodden, V., 2010, "The Scientific Method in Practice: Reproducibility in the Computational Sciences," *MIT Sloan School Working Paper*, 4773-10.

Stuart, A., 2006, *Online News: Journalism and the Internet*. Milton Keynes: Open University Press.

平和博, 2012a,「データジャーナリズムを考える：(国際ジャーナリズムフェスティバル報告) 進化するデジタル報道　各国で続く挑戦と協力」『ジャーナリズム』266号, 朝日新聞社.

―――, 2012b,『朝日新聞記者のネット情報活用術』朝日新聞社.

―――, 2013,「データジャーナリズムでやってはいけないこと」, 新聞紙学的, 2013.10.7, (2013年12月22日取得, http://kaztaira.wordpress.com/2013/10/07/デー

タジャーナリズムでやってはいけないこと/）.
田中幹人・標葉隆馬・丸山紀一朗，2012，『災害弱者と情報弱者――3.11 後，何が見過ごされたのか』筑摩書房.
Tuckman, G., 1972, "Objectivity as Strategic Ritual: An Examination of Newsmen's Notions of Objectivity," *The American Journal of Sociology*, 77 (4): 660-79.
Tunney, S. and Monaghan, G., eds., 2010, *Web Journalism:// A New Form of Citizenship*, Eastbourne, UK: Sussex Academic Press.
Turow, J., 2012, *The Daily You: How the New Advertising Industry Is Defining Your Identify and Your Worth*, London, UK: Yale University Press.
van Dijk, J., 2009, "Users like you?: Theorizing agency in user-generated content," *Media Culture and Society*, 31 (1): 41-58.
Vallance-Jones, F. and McKie, D., 2009, *Computer-Assisted Reporting: A Comprehensive Primer*, London: Oxford University Press.
Younge, G., 2011, "The Detroit Riots of 1967 Hold Some Lessons for the UK," *The Guardian*, 2011.9.5, (2013.12.22, http://www.guardian.co.uk/uk/2011/sep/05/detroit-riots-1967-lessons-uk).

第 6 章

青木日照・湯川鶴章，2003，『ネットは新聞を殺すのか――変貌するマスメディア』NTT 出版，3.
藤代裕之，2012，「ニュースサイトにおけるポータルサイトの役割」『Journal of Global Media Studies』第 11 号，1-9.
藤代裕之・河井孝仁，2013，「東日本大震災における新聞社のツイッターの取り組み状況の差異とその要因」『社会情報学』第 2 巻 1 号，59-73.
橋場義之・佐々木俊尚・藤代裕之編，2007，『メディア・イノベーションの衝撃』日本評論社，pp.102，110-9.
神田和則，2011，「「尖閣ビデオ」をテレビはどう報じたか TBS がこだわった立ち位置」『Journalism』第 251 号，30-6.
日本再建イニシアティブ，2012，「ソーシャルメディアの活用」『福島原発事故独立検証委員会調査・検証報告書』132-44.
蜷川真夫，2010，『ネットの炎上力』文藝春秋.
岡千奈美，2004，『生活者の視点にたった報道を――市民記者が伝えるニュースサイト「JanJan」』，ニュービジネスレポート，(http://www.jagat.or.jp/forum/janjan.htm).
岡田有花，2006，『ブログでも 2ch でもない「市民新聞」とは――オーマイニュース鳥越編集長に聞く』，ITmedia，(http://www.itmedia.co.jp/news/articles/0607/10/

news052.html）．
佐々木俊尚，2002，『インターネットのあり方を変える？　個人ニュースサイト "blog" を運営する人たち』，ASCII24，（ascii24.com/news/inside/2002/11/11/639851-001.html）．
スマイリーキクチ，2011，『突然，僕は殺人犯にされた――ネット中傷被害を受けた10年間』竹書房．
曽我部真裕，2011，「情報漏洩社会のメディアと法――プロとアマの差はなくなるか」『Journalism』第251号，44-51．
総務省，2001，『ICTインフラの進展が国民のライフスタイルや社会環境等に及ぼした影響と相互関係に関する調査研究』総務省，49-50．
鷹木創，2006，『「批判があれば記事を書いてほしい」オーマイニュース鳥越編集長』，ITmedia，（http://www.itmedia.co.jp/news/articles/0609/04/news045.html）．
鶴見俊輔，1965，『ジャーナリズムの思想』筑摩書房，7-8．
津山昭英，2010，「新聞写真の掲載をめぐり浮上する著作権上の問題」『Journalism』第240号，4-11．
山田亜希子，2012，「朝日新聞のソーシャル戦略を「リアル」にするために必要なこと」『Journalism』第267号，4-12．

第7章

遠藤薫，2004，「メディア複合環境における間メディア性の諸様相――インターネットとマスメディアの相互参照」遠藤薫編著『インターネットと〈世論〉形成』東京電機大学出版局．
――――，2012，『メディアは大震災・原発事故をどう語ったか――報道・ネット・ドキュメンタリーを検証する』東京電機大学出版局．
遠藤薫・西田亮介・関谷直也，2011，「震災とメディア」遠藤薫編著『大震災後の社会学』講談社，273-306．
菊池尚人，2011，「概要」（2012年6月5日閲覧，http://ithukko.com/wp-content/uploads/2011/03/20110413_kikuchi.pdf）
Luhmann, N., 1973, *Vertrauen. 2. Erweiterte Aufl*. Feardinand Enke,．（＝1990，大庭健・正村俊之訳『信頼――社会的な複雑性の縮減メカニズム』勁草書房．）
西田亮介・小野塚亮，2012，「ツイッター議員の定量分析」，『人間会議』2012年夏号：64-9．
関谷直也，2011，『風評被害――そのメカニズムを考える』光文社．
総務省，2010，『平成22年通信利用動向調査（世帯編）』．
――――，2011，『平成23年版情報通信白書』．

Sunstein, Cass R., 2001, *Republic. com*, Princeton University Press.（＝2003，石川幸憲訳『インターネットは民主主義の敵か』毎日新聞社．）

津田大介，2011，「ソーシャルメディアは東北を再生可能か──ローカルコミュニティの自立と復興」東浩紀編著『思想地図β 2』コンテクチュアズ．

第 8 章

Domscheit-Berg, Daniel, 2011, *inside Wikileaks*, Ullstein Buchverlage（＝2011，森内薫・赤根洋子訳『ウィキリークスの内幕』文藝春秋．）

Foucault, Michel, 2008, *Le gouvernement de soi et des autres*, Callimard（＝2010，阿部崇訳『自己と他者の統治』筑摩書房．）

浜野喬士，2011，「正義はなされよ，世界は滅びよ」『日本人が知らないウィキリークス』洋泉社，171-201．

北田暁大，2005，『嗤う日本の「ナショナリズム」』NHKブックス．

小林恭子，2011，「ウィキリークス時代のジャーナリズム」小林恭子・白井聡・塚越健司ほか『日本人が知らないウィキリークス』洋泉社．

Kovach, Bill, and Rosenstiel, Tom, 2001, *The Elements of Journalism*, Crown.（＝2011，加藤岳文・斎藤邦泰訳『ジャーナリズムの原則』日本経済評論社．）

Levy, Steven, 1984, *Hackers*, Anchor Press/Doubleday（＝1987，松田信子・古橋芳恵訳『ハッカーズ』工学社．）

佐々木俊尚，2006，『ネットVS.リアルの衝突──誰がウェブ2.0を制するか』文春新書，109．

Sifry, Micah L., 2011, *Wikileaks and the Age of Transparency*, Counterpoint（＝2011，田内志文訳『ウィキリークス革命──透視される世界』柏書房，179．）

第 10 章

Brooks, Tim and Marsh, Earle, [1979] 2007, *The Complete Directory to Prime Time Network and Cable TV Shows 1946-Present*, 9th ed, New York: Ballantine Books.

Bagdikian, Ben H., 1983, The Media Monopoly, Boston: Beacon Press.（＝1985，藤竹暁訳『メディアの支配者』光文社．）

別府三奈子，2006，『ジャーナリズムの起源』世界思想社．

Blanchard, Margaret A. ed., 1998, *History of the Mass Media in the United States: an encyclopedia*, Chicago: Fitzroy Dearborn Publishers.

Brooks, Tim and Marsh, Earle, [1979] 2007, *The Complete Directory to Prime Time Network and Cable TV Shows 1946-Present*, 9th ed, New York: Ballantine Books.

CBS News, 2009, "Walter Cronkite Dies: Television Pioneer, CBS Legend, Passes Away in

New York at 92," CBS News, San Francisco: CBS Interactive Inc., (Retrieved September 26, 2010, http://www.cbsnews.com/stories/2009/07/17/eveningnews/main5170556.shtml).

Cloud, Stanley and Olson, Lynne, 1996, *The Murrow Boys: Pioneers on the Front Lines of Broadcast Journalism*, Boston: Houghton Mifflin Company.（＝1999，田草川弘訳『マロー・ボーイズ——放送ジャーナリストたちの栄光と屈辱』日本放送出版協会.）

Committee of Concerned Journalists, 1999, "CCJ Forums: 'A Conversation among Journalists'," Committee of Concerned Journalists, Washington, DC: Committee of Concerned Journalists, (Retrieved September 12, 2010, http://www.concernedjournalists.org/commentary_and_research/forums).

Cronkite, Walter, 1996, *A Reporter's Life*, New York; Alfred A. Knopf.（＝1999，浅野輔訳『20世紀を伝えた男　クロンカイトの世界』ディビーエス・ブリタニカ.）

Friendly, Fred, 1967, *Due to Circumstances Beyond Our Control…*, New York: Random House,Inc..（＝2006，岡和幸雄訳『やむをえぬ事情により……——エドワード・マローと理想を追ったジャーナリストたち』早川書房.）

Kierstead, Phillip, 2011, "News, Network," The Museum of Broadcast Communications, Chicago: The Museum of Broadcast Communications（MBC）, (Retrieved, January 6, 2011, http://www.museum.tv/eotvsection.php?entrycode=newsnetwork).

Kovach, Bill and Rosenstiel, Tom, 2001, *The Elements of Journalism*, New York: Crown.（＝2002，加藤岳文・斎藤邦泰訳『ジャーナリズムの原則』日本経済評論社.）

MacNeil, Robert, 1968, *The People Machine: the influence of television on American politics*, New York：Harper & Row.（＝1970，藤原恒太訳『ピープル・マシーン——テレビと政治』早川書房.）

Murrow, Edward R., 2011, "RTNDA Speech," American Masters. For Teachers: PBS, Boston: WGBH Educational Foundation, (Retrieved, January 6, 2011, http://www.pbs.org/wnet/americanmasters/education/lesson39_organizer1.html).

nikkei BPnet，2000,「経済ニュース専門チャンネル『米CNBC』社長に聞く」, nikkei BPnet，2000年11月22日．(Retrieved January 10, 2011, http://www.nikkeibp.co.jp/archives/117/117522.html).

Noyes, Gayle, 2011, "American Broadcasting Company," The Museum of Broadcast Communications, Chicago: The Museum of Broadcast Communications（MBC）, (Retrieved, January 6, 2011, http://www.museum.tv/eotvsection.php?entrycode=americanbroa).

小田隆裕編，2004,『事典現代のアメリカ』大修館書店，2004.

Pew Research Center for the People & the Press, 1985a, "People & The Press: Main

Survey, Jun, 1985," Pew Research Center for the People & the Press, Washington, DC: Pew Research Center, (Retrieved September 25, 2010, http://people-press.org/questions/?qid=162514&pid=51&ccid=51#top).

―――, 1985b, "People & The Press: Recheck Poll, Aug, 1985," Pew Research Center for the People & the Press, Washington, DC: Pew Research Center, (Retrieved September 25, 2010, http://people-press.org/questions/?qid=162306&pid=51&ccid=51#top).

―――, 1987, "People, The Press & Politics Poll, Apr, 1987," Pew Research Center for the People & the Press, Washington, DC: Pew Research Center, (Retrieved September 25, 2010, http://people-press.org/questions/?qid=182511&pid=51&ccid=51#top).

―――, 1989, "People & The Press Poll, Part 5, Aug, 1989," Pew Research Center for the People & the Press, Washington, DC: Pew Research Center, (Retrieved September 25, 2010, http://people-press.org/questions/?qid=208065&pid=51&ccid=51#top).

―――, 1993a, "NBC's Believability Burned," Pew Research Center for the People & the Press, Washington, DC: Pew Research Center, (Retrieved August 25, 2014, http://www.people-press.org/files/legacy-pdf/19930303.pdf).

―――, 1993b, "The Vocal Minority In American Politics," Pew Research Center for the People & the Press, Washington, DC: Pew Research Center, (Retrieved August 25, 2014, http://www.people-press.org/files/legacy-pdf/19930716.pdf).

―――, 1995, "Network News Viewing and Newspaper Reading OFF: Did O.J. Do It?," Pew Research Center for the People & the Press, Washington, DC: Pew Research Center, (Retrieved August 25, 2014, http://www.people-press.org/files/legacy-pdf/19950406.pdf).

―――, 1996, "TV News Viewership Declines: Fall Off Greater For Young Adults and Computer Users," Pew Research Center for the People & the Press, Washington, DC: Pew Research Center, (Retrieved August 25, 2014, http://www.people-press.org/files/legacy-pdf/127.pdf).

―――, 1997, "Pew Research Center for the People & the Press Media Survey, Feb, 1997," Pew Research Center for the People & the Press, Washington, DC: Pew Research Center, (Retrieved September 25, 2010, http://people-press.org/questions/?qid=335114&pid=51&ccid=51#top).

―――, 1998, "Internet News Takes Off: Event-Driven News Audiences," Pew Research Center for the People & the Press, Washington, DC: Pew Research Center, (Retrieved August 25, 2014, http://www.people-press.org/files/legacy-pdf/88.pdf).

―――, 1999, "Retro-Politics: The Political Typology: Version 3.0," Pew Research

Center for the People & the Press, Washington, DC: Pew Research Center, (Retrieved August 25, 2014, http://www.people-press.org/files/1999/11/50.pdf).

―――, 2000, "Internet Sapping Broadcast News Audience: Investors Now Go Online for Quotes, Advice," Pew Research Center for the People & the Press, Washington, DC: Pew Research Center, (Retrieved August 25, 2014, http://www.people-press.org/files/legacy-pdf/36.pdf).

―――, 2002a, "News Media's Improved Image Proves Short-Live: The Sagging Stock Market's Big Audience," Pew Research Center for the People & the Press, Washington, DC: Pew Research Center, (Retrieved August 25, 2014, http://www.people-press.org/files/legacy-pdf/159.pdf).

―――, 2002b, "Public's News Habits Little Changed by Sept. 11: Americans Lack Background to Follow International News," Pew Research Center for the People & the Press, Washington, DC: Pew Research Center, (Retrieved August 25, 2014, http://www.people-press.org/files/legacy-pdf/156.pdf).

―――, 2004, "News Audiences Increasingly Politicized: Online News Audience Larger, More Diverse," Pew Research Center for the People & the Press, Washington, DC: Pew Research Center, (Retrieved August 25, 2014, http://www.people-press.org/files/legacy-pdf/215.pdf).

―――, 2006, "Online Papers Modestly Boost Newspaper Readership: Maturing Internet News Audience–Broader Than Deep," Pew Research Center for the People & the Press, Washington, DC: Pew Research Center, (Retrieved August 25, 2014, http://www.people-press.org/files/legacy-pdf/282.pdf).

―――, 2008, "Key News Audiences Now Blend Online and Traditional Sources: Audience Segments in a Changing News Environment," Pew Research Center for the People & the Press, Washington, DC: Pew Research Center, (Retrieved August 25, 2014, http://www.people-press.org/files/legacy-pdf/444.pdf).

―――, 2010, "Americans Spending More Time Following the News: Ideological News Sources: Who Watches and Why," Pew Research Center for the People & the Press, Washington, DC: Pew Research Center, (Retrieved August 25, 2014, http://www.people-press.org/files/legacy-pdf/652.pdf).

The Encyclopedia Britannica, 2010, "History & Society: The Huffington Post," Britannica Online Encyclopedia, Chicago: Encyclopedia Britannica, Inc., (Retrieved December 13, 2010, http://www.britannica.com/EBchecked/topic/1192975/The-Huffington-Post).

The New York Times, 2009, "Fight Night: Cramer vs. Stewart," Opinion-Opinionator Blog-

NYTimes.com, New York: New York Times Company, (Retrieved September 28, 2010, http://opinionator.blogs.nytimes.com/2009/03/13/fight-night-cramer-vs-stewart/).
The Peabody Awards, 2010a, "George Foster Peabody Award Winners," The Peabody Awards, Athens, GA: The Peabody Awards, (Retrieved September 27, 2010, http://www.peabody.uga.edu/winners/PeabodyWinnersBook.pdf).
The Pew Research Center for the People & the Press, 1999, "Striking the Balance, Audience Interests, Business Pressures and Journalists' Values," (Retrieved September 12, 2010, http://people-press.org/report/67/striking-the-balance-audience-interests-business-pressures-and-journalists-values).
The Webby Awards, 2010a, "10th Annual Webby Awards Nominees & Winners," The Webby Awards: Aliso Viejo, CA: 2Advanced Studios, LLC, (Retrieved December 13, 2010, http://www.webbyawards.com/webbys/current.php?season=10)
―――, 2010b, "12th Annual Webby Awards Nominees & Winners," The Webby Awards: Aliso Viejo, CA: 2Advanced Studios, LLC, (Retrieved December 13, 2010, http://www.webbyawards.com/webbys/current.php?season=12)
―――, 2010c, "13th Annual Webby Awards Nominees & Winners," The Webby Awards: Aliso Viejo, CA: 2Advanced Studios, LLC, (Retrieved December 13, 2010, http://www.webbyawards.com/webbys/current.php?season=13)
―――, 2010d, "14th Annual Webby Awards Nominees & Winners," The Webby Awards: Aliso Viejo, CA: 2Advanced Studios, LLC, (Retrieved December 13, 2010, http://www.webbyawards.com/webbys/current.php?season=14)
Whittemore, Hank, 1990, *CNN: The Inside Story*, Beacon, Massachusetts: Little Brown and Company Inc. (=1991, 神山啓二訳『急成長のCNN 下巻』全国朝日放送株式会社（テレビ朝日）.)

第11章
遠藤薫, 1998,「三層モラルコンフリクトに関するゲーム論的アプローチ」数理社会学会報告.
―――, 2007,『グローバリゼーションと文化変容――音楽, ファッション, 労働からみる世界』世界思想社, p.8, pp.44-45.
―――, 2010,「『ネット世論』という曖昧――〈世論〉,〈小公共圏〉」『マス・コミュニケーション研究』77号.
胡詠, 2008,『衆声喧嘩：網絡時代的個人表達与公共討論』, 広西師範大学出版社, 330.
祝華新・胡江春・孫文涛, 2008,「2007年中国互联网舆情分析报告」人民網.

―――――, 2009, 「2008年中国互联网舆情分析报告」人民網.
―――――, 2010, 「2009年中国互联网舆情分析报告」人民網.
楊偉民・呉顕慶, 2004, 「論網絡政治在我国的建立与発展」『学習与探索：政治発展研究』, 第五期.
Harwit, Erik and Clark, Duncan, 2006, "Government Policy and Political Control over China's Internet," *Chinese cyberspaces: Technological Changes and Political Effects*, London and New York: Routledge, 12-41.
Flick, Uwe, 2002, *An introduction to qualitative research*, 2nd ed, London: Sage. (＝2002, 小田博志ほか訳, 『質的研究入門――「人間の科学」のための方法論』春秋社, 238-40.)
スーザン・シャーク, 2008, 「変わるメディア, 変わる外交政策――中国の場合」『政治空間の変容と政策革新5 メディアが変える政治』東京大学出版会, 248-50.
Zhou Yongming, 2006, *Historicizing Online Politics: Telegraphy, the Internet, and Political Participation in China*, Stanford: StanfordUniversity Press.

第12章

金南石, 2009, 「言論関連法制改正をめぐる葛藤と公論領域の危機」韓国言論学会春季定期学術大会発表論文, 2009年6月5日（韓国文）.
李洪千, 2013, 「若者の政治参加とSNS選挙戦略の世代別効果――2012年韓国大統領選挙におけるリベラルの敗北」清原聖子・前嶋和弘編『ネット選挙が変える政治と社会――日米韓に見る新たな「公共圏」の姿』慶應義塾大学出版会.
イ・ソヨン, 2013, 「ソーシャルネットワークと政治情報」曺和淳『ソーシャルネットワークと選挙』ハヌルアカデミー（韓国文）.
チャン・ウヨン, 2013, 「ソーシャルネットワーク時代のアクティビスト」曺和淳『ソーシャルネットワークと選挙』ハヌルアカデミー（韓国文）.
イ・ウォンテ／チャ・ミリョン／ヤン・ヘリュン, 2011, 「ソーシャルメディア有力者のネットワーク特性――韓国のツイッター共同体を中心に」ソウル大学言論情報研究所『言論情報研究』第48巻第2号（韓国文）.
チェ・ジノン, 2013, 「SNSと政治評論――1次候補討論会の事例分析」韓国政治評論学会編『18代大選と政治評論』人間サラン（韓国文）.

第13章

Abdul-Mageed, Muhammad M., 2008, "Online News Sites and Journalism 2.0: Reader Comments on Al Jazeera Arabic," *tripleC*, 6 (2): 59-76, (http://www.triple-c.at/index.php/tripleC/article/viewFile/78/70).

Howard, Phillip M., 2013, *Democracy's Forth Wave?: Digital Media and the Arab Spring*, Oxford University Press.
Miles, Hugh, 2005, *AL-JAZEERA*, Gillon London：Aitken Associates Limited.（＝2005，河野純治訳『アルジャジーラ　報道の戦争──すべてを敵に回したテレビ局の果てしなき闘い』光文社.）
太田昌宏，2005，「イラクのハビブIMN総裁来日　放送の現状を語る」『放送研究と調査』2005年11月号.
────．2007，「アラブから世界へ──アルジャジーラの挑戦」小野善邦編『グローバル・コミュニケーション論』世界思想社.
Seib, Phillip, 2008, *The Al Jazeera Effect: How the New Global Media Are Reshaping World Politics*, Potomac Books.
山田賢一，2012，「中国，アルジャジーラ記者を事実上「追放」」『放送研究と調査』2012年7月号.

終章

Dayan, Daniel and Katz, Eliu, 1992, *Media Event*, Harvard University Press.（＝1996，浅見克彦訳『メディア・イベント──歴史をつくるメディア・セレモニー』青弓社.）
遠藤薫，2011，『間メディア社会における〈選挙〉と〈世論〉──日米政権交代に見るメディア・ポリティクス』東京電機大学出版局.
────．2013a，「ソーシャルメディアは政治・選挙を変えるか」『Voters』.
────．2013b，「日本社会はいまどのような政治を求めているのか──2012年総選挙前後の意識調査結果から」『法学会雑誌』vol.49 no.1（2013年9月）.
────．2014，「東日本大震災後の選挙と世論とメディア──2013年7月社会調査意識調査から」『法学会雑誌』vol.49 no.2（2014年3月）.

あとがき

　2014年に入って，世界を震撼させる出来事が続いている．

　2月にはウクライナで反体制派市民が集結し，2011年の「アラブの春」にも似た「ウクライナの春」がやって来たと語られた．しかし，3月になると，ウクライナ南部のクリミア半島にロシアが侵攻し，事態は緊迫した状況に陥った．

　7月17日，ウクライナ東部でマレーシア航空MH17便が撃墜され，乗客・乗員298人全員が死亡した．このマレーシア機は，危険地帯の上空を飛んでいたものの，高度の面で規則上の問題はなかった．

　3月にも，マレーシア航空370便がタイランド湾上空で突然消息を絶った．8月現在でも，その行方はまったく不明である．こちらの事件では，事故なのか，何者かによる撃墜なのか，など一切が謎のまま，12人の乗員を含む239人が消えてしまったのである．

　一方，7月8日，イスラエル国防軍がガザ攻撃を開始した．ガザ地区の人びとは容赦ない砲撃に晒され，8月8日時点で多くの民間人を含む1,900人を超える死者を出している．

　さらに，2014年2月から西アフリカでエボラ出血熱の流行が始まった．流行は急速に拡大し，8月6日までのWHOのまとめでは，感染疑い例も含め1,779人が感染し，961人が死亡した．8月8日，WHOは「（西アフリカにおけるエボラ出血熱の流行は）国際的な公衆衛生上の緊急事態である」と宣言した．

　日本国内でも，STAP細胞をめぐる一連の出来事，佐世保で起きた16歳の少女による痛ましい殺人事件など，呆然とするような事件がメディアを賑わしている．

　このような状況のなかで，私たちの重要な情報源となるのが，「ジャーナリズム」である．「ジャーナリズム」は「メディア」ではない．「ジャーナリズム」は社会の透明性を確保し，公正や正義，平等，平和に関するセンサーの役割を果たす．社会の混乱が激化しているいま，「ジャーナリズム」に求められることは多い．

その一方，テクノロジーの変化は，ジャーナリズムのあり方にも大きな変化を迫っている．それは，19世紀近代化の流れのなかで今日のような「ジャーナリズム」が形成されたのと同様の，大きな転換がいま始まっている．

　本書ではその変化のプロセスを追ってきたが，ジャーナリズムの変化は，これからが本番だと思う．誰もが生きることを精一杯楽しめるような社会のために，新しい「ジャーナリズム」のあり方を決めるのは，私たち自身である．

　本書でもまた，編集部の坂元真理さんにはたいへんお世話になった．産休明けで，育児と仕事を両立させながら，奮闘してくださった．

　また同じく，いつも支えてくれている家族にも感謝を述べたいと思う．

　　　　　　2014年8月9日 長崎に原爆が投下されてから69年目の日に東京で

　　　　　　　　　　　　　　　　　　　　　　　　　　　　　　　遠藤 薫

索引

英数字
2012 年韓国大統領選挙　227, 238, 241, 243
55 年体制　263

CNBC 批判　191
CNKI（中国学術情報データベース）　211

Facebook　10, 246

Google Crisis Response　129

IWJ（インディペンデント・ウェブ・ジャーナル）　64

J-CAST ニュース　63, 107

NHK ワールド　254

Occupy Wall Street 運動　10

SNS　227, 236, 238, 240, 242, 244

The Daily Show with Jon Stewart　190
Twitter　10, 21, 103, 236, 237, 238, 239, 241, 242, 246

Ustream　268

WikiLeaks（ウィキリークス）　11, 139, 140

YouTube　268

あ
アジェンダ設定　33
アノニマス　151
アメリカ新聞協会　53
アラブ同時革命　246
アラブの春　10, 246
アルジャジーラ　246, 247
　　――・アメリカ　252
　　――・イングリッシュ　251
一般社団法人インターネットユーザー協会（MIAU）　131
イラク戦争　248
イラク日本人人質事件　253
印刷技術　28
インターネット選挙　227
インフォグラフィクス　256

ヴァーチャルな共同体　248
ウィキリークス（WikiLeaks）　11, 139, 140

エリート　33
演歌　42
炎上　117

オープン・データ　67
オーマイニュース　116, 231
オルトエリート　203

か
科学的ジャーナリズム　85
語られないニュース　31
語る権利　37
瓦版　40
官報　42
間メディア　12
　——社会　9, 72
　——性　12
　——的　69

起業家ジャーナリズム　120
疑似イベント　30
キュレーションサイト　109
強国論壇　217

グーグル化　100
クラウドファンディング　121
クリエイティブ・コモンズ　258
グローバリゼーション　1
グローバリティ　247
グローバル・パワー　4
クロスオーナーシップ　232

携帯電話　7
ゲートウォッチング　95
ゲートキーピング　95
検証の規律　203
権力　32
　——監視機能　193
言論の自由　244

公営放送　228, 232, 243
『公共性の構造転換』　13, 27
公職選挙法　272
公正報道　229, 230, 231
コーヒーパーティ運動　10
国情院（国家情報院）　227, 234, 235, 236, 237, 239, 242, 243
　——大選介入疑惑事件　234
御用新聞　43

コンクラーヴェ　20
コンテンツ　13
コンピュータ援用報道　86

さ
三層モラルコンフリクト・モデル　193, 211, 221

私刑化　118
『時事新報』　48
シノドス　64
資本主義社会　29
市民メディア　116, 231
ジャーナリスト　37
　——教育　39, 120
　——の倫理　39, 119
ジャーナリズム　2, 22
　——の理念　193
ジャスミン革命　245
集団浅慮　274
集団知性　274
集団分極化　274
自由民権　42
出版の自由　26
小新聞　45
情報環境　12
情報欠乏　75
情報統合　117
情報流通の液状化　4
情報漏出　11
自律分散型ネットワーク　8
知る権利　37, 230
新聞　42
　——統制　49
　——倫理綱領　49
人民網　212, 217

『スペクタクルの社会』　30
スラッシュドット　55

政権交代　263

政権のゆらぎ　4
政党政治　26
精密ジャーナリズム　87
『西洋事情』　46
ゼネスト　228
選挙介入　228, 232, 236, 241, 242, 243
全国言論労働組合のゼネスト　229

総合編成チャンネル　228, 233, 243
壮士節　42
ソーシャル・キャピタル　81
ソーシャルメディア　71, 103, 267
孫志剛氏傷害致死事件　214

た
大規模災害　4
大衆社会　29
大衆消費社会　28
大新聞　45
凧モデル　33
誰でもジャーナリスト　38
弾丸理論　33

チャーナリズム　101
調査報道　66, 86
直接民主主義　274
朝中東　232, 233, 242, 243
沈黙の螺旋　34

津田メルマガ　64

ティーパーティ運動　10
データ・ジャーナリズム　84, 137
データ駆動型ジャーナリズム　88
デジタル・オートクラシー　227, 228, 244
デジタル・デモクラシー　227, 228, 244
デジタル・ネイティブ　55
デマ　272

討議民主主義　242

鄧玉嬌案　214
党首討論会　268
ドキュメンタリー　65
特権　32
ドラッジ・レポート　56

な
ニコニコ生放送　268
日記　23
ニュース　30
ニューズウィーク　51
ニュース打破　231, 237, 239, 241
ニューヨーク・タイムズ　53

ネット選挙　238, 272
ネットルーツ　10

は
バズフィード　58
ハッカー　147
ハフィントン・ポスト（Huffington Post）　56, 190
パレーシア　150
パロディング　34
パワーツイッタリアン　241, 242
パンデミック　11

東日本大震災　103, 254, 263
皮下注射理論　33
ビッグデータ　97, 236, 239
ピュー・リサーチ・センター　54
表現の自由　26, 230, 244

風評　272
フェイク・ニュース　191
福島原発事故　254, 263
物資欠乏　75
フルーグプラット　24
プレ-ジャーナリズム　41
ブロードサイド　24
ブロゴス　64

プロパブリカ　57

米連邦通信委員会（FCC）　69

報道　12
ポータルサイト　110
ポリティコ　57

ま
マス・ジャーナリズム　51
マスメディアに対する不信感　3

ミドルメディア　108
民権派　44
民主主義政治　26

メッセージ　13
メディア　13
　——・イベント　264
　——・スクラム　36
　——法　233
メディアリティ　11, 247

モバイル端末　60

や
読売　40
世論監督　210, 212, 219

世論操作　234, 236, 237, 239, 240, 242

ら
ライブ・ブログ　257

リークサイト　142
リテラシー　81

ロビン・フッド　24

人名
アサンジ（Julian P. Assange）　139, 146
カッツ（Eliu Katz）　264
ジョン・スチュアート（Jon Stewart）　191
ダヤーン（Daniel Dayan）　264
タルド（Jean-Gabriel de Tarde）　29
鶴見俊輔　104
トクヴィル（Alexis de Tocqueville）　26
ノエレ・ノイマン（E. Noelle-Neumann）　34
ハバーマス（Jürgen Habermas）　13, 27
ブーアスティン（Daniel J. Boorstin）　30
福地桜痴　43
ブルデュー（Pierre Bourdieu）　31
マクウェール（D. McQuail）　33
マッコム（M. McCombs）　34
宮武外骨　44

編著者・著者紹介

編著者

遠藤　薫（エンドウ・カオル）［序章～第4章，第9章，第13章，終章，あとがき］

略歴　　東京大学教養学部基礎科学科卒業（1977年），東京工業大学大学院理工学研究科博士課程修了（1993年），博士（学術）．
信州大学人文学部助教授（1993年），東京工業大学大学院社会理工学研究科助教授（1996年）を経て，学習院大学法学部教授（2003年～現在）．
日本学術会議会員，社会情報学会副会長，横断型基幹科学連合副会長．

専門　　理論社会学(社会システム論)，社会情報学，文化論，社会シミュレーション．

著書　　『廃墟で歌う天使――ベンヤミン『複製技術時代の芸術作品』を読み直す』（2013年，現代書館），『グローバリゼーションと社会学――モダニティ・グローバリティ・社会的公正』（共編著，2013年，ミネルヴァ書房），『メディアは大震災・原発事故をどう語ったか――報道・ネットドキュメンタリーを検証する』（2012年，東京電機大学出版局），『大震災後の社会学』（編著，2011年，講談社現代新書），『グローバリゼーションと都市変容』（編著，2011年，世界思想社），『間メディア社会における〈世論〉と〈選挙〉――日米政権交代に見るメディア・ポリティクス』（2011年，東京電機大学出版局），『書物と映像の未来――グーグル化する世界の知の課題とは』（共編著，2010年，岩波書店），『日本近世における聖なる熱狂と社会変動――社会変動をどうとらえるか4』（2010年，勁草書房），『三層モラルコンフリクトとオルトエリート（社会変動をどうとらえるか3)』（2010年，勁草書房），『メタ複製技術時代の文化と政治（社会変動をどうとらえるか2)』（2009年，勁草書房），『聖なる消費とグローバリゼーション（社会変動をどうとらえるか1)』（2009年，勁草書房），『ネットメディアと〈コミュニティ〉形成』（編著，2008年，東京電機大学出版局），『間メディア社会と〈世論〉形成―― TV・ネット・劇場社会』（2007年，東京電機大学出版局），『グローバリゼーションと文化変容――音楽，ファッション，労働からみる世界』（編著，2007年，世界思想社），『インターネットと〈世論〉形成――間メディア的言説の連鎖

と抗争』（編著，2004年，東京電機大学出版局），『環境としての情報空間——社会的コミュニケーション・プロセスの理論とデザイン』（編著，2002年，アグネ承風社），『電子社会論——電子的想像力のリアリティと社会変容』（2000年，実教出版），ほか多数．

著者 （掲載順）

田中 幹人（タナカ・ミキヒト）［第5章］

- 略歴　国際基督教大学教養学部理学科卒業（1997年），東京大学大学院総合文化研究科修了（2003年）．博士（学術）．
  国立精神・神経センター神経研究所流動研究員（2003年），早稲田大学政治学研究科科学技術ジャーナリスト養成プログラム研究助手（2005年）などを経て，早稲田大学政治学研究科准教授（2008年〜現在）．
  科学技術社会論学会，マス・コミュニケーション学会会員．
- 専門　ジャーナリズム論，メディア論，科学技術社会論，科学ジャーナリズム研究，リスクコミュニケーション研究．
- 著書　『ポスト3・11の科学と政治（ポリティクス）』（共著，2013年，ナカニシヤ出版），『災害弱者と情報弱者——3・11後，何が見過ごされたのか』（共著，2012年，筑摩書房），『iPS細胞——ヒトはどこまで再生できるか』（編著，2008年，日本実業出版），ほか．

藤代 裕之（フジシロ・ヒロユキ）［第6章］

- 略歴　ジャーナリスト．
  広島大学文学部卒業（1996年），立教大学21世紀社会デザイン研究科修士課程修了（2008年）．
  徳島新聞社で記者として警察や地方自治を担当．2005年からNTTレゾナントでニュースデスクやサービス開発を担当．2013年から法政大学社会学部准教授．関西大学総合情報学部特任教授．日本ジャーナリスト教育センター（JCEJ）代表運営委員．
- 専門　ソーシャルメディア，ジャーナリズム．
- 著書　『発信力の鍛え方——ソーシャルメディア活用術』（2011年，PHPビジネス新書），『メディアイノベーションの衝撃——爆発するパーソナル・コンテンツと溶解する新聞型ビジネス』（編著，2007年，日本評論社）．

西田 亮介（ニシダ・リョウスケ）［第7章］

- 略歴　慶應義塾大学大学院政策・メディア研究科後期博士課程単位取得退学（2012

年).
慶應義塾大学大学院政策・メディア研究科助教（有期・研究奨励Ⅱ），東洋大学，学習院大学非常勤講師等を経て，立命館大学大学院先端総合学術研究科特別招聘准教授．国際大学GLOCOM客員研究員，北海道大学大学院公共政策学連携研究部附属公共政策学研究センター研究員．
日本社会学会，日本公共政策学会，情報社会学会，国際公共経済学会（理事）など．

専門　公共政策学，情報社会論．

著書　『ネット選挙——解禁がもたらす日本社会の変容』（2013年，東洋経済新報社），『ネット選挙とデジタル・デモクラシー』（2013年，NHK出版），『無業社会——働くことができない若者たちの未来』（共著，朝日新書，2014年），ほか多数．

塚越 健司（ツカゴシ・ケンジ）[第8章]

略歴　一橋大学大学院社会学研究科博士後期課程単位取得退学（2014年）．
学習院大学非常勤講師．
日仏哲学会，情報社会学会，情報通信学会会員．

専門　社会哲学，情報社会学．

著書　『ハクティビズムとは何か——ハッカーと社会運動』（2012年，ソフトバンク新書），『「統治」を創造する——新しい公共／オープンガバメント／リーク社会』（共編著，2011年，春秋社），『日本人が知らないウィキリークス』（共著，2011年，洋泉社新書y）．

佐藤 尚之（サトウ・ナオユキ）[第9章]

略歴　早稲田大学政治経済学部卒業（1985年）．
1985年4月株式会社電通入社，2011年3月株式会社電通退社，株式会社ツナグ設立．2011年より公益社団法人助けあいジャパン会長，内閣府政策参与，復興庁政策参与．2013年より独立行政法人国際交流基金理事．

専門　コミュニケーション・デザイン．

著書　『明日の広告——消費者とコミュニケーションする方法』（2008年，アスキー新書），『明日のコミュニケーション——「関与する生活者」に愛される方法』（2011年，アスキー新書），『極楽おいしい二泊三日』（2014年，文春文庫），『沖縄上手な旅ごはん』（2005年，文春文庫），『人生ピロピロ』（2005年，角川文庫），ほか．

今岡 梨衣子（イマオカ・リエコ）［第 10 章］
　略歴　　学習院大学政治学研究科博士前期課程卒業（2011 年）．
　　　　　2011 年から日本電子計算株式会社勤務．
　専門　　社会学（流行・メディア）．

魏　然（ウェイ・ラン）［第 11 章］
　略歴　　学習院大学大学院政治学研究科博士後期課程卒業（2011 年）．政治学博士．
　　　　　2011 年 9 月から中国北京外国語大学日本語学部専任教師．
　専門　　社会学，メディア研究．
　著書　　『中国における〈ネット世論〉の公共性』（2014 年，中国外語教学研究出版社）．

玄　武岩（ヒョン・ムアン）［第 12 章］
　略歴　　東京大学大学院人文社会系研究科博士課程修了（2007 年）．
　　　　　東京大学大学院情報学環助手を経て，現在は北海道大学大学院メディア・コミュニケーション研究院准教授．
　　　　　日本マス・コミュニケーション学会，日本移民学会，同時代史学会など．
　専門　　メディア文化論，日韓関係論．
　著書　　『韓国のデジタル・デモクラシー』（2005 年，集英社新書），『統一コリア──東アジアの新秩序を展望する』（2007 年，光文社新書），『コリアン・ネットワーク──メディア・移動の歴史と空間』（2013 年，北海道大学出版会）．『大日本・満州帝国の遺産（興亡の世界史 18）』（共著，2010 年，講談社）．

間メディア社会の〈ジャーナリズム〉
ソーシャルメディアは公共性を変えるか

2014年10月10日　第1版1刷発行　　ISBN 978-4-501-62900-7　C3036

編著者　遠藤　薫
著　者　田中幹人・藤代裕之・西田亮介・塚越健司・佐藤尚之・
　　　　今岡梨衣子・魏　然・玄　武岩
　　　　ⓒEndo Kaoru, Tanaka Mikihito, Fujishiro Hiroyuki, Nishida Ryosuke,
　　　　Tsukagoshi Kenji, Sato Naoyuki, Imaoka Rieko, Wei Ran,
　　　　Hyun Mooam 2014

発行所　学校法人　東京電機大学　〒120-8551　東京都足立区千住旭町5番
　　　　東京電機大学出版局　〒101-0047　東京都千代田区内神田1-14-8
　　　　　　　　　　　　　　Tel. 03-5280-3433(営業)　03-5280-3422(編集)
　　　　　　　　　　　　　　Fax. 03-5280-3563　振替口座 00160-5-71715
　　　　　　　　　　　　　　http://www.tdupress.jp/

JCOPY ＜(社)出版者著作権管理機構　委託出版物＞
本書の全部または一部を無断で複写複製（コピーおよび電子化を含む）することは，著作権法上での例外を除いて禁じられています。本書からの複写を希望される場合は，そのつど事前に，(社)出版者著作権管理機構の許諾を得てください。また，本書を代行業者等の第三者に依頼してスキャンやデジタル化をすることはたとえ個人や家庭内での利用であっても，いっさい認められておりません。
［連絡先］Tel. 03-3513-6969，Fax. 03-3513-6979，E-mail: info@jcopy.or.jp

印刷：新日本印刷(株)　　製本：渡辺製本(株)　　装丁：大貫伸樹
落丁・乱丁本はお取り替えいたします。　　　　　　　Printed in Japan